SOUVENIRS DU PRINCE CHARLES DE CLARY-ET-ALDRINGEN

TROIS MOIS A PARIS

LORS DU MARIAGE DE

L'EMPEREUR NAPOLÉON Ier

ET DE

L'ARCHIDUCHESSE MARIE-LOUISE

Avec des croquis de l'auteur et deux portraits

PUBLIÉ PAR

Le Baron de Mitis   et   Le Comte de Pimodan
attaché aux archives impériales   ancien lieutenant-colonel
et royales de vienne   de cavalerie

Deuxième édition

PARIS
LIBRAIRIE PLON
PLON-NOURRIT et Cie, IMPRIMEURS-ÉDITEURS
8, RUE GARANCIÈRE — 6^e
—
1914
Tous droits réservés

Il a été tiré de cet ouvrage 30 exemplaires sur papier de cuve des papeteries d'Arches, numérotés de 1 à 30.

TROIS MOIS A PARIS

LORS DU MARIAGE DE

L'EMPEREUR NAPOLÉON Ier

ET DE

L'ARCHIDUCHESSE MARIE-LOUISE

PUBLICATION

FAITE

SOUS LE PATRONAGE DE LA

Gesellschaft

für neuere Geschichte

Oesterreichs

Le Prince Charles
de
Clary-et-Aldringen
1777-1831

SOUVENIRS DU PRINCE CHARLES DE CLARY-ET-ALDRINGEN

TROIS MOIS A PARIS

LORS DU

MARIAGE DE L'EMPEREUR NAPOLÉON Ier

ET DE

L'ARCHIDUCHESSE MARIE-LOUISE

Pour et documents inédits

PUBLIÉS PAR

LE BARON DE MITIS ET LE COMTE DE PIMODAN
ARCHIVISTE IMPÉRIAL ANCIEN LIEUTENANT-COLONEL
DE VIENNE DE CAVALERIE

Deuxième édition

PARIS
LIBRAIRIE PLON
PLON-NOURRIT ET Cⁱᵉ, IMPRIMEURS-ÉDITEURS
8, RUE GARANCIÈRE — 6ᵉ
—
1914
Tous droits réservés

Le Prince Charles
de
Clary et Aldringen

SOUVENIRS DU PRINCE CHARLES DE CLARY-ET-ALDRINGEN

TROIS MOIS A PARIS

LORS DU MARIAGE DE

L'EMPEREUR NAPOLÉON Ier

ET DE

L'ARCHIDUCHESSE MARIE-LOUISE

Avec des croquis de l'auteur et deux portraits

PUBLIÉ PAR

Le Baron de Mitis	ET	Le Comte de Pimodan
ATTACHÉ AUX ARCHIVES IMPÉRIALES ET ROYALES DE VIENNE		ANCIEN LIEUTENANT-COLONEL DE CAVALERIE

Deuxième édition

PARIS
LIBRAIRIE PLON
PLON-NOURRIT et Cie, IMPRIMEURS-ÉDITEURS
8, RUE GARANCIÈRE — 6{e}

1914
Tous droits réservés

Droits de reproduction et de traduction
réservés pour tous pays.

NOTE
SUR
LE PRINCE
CHARLES
DE
CLARY-ET-ALDRINGEN

Le comte, plus tard prince Charles de Clary naquit à Vienne le 12 décembre 1777.

Son père, le prince Jean de Clary, descendant d'une noble famille florentine qui reçut l'indigénat en Bohême au quatorzième siècle, tenait un rang brillant dans la noblesse autrichienne, fut chambellan, conseiller intime, directeur général des bâtiments de la Cour, et eut l'honneur d'être choisi par l'empereur d'Autriche pour aller complimenter Napoléon lors de la naissance du roi de Rome.

Sa mère était fille du célèbre prince Charles-Joseph de Ligne, réputé parmi les meilleurs généraux, les plus agréables écrivains et, par-dessus tout, les hommes les plus spirituels de son temps. Elle a laissé le souvenir d'une femme excellente, gaie, aimable, avec du charme dans l'esprit, une pointe de fantaisie dans le caractère et la singularité de n'avoir jamais pu ou voulu apprendre l'allemand.

Lui-même, naturellement doué pour la littérature et pour les arts, reçut une éducation propre à développer ces dispositions, tandis que son frère cadet, Maurice (1), était destiné à l'état militaire. Deux années passées dans les bureaux du gouvernement de la Basse-Autriche complétèrent ses études par une connaissance générale de l'administration publique, puis il fut nommé chambellan de l'Empereur.

En 1802, le comte de Clary épousa une de ses cousines, la comtesse Louise Chotek, fille du comte Chotek, homme d'État éminent, qui fut ministre en Autriche et grand burgrave de Bohême. Sept enfants naquirent de leur très heureuse union : trois fils, dont deux moururent en bas âge et dont le survivant, Edmond, fut père du prince de Clary actuel; quatre filles, dont l'aînée, Mathilde, épousa le prince Guillaume Radziwill, la seconde, Euphémie, mourut sans alliance, la troisième, Léontine, épousa le prince Boguslas Radziwill, et la quatrième, Félicie, l'altgrave Robert de Salm-Reifferscheidt.

---

(1) Le comte François-Maurice de Clary (1782-1829) fut chambellan de l'empereur d'Autriche et colonel d'un régiment de cuirassiers autrichien.

NOTE

Pendant la campagne de 1809, Clary commanda un bataillon de landwehr levé sur les terres de sa famille, en Bohême, et, si les occasions lui firent défaut pour se couvrir de gloire, se distingua par son activité, son humeur facile, une bonté affable, dont ses moindres subordonnés gardaient le souvenir reconnaissant. L'année suivante, l'honneur lui échut de porter en France une lettre qu'écrivit à l'empereur Napoléon l'empereur François, père de l'archiduchesse Marie-Louise, le lendemain du mariage par procuration célébré à Vienne entre la princesse et le souverain français. Arrivé quelques jours avant la nouvelle impératrice, il passa environ trois mois en France, regardant la cour impériale en spectateur et quelque peu en ennemi, fréquentant le vieux monde — le faubourg Saint-Germain — auquel des parentés, des relations familiales, des souvenirs de l'émigration le rattachaient, voyant chaque jour une infinité de choses, allant presque chaque soir au théâtre et enregistrant tous les détails de sa vie parisienne dans une sorte de journal épistolaire, agrémenté parfois de spirituels croquis, dont tantôt sa femme, tantôt sa mère avaient la primeur. C'est ce journal que nous publions.

Les lettres, les arts, les voyages, les multiples devoirs d'une existence familiale très intime et d'une existence mondaine très brillante occupèrent ensuite

Clary jusqu'en 1826, époque à laquelle il hérita de son père le titre de prince et les importants domaines de Teplitz, Graupen et Binsdorf.

Depuis lors, il consacra son temps à l'administration de ses propriétés, se fit adorer de ses vassaux et fut un modèle de grand seigneur terrien au point de vue social comme au point de vue religieux, car, élevé vers la fin d'un siècle peu édifiant dans une société où ne manquaient pas les mauvais exemples, il devait à ses parents des sentiments chrétiens qui le guidèrent pendant sa vie et le consolèrent au moment de sa mort, survenue à Vienne le 31 mai 1831.

De son vivant, le prince Charles de Clary ne voulut rien publier lui-même, et collabora seulement, par des croquis, à deux ouvrages illustrés (1), mais il a laissé, comme souvenirs, récits de voyages, lettres, etc., un œuvre très considérable, que sa famille a bien voulu confier momentanément aux Archives de Vienne et dont le présent volume est extrait.

(1) *Ondine* et *L'Anneau magique,* de FOUQUÉ.

AVANT-PROPOS

I

De son premier et malheureux mariage avec le vicomte de Beauharnais, l'impératrice Joséphine avait deux enfants : le prince Eugène, vice-roi d'Italie, et la reine Hortense, femme de Louis Bonaparte, frère de Napoléon Ier et roi de Hollande ; mais sa seconde union avec le général Bonaparte, devenu l'empereur des Français, était demeurée stérile, et le souverain, au comble de la puissance, au faîte de la gloire, souffrait de ce que la Providence n'exauçât pas l'un de ses vœux. N'aurait-il aucun successeur direct pour hériter de ses États, continuer son œuvre colossale ? Resterait-il dans l'histoire du monde « un phénomène isolé » (1) ?

---

(1) Cette expression se trouve dans une sorte d'étude écrite en 1820 par le prince de Metternich sur Napoléon, et reproduite par le baron d'Helfert dans *Maria-Louise*, p. 370 et suiv.

Les lois civiles françaises autorisaient le divorce, et le lien religieux, créé entre Napoléon et Joséphine par une bénédiction furtive donnée avant le sacre, semblait possible à briser. Aussi, malgré l'affection très grande qu'il professait pour Joséphine, Napoléon avait songé à une nouvelle union dès 1807, après les sanglantes batailles d'Eylau et de Friedland, après la paix de Tilsitt qui, pour être très glorieuse, marquait néanmoins un arrêt dans son ascension vers un pouvoir sans cesse agrandi et, suivant l'expression de Vandal, lui inspirait le désir « d'ajouter aux trophées présentés à ses peuples un gage d'avenir, une espérance de stabilité (1) ». En 1809, après une campagne victorieuse encore mais singulièrement difficile contre l'Autriche, il jugea nécessaire, pour assurer la pérennité de son œuvre et surtout y faire croire, « de se prolonger dans une lignée directe. A la fin de 1807, il y avait eu chez lui velléité de divorcer : en 1809, il y eut volonté arrêtée, détermination prise, et, lorsqu'il revint d'Autriche, il portait en lui le poids de cette résolution, qui déchirait son cœur tout en ouvrant à son orgueil une carrière nouvelle (2) ».

Mais, si dans la question même du divorce la volonté seule de l'Empereur se trouvait en jeu, car le

---

(1) *Napoléon et Alexandre Ier*, par A. Vandal, t. II, p. 173.
(2) Id. *Ibid.*

sacrifice de l'Impératrice semblait assuré d'avance, il n'en pouvait être de même dans la question d'un second mariage sur laquelle des facteurs et peut-être même des résistances d'ordres divers pouvaient influer. Quoi qu'il en soit, une fois sa résolution prise, Napoléon désirait, malgré les prescriptions contraires de ses propres lois (1), que son second mariage suivît immédiatement son divorce, afin de s'assurer le plus tôt possible un héritier direct et aussi de ne pas laisser la France, l'Europe, le monde en suspens. Des motifs politiques l'inclinaient à épouser une princesse russe, la grande-duchesse Anne, sœur de l'empereur Alexandre Ier, mais cette alliance pouvait manquer, il lui fallait donc, tout en faisant des avances à la Russie, se préparer les moyens de contracter un autre mariage immédiat et même se ménager l'initiative apparente d'une rupture au cas où la cour de Saint-Pétersbourg se déroberait.

Bien que les princesses à marier fussent nombreuses en Europe, les seules qui parussent convenir, à défaut de la grande-duchesse Anne, étaient l'archiduchesse Marie-Louise, fille de l'empereur d'Autriche François Ier, ou encore la princesse Marie-Auguste, fille du

---

(1) L'article 297 du *Code Napoléon* décidait qu'en cas de divorce par consentement mutuel, et c'était le cas de l'Empereur et de l'impératrice Joséphine, « aucun des deux époux ne pourrait contracter un nouveau mariage que trois ans après la prononciation du divorce ».

roi de Saxe dont le consentement ne faisait aucun doute. Cependant, l'alliance saxonne n'était au fond qu'un pis aller : l'union d'un suzerain avec la fille d'un vassal, de fait sinon de droit. Tout bien pesé, si la Russie ne répondait point à l'attente de Napoléon, il ne pouvait être question que de l'Autriche, restée très grande puissance malgré ses revers et dont la maison souveraine gardait un prestige historique devenu incomparable puisque l'ancienne maison de France ne régnait plus. Mais l'empereur François, neveu de Marie-Antoinette, donnerait-il sa fille à Napoléon? Le doute à cet égard fut vite levé par une communication du comte de Laborde, ancien officier français passé au service autrichien pendant l'émigration, rentré plus tard en France, devenu auditeur au Conseil d'État, et que Napoléon avait laissé en Autriche après la dernière paix pour terminer quelques arrangements accessoires, aplanir certaines difficultés à titre officieux et surtout voir, observer, tenir le gouvernement français au courant. Laborde, en effet, gardait à Vienne des relations étendues, des amitiés fidèles, une grande connaissance des aîtres, et le dévouement historique de son père pour Marie-Antoinette lui assurait une situation privilégiée dans le monde de la cour et du gouvernement. Metternich lui fit une première ouverture dont un bon entendeur ne pouvait que tirer profit, puis les avances

AVANT-PROPOS

se précisèrent et, le 15 décembre 1809, au moment où le mariage de Napoléon et de Joséphine fut civilement dissous, nulle incertitude n'existait plus sur les intentions de l'Autriche. Bientôt même, tout le monde s'en mêla jusqu'à la pauvre Joséphine. Dans sa douleur profonde mais frivole, elle éprouve une consolation à la pensée que Napoléon semblera peut-être prendre une seconde femme de sa main, elle s'enorgueillit à l'espoir que cette femme sera la petite-nièce de Marie-Antoinette, l'égale par sa naissance des plus grandes princesses, comme on disait autrefois (1).

Quant aux intentions de la Russie, elles demeurent toujours douteuses, malgré la croyance accréditée dans le public que Pétersbourg et Vienne se disputent l'honneur d'offrir une épouse à l'empereur des Français, et que la décision de Napoléon va constituer un succès diplomatique éclatant pour celle des deux puissances parvenue à fixer son choix. En réalité, la Russie ne veut que se dégager sans trop se compromettre,

---

(1) Voici, par exemple, ce que nous trouvons dans un bulletin de nouvelles françaises, postérieur il est vrai, puisqu'il porte la date du 20 février 1810 et fut joint au rapport adressé le 25 du même mois à son gouvernement par le prince de Schwarzenberg, ambassadeur autrichien à Paris : « L'impératrice Joséphine a dit à une personne en laquelle elle a beaucoup de confiance qu'elle prenait et prendrait toujours le plus vif intérêt à Madame l'Archiduchesse, qu'elle se ferait une loi de la soutenir de tout le crédit qu'elle pourrait conserver, qu'enfin elle ferait de cœur et d'âme tout ce qu'elle pourrait pour que l'Empereur et sa jeune épouse fussent mutuellement heureux. » (*Archives impériales et royales de Vienne.*)

éconduire la France tout en la berçant de paroles flatteuses, enfin, quand il faudra donner un refus catégorique, s'abriter derrière une volonté insurmontable de l'impératrice-mère demeurée souveraine maîtresse dans sa famille. Napoléon le comprend et, devançant les mauvaises intentions de Pétersbourg, se tourne vers Vienne afin de conserver l'apparence d'exercer délibérément son choix. Ce revirement, machiné comme une intrigue de comédie, fut, d'ailleurs, tout à fait conforme au caractère de l'Empereur, dont le génie vint surtout de sa prodigieuse aptitude à voir très vite comme très juste les faces d'une situation, les moyens d'en tirer parti (1), sans jamais s'embarrasser du grand attirail de principes divers que les commentateurs dégagent maintenant à leur guise de ses actes et de ses écrits.

Dès le 6 janvier 1810, le prince Eugène exposa nettement au prince de Schwarzenberg, ambassadeur autrichien à Paris (2), que l'Empereur, ayant jeté son

(1) Le 13 janvier 1810, le prince de Schwarzenberg mandait à son gouvernement l'appréciation suivante de Mgr de Pradt, aumônier de l'Empereur, sur Napoléon : « C'est une tête extraordinaire; qu'on y jette de la bonne ou de la mauvaise semence, rien ne s'y perd, tout prospère dans cette tête, il n'y a ni grêle ni gelée...... » (*Archives impériales et royales de Vienne.*)

(2) Le prince Charles-Philippe de Schwarzenberg (1771-1820) était, en 1810, feld-maréchal-lieutenant, fut chargé de commander les Autrichiens auxiliaires de la France pendant la campagne de Russie, devint feld-maréchal et, après la défection de l'Autriche, dirigea, comme généralissime, les troupes coalisées contre Napoléon (1813-1814).

dévolu sur l'archiduchesse Marie-Louise, « se tenait prêt à l'épouser, mais y mettait une condition : c'était que l'on conclurait sans désemparer, et que le contrat serait signé dans quelques heures. Tout ajournement serait considéré comme un refus, et la volonté du maître se porterait ailleurs (1) ».

Schwarzenberg prit sur lui d'accepter, bien que ses pouvoirs n'allassent pas jusque-là (2), et Napoléon ne s'occupa plus que de se dégager à l'égard de la Russie. En même temps, il faisait rechercher les pièces relatives à l'union conclue quarante ans plus tôt entre le dauphin de France et Marie-Antoinette, afin que les formalités de ce mariage servissent de précédents pour le sien.

A Paris, l'annonce de la décision impériale produisit un effet sans durée dans le peuple, blasé sur les prodiges de Napoléon et las du prix auquel ces prodiges revenaient. Dans la classe élevée, au contraire, le petit groupe des royalistes fidèles sans défaillances fut atterré, mais la majorité de la société parisienne, déjà acquise ou prête à se rallier au gouvernement nouveau, y vit la rupture définitive de Napoléon

---

(1) *Napoléon et Alexandre Ier*, par A. Vandal, t. II, p. 260.
(2) La convention, alors signée par le prince de Schwarzenberg et le ministre des Affaires étrangères français Champagny, « n'était, à la vérité, pas un contrat de mariage, mais..... lui servait cependant de base ». (Rapport du prince de Schwarzenberg, en date du 27 février 1810. *Archives impériales et royales de Vienne*.)

avec ses origines révolutionnaires, le retour vers un passé proche par le temps, lointain par les circonstances, une ample perspective de places et d'honneurs.

A Vienne, la surprise fut immense pour tous, l'indignation profonde dans la noblesse et dans l'armée ; puis, après les premiers étonnements passés, le mariage de l'archiduchesse et de Napoléon apparut comme une revanche ménagée à son peuple par l'empereur François, au prix d'un sacrifice familial dont l'Autriche entière devra se montrer reconnaissante.

Une difficulté se présentait encore cependant : après la rupture du lien civil ayant existé entre Napoléon et Joséphine, quelle demeurait leur situation respective au point de vue religieux ? Avaient-ils été mariés devant l'Église ? On en doutait fort à Vienne. Néanmoins, le souverain apostolique, le père, le chrétien ne pouvait aventurer sa fille sans plus ample informé. D'ailleurs, le prince-archevêque de Vienne (1) refusait de bénir le mariage par procuration de l'empereur des Français et de l'archiduchesse avant que tous ses scrupules ne fussent apaisés. Après divers pourparlers hâtés par l'impatience française, il se contenta néanmoins d'une assurance que l'officialité de Paris considérait Napoléon comme libre de contracter une

(1) C'était alors le comte Sigismond-Antoine Hohenwart.

nouvelle union. Les cours d'Autriche et de France n'eurent donc plus qu'à s'occuper du mariage lui-même, de ce mariage qui apparaissait maintenant aux yeux de l'univers comme une application particulièrement heureuse du vieil adage :

Tu, felix Austria, nube!

II

Toutes choses entendues, « il fut décidé qu'un grand dignitaire de la cour de France serait envoyé à Vienne, avec mission de demander officiellement la main de la princesse Marie-Louise (1) ». Napoléon choisit le maréchal Berthier, prince souverain de Neufchâtel, prince de Wagram, époux d'une princesse de la maison de Bavière et, sinon tout à fait homme de l'ancien régime, du moins officier de l'ancienne armée royale, ayant servi fidèlement Louis XVI et ne traînant aucun mauvais souvenir révolutionnaire derrière lui.

Berthier, qualifié seulement dans le protocole prince de Neufchâtel par égard pour l'Autriche, partit de

---

(1) Cf. *Le Mariage par procuration de Napoléon avec Marie-Louise, d'après les lettres inédites du maréchal Berthier,* par le baron J. ANTOMARCHI. *Revue hebdomadaire* du 15, du 22 et du 29 octobre 1898 : numéro du 15 octobre.

Paris le 24 février 1810, arriva le 4 mars à Vienne, y fit son entrée solennelle le lendemain et fut ensuite reçu par l'Empereur et l'Impératrice en audience d'apparat. Le 8, il demanda officiellement la main de l'archiduchesse Marie-Louise et pria l'archiduc Charles de remplacer Napoléon pour la cérémonie du mariage par procuration. Le 9, eurent lieu la signature du contrat et la cérémonie par laquelle toute archiduchesse qui se marie renonce à ses droits sur l'héritage paternel. Enfin, le dimanche 11 mars, à six heures du soir, dans l'église des Augustins, paroisse impériale, le prince-archevêque de Vienne, assisté de l'administrateur de la paroisse et de l'aumônier de la cour, célébra le mariage de l'empereur Napoléon, représenté par l'archiduc Charles, et de l'archiduchesse Marie-Louise.

Le 12, l'empereur François écrivit à son nouveau gendre une lettre (1) qu'allait emporter le comte de Clary et, le 13 au matin, l'impératrice Marie-Louise partit pour la France. Dans la journée du 27 mars, elle rencontra son époux venu à sa rencontre du château de Compiègne. Tous deux y arrivèrent sur les dix heures du soir et, dès le lendemain, Napoléon pouvait espérer un héritier dans les veines duquel le sang

(1) Voir pièce justificative nº I.

AVANT-PROPOS

des Bonaparte et le sang des Habsbourg se trouveraient unis.

En France, le public, la cour, peut-être même l'autorité religieuse, mal avertie, semblaient considérer le mariage par procuration de Vienne comme un simple préliminaire au mariage que le cardinal Fesch, oncle de l'Empereur, allait célébrer à Paris dans la plus pompeuse solennité; la hâte de Napoléon fut donc pour tous une cause de surprise, pour beaucoup une cause de scandale, et le comte de Clary lui-même, entraîné par l'opinion générale, la jugea très sévèrement. Il résulte, néanmoins, de documents irréfragables (1) que le mariage de Vienne était valable dans toutes ses conséquences. La conduite de Napoléon put donc être contraire au protocole et au bon goût, mais ne mérita en aucune manière les indignations dont Chateaubriand (2) et d'autres écrivains l'ont stigmatisée. Par contre, M. Thiers, pour ne citer que lui, s'est prononcé très nettement, mais sans explications, sur la valeur absolue du mariage par procuration (3). Quant à Frédéric Masson, il se borne à raconter les

(1) Voir pièces justificatives nos II et suiv.
(2) *Mémoires d'outre-tombe*, édition de 1849, à Bruxelles, t. III, p. 237.
« Bonaparte apprit à cette seconde femme à lui devenir infidèle, ainsi que l'avait été la première, en trompant lui-même son propre lit par son intimité avec Marie-Louise avant la célébration du mariage religieux : mépris de la majesté des mœurs royales et des lois saintes qui n'était pas d'un heureux augure. »
(3) *Histoire du Consulat et de l'Empire*, t. XI, p. 386.

faits, dans *L'Impératrice Marie-Louise* (1), avec la précision et l'intensité de récit qui lui sont coutumières. L'erreur originelle vint, semble-t-il, du cardinal Fesch, qui, soit par incompétence théologique (2), soit par désir inconscient de grandir son rôle, se donna l'illusion de prévoir le mariage parisien comme un complément du mariage viennois, dont il ne devait et ne pouvait être qu'un renouvellement de pure cérémonie. Tel était, d'ailleurs, l'avis du prince-archevêque de Vienne, qui, tout en inclinant d'abord à regarder une bénédiction nouvelle comme « superflue », sinon « déplacée et inconvenable », expédia cependant « les actes de dispense et d'autorisation » que Mgr Fesch réclamait en vue de cette seconde bénédiction (3) : après avoir tant fait que de marier Napoléon malgré ses scrupules, il n'avait pas motif de se montrer intransigeant sur une question secondaire dans laquelle sa conscience ne se trouvait point directement engagée.

O. M. et C. P.

---

(1) P. 92 et 93.
(2) Les circonstances troublées au milieu desquelles Mgr Fesch avait vécu suffisent pour expliquer cette incompétence. Il en souffrit et, par un retour méritoire, veilla spécialement à l'instruction théologique du clergé dans son archevêché de Lyon.
(3) Voir pièce justificative n° IV.

La princesse Christine Clary née pr.sse de Ligne
dessin d'après nature par le pr. Ant. Radziwill

TROIS MOIS A PARIS
LORS DU MARIAGE DE
L'EMPEREUR NAPOLÉON IER
ET DE
L'ARCHIDUCHESSE MARIE-LOUISE

CHAPITRE PREMIER

Départ de Vienne. — Premiers incidents de voyage. — Arrivée en France. — Paris. — Compiègne. — Napoléon Ier. — Une chasse impériale.

N° 1.
A Louise.
(La comtesse de Clary.)
Ried, à deux postes et demie avant d'arriver à Braunau (1).
Mercredi, 14 mars 1810,
7 heures du soir.

Jusqu'ici cela n'allait pas trop mal : j'ai quitté Vienne hier, à six heures du matin, et je roulais assez vite, à quatre chevaux, dans une jolie petite calèche neuve que j'ai achetée au dernier moment, crainte que l'autre ne soutînt pas un si grand voyage, mais j'étais parti tellement ventre à terre il y a une heure, qu'après

(1) Première ville bavaroise sur la route de Vienne à Paris. C'est à Braunau, encore occupé par les troupes françaises, que l'impératrice Marie-Louise devait laisser sa suite autrichienne et être « remise » à la suite française envoyée au-devant d'elle par Napoléon Ier.

un quart d'heure une *Pratzen* (1) de devant cassa, et me voilà revenu chez le maréchal ferrant. Au fait, j'avais déjà cassé une autre *Pratzen* la nuit dernière, avec un pied de boue et par une pluie à verse. — Ma conscience me tourmente. Je suis très pressé, peut-être devrais-je prendre une calèche de poste pour continuer mon chemin ? D'un autre côté, impossible que j'y place trois personnes et mes effets.

Vous savez que je porte une lettre de l'Empereur (2) et une de l'Impératrice (3) au beau-fils (4) ; je suis le premier courrier de Vienne qui doit presque lui annoncer que le mariage est — à peu près — fait ; je porte des dépêches télégraphiques au général commandant la place de Strasbourg, une très belle boîte en diamants, présent de notre empereur, pour le Champagny (5), un gros paquet de dépêches pour le prince de Schwarzenberg, enfin, pour le prince aussi, la croix, la plaque et le cordon de Saint-Étienne (6). Tout cela, excepté les derniers

---

(1) Sorte de sabot.
(2) François Ier, empereur d'Autriche, père de l'impératrice Marie-Louise.
(3) Marie-Louise-Béatrice, fille de l'archiduc Ferdinand, troisième femme de l'empereur François Ier et belle-mère de l'impératrice Marie-Louise.
(4) L'empereur Napoléon Ier.
(5) Jean-Baptiste Nompère de Champagny (1756-1834), duc de Cadore, ministre des affaires étrangères français. Il avait été ambassadeur à Vienne, et une partie, tout au moins, de la société autrichienne ne l'aimait pas. Le 27 février 1810, le prince de Schwarzenberg, parlant d'une affaire qu'il venait de traiter avec le ministre des affaires étrangères français, ajoutait : M. de Champagny « y mit toute la mauvaise grâce qui le caractérise ». (Rapports de Schwarzenberg. *Archives impériales et royales de Vienne*.)
(6) L'ordre Saint-Étienne était et est encore l'un des premiers ordres autrichiens.

objets, se trouve dans un portefeuille noir que je ne quitte jamais en descendant de voiture, même pour..... un instant.

Les chemins sont abîmés, aucune voiture n'y résisterait et une voiture de Vienne ne résiste guère, même à un bon chemin : je ne puis donc sans injustice en vouloir à la mienne.

Le mouvement qu'on remarque partout est amusant. Je suis fâché de passer à Braunau la nuit. Dans toutes les villes, les rues sont combles de monde, on voit des soldats français, des préparatifs d'illumination, des arcs de triomphe et, à chaque relai de poste, des centaines de chevaux.

L'impératrice Marie-Louise est partie avec quatre-vingt-une voitures, ce qui exige plus de trois cents chevaux par poste.

Titine (1) m'a promis de vous écrire et de vous rendre compte du mariage à Vienne et de l'illumination manquée grâce au vent, ce que je n'ai plus eu le temps de faire (2).

Au moment de monter en voiture, mon père m'a fait prendre Franz (3), ce qui, au fond, m'est commode et se pouvait, puisque le comte de Metternich (4) me permet de

---

(1) Titine, fille naturelle du prince Charles de Ligne, frère de la princesse de Clary, et d'une actrice française. — Élevée chez la princesse de Clary et fort spirituelle, Titine était l'amuseuse constante et peut-être aussi, quelquefois, le souffre-douleur de la maison. Elle épousa plus tard le comte ...... Son grand-père, le célèbre prince de Ligne, disait en parlant d'elle : « C'est une Ligne, mais pas une ligne droite. » (Cf. *Souvenirs de la baronne Du Montet*, p. 106 et suiv.)

(2) La comtesse de Clary se trouvait alors à Teplitz, en Bohême, chez le prince de Clary, son beau-père.

(3) Domestique de la princesse de Clary parlant bien français.

(4) Le comte, plus tard prince Clément de Metternich, chancelier autrichien.

voyager à quatre chevaux. *Le Français de la Princesse* me sera fort utile. On le réveilla, il fit son petit paquet et partit avec moi : au fond, je l'ai volé à ma mère pendant qu'il dormait.

Saverne. — Depuis minuit jusqu'à six heures du matin, j'ai attendu des chevaux de minute en minute. Pour un courrier (!) il y avait de quoi devenir fou. La pluie tombait à verse.

J'aurai donc une audience particulière du *Napo. (sic).* Ce sera amusant. Ne vous inquiétez pas du sort de tous les trésors confiés à ma garde; on ne vole pas un courrier à quatre chevaux et trois personnes; mon coffre est vissé. Vous m'avouerez que je suis un personnage important... Adieu : fierté à part, je vous embrasse.

N° 2.
   A ma Mère.
   (*La princesse de Clary.*)
     Saverne.
Dimanche, 18 mars 1810.

Me voilà en France, et non sans peine. Les chemins sont épouvantables. Je viens de voir gigoter le télégraphe (1) qui, sans doute, annonce mon arrivée; j'ai même vu qu'il disait :
— « C'est le petit Lolo (2). »
Et puis :

---

(1) On sait qu'avant l'invention du télégraphe électrique, il était fait usage d'un télégraphe aérien transmettant les dépêches à l'aide de signaux.
(2) Le comte de Clary était, dans sa famille, surnommé *Lolo*.

— « Joli courrier. »

J'espère que vous aurez eu de mes nouvelles de Munich. Auguste Colloredo (1), que j'y ai vue un moment, m'a promis d'écrire à Louise. Je vous ai écrit de Ried, ainsi qu'à Louise. J'ai mis ces lettres à la poste de Neu-Œttingen, après Braunau. J'y ai rencontré la reine de Naples (2), elle m'a paru fort jolie. Au reste, sa voiture et ses six chevaux ont passé comme une flèche à ma barbe ; j'ai regretté de ne pas avoir demandé à la voir, sous prétexte de prendre ses ordres pour Paris.

N° 3.
A Louise.
Compiègne.
Mercredi, 21,
et jeudi, 22 mars 1810.

Moi à Compiègne ! Ma chère Louise, je crois rêver ! et c'est comme en rêve que je vas et viens, tant je suis encore étourdi de tout ce qui m'est advenu. Pour ne pas m'embrouiller, il faut que je vous dise, heure par heure, ce que j'ai fait depuis mon arrivée à Paris.

Le jour tombait, il était six heures, lorsque, avant-hier, j'y fis ma brillante entrée. Ma voiture ne tenait plus que par miracle ; elle était en cannelle et cassa pour la dernière fois à deux cents mètres de l'hôtel du prince de Schwar-

---

(1) La princesse Ferdinand de Colloredo-Mansfeld, née baronne Auguste de Groschlag-Diepurg.

(2) Caroline Bonaparte, sœur de Napoléon Ier et femme du roi de Naples Joachim Murat. — Napoléon Ier l'avait chargée d'aller recevoir, à Braunau, l'impératrice Marie-Louise. Partie tardivement de Paris, la reine de Naples voyageait extrêmement vite. (Cf. *L'Impératrice Marie-Louise,* par F. MASSON, p. 81.)

zenberg (1), où j'achevai de me rendre au pas. Le prince était sorti. On me mène chez Tettenborn (2). J'y trouve Wallmoden (3), Wratislaw (4), Jean Paar (5), etc., et, ce qui vaut bien mieux, un dîner. Ah! quel bon dîner pour un ventre de courrier! J'étais si abasourdi de mon voyage que je savais à peine ce que je faisais.

J'appris, avec désespoir, que j'avais manqué l'Empereur de peu d'heures : il était parti pour Compiègne le même jour. Le prince ne rentra qu'à dix heures. On décida bien vite qu'il me fallait aller à Compiègne, mais, comme il n'y avait personne pour m'y introduire, M. de Floret (6) s'en fut trouver M. de Champagny qui m'envoya une lettre pour Duroc (7). Tout cela nous mena jusqu'à minuit et, au lieu de me coucher joliment à Paris, je me remis à rouler ma huitième nuit dans une voiture prêtée par l'ambassadeur, un sous-courrier en avant pour aller plus vite.

Mercredi, vingt et un mars. — A huit heures du matin, j'étais à Compiègne. Je descends à l'auberge et mets mon

---

(1) Le prince de Schwarzenberg avait loué le superbe hôtel de Montesson, 40, rue du Mont-Blanc, maintenant rue de la Chaussée-d'Antin. Cet hôtel n'existe plus.

(2) Le baron Frédéric-Charles de Tettenborn appartenait au personnel de l'ambassade d'Autriche à Paris, en qualité de « chevalier d'ambassade ».

(3) Le comte Louis-Georges-Theodel de Wallmoden-Gimborn, général autrichien.

(4) Peut-être le comte Eugène de Wratislaw (1786-1867), qui était alors capitaine dans l'armée autrichienne.

(5) Le comte Jean-Baptiste de Paar, capitaine de cavalerie autrichien.

(6) Pierre-Jean de Floret, conseiller de l'ambassade d'Autriche à Paris.

(7) Duroc, duc de Frioul, grand-maréchal du palais de Napoléon Ier.

uniforme petit chocolat (1) avec des bas blancs, parce que l'ambassadeur avait décidé qu'il n'y avait aucun inconvénient à cela et que, d'ailleurs, mon uniforme rouge (2) n'était pas prêt. Entre nous, excepté ma coquetterie qui en souffrait, et beaucoup, je n'étais pas fâché de paraître dans cet habit. Je cherche Duroc, on me mène dans un immense salon, où se tenaient des chambellans, rouge et argent, des généraux, bleu et or, qui tous, fort étonnés de voir une figure comme la mienne dans ce sanctuaire de cour, me regardent *wie die Kuh ein neues Thor* (3). J'avoue que j'eus un cruel moment d'embarras; enfin, on me renvoie à l'appartement de ce grand-maréchal Duroc, où il devait être et vint bientôt après. Il fut extrêmement poli et, après un quart d'heure d'attente, me conduisit dans un salon où je me trouvai en face...... De Qui?...... Viennent ici tous Ses titres si vous voulez......

J'avais arrangé une petite harangue, d'une éloquence simple, mâle et touchante, qui commençait par : « L'Empereur, mon maître, m'a chargé, etc., etc. »

Il ne me laisse pas achever, prend mon paquet et me questionne sur mon voyage :

— « Quel jour êtes-vous parti?

— « Le treize, Sire, deux heures avant l'Impératrice.

— « Avez-vous trouvé de mauvais chemins? »

Et autres questions de ce genre.

(1) Uniforme de la landwehr de Bohême.
(2) Uniforme porté dans les occasions solennelles par les membres de la diète de Bohême.
(3) Littéralement : *comme la vache regarde une porte neuve*, locution allemande analogue à la locution française actuelle : *comme une vache regarde passer un train*.

Ensuite, il me dit :

— « J'ai des nouvelles de l'Impératrice par le télégraphe. Elle est aujourd'hui à … *(je ne sais plus où)*. Elle sera ici tel et tel jour. »

Il me demande des nouvelles de mon impératrice, puis :

— « Vous êtes parent du prince de Ligne ?

— « C'est mon grand-père, Sire.

— « Comment se porte-t-il, le prince de Ligne ? Sa campagne, près de Vienne (1), a un peu souffert par nous.

— « Oui, Sire, un peu.

— « J'ai vu une princesse de Clary à Vienne. Est-ce votre mère ?

— « Oui, Sire.

— « Quel est cet uniforme-là ?

— « Sire, c'est celui d'un des corps-francs de Bohême.

— « Ah ! de la landwehr. »

J'avais voulu esquiver ce mot-là.

— « Oui, Sire.

— « Vous avez servi pendant la dernière guerre ?

— « J'ai été à l'armée de Bohême.

— « Avez-vous fait d'autres campagnes ?

— « Non, Sire. Je n'ai servi que dans cette guerre-là.

— « Vous vous reposerez ici. Je vous verrai encore. »

Petite mine, il se tourne et j'étais encore à faire des révérences qu'il lisait déjà mes lettres.

Me revoilà dans le salon de service. Je questionne.

---

(1) Le prince de Ligne possédait une maison de plaisance sur le Leopoldsberg, hauteur voisine de Vienne.

— « L'Empereur m'a dit : *Vous vous reposerez ! Je vous verrai encore.* Qu'est-ce que cela signifie?

— « Ma foi, Monsieur, que vous devez rester à Compiègne jusqu'à ce qu'on vous dise de vous en aller. »

Ah, ah! Et moi qui comptais repartir sur-le-champ, arriver à Paris pour le bal de ce soir chez l'ambassadeur!

— « Qu'est-ce que j'ai à faire? »

— « Rien, Monsieur, vous vous promènerez avec nous dans ce salon. »

Alors, un grand général, sec et poli, me dit :

— « Monsieur, voulez-vous venir déjeuner avec nous? »

Je demande à un autre :

— « Qui est ce général?

— « C'est Savary (1). »

Ouf!

— « Et ce gros chauve?

— « Davout (2). »

Aïe! Ces noms me donnent la chair de poule!

Après déjeuner, nouveau toupillage dans le salon. Enfin les voitures avancent. L'Empereur part à cheval et gagne la forêt. Nous suivons. J'étais avec M. Germain (3), chambellan, et je ne sais plus qui. Il faisait

---

(1) Le général Savary, duc de Rovigo, avait pris part aux campagnes, de 1805 et de 1809 contre l'Autriche.

(2) Le maréchal Davout, duc d'Auerstaedt et prince d'Eckmühl, avait pris part aux campagnes de 1805 et de 1809 contre l'Autriche.

(3) Auguste-Jean, comte Germain, fils d'un banquier et petit-fils, dit-on, du fameux orfèvre Germain. Il fut, sous l'Empire, chambellan de Napoléon Ier et ministre plénipotentiaire. Le gouvernement de la Restauration le nomma préfet en 1814, puis le créa pair de France en 1819. Il mourut en 1821. Le comte Germain avait épousé une petite fille de la célèbre Mme d'Houdetot.

assez froid. Nous nous promenons deux heures sans rencontrer l'Empereur. On le demande à tous les carrefours, enfin on rentre. Il était au palais depuis longtemps.

Comme c'était la première journée du séjour à Compiègne et qu'il n'y avait encore de la cour que le strict nécessaire, il régnait un décousu fameux.

A six heures, dîner : je n'ai pas encore l'appétit ouvert. Soirée longuette. A la fin, M. de Nansouty, premier ou grand écuyer (1), me dit :

— « L'Empereur vous fait savoir que vous le suivrez demain à la chasse, et vous permet de vous faire faire les uniformes de chasse. Pour demain, un de ces messieurs vous en prêtera un. Mais il faut tâcher que les vôtres soient prêts pour la chasse suivante. »

Révérence de ma part en réponse.

— « Vous avez un appartement au château. »

Autre révérence.

On se couche très bien à neuf heures et demie.

Ce matin, à neuf heures, j'étais prêt. L'uniforme m'allait fort bien pour le haut, mais je n'avais ni bottes fortes, ni culotte verte, de sorte que mon costume ne cadrait pas trop. On m'offrit un chapeau, mais j'avais si peur qu'il n'y eût une cocarde que j'aimai mieux mettre mon chapeau galonné d'uniforme.

Avant la chasse, M. de Nansouty vint me dire :

— « L'Empereur vous accorde les » — je ne me sou-

---

(1) Le général comte de Nansouty était, en 1810, premier écuyer de l'Empereur. Quant au grand écuyer, le général marquis de Caulaincourt, duc de Vicence, il remplissait alors les fonctions d'ambassadeur en Russie.

viens plus — « grandes ou petites entrées à son lever et à son coucher, et vous êtes censé de tout le voyage. » Ce qui voulait dire que je devais rester à Compiègne autant que lui. Je tournai à la mort!

A dix heures, on déjeuna sans l'Empereur, puis on se mit en voiture : lui dans la première, et nous suivions. De jolis équipages allant comme le vent, de jolis chevaux, la plupart gris, des jockeys à la mode anglaise, d'une jolie tournure, et surtout des houzards culottés de rouge, qu'on appelle guides ou chasseurs, je ne sais pas bien, rendaient le coup d'œil charmant.

Au rendez-vous de chasse, nouveau déjeuner : c'est la seule fois que je me suis trouvé à table avec l'Empereur. C'était pour moi le sentiment du monde le plus bizarre d'être presqu'à côté de lui, habillé de même que Savary, que Davout, que Duroc. Je me tâtais pour savoir si c'était bien moi. Le déjeuner fut l'affaire de dix minutes. Je prenais tranquillement du café lorsque, en levant les yeux, je remarquai que j'étais le seul; je crus même voir l'Empereur sourire avec un de ces messieurs de ce que le chambellan autrichien se pressât si peu et, au moment où d'effroi je posais ma tasse, on se leva.

On monte à cheval. L'Empereur part comme un trait. J'ai été étonné que tous ces messieurs osassent se dispenser de le suivre. Ils restèrent tranquillement devant la cheminée, au pavillon de la Faisanderie où l'on avait déjeuné. Davout fit la moitié de la chasse, puis s'en alla au palais. Savary ne quitta pas l'Empereur. Le général de Nansouty, le capitaine commandant la vénerie,

M. d'Hannecour (1), un écuyer-veneur, voilà ce qui suivait *ex officio* : Roustan (2) aussi, et moi qui voulais me piquer de suivre l'Empereur. J'étais si occupé à courir après lui pour ne pas le perdre de vue, que Savary me dit une fois :

— « N'allez pas si près de l'Empereur ! »

Jusqu'au premier relai, les choses se passèrent fort bien. Je ne le quittai point ; mais, au moment où il change de cheval, on est perdu. Il est, comme de raison, si bien servi, il part si vite qu'il n'y a pas moyen de le suivre. J'errai en tous sens dans la forêt ; tantôt je rencontrais un palefrenier, tantôt un général égaré, tantôt je voyais passer la chasse de bien loin, tantôt des promeneurs et des curieux m'en donnaient des nouvelles. Enfin, je ne rejoignis l'Empereur qu'à la mort du cerf. L'animal était dans la rivière et nageait. L'Empereur avait mis pied à terre, tout le monde aussi. Moi seul restais à cheval par distraction. Vous voyez que j'ai fait bien des incongruités !

L'Empereur tira cinq fois au beau milieu des chiens ; il est inconcevable qu'il n'en tue pas. C'est le moindre de ses soucis. Il manqua trois fois, toucha deux et, au dernier coup, sur la tête du cerf, celui-ci disparut dans l'eau.

— « Eh bien, me dit-il, avez-vous jamais vu aussi belle chasse ? Hein ?

— « Jamais, Sire ! »

---

(1) J.-F.-E. Randon d'Hannecourt, chef d'escadrons, capitaine des chasses de Compiègne.
(2) Mameluck ramené d'Égypte par Bonaparte en 1799, et qui l'accompagna presque constamment depuis cette époque jusqu'en 1814.

On remonte à cheval et, au grand galop, on regagne Compiègne.

L'Empereur était extrêmement content de la chasse; elle avait duré près de cinq heures et vraiment réussi au mieux, car la forêt, quoique sans feuilles encore, semble superbe. Les routes étaient très belles et le temps parfait. J'avais monté de fort bons chevaux, ce dont on me fit compliment, car, dit-on, les gens moins favorisés attrapent des rosses curieuses.

J'étais mort, non de fatigue mais de chaleur et de la rapidité de cette course. Un quart d'heure et une toilette me remirent. Adieu (1).

(1) *(Note du comte de Clary.)* Cette lettre, à laquelle je viens de tâcher de suppléer deux mois après, est la seule qui soit partie par la poste et la seule qui ne soit jamais arrivée. Je ne crois pas qu'il y ait eu la moindre chose offensante pour *personne,* mais on dit qu'il n'aime pas qu'on le fasse parler et qu'on cite ses propos.

CHAPITRE II

Nouveaux détails sur le voyage de Vienne à Paris. — Ebersberg, Braunau, etc. — Le comte de Béarn. — Saverne, Nancy, etc. — Prince de Neufchâtel ou prince de Wagram. — Paris, Compiègne. — Les trois rois; la princesse Pauline. — Le comte de Castel-Alfer.

N° 4.
A Louise.
Compiègne.
Jeudi, 22 mars 1810,
au soir.

Je vous ai écrit une lettre commencée hier, finie ce matin. J'espère qu'elle vous a rassurée sur mes aventures comme sur ma petite santé. Mon voyage s'est très bien passé, à quelques impatiences près. J'ai eu plusieurs moments de découragement pendant lesquels j'ai bien cru qu'il me faudrait laisser ma voiture sur les grands chemins, puis deux ou trois jours de pluie continue, un de ces temps où tout ce qu'on touche est mouillé, où une puce ne trouverait pas dans la nature entière de quoi poser la patte à sec.

En voyage, tout ce qui arrête paraît un réel malheur. A Stuttgart, par exemple, on m'a pris mon passeport pour le viser : j'étais dans une vraie fureur contre ces petits rois qui aiment les passeports de passion et font chasse sur eux comme une araignée sur les mouches. Pour le reste, je me suis fort bien tiré d'affaire : du jambon et du fromage — en fait de chaud, une tasse de café tous les matins — m'ont conduit de Vienne à Paris, et dussé-je, comme dit ma mère, n'avoir plus d'estomac à quarante ans, je me trouve parfaitement du mien jusqu'à présent.

Somme totale, j'ai été assez content de la petite............ que j'avais emmenée de Vienne au dernier moment. Elle est bien gentille et bien leste, très légère sans être étourdie; quoique neuve et sans la moindre expérience, elle ne s'étonnait de rien et ne me fatiguait pas de questions impertinentes; seulement, elle me croque un peu les jambes parce qu'elle est trop courte. Sérieusement, je suis bien persuadé que ma feue............ n'aurait pas soutenu un voyage aussi rapide sur les routes d'Empire et les chemins pavés de France. Au fond ma............ voiture n'a cassé que de petites choses, dont le bris ne m'arrêta pas longtemps.

Je vous dois encore le récit détaillé de mon voyage depuis Vienne et des remarques statistico-topographico-géographiques sur les pays que j'ai traversés. Voici.

Beaucoup de boue en Autriche. L'Empereur m'a dépassé à la troisième poste (1) et a sûrement dit : « Mon courrier ne va pas vite! »

La situation de Melk paraît charmante, et une des plus jolies de la route.

J'ai passé de nuit à Enns.

Je n'ai aperçu Linz que de loin.

Ebersberg m'a navré : je n'avais jamais vu endroit

---

(1) L'empereur François Ier et la famille impériale allèrent à Saint-Pœlten, distant de Vienne d'environ douze lieues, pour prendre congé de l'impératrice Marie-Louise, puis l'Empereur poursuivit seul jusqu'à Enns, où il dit à sa fille un dernier adieu. (*Napoléon et Louise, ou Le Mariage du héros*, publié à Paris, sans nom d'auteur, en 1810, t. Ier, p. 92.)

brûlé à ce point, il ne reste absolument que des murs (1). Ce sont ces gens-là qui seront étonnés en regardant passer l'impératrice Marie-Louise !

Les sentinelles françaises de Braunau m'ont fait mal à voir. Je voudrais bien entendre les récits de Féfé (2), et savoir si elle a été réellement aussi malheureuse qu'elle s'y attendait. Je plains les dames qui ont quitté Paris et leurs amis pour venir passer huit jours dans cet abominable trou (3). La reine de Naples a eu raison d'attendre tranquillement à Munich (4).

L'Impératrice doit avoir une indigestion d'arcs de triomphe en sapins. Il y en avait dans chaque village, et aussi de pauvres petits sapineaux que de pauvres gens s'étaient donné la peine de ficher en terre le long des chemins, et que les augustes regards de cette Majesté n'auront seulement pas rencontrés. J'ai même vu, et vous ne le croirez pas, des jeunes personnes, entre six et dix ans, vêtues de blanc, une fleur dans leurs cheveux poudrés, qui se préparaient à semer sur le chemin de l'Impératrice de l'herbe et du trèfle, seule fleur de la saison, ce qui est une idée aussi neuve qu'ingénieuse.

---

(1) Le 3 mai 1809, au cours d'un très violent combat entre les Français et les Autrichiens, la ville et le château d'Ebersberg avaient été pris d'assaut par les Français et incendiés.

(2) La comtesse Jean Palffy, née princesse Euphémie de Ligne, sœur cadette de la princesse de Clary. Elle avait fait partie de la suite autrichienne qui accompagna Marie-Louise jusqu'à Braunau.

(3) La suite française, envoyée au-devant de l'impératrice Marie-Louise, était arrivée dès le 9 mars à Braunau, où elle attendit la princesse jusqu'au 16 mars.

(4) D'après F. Masson, la reine de Naples n'avait pas attendu à Munich, mais était partie tardivement de Paris. (Voir ci-dessus p. 5, en note.)

Je n'ai retenu que l'inscription très laconique placée à l'entrée du Pays de Bade : *Salve, Cæsaris Nupta!* ce qui veut dire : *Gruss, Cæsar's Vermählte!* — Salut à Celle qui épouse César!

A Munich, on préparait de belles illuminations : on dit que le temps était horrible le jour du passage de l'Impératrice. Je m'y suis arrêté une heure pour voir M. de Narbonne (1) et Auguste Colloredo chez qui je l'ai trouvé. Il y avait chez elle monde et soirée, de sorte que nos embrassements eurent lieu dans l'antichambre parce que je n'ai pas voulu faire de *Spektakel* (2). Dans son salon, j'ai vu M. Hoguer, ce Hollandais qui fait des grimaces et qui, je crois, a soufflé ou joué avec nous à Teplitz (3). Mme de Lerchenfeld (4) était à Ratisbonne. Munich paraît triste. Mme de Colloredo m'a donné deux bonnes bouteilles de vin du Rhin qui, en chemin, m'ont réchauffé le cœur et l'esprit. Quand je dis bonnes, au pluriel, c'est par analogie que je juge la seconde, car j'ai bu l'une et cassé l'autre.

Stuttgart se présente mieux que je ne m'y attendais et rappelle Berlin : de belles rues larges, des maisons jolies quoiqu'un peu de carton. Il pleuvait à torrent quand j'y suis passé, c'était vers neuf heures du matin : à ce moment-là, les hommes sont en robe de chambre près

---

(1) Le comte Louis de Narbonne-Lara (1755-1813), général de division, ancien ministre de la guerre sous Louis XVI, représentait alors la France en Bavière.
(2) Me donner en spectacle.
(3) Les sources minérales de Teplitz, en Bohême, chef-lieu des possessions héréditaires de la maison de Clary, jouissent d'une grande réputation et attirent, chaque année, beaucoup de baigneurs.
(4) La comtesse Maximilien de Lerchenfeld, née baronne de Dalberg

de leur fenêtre et jouent de la guitare. Telles sont les mœurs du Wurtemberg : au moins ai-je vu un monsieur comme cela.

Augsbourg m'a intéressé, c'est une belle horrreur, une ville noire, enfumée, avec des maisons de bois couvertes de peintures et de saints : une ville aus *der alten Zeit* (1), conservée comme dans l'esprit-de-vin et à laquelle on semble n'avoir pas touché depuis quatre ou cinq cents ans.

Une magnifique allée d'immenses peupliers conduit de Durlach à Carlsruhe. Dans chaque rue de l'éventail (2), il y avait un petit préparatif d'illumination promettant joli effet. Pluie à verse, neige, temps épouvantable : tel est le climat de Carlsruhe. J'y ai rencontré une grande-duchesse ou margrave en plumes, des attelages à quatre chevaux et des jockeys rouges : tout cela dans l'allée de Durlach.

A Kehl, je me suis disputé avec les douaniers et j'ai fait sonner bien haut mon titre de courrier impérial pour n'être pas visité.

Je suis arrivé malheureusement à Strasbourg passé minuit et, par conséquent, n'ai vu ni la cathédrale, ni sa tour, ni le tombeau du maréchal de Saxe. J'ai perdu deux heures à chercher le général commandant la ville auquel j'avais à remettre des dépêches, et fini par en réveiller un qui n'était pas le véritable. Il vint me parler en jurant

---

(1) Du vieux temps.
(2) Le château grand-ducal de Carlsruhe est construit à la base de deux éventails opposés, l'un formé par les rues de la ville et l'autre par les allées du parc.

et en chemise et, tandis qu'il battait le briquet, eut une excellente conversation avec sa générale qui a fait mon bonheur : pas la générale au moins mais la conversation. Les généraux, les soldats, les sentinelles, tout le monde était grognon, grossier et endormi en diable.

Vous m'avouerez qu'il est piquant de passer le Rhin sans le voir, mais il faisait aussi par trop noir; je crois cependant être sûr que c'est de l'eau : il serait possible que ce fût une glace, mais j'en doute à cause de l'étendue. Vous voyez qu'on a du temps à Compiègne et que la grande distance ne m'empêche pas de dire de fières bêtises. Faites de même, pourvu que vous m'écriviez de longues lettres, j'en aurai bon besoin au milieu des grandeurs dont le poids m'accable.

Franz m'a été très utile en voyage, j'aurais été fort malheureux avec Ivan tout seul. Franz a des exhalaisons étonnantes, mais, à cela près, c'est un très bon compagnon de route : quand il est à côté de moi, il ne cause pas, ce qui est le grand point, il fume, ce qui vaut mieux. Même, il ne hasarde que de timides et légères observations aux postillons sur la rapidité de leur course. Sa figure était incroyable dans le genre de l'habit de Mme de Montespan (1), bouc sur bouc, fond bouc, brodé de crotte et rehaussé de *Dreck* (2). Au reste, en passant du

---

(1) Le comte de Clary fait évidemment allusion à la phrase suivante d'une lettre écrite par Mme de Sévigné à Mme de Grignan, le 6 novembre 1676 ·

« M. de Langlée a donné à Mme de Montespan une robe d'or sur or, rebrodé d'or, rebordé d'or, et, par-dessus, un or frisé, rebroché d'un or mêlé avec un certain or qui fait la plus divine étoffe qui ait jamais été imaginée ; ce sont les fées qui ont fait en secret cet ouvrage. »

(2) Bouc, crotte.

valet au maître, c'est vraiment une chose qui sort entièrement de la classe des nez qu'un nez de courrier : c'est une petite merveille à part, qui tient de la pomme de terre gercée. Le mien est encore ainsi à l'heure qu'il est, juste punition de ce que je me suis moqué d'un pareil que Bleczinski avait rapporté l'autre jour de Paris à Vienne.

J'ai cheminé une grande partie de la route avec M. de Béarn (1), qui revenait de porter la première lettre de l'empereur Napoléon à l'impératrice Marie-Louise : nous causions un peu à chaque poste. Il avait une bonne figure, un bon *Kappel* (2) gris et faisait l'important, le mystérieux sur sa mission. Pour le reste, c'est un voyageur curieux, dans mon genre, ce que Sterne appelle un *inquisitive traveller* (3).

— « Monsieur, me dit-il, j'ai remarqué que les clochers en France sont pointus et que dans ce pays-ci ils se terminent en boule, croyez-vous, Monsieur, que cela tienne à la différence des religions? »

Il est temps que l'Impératrice arrive, l'empereur Napoléon se ruinerait en billets doux. Celui de M. de Béarn, lettre et réponse, coûte au moins trois cents louis d'après mon calcul fait dans une heure d'insomnie, c'est-à-dire plus de dix mille florins-papier (4). M. de Béarn allait à six chevaux, etc., etc.

(1) Le comte de Béarn, chambellan de Napoléon Ier. — Il avait épousé Pauline de Tourzel, fille de l'ancienne gouvernante des enfants de Louis XVI.
(2) Petit bonnet.
(3) Allusion à l'ouvrage de STERNE intitulé : *Sentimental journey trough France and Italy*.
(4) La valeur du florin-papier, qui était nominalement d'environ 2 fr. 50, avait énormément baissé.

C'est un plaisir de voyager en France, on va presque toujours comme le vent.

J'ai écrit à maman de Saverne. La vue de la montagne de Saverne est superbe et fameuse en Alsace. J'ai traversé Nancy de nuit : la ville semble très belle, indépendamment d'un arc de triomphe d'occasion. Tout en allant, je pensais à M. de Damas et, d'imagination, le voyais, à la même heure, en petit uniforme dans les rues de Nancy (1).

C'est quelque part en Lorraine, à Lunéville je crois, qu'un maître de poste me parlant du prince de Wagram, je répondais toujours le prince de Neufchâtel. « C'est vrai, reprit-il, nous avons été avertis de ne plus dire : *Le prince de Wagram.* » La chose me parut bizarre et c'est là seulement que j'ai entendu parler d'une semblable attention; au moins ne dura-t-elle pas, car depuis on a sans cesse dit et imprimé : *Le prince de Wagram* (2).

J'ai traversé Châlons de nuit également, non sans regarder avec tristesse la triste prison de ce pauvre Maurice (3).

C'est encore de nuit que j'ai passé par Épernay, ce qui m'a privé d'en goûter l'excellent vin de Champagne.

A Bar, il avait bien fallu acheter deux petits pots de confiture de groseilles, et quand je vis qu'ils se mettaient

---

(1) Le comte Roger de Damas, qui se trouvait à Vienne en 1810, avait été en garnison à Nancy avant la Révolution. (Cf. *Mémoires du comte Roger de Damas,* publiés par J. Rambaud.)

(2) Au sujet de la titulature du maréchal Berthier, voir ci-dessus, p. xiii et xiv.

(3) Le comte Maurice de Clary, frère cadet de l'auteur du présent journal, qui servait comme capitaine au 3e régiment de cuirassiers autrichien pendant la campagne de 1809, avait été fait prisonnier par les Français le 23 avril, au combat de Ratisbonne. Il fut interné à Châlons jusqu'en octobre de la même année.

à couler, je pris le parti de les avaler sur l'heure. Oh, quel délice que ces petits pots!

L'entrée de Paris par le faubourg Saint-Martin n'est certes pas riante, j'étais néanmoins tout yeux. M. de Damas m'avait donné une lettre pour M. Petit, l'hôte de l'hôtel de Bruxelles, autrefois son valet de chambre, mais Tettenborn envoya tout de suite me prendre une chambre à l'hôtel de l'Empire où demeurent les Schœnborn (1) et autres *Wiener* (2).

Ivan est si empêtré, si malheureux de ne pouvoir ni comprendre ni être compris, qu'ici-même, à Compiègne, il m'a fallu, hier, aller dormir à l'auberge parce qu'il n'avait pas saisi que j'avais une chambre au palais. Ce soir, je vais me coucher sur de beaux matelas mais sans linge ni draps. Compiègne n'a pas été habité depuis trente ans et, avec l'immense quantité de monde qui s'y trouve maintenant, il est tout simple qu'il manque quelques petites choses.

J'ai vu ce soir trois Rois (3) qui n'étaient pas ceux de l'Orient suivant l'Étoile; ils ont traversé sans s'arrêter notre salon des chambellans. La princesse Pauline (4) a traversé de même; elle paraît très jolie mais extrêmement petite et drôlement mise. Voilà tout ce que nous voyons

---

(1) Le comte François-Philippe de Schœnborn-Buchheim et sa femme, née comtesse de Leyen. Le comte de Schœnborn, chambellan de l'empereur François Ier, était arrivé à Paris un peu avant le comte de Clary et dans des conditions analogues, c'est-à-dire en apportant une lettre de son souverain à l'empereur Napoléon.

(2) Viennois.

(3) Jérôme Bonaparte, roi de Westphalie; Louis Bonaparte, roi de Hollande; Joachim Murat, roi de Naples.

(4) Pauline Bonaparte, sœur de Napoléon Ier et femme du prince Borghèse.

de ces grands personnages. L'Empereur dit le matin :
— « Qui est-ce qui est arrivé? »
On lui nomme tel, tel, tel roi.
— « Oh, oh, dit-il, nous aurons un beau salon ce soir! »

Et puis point, tout reste dans l'intérieur. Jugez que Mons'Castel (1) est ici comme chambellan de la princesse Borghèse. Je ne l'ai pas aperçu, demain je le chercherai par mer et par terre. Bonsoir pour le coup.

(1) Le comte de Castel-Alfer ou Castelalfero. Après avoir appartenu à la diplomatie sarde et joué un rôle assez marquant, pendant la Révolution française, comme représentant de la Sardaigne à Vienne, il était devenu chambellan de la princesse Pauline, par un de ces changements dont l'époque napoléonienne offrit des exemples nombreux et très singuliers.

CHAPITRE III

Compiègne; les appartements préparés pour l'impératrice Marie-Louise; *L'Amour et Psyché*, de Canova. — La Cour. — Le feu prend dans la chambre de Clary.

N° 5.
A Louise.
Compiègne.
Vendredi, 23 mars 1810.

Comme maman serait contente d'être couchée ici : quatre matelas d'un pied de haut chacun. J'en ai ôté trois, et cependant mon lit était encore trop mou à mon gré. Sans plaisanterie, j'aimais mieux ma paillasse de Theresienstadt (1).

Le château de Compiègne est superbe et les nouveaux appartements de l'Impératrice tout ce qu'on peut imaginer de plus beau. Il y a un cabinet tendu en vrais schalls de l'Inde, éclairé par en haut, qui semble une merveille, sans faire pourtant assez d'effet pour l'argent immense que son arrangement doit coûter. Dans une galerie se trouvent de beaux tableaux et le fameux groupe de *La Psyché*, de Canova. Ce sera, je pense, la première chose qui étonnera un peu l'Impératrice, car elle n'a jamais rien vu de pareil (2).

---

(1) Forteresse de Bohême où le comte de Clary avait séjourné pendant la campagne de 1809.

(2) Le grand sculpteur Canova fit plusieurs groupes de *L'Amour et Psyché*. Voici, d'après *L'Œuvre choisi de Canova, gravé par Réveil*, avec

On déjeune à dix heures, on dîne à six, toujours sans les rois. J'ai été présenté aujourd'hui à celui de Naples, à celui de Westphalie, et à celui de Hollande qui semble ne pouvoir remuer ni pied ni patte à force de rhumatisme.

Castel-Alfer est bien étonné de me voir ici.

L'Empereur m'a fait dire ce matin que je pouvais aller à Paris m'amuser et revenir ensuite comme je voudrais, c'est vraiment une attention dont il faut lui savoir gré. J'ignore encore s'il est décent que je profite de la permission, ce ne sera d'ailleurs que pour deux jours, afin que je me trouve ici quand arrivera l'Impératrice. La cour reste à Compiègne un mois, jusqu'à Pâques, puis viendront les fêtes de Paris. Oh, mon Dieu, mon temps, mes deux mois! Je n'imagine pas comment cela s'arrangera.

Je vous ai parlé de la chasse d'hier; la curée s'est faite aux flambeaux; ces messieurs les chiens avaient bon appétit.

Ce que je trouve de mieux à Compiègne est :

— M. Germain, chambellan, aimable conteur d'anecdotes dont quelques-unes sont fort drôles. Il a une jolie figure très pâle, est tiré à quatre épingles, un peu raide, n'ose pas tourner la tête de peur de déranger sa cravate

texte explicatif de H. Latouche, la description du groupe auquel, suivant toute vraisemblance, le comte de Clary fait allusion : « La tête de l'Amour est voluptueusment inclinée sur l'épaule de Psyché. Il est nu, et la jeune fille, dont le torse est aussi sans vêtements, n'a de voilé que la partie inférieure, vivement accusée sous un tissu transparent. » Le groupe est plus convenable que la description ne le laisserait supposer; néanmoins, Marie-Louise n'avait probablement jamais vu sculpture de ce genre dans les demeures de ses parents.

et s'assied tout d'une pièce pour ne pas déranger sa culotte; d'ailleurs courtisan assez favorisé, riche et élégant, faisant, dit-on, la cour à Mme Léopold Berthier (1).

— M. de Saint-Aignan, qui a été à Vienne (2).

— M. de Praslin, petit, laid, sale, chambellan, l'air juif (3).

— M. Du Manoir (4), chambellan, grand, beau et bien.

— Le général de Nansouty, aimable, l'air goguenard, premier écuyer.

— Le général Bertrand (5), d'une figure très agréable, jeune, un peu chauve.

Tous ces messieurs sont extrêmement polis et prévenants pour moi.

— M. de Hérigny (6), un gros pataud d'écuyer, et un autre écuyer dont j'oublie le nom.

Puis :

— Le général Mouton (7), grand, l'air boucher, rustre.

— M. de Béarn, poudré plus blanc que la neige, petit, la quintessence du courtisan, flatteur, cherchant tou-

---

(1) Veuve de Victor-Léopold Berthier, frère du maréchal Berthier prince de Neufchâtel et de Wagram.

(2) Rousseau, baron de Saint-Aignan, écuyer de Napoléon Ier. Il avait suivi l'Empereur pendant la campagne de 1809.

(3) Le comte, plus tard duc de Praslin, de la maison de Choiseul. Il fut pair de France sous la Restauration et mourut en 1841.

(4) Le comte Du Manoir, ou Dumanoir d'après les *Annuaires* de l'époque.

(5) Henri-Gratien, comte Bertrand. Il suivit Napoléon Ier à Sainte-Hélène.

(6) Il ne peut s'agir que de M. Alfred de Héricy ou de M. Adrien de Mesgrigny, tous deux écuyers de Napoléon Ier.

(7) Georges Mouton, créé comte de Lobau par Napoléon Ier, en récompense des services qu'il avait rendus pendant que l'armée française se tenait sur la défensive dans une île du Danube appelée Lobau, entre l'échec d'Essling et la victoire de Wagram (mai-juillet 1809).

jours un mot, un regard, frémissant quand la porte s'ouvre et que le valet de chambre crie : « L'Empereur ! »

Alors tout se tait, tout se range, tout tremble, et Sa Majesté passe avec un sourire.

Tels sont les gens que je vois chaque jour et bien d'autres qui vont et viennent. Tout le monde est si brodé autour de moi que mon petit chocolat (1) semble plus que modeste. Au second voyage, je porterai l'habit rouge pour varier. Schœnborn est toujours en habit hongrois. Je suis enchanté d'avoir pu garder mon uniforme. On faisait tort à l'Empereur en croyant que je lui déplairais, il est bien au-dessus de cela.

Aujourd'hui, point de chasse; demain, petite chasse aux faisans. Le séjour de Compiègne est plus honorable qu'amusant. Les ministres vont et viennent : Champagny, Maret (2), Daru (3) passent et repassent. Au second séjour, il y aura toute la cour, et des femmes pour le coup. Je vois que je manquerai encore le bal de mercredi prochain chez l'ambassadeur. Je le regrette bien. Si je puis, je partirai demain pour Paris afin d'y faire mille choses, commander mes tenues de chasse, prendre mon uniforme rouge, donner mes lettres, etc.

Samedi, vingt-quatre mars, dix heures du matin. — Je pars dans l'instant pour vingt-quatre heures; il faut que je ramène au prince de Schwarzenberg la voiture qu'il m'a

---

(1) Voir ci-dessus, p. 7.
(2) Maret, duc de Bassano, secrétaire d'État sans département spécial.
(3) Le comte Daru, intendant-général de la maison de l'Empereur et conseiller d'État.

prêtée. Mes affaires de toilette les plus indispensables sont restées à Paris, car je suis venu ici ne croyant y passer qu'une heure. Je commence à m'amuser un peu mieux et ce n'est guère la peine, pour une journée, de me mettre à voir Paris! Je suis fâché, à présent, de partir. Le temps est divin. Le palais se peuple de reines et de dames.

Hier soir, pendant que nous prenions le thé chez la princesse Borghèse, le feu prit. — Je vous demande où? — Dans la chambre du chambellan autrichien. Depuis le matin, ma cheminée fumait à n'y pas tenir, bien que j'eusse ouvert porte et fenêtres. Le prince Corsini (1), parti le matin même, venait d'habiter la chambre contiguë, une poutre traversant le tuyau de nos deux cheminées — faute de construction qu'on ne se lasse pas de commettre — avait commencé de brûler et toutes les poutres sous le parquet étaient réduites en charbon, cela durait peut-être depuis quelques jours. Vous jugez du train : les pompes, l'eau, la garde, tout le monde, les préfets du palais, les concierges, le grand-maréchal Duroc, enfin tout sens dessus dessous.

On dit d'abord :

— « C'est au-dessus du roi de Westphalie! »

Puis on vint ajouter :

— « C'est très sérieux! »

Enfin la dame d'atours, Mme de Cavour (2), me glisse dans l'oreille :

---

(1) Chambellan de Napoléon Ier. Il appartenait à l'une des familles les plus illustres et les plus puissantes de Rome.

(2) La comtesse de Cavour n'était pas dame d'atours, mais dame d'honneur de la princesse Pauline.

— « C'est chez vous ! »

Alors je monte, je trouve tous les meubles dans le corridor, et voilà l'agrément de n'avoir rien avec soi, je ne risquais de rien perdre ! A minuit, la fumée avait cessé et l'on me donna une autre chambre. Adieu. Je ne sais quand je pourrai voir à Paris tant et tant de choses.

La princesse Pauline est bien jolie, la reine de Hollande (1) bien laide, la reine de Westphalie (2) bien grasse, le roi de Hollande bien cacochyme, le roi de Naples bien drôlement coiffé avec deux longues boucles de cheveux qui lui tombent sur les épaules comme une perruque à marteaux.

Paris, le vingt-cinq mars. — Je suis arrivé hier soir, j'ai vu *Cendrillon* (3), ah !!!

---

(1) Hortense de Beauharnais, née du premier mariage de l'impératrice Joséphine et mariée à Louis Bonaparte, roi de Hollande.
(2) Frédérique-Catherine de Wurtemberg, fille du roi de Wurtemberg Frédéric Ier, mariée à Jérôme Bonaparte, roi de Westphalie.
(3) Opéra-comique de Charles-Guillaume Étienne pour les paroles, et de Nicolas Isouard, dit Nicolo, pour la musique.

CHAPITRE IV

Vingt-quatre heures à Paris. — *La Jeune Prude; Cendrillon.* — Tournée de visites. — *Orphée; Paul et Virginie.* — Souper chez la comtesse de Mniszech. — Retour à Compiègne. — Le cabinet de toilette de l'impératrice Marie-Louise.

N° 6.
  A ma Mère.
    Compiègne.
  Mardi, 27 mars 1810.

Vous savez, par ma dernière lettre, que j'ai passé vingt-quatre heures à Paris. Comme tout vous intéresse, chère Maman, et comme je connais votre curiosité, voici d'heure en heure ce que j'y ai fait.

A la dernière poste, je regarde les journaux, on donnait *Cendrillon* au théâtre Feydeau (1).

— « Hé, mon Dieu, postillon, trente sous de plus et fouette ! »

J'arrive vers sept heures et m'habille un peu ; je vois les Schœnborn, ils me mènent à Feydeau. J'y entre en renversant tout le monde tant j'étais pressé, j'entendais chanter.

On me crie :

— « Monsieur, place nulle part, tout est plein ! »

— « Comment donc ? »

---

(1) L'Opéra-Comique, alors situé rue Feydeau.

— « Non, Monsieur, c'est absolument impossible! »

Ah, mon Dieu, je perdais la tête. Je cours de porte en porte. Pas moyen. Quelqu'un plaidait ma cause; c'était, je crois, le domestique de place de Mme de Schœnborn.

— « Monsieur est étranger; donnez une petite place à Monsieur! »

Et moi, toujours implorant :

— « Madame, au nom de Dieu, j'arrive du bout du monde pour l'heure du spectacle, fourrez-moi dans quelque coin, n'importe où! Il serait trop cruel!...

— « Allons, si Monsieur est étranger et s'il veut donner quelque chose? »

Et vite un petit écu. J'aurais donné un louis si elle l'eut demandé, et me voilà dans une loge, au second étage, avec trois messieurs dont l'un, assez gros, avait l'air d'un marchand. Je les voyais à peine à force de regarder le théâtre. On donnait comme première pièce *La Jeune Prude* (1); la scène était peuplée de huit femmes, qui toutes me paraissaient charmantes, mises à ravir : une grâce! des voix! des révérences surtout!

— « Monsieur, est-ce là Mme Belmont? »

— « Oui, Monsieur..... Comment, Monsieur n'a pas encore vu *Cendrillon?*

— « Eh, Monsieur, c'est la première fois que j'entre au spectacle à Paris.

— « Monsieur est étranger? »

— « Monsieur, je viens de Vienne, de Compiègne, etc.

— « L'Empereur a chassé? »

---

(1) Opéra-comique d'Emmanuel Dupaty pour les paroles, et de Dalayrac pour la musique.

— « Oui, Monsieur, nous av....., il a fait une chasse superbe. »

Alors, vous auriez vu comme j'ai monté en considération ; mais déjà, pour ma qualité d'étranger, le gros monsieur s'était dérangé, on m'avait donné la bonne place, on me nommait les acteurs...

Le coup d'œil de la salle m'enchantait. C'était la treizième représentation de *Cendrillon* et le théâtre était plein comme un œuf : des femmes, toutes bien mises et gracieuses à ce qu'il me paraissait, un lustre de quatre-vingts quinquets ! J'étais ivre et j'avais envie de pleurer de plaisir.

— « Parbleu, Monsieur, reprenait mon voisin, il faut convenir que vous êtes bien heureux ! Voir Paris pour la première fois, venir y passer deux mois, et le mois de mai encore, et dans un moment aussi intéressant. Ma foi, Monsieur, c'est une jolie situation que la vôtre !

— « Monsieur, je suis bien de votre avis, et je ne m'en plains pas. »

Dans *Cendrillon*, la petite Saint-Aubin est charmante.

La musique, le chant, les costumes, les décors, tout enfin m'enchantait : je crois que mon attention et mes ravissements amusaient bien mes compagnons de loge.

Le lendemain matin, j'ai fait mille choses : tailleur, cordonnier, etc.

Ensuite, j'ai été déjeuner chez le prince de Schwarzenberg, il partait à trois heures, avec Mme de Metternich (1),

---

(1) La comtesse de Metternich, née comtesse de Kaunitz-Rietberg, première femme du comte, plus tard prince Clément de Metternich, le célèbre chancelier.

M. de Metternich, qui était ambassadeur autrichien à Paris avant la campagne de 1809, fut naturellement rappelé lorsque les relations

pour Vitry (1), à la rencontre de l'Impératrice. On me donna un laquais pour faire le tour de mes lettres de recommandation. Je n'ai presque trouvé personne. Mme d'Audenarde (2) était partie pour Navarre (3) avec sa Joséphine. Mme de Pardaillan (4) m'a écrit aujourd'hui qu'elle n'avait pas dormi la nuit par chagrin de m'avoir manqué. J'ai vu Mme de Noailles, née Périgord (5), et lui ai remis les lettres de M. de Damas pour Mme de Poix (6). Elle paraît jolie et agréable. Je n'ai même pas trouvé chez Mme de Bérenger (7) quelqu'un qui voulût prendre ma lettre. J'ai donné au prince Auguste d'Arenberg (8) celles dont je n'avais pu me débarrasser.

diplomatiques se rompirent, mais Mme de Metternich ne quitta pas la France et continua d'y tenir un rôle politico-mondain, que les projets de mariage puis le mariage entre Napoléon et Marie-Louise accrurent naturellement beaucoup.

(1) Vitry-le-François.

(2) La vicomtesse de Lalaing d'Audenarde, née d'Épeyrac, dame du palais et amie de l'impératrice Joséphine.

(3) Château situé dans l'Eure. — Au moment de son divorce, Napoléon avait donné à Joséphine la terre de Navarre constituée en duché.

(4) La comtesse de Pardaillan. — Après avoir été sinon l'une des reines, du moins l'une des belles dames de l'Émigration, Mme de Pardaillan vivait à Paris et à Versailles dans la retraite, la gêne et la piété.

(5) Mélanie de Talleyrand-Périgord, mariée au comte Juste de Noailles, plus tard duc de Mouchy et prince-duc de Poix, chambellan de Napoléon Ier.

(6) La princesse de Poix, née Beauvau, mère du comte Juste de Noailles.

(7) La comtesse Charles de Bérenger, née Le Gendre de Vilmorin.

(8) Le prince Auguste d'Arenberg (1753-1833), d'abord connu en France sous le nom de comte de La Marck, avait joué un rôle considérable au début de la Révolution, comme ami de Mirabeau et conseiller de Marie-Antoinette. (Cf. *Correspondance entre le comte de Mirabeau et le comte de La Marck*, publiée par A. DE BACOURT.) Il était ensuite retourné en Belgique, son pays d'origine. Sa venue à Paris, dans les derniers jours de 1809 ou plus probablement les premiers jours de 1810, avait porté ombrage au personnel de l'ambassade autrichienne à Paris, qui craignait, semble-t-il, son esprit actif et entreprenant. (Cf. Lettre du conseiller d'ambassade

Les Montboissier (1) étaient chez eux. Quand on a un peu oublié la figure de Mme de Montboissier, on est bien étonné. Cela se rapproche tellement du singe et surtout d'une sorte de singe appelé le « paresseux » qu'on ne sait ce qu'on aperçoit. Mme de Baert n'est pas changée, son mari est un vieux (2). Mme de Cordoue, changée à ne pas la reconnaître, est toujours malade et d'une faiblesse inouïe depuis ses couches, elle ne marche que soutenue ; sa petite fille de trois mois semble superbe. Laurette n'est rien moins que jolie, à mon avis. Mme de Colbert serait et Albertine (3) était en couches, aussi ne les ai-je pas vues. Pour les autres, vous jugez des cris de joie, des questions.

Je n'ai pas rencontré Mme de Boufflers (4).

La Plaque (5), chez qui se trouvait Mme Tyszkie-

de Floret au comte de Metternich, en date du 10 janvier 1810. *Archives impériales et royales de Vienne.*)

(1) C'est-à-dire la baronne de Montboissier, fille de M. de Lamoignon de Malesherbes, l'illustre défenseur de Louis XVI, et ses filles : la comtesse de Colbert-Maulevrier, la marquise de Cordoue, Mme de Baert, la marquise de Gourgues et Mlle Laurette de Montboissier, qui épousa plus tard le comte de Pisieux. Le baron de Montboissier était mort en 1802.

(2) M. de Baert, député à l'Assemblée législative de 1791, avait joué un certain rôle dans le parti royaliste constitutionnel. On lui doit un ouvrage important, intitulé : *Tableau de la Grande-Bretagne, de l'Irlande et des possessions anglaises des quatre parties du monde.*

(3) La marquise de Gourgues.

(4) Françoise-Éléonore de Jean de Manville, née en 1750, mariée en premières noces au comte de Sabran beaucoup plus âgé qu'elle, et en secondes noces au chevalier, plus tard marquis de Boufflers, charmant écrivain qui l'avait longtemps courtisée du vivant de son premier mari. Elle-même faisait de jolis vers, peignait agréablement et passait pour avoir été une très jolie femme. De son premier mariage, Mme de Boufflers avait un fils, le comte Elzéar de Sabran, et une fille, Delphine, qui était veuve du marquis de Custine.

(5) Ce surnom peu obligeant désignait la comtesse Michel de Mniszech, née comtesse Ursule Zamoyska. Il lui fut donné, en Autriche, par allusion

wicz (1), me pria bien vite à souper. Vous entendez tout ce qu'elles m'ont dit. Vous n'avez pas idée de ce que ces deux *nièces de Pologne* (2) semblent à Paris : on se moque un peu de l'importance, des costumes, des révérences et de l'air duchesse de la seconde; la première assomme de soupers où l'on s'ennuie à périr.

Golowkin (3) m'a reçu au mieux. Son appartement, rue

à la plaque de l'ordre de Sainte-Catherine de Russie, dont elle avait été décorée par l'impératrice Catherine II et qu'elle portait avec une fréquence peut-être exagérée. (Cf. *Mémoires de la comtesse Potocka*, publiés par Casimir STRYIENSKI, p. 241 à 245.) Il semble, d'ailleurs, que la comtesse de Mniszech attirait les sobriquets, car le comte de Clary la surnomme quelquefois aussi *La Miche* par une déformation facile du nom de baptême de son mari.

La comtesse de Mniszech avait contracté un premier mariage, bientôt rompu par divorce, avec le comte Vincent Potocki, lequel avait alors épousé la comtesse Anna Micielska, puis avait divorcé de nouveau pour épouser la princesse Hélène Massalska, veuve du prince Charles de Ligne, frère de la princesse de Clary. Enfin, le comte François Potocki, fils du comte Vincent Potocki et de sa seconde femme, née comtesse Micielska, avait épousé la princesse Sidonie de Ligne, fille du prince Charles de Ligne et de la princesse Hélène Massalska. (Cf. *Histoire d'une grande dame au dix-huitième siècle,* par Lucien PÉREY.)

Cette suite de mariages et de divorces avait créé entre conjoints et disjoints le plus singulier imbroglio familial, qui se compliquait, en 1810, par la présence simultanée à Paris des trois femmes successives du comte Vincent Potocki (lui-même encore vivant), de son fils François et de sa belle-fille, née princesse de Ligne.

(1) La comtesse Vincent Tyszkiewicz, née princesse Poniatowska, sœur du prince Joseph Poniatowski, qui devint maréchal de France et se noya dans l'Elster pendant la bataille de Dresde (1813).

(2) La comtesse de Mniszech et la comtesse Tyszkiewicz n'étaient pour la princesse de Clary que des cousines, mais l'appelaient probablement leur tante par courtoisie.

(3) Le comte Fédor Golowkin, ou mieux Golowkine (1766-1823), diplomate russe fort spirituel et encore plus original. Chargé, en 1794, de représenter la Russie à la cour de Naples, il fut, l'année suivante, rappelé, disgracié, emprisonné même pour avoir chansonné la reine Caroline, femme du roi Ferdinand IV. Libéré en 1796, exilé dans ses terres en 1800, autorisé à rompre son exil l'année suivante, il menait depuis lors une vie errante, cosmopolite et bizarre, qu'il continua jusqu'à sa

Castiglione, est la plus jolie chose du monde, avec un salon, un cabinet, des meubles charmants, une vue délicieuse sur les Tuileries et les Champs-Élysées ; il en raffole comme de sa maison de campagne de Montallègre, près de Paris. Il m'a conté mille histoires amusantes au possible, je jouis de toutes et j'en fais un extrait pour arriver à ce qui doit être cru. Il me paraît enchanté de sa situation et prétend que sa femme est plus ridicule que jamais (1).

Dîner chez l'ambassadeur d'Autriche avec Max Cavriani (2), arrivé gratis, à la suite de Mme Mocenigo (3), par l'odeur des fêtes alléché, Hammer (4), Tettenborn, Wratislaw, M. de Floret, etc., etc.; puis j'ai été à l'Opéra, dans la loge diplomatique où Mme de Schœnborn m'avait donné une place. J'étais encore si ahuri que je voyais à peine. Le théâtre, très beau, semblait rempli comme pour une première représentation quoique le spectacle fût tout ce qu'il y a de plus vieux : *Orphée* (5) et le ballet de *Paul et Virginie* (6). L'opéra paraissait bien un peu ennuyeux.

---

mort. (Cf. *La Cour et le règne de Paul I*ᵉʳ. *Portraits, souvenirs, anecdotes*, par le comte Fédor Golowkine, avec une introduction par S. Bonnet.)

(1) La comtesse Fédor Golowkin, née Nathalie Petrovna Ismaïlov, vivait séparée de son mari.

(2) Le comte Max Cavriani. Il était alors major au corps franc de la Basse-Autriche.

(3) Probablement la comtesse Mocenigo, née Memmo, « dame du palais du royaume d'Italie ».

(4) Le baron de Hammer-Purgstall, célèbre orientaliste. Il était venu réclamer, au nom du gouvernement autrichien, « ceux des manuscrits orientaux, pris à Vienne par Napoléon Iᵉʳ, qui étaient inutiles à la Bibliothèque impériale [de Paris], vu sa richesse. » (Cf. Rapport du prince de Schwarzenberg, en date du 27 février 1810. *Archives impériales et royales de Vienne.*)

(5) Opéra de Moline pour les paroles, et de Gluck pour la musique.

(6) Ballet-pantomime de Gardel, maître de ballet, pour le scénario, et de Kreutzer pour la musique.

Nourrit (1) est un vilain Orphée trop nourri et Mme Himm une grosse dondon d'Eurydice. La musique demeure cependant très belle et les danses étaient ravissantes avec Mlle Clotilde, Mme Gardel (2), etc., etc. — Quant au ballet, je l'ai trouvé enchanteur. Tous les fameux y dansaient : Mlle Bigottini, Mlle Millière, la grosse tamponne *(sic)* de Chevigny, puis Vestris (3) et surtout Mme Gardel. Le dernier décor, celui de la tempête, et la scène où l'on retire de l'eau Paul et Virginie tout mouillés sont ravissants. Vous avouerais-je à l'oreille que j'y trouve bien un peu de longueurs? J'étais trop loin et trop occupé de voir pour bien voir.

Très content d'avoir un grand ballet par devers moi, j'ai été chez *La Miche* (4), où je trouvai Mme de Coigny (5), ayant du rouge jusque dans les yeux ! Elle m'a reçu on ne peut pas mieux. J'ai eu raison de mettre en étiquette sur mon front : *Je suis le petit-fils du prince de Ligne*, ça fait qu'on s'm'arrache.

Au souper Mniszech, j'ai vu aussi le prince Auguste d'Arenberg qui ne quitte pas Mme de Coigny, la mène et

---

(1) Père du très célèbre ténor Adolphe Nourrit.
(2) Femme du maître de ballet Gardel.
(3) Marie-Auguste Vestris, dit Vestr'Allard, fils naturel du premier Vestris, *le Dieu de la danse*, et d'une danseuse appelée Mlle Allard.
(4) La comtesse de Mniszech. Voir ci-dessus, p. 34 et 35 en note.
(5) Louise-Marthe de Conflans, mariée en 1775 au marquis de Coigny, dont elle finit par divorcer. Bien que jouissant aujourd'hui d'une notoriété beaucoup moindre que sa cousine Aimée de Coigny, duchesse de Fleury, la marquise de Coigny fut une des femmes les plus connues, presque les plus célèbres de la fin de l'ancien régime. Elle avait, alors, entretenu une correspondance active avec le prince de Ligne, qui passait pour un admirateur enthousiaste de son esprit, sinon de sa personne. (Cf. *Lettres de la marquise de Coigny*, publiées par Paul Lacroix; *Mémoires de Aimée de Coigny*, publiés par Étienne Lamy, etc., etc.)

la ramène; M. de Caraman (1), qui conserve un tendre souvenir à l'Allemagne; cette *Plaque*, elle-même, qui seule ne change en rien au milieu de ce monde qui tourne et change; sa fille (2) qui est bien jolie, mais clignote et parle comme un bébé; Giamboni (3) qui fait toujours la belle jambe; Mme de Braamcamp (4), fille du comte Louis de Narbonne, belle mais pas fort agréable de figure, à qui j'ai fait un petit compliment bien tourné; Mme Edmond de Périgord (5), extrêmement jolie mais peu avenante, on dirait Mme Duben en brun avec des yeux magnifiques;

---

(1) Le marquis, plus tard duc Victor de Caraman (voir ci-après, p. 200), qui avait beaucoup voyagé en Allemagne avant et pendant la Révolution.

(2) La comtesse de Mniszech avait deux filles :

Isabelle-Marie, née en 1790, mariée en 1807, au prince Dominique Radziwill, puis, en 1812. au marquis de Ville, laquelle se trouvait, avec sa mère, à Paris en 1810.

Pauline-Constance, née en 1798, qui épousa, en 1818. le prince Antoine Jablonowski.

(3) Le marquis Giamboni. Il passait, dès cette époque, pour être un agent d'information autrichien et, dans tous les cas, remplit ce rôle à Paris quelques années plus tard. Les Archives impériales et royales de Vienne conservent dans leurs *Varia-France*, fasc. 91, une centaine de lettres ou de rapports secrets sur le gouvernement français, la société, l'esprit public, etc., etc., que Giamboni adressa, de 1815 à 1819, au prince de Metternich. Sans offrir grand intérêt, cette correspondance, d'ailleurs assez mal et fort irrégulièrement rémunérée par la chancellerie autrichienne, contient quelques renseignements utiles, beaucoup d'anecdotes, des indications curieuses sur le prince de Talleyrand. dont Giamboni était un familier, etc., etc.

(4) Née Louise de Narbonne-Lara. Elle avait épousé le comte de Braamcamp de Sobral, homme politique portugais. (Cf. *Mémoires du comte de Rambuteau*, p. 22.)

(5) Dorothée de Biron, princesse de Courlande, mariée en 1809 à Alexandre-Edmond de Talleyrand-Périgord, comte de Périgord, plus tard duc de Dino, de Talleyrand et de Sagan. (Cf. *Souvenirs de la duchesse de Dino*, publiés par la comtesse Jean DE CASTELLANE, et *Chronique de 1831 à 1862, par la duchesse de Dino*, publiée par la princesse RADZIWILL.)

Mme de Dalberg, jolie et blonde. C'est encore une chose singulière du temps présent que M. de Dalberg (1), neveu du prince-primat et ministre de Bade à Paris, se trouve à la veille d'être Français et duc, avec deux cent mille livres de rente. Mme de Dalberg est fille de Mme de Brignole (2), de Gênes, et fait la gentille. J'ai trouvé les femmes très mal mises à ce souper : elles portaient toutes, sur la tête et partout, des brimborions d'or et d'argent, de petits galons, de petites franges. Trois ou quatre d'entre elles avaient autant l'air de Nuremberg que je n'en suis pas.

Il y avait encore M. de Choiseul-Gouffier (3) et une affreuse princesse de Bauffremont (4) qui est la vieille sienne ; enfin Mme Alexandre Potocka (5), mise en rose avec beaucoup de prétention. On la trouve laide et paquet, rien que ça ! Elle ne fera pas fortune ici.

(1) Émeric-Joseph, baron, puis duc de Dalberg (1773-1833). — Son oncle, C.-T.-A.-M. de Dalberg, fut le dernier archevêque-électeur de Mayence. D'abord ennemi de la France, Mgr de Dalberg s'était ensuite rallié à Napoléon Ier, qui le nomma, en 1806, président de la Confédération du Rhin, avec le titre de prince-primat de l'église catholique d'Allemagne, et le combla d'honneurs. Après avoir été, lui aussi, très favorisé par le gouvernement impérial, le duc de Dalberg s'éloigna peu à peu de la cour et fut, en 1814, l'un des cinq membres du gouvernement provisoire qui prépara la déchéance de Napoléon Ier et l'avènement de Louis XVIII.

(2) La marquise de Brignole, dame du palais de l'impératrice Joséphine, puis de l'impératrice Marie-Louise.

(3-4) Le comte de Choiseul-Gouffier, ancien ambassadeur à Constantinople sous Louis XVI et auteur d'un *Voyage pittoresque en Grèce*. Marié en premières noces à l'une des dernières Gouffier, dont le nom vint s'ajouter au sien, il épousa en secondes noces la princesse Hélène de Bauffremont, si peu obligeamment qualifiée par le comte de Clary.

(5) La comtesse Alexandre Potocka, née comtesse Anna Tyszkiewicz. Elle épousa en secondes noces, après avoir divorcé, le comte Wonsowicz et vécut jusqu'en 1860. Ses *Mémoires* ont été publiés récemment par Casimir Stryienski.

Un malheureux violon joua quelques valses et on fit semblant de danser. Vous savez comme je déteste ces gaîtés d'occasion. Puis, un triste monsieur chanta tristement une triste romance : personne n'écoutait et on s'est sauvé au plus vite.

J'allais oublier M. Zamoyski (1), lequel parut embarrassé avec moi. Il semble vraiment trop joli que ce soit lui précisément qu'ait choisi son grand-duc pour complimenter *cette* Impératrice, et bien extraordinaire qu'il ait accepté semblable mission.

Le lendemain, c'était hier, je suis reparti à dix heures pour Compiègne qui, malgré une vingtaine de femmes, reste pas mal ennuyeux. Il s'en trouve cependant de très jolies : Mme de Barral (2), Mme de Canisy (3), Mme Mathis (4), Mme Mollien (5), Mme Duchâtel (6). On dansa un peu chez la princesse Pauline à quatre ou cinq

---

(1) Le comte Stanislas Zamoyski. — Originaire de la Galicie et devenu sujet autrichien par les partages de la Pologne, M. Zamoyski avait joué un rôle très équivoque en 1809, lors des négociations du traité de Vienne. On se souvient que l'Autriche perdit alors la Galicie, partagée entre la Russie et le grand-duché de Varsovie, État nouveau créé en 1807 par Napoléon Ier, lors de la paix de Tilsitt, et attribué à l'ancien électeur de Saxe, en récompense de sa fidélité à l'alliance française pendant la campagne de 1806.

(2) La baronne de Barral, dame pour accompagner la princesse Pauline.

(3) La comtesse de Canisy, née Canisy, dame du palais de l'impératrice Joséphine, puis de l'impératrice Marie-Louise. Mariée très jeune, en 1798, à son oncle, elle divorça en 1813 et épousa, l'année suivante, le duc de Vicence.

(4) La baronne Mathis, dame pour accompagner la princesse Pauline.

(5) La comtesse Mollien, dame pour accompagner la reine Hortense.

(6) La comtesse Duchâtel, dame du palais de l'impératrice Joséphine, puis de l'impératrice Marie-Louise.

couples, et j'ai admiré une contredanse dansée à merveille par la reine de Hollande, la princesse de Bade (1), qui est extrêmement jolie, la princesse Borghèse, le roi de Naples, Mme Mollien, etc., etc. Auparavant, il y avait eu cercle. On place des tables de jeu et on prend les cartes en main, mais c'est l'affaire d'un quart d'heure, car, au moment où l'Empereur quitte la pièce, tout cela disparaît au plus vite.

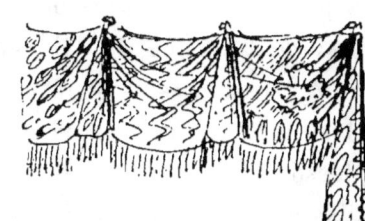

DRAPERIE DU CABINET DE TOILETTE DE L'IMPÉRATRICE MARIE-LOUISE.

Aujourd'hui, j'ai revu, avec plus d'attention, le superbe appartement de l'Impératrice. Je crois vous avoir donné de fausses notions en disant que le cabinet était tout en shalls. Ce cabinet, rond ou octogone, avec trois glaces et une porte, est tendu en taffetas blanc plissé; seule la draperie d'en haut, qui fait le tour, est en shalls, mais quels shalls, les plus beaux qui existent au monde! Tous sont différents et même bariolés, mais, comme le rouge y domine, leur différence ne choque pas. Chaque shall forme deux plis avec des *Zipf* (2) pendants. Les femmes se pâment et s'évanouissent en admirant un tel luxe, et moi-même je regrette de voir ces shalls là-haut, tiraillés par de lourdes franges d'or; cependant, comme

---

(1) Stéphanie de Beauharnais, nièce à la mode de Bretagne de l'impératrice Joséphine. Adoptée en 1806 par Napoléon, elle avait épousé, la même année, le prince, plus tard grand-duc de Bade.

(2) Bouts.

ils ne sont pas découpés mais seulement cousus ensemble, l'Impératrice pourra les décrocher et les mettre sur son dos. L'Empereur disait aussi cela hier, en riant.

Pendant mes deux jours d'absence, j'ai manqué une chasse à tir, une superbe chasse à courre, un concert de Crescentini et de Mme Grassini.

A Paris, je suis logé à merveille à l'hôtel de l'Empire, rue Cerutti (1), vis-à-vis de ce drôle d'hôtel Thélusson (2) à la grande bouche, près des boulevards, pas loin du prince de Schwarzenberg. Wallmoden, avec qui je dois partager une voiture, et les Schœnborn habitent aussi l'hôtel de l'Empire. Je paie dix louis par mois et l'on m'assure que ce n'est pas cher pour le moment.

On ne peut se faire idée des prix de tout; il y a un grand nombre d'étrangers à Paris, quoique pas, à beaucoup près, autant que les gazettes le disent et chacun en profite. Ma faveur me ruine, l'honneur de chasser à Compiègne ne saurait trop se payer, mais les uniformes seuls sont l'affaire de plus de mille francs. On demande très proprement deux cents francs pour une voiture pendant *un seul* jour des fêtes.

(1-2) Cette rue partait des boulevards pour aboutir à la rue de Provence, devant l'énorme arcade « rocaille, style Médicis », que l'architecte Ledoux avait donnée comme entrée à l'hôtel Thélusson. Elle s'appela d'abord rue d'Artois, devint rue Cerutti en 1792, fut prolongée après la destruction de l'hôtel Thélusson, reprit son premier nom en 1814 et l'échangea, en 1830, contre celui de rue Laffitte qu'elle porte encore aujourd'hui. L'arcade de l'hôtel Thélusson, formant perspective à l'extrémité de la rue Cerutti, était bien connue de tous les Parisiens; les détracteurs de Ledoux disaient qu'elle avait l'air d'une grande bouche ouverte pour dire une sottise.

J'ai vu ici Eugène de Montesquiou (1), qui m'a très bien reçu.

Adieu, chère Maman, de grâce envoyez tout de suite et bien vite ces lettres à Louise, ne leur faites pas faire le tour de la ville auparavant. Contez et ne lisez pas.

(1) Le baron de Montesquiou-Fézensac, colonel de cavalerie et chambellan de l'impératrice Joséphine; il fut tué à la bataille de Ciudad-Rodrigo, en décembre 1810.

CHAPITRE V

Arrivée de l'impératrice Marie-Louise à Compiègne; M. et Mme de Metternich; les dames de la Cour impériale, etc., etc. — La journée du lendemain; le concert; l'Empereur s'endort. — Nouveaux détails sur la Cour.

N° 7.
A Louise.
Compiègne.
Mercredi, 28 mars 1810.

J'envoie cette lettre-ci par la poste afin d'essayer toutes les voies. On n'attendait l'Impératrice qu'aujourd'hui, elle est arrivée hier à dix heures du soir; tout le monde est enchanté d'elle, on la trouve belle et charmante, au moins beaucoup mieux qu'on ne croyait. Le moment de l'arrivée était extrêmement imposant. Je vous assure que tout ceci est bien curieux, et je ne donnerais pas mon séjour à Compiègne pour beaucoup.

J'ai porté les quatre premiers jours mon uniforme militaire; maintenant, je porte le rouge de Bohême qu'on trouve joli. Malheureusement, il est mal fait et casse le cou à mon tailleur de Vienne qui a manqué entièrement la mesure.

Le prince de Schwarzenberg et Mme de Metternich sont arrivés hier, M. de Metternich aujourd'hui; ils se sont rencontrés sur les grandes routes, la nuit. On dit qu'il fallait un événement aussi extraordinaire que ce mariage et ce voyage pour que M. et Mme de Metternich se rencontrassent la nuit (1).

Je reçois votre lettre n° 14, ma chère Louise, par M. de Metternich, j'y répondrai demain (2).

N° 8.
A Louise.
Compiègne.
Mercredi, 28 mars 1810.

Hier matin, nous avions lu et étudié dix pages *in-folio* de cérémonial concernant l'arrivée de l'Impératrice pour aujourd'hui.
Je remonte dans ma chambre; à trois heures, je descends dans le salon de service pour voir ce qui se passe, on me dit :

— « L'Empereur, en redingote grise, vient de se mettre en calèche avec le roi de Naples, et ils sont allés surprendre l'Impératrice je ne sais où; on presse son voyage et on la fait arriver ce soir. »

Voilà l'alerte au camp et tout le monde aux champs pour les toilettes. C'est une plaisanterie dont les rois ne se lassent jamais que ces surprises! Il pleuvait à verse.

J'ai dîné chez le grand-maréchal Duroc, avec tout ce qu'il y a de mieux ici comme femmes. Quand on n'est pas prié spécialement chez un de ces messieurs, on dîne chez les maréchaux, généraux, chambellans, etc.

Une des plus jolies femmes, mariée il y a quatre mois,

---

(1) Nous ajouterons que cette rencontre dut être suivie de plusieurs autres puisque Mme de Metternich eut une fille le 18 juin 1811.

(2) (*Note du comte de Clary.*) Le début de cette lettre convenait tout à fait pour la poste, mais pas la suite, et il m'a bien fallu la faire passer par une autre voie.

est celle du général Mouton, hélas comte de Lobau, Mlle d'Arberg (1). Elle est charmante, avec des traits de miniature et de beaux yeux. C'est l'Empereur qui a fait ce mariage. Le mari semble adorer sa femme et être passablement jaloux.

Mme de Canisy, avec plus d'expérience que Mme Mouton, est bien belle quoiqu'un peu passée, malgré des yeux magnifiques, de beaux bras, etc., etc.

On dit que je ne verrai pas la femme généralement reconnue la plus belle de la cour, Mme Gazani (2); elle est lectrice de la *Peppina* (3) et, par conséquent, éloignée.

Pour Mme de Barral, quoiqu'elle soit très jolie, je n'aime pas beaucoup sa figure, c'est un peu Mme Buchwieser (4).

Mme Savary (5) est belle aussi, quoique couverte d'un doigt de blanc et ayant l'air d'un pastel effacé.

Mme Duchâtel, maigre mais agréable, chante avec une très jolie voix de petits airs auvergnats délicieux et que j'aurais bien voulu avoir pour Titine.

Pardon, mes Enfants, de vous parler si fort en détail de gens et de choses qui doivent vous être fort indifférents.

Tout l'après-dîner, les voitures étaient prêtes à partir, le salon rempli de toutes les dames, brodées et en grand habit de cour.

(1) Fille de la comtesse d'Arberg, dame du palais, puis dame d'honneur de l'impératrice Joséphine.
(2) Mme Gazani, d'origine génoise, était « parfaitement belle, encore plus engageante et piquante, faite pour la cour ». (Cf. *Histoire des salons de Paris*, par la duchesse d'ABRANTÈS, t. IV, p. 161.)
(3) *Peppina*, diminutif italien de Joséphine.
(4) Chanteuse de l'Opéra de Vienne.
(5) Mme Savary, duchesse de Rovigo, née Faudoas-Barbazan, dame du palais de l'impératrice Joséphine, puis de l'impératrice Marie-Louise. Elle était née en 1785.

La soirée s'est passée comme cela, dans l'attente. Au moindre bruit, au plus petit page qui ouvrait la porte, tout le monde était en l'air. Vers dix heures enfin, un page bien crotté vint dire que cela devenait sérieux. On se met en mouvement; on couvre l'escalier; les rois et les reines se tenaient au bas. La cour du château était illuminée. Des orchestres partout, des flambeaux tant et plus. Un grand bruit se fait, les tambours roulent. Voici des maréchaux, généraux, écuyers, chambellans, pages au grand galop, trois ou quatre carrosses à six chevaux ventre à terre, enfin un carrosse à huit chevaux où se trouvaient les Majestés et la reine de Naples. Une musique d'instruments à vent, belle quoiqu'un peu triste, les reçoit.

J'ai vu l'Impératrice sauter assez lestement à bas de sa voiture, embrasser immédiatement toute la famille, et monter l'escalier conduite par son petit mari. Elle-même et ses dames avaient des capotes ponceau, ou plutôt sang de bœuf, avec de petites broderies en or. Tout le monde l'a trouvée très bien, très grande, beaucoup mieux qu'on ne s'y attendait. Comme elle a une demi-tête de plus que Lui, elle avait vraiment assez bon air. On forma la haie et la famille disparut dans l'intérieur........

Alors, nous avons fait antichambre, et Dieu sait que ce n'était pas gai; on parlait bas, les dames mouraient de sommeil et ne savaient que faire; on s'attendait toujours à ce que l'Impératrice reparût : néant. Il était, je crois, minuit et demi ou une heure lorsqu'on vint dire à nos dames qu'elles pouvaient aller se coucher, ce qu'elles ne se laissèrent pas dire deux fois. L'Empereur eut encore un petit coucher très court. Il avait l'air fort content et de bonne humeur.

Jeudi, 29 mars 1810. — Hier, journée avec peu d'événements ; j'ai fait un détestable dîner chez Mme de Champagny (1), qui ne loge pas au château. L'Empereur a passé toute la journée chez l'Impératrice, sans mettre les pieds dans son cabinet; on dit qu'il en est enchanté. Elle a vu ce matin toute la cour; tout le monde est, *dit-on*, très content de sa manière de recevoir et de parler. On trouve que, si elle marchait mieux, elle serait belle. Le soir, à sept ou huit heures, concert curieusement ennuyeux chez l'Empereur. C'étaient encore Mme Grassini et Crescentini. La première a une voix d'alto que je n'aime pas beaucoup, le second perd la sienne tout à fait. En revanche, il portait la *Couronne de Fer* (2). Je ne saurais dire combien j'en suis choqué : quel cas peut-on faire de pareils ordres et comment l'Empereur a-t-il commis l'inconcevable *Missgriff* (3) de ravaler l'un des siens jusque-là? Paër (4) accompagnait. L'Impératrice était en rose et avait fort bon air; l'Empereur dormait comme un sac. Jamais je n'oublierai sa figure, son teint pâle, ses yeux fermés : c'était le sommeil du lion. Cela m'a produit un singulier effet. De temps en temps, l'Impératrice le réveillait en lui disant un mot, il faisait une mine agréable et occupée, répondait et se rendormait, ce

(1) La comtesse de Champagny, duchesse de Cadore, née Hue de Grosbois, femme du ministre des affaires étrangères.
(2) Décoration créée par Napoléon Ier pour ses sujets italiens.
(3) Bévue.
(4) Ferdinand Paër (1771-1839), compositeur et pianiste de grand talent.

qui n'était pas galant; elle se permettait même de sourire de ce sommeil avec la reine de Naples. Malgré la présence de notre ambassadeur, on ne trouva pas que je pusse lui être présenté, j'ignore pourquoi, mais, ayant les entrées chez l'Empereur, j'assistai au concert. A dix heures, tout le monde s'est couché. On avait dit que pendant ces deux jours Il irait coucher je ne sais où, parce qu'il n'était point convenable qu'Il passât la nuit sous le même toit qu'Elle, mais, apparemment, qu'on a jugé cette étiquette superflue, car cela ne s'est pas fait (1).

Ce matin l'Empereur m'a dit :

— « Je vous expédierai de Paris après les fêtes. »

Ce n'est pas trop mon compte qu'il me renvoie à Vienne, mais cela s'arrangera.

Aujourd'hui, tout le monde file vers Paris, il part continuellement des voitures. Je partirai ce soir.

Merci des détails que vous me donnez sur mes enfants; il y a des moments où, en regardant leurs portraits, je voudrais me battre de ne pas être avec vous.

Je suis enchanté que vous alliez à Carlsbad, cela vous fera du bien. Pour moi, je suis un malheureux chambellan doué d'un clou, qui m'empêche seulement d'être assis et de marcher et me fait un mal du diable : malgré quoi, je me porte à merveille. C'est le triste fruit de la

---

(1) Napoléon devait aller coucher à l'hôtel de la Chancellerie, car il était contraire aux usages français que deux fiancés passassent sous le même toit les dernières nuits précédant leurs noces et, malgré sa valeur incontestable, le mariage par procuration de Vienne (voir ci-dessus, p. xv et xvi) apparaissait comme un simple préliminaire du mariage qui allait être célébré à Paris.

chasse au cerf, des selles de velours et de l'absence d'une culotte de peau.

Le malheureux Tettenborn souffre depuis quatre mois d'une fièvre quarte qui l'abîme.

Ce séjour-ci n'est pas amusant, mais je suis fort content d'avoir vu cette curieuse cour bien à mon aise. La reine de Hollande est aimable. Je trouve la reine de Naples bien moins jolie que sa sœur Pauline, quoiqu'avec de plus jolies mains et le dos le plus blanc du monde : elle est petite aussi. La reine de Westphalie est bien fière et bien déplaisante. La princesse Stéphanie est bien jolie, et a l'air mutin et gentil; son mari est très empâté et enfoncé dans la matière. Le grand-duc de Wurtzbourg (1) est bon et *gradaus* (2), tout le monde l'aime; on le dit tout à fait amoureux de cette reine de Naples-ci (3).

Anna (4) me semble une triple sotte de s'inquiéter de

---

(1) Ferdinand, archiduc d'Autriche (1769-1824), frère cadet de l'empereur François Ier. — Il était venu en France pour assister aux fêtes du mariage de sa nièce l'impératrice Marie-Louise.
D'abord grand-duc de Toscane, l'archiduc Ferdinand perdit ses États conquis par les Français en 1799, obtint en 1802, comme dédommagement, l'archevêché de Salzbourg avec la dignité électorale, céda, en 1805, le pays de Salzbourg à son frère l'Empereur, fut déclaré électeur de Wurtzbourg, entra dans la Confédération du Rhin et prit le titre de grand-duc de Wurtzbourg en 1806. Après 1814, il recouvra la Toscane. Napoléon connaissait l'archiduc Ferdinand depuis la campagne de 1796, et le traita toujours, au point de vue politique comme au point de vue privé, avec beaucoup d'égards.

(2) Franc.

(3) Il y avait alors deux reines de Naples qui, par un singulier hasard, portaient le même prénom : l'archiduchesse Caroline, sœur aînée de Marie-Antoinette et femme du roi Ferdinand IV, lequel, chassé de ses États continentaux par les Français, régnait toujours sur la Sicile; la princesse Caroline Bonaparte, femme du roi de Naples Joachim Murat.

(4) Femme du domestique Ivan que le comte de Clary avait emmené avec lui à Paris.

son mari, ne le dirait-on pas à Alger? Décidément, il n'aime pas la France, ni Franz non plus. Il faut que je leur donne à chacun cinq louis pièce par mois, et ils gémissent encore. On me laisse espérer que je pourrai faire à ma cour un compte d'apothicaire sur mon voyage et même sur les *Trinkgelder* (1) d'ici. *Da werde ich ihnen aufschreiben, dass ihnen die Augen übergehen sollen* (2).

J'ai vu hier soir Mme de Montmorency (3), elle a encore une jolie taille.

(1) Pourboires.
(2) Aussi je leur ferai un compte tel que leurs yeux s'en rempliront de larmes.
(3) Née Goyon-Matignon, dame de l'impératrice Marie-Louise. Son mari, le duc de Montmorency, créé comte par Napoléon Ier, reprit naturellement le titre de duc à la Restauration. En 1810, Mme de Montmorency avait une quarantaine d'années.

CHAPITRE VI

La vie à Paris. — Encore quelques détails sur Compiègne. — Promenade dans Paris : les Tuileries, la place du Carrousel, la rue Impériale, etc. — *Le Tyran domestique; Les Jeux de l'Amour et du Hasard.* — Souper chez Mme Tyszkiewicz; Mme de Laval; M. de Talleyrand, etc.

N° 9.
A Louise.
Paris.
Dimanche, 1er avril 1810.

J'ai reçu quatre lettres de vous, elles font mon bonheur. Il est plus vrai qu'on ne croit qu'ici on n'a pas le temps d'écrire; depuis trois jours, il ne m'est pas resté un instant pour cela. Je ne suis pas encore dans l'ivresse du plaisir, je me suis même déjà bien ennuyé, je suis mécontent de moi et fais des maladresses. Au bout de ma journée, je trouve que je n'ai rien vu. Quand je dîne chez l'ambassadeur, je manque le commencement du spectacle et, qui pis est, les théâtres sont tellement pleins qu'on n'y trouve point de place. Je n'ai pas encore vu un spectacle à mon aise. L'immense quantité de monde que je connais m'effraie, on n'aurait que des visites à faire s'il fallait se mêler d'être poli. Je compte avoir une voiture de moitié avec Wallmoden, parce qu'elle coûte quarante-cinq louis par mois, soit treize cent cinquante florins au moins, en papier; c'est un prix fou, le double du prix habituel.

Moyennant cet arrangement à deux, on fait des façons et on va à pied.

Le matin, je me mets en fureur contre cette boue de Paris, dont maman aime la couleur et l'odeur. C'est une espèce de colle gluante, noire comme du goudron : on fait un pas en arrière sur deux en avant et, ici où l'on est si pressé, on ne peut avancer, sans compter que l'on est toujours crotté.

Avant-hier, l'invitation au spectacle de Saint-Cloud me fait manquer un dîner de *La Plaque*. Mon billet d'excuse n'arrive pas assez tôt, elle m'attend une heure, et la voilà désobligée.

Aujourd'hui, Mme de Bérenger arrange un dîner pour moi : il faut que je dîne chez M. de Champagny, dîner autrichien, diplomatique, etc., etc., et voilà M. de Bérenger (1) sûrement en fureur. Il ne pardonne pas encore à Maurice de n'avoir pas profité des démarches que lui, M. de Bérenger, prétend avoir faites auprès du ministre de la guerre pour que Maurice vienne à Paris (2). Quand on lui parla de moi, il dit :

— « Bah, ce sera aussi un sauvage comme l'autre ! Je n'en veux pas entendre parler. »

Il est vraiment drôle de voir combien de personnes prétendent s'être mises en quatre pour Maurice, et sont furieuses qu'il ne soit pas venu à Paris. Voilà mes malheurs, lesquels, joints à un clou qui, depuis Compiègne, m'a fait souffrir l'impossible, me donnent un peu

---

(1) Charles, comte de Bérenger (1737-1824). Il avait servi dans l'armée sous l'ancien régime et fut nommé lieutenant général en 1814.
(2) Voir ci-dessus, p. 21.

d'humeur. Je suis ici depuis quatre ou cinq jours, et je n'ai presque rien vu, sauf quelques spectacles qui, à la vérité, m'ont ravi.

Ce qui m'enchante, ce sont les boulevards, ce mouvement partout, ces boutiques, ce peuple gai et remuant qui prend la vie beaucoup plus légèrement que nous autres : ce peuple qui a un joli son de voix dont je suis très frappé. Les boulevards doivent être, en été, la plus charmante chose du monde. Les arbres semblent si beaux, ont tant de grâce, car ils ne sont ni coupés, ni arrangés ; mais je les trouve un peu clairsemés, il y a trop de lacunes dans les allées, et j'ai entendu avec la plus grande indignation une dame qui contait, de sang-froid, comment elle avait travaillé pendant je ne sais combien d'années pour faire périr ceux qui étaient devant ses fenêtres. J'espère encore qu'elle plaisantait car, à cela près, je l'aime, aussi ne la nommerai-je pas (1). Les maisons sont si jolies, leurs formes, leurs jardins, leurs terrasses si variés. Les boutiques sont si belles, si tentantes, arrangées avec un si gracieux charlatanisme : les boutiques de fleurs par exemple, même à présent. Il y a tant de joli monde pour peu qu'il fasse beau. C'est ravissant tout cela. Je ne sais si chaque étranger éprouve la même impression dans une grande ville, mais, en me promenant, il me semble que je dois connaître tout le monde. Impossible que tant de figures, tant d'élégants soient des inconnus ! Vous conce-

---

(1) (*Note du comte de Clary.*) Mme de Fitzjames.
[Il ne peut s'agir que de la duchesse douairière de Fitzjames, née Thiard de Bissy, qui s'était mariée en 1760. Elle habitait rue des Champs-Élysées (maintenant rue Boissy-d'Anglas), au coin de la place de la Concorde.]

vez ce sentiment quand on est habitué à voir continuellement les mêmes visages, comme à Vienne. En vérité, il ne se passe pas de jour sans que je rencontre quelque ancienne connaissance, par exemple Los Rios (1), qui a passé, je crois, dix-huit mois au château de Vincennes et qui reste encore *en surveillance* dans une maison de santé. C'est le terme technique. Il s'agit de maisons dans des faubourgs éloignés, où les gens sont obligés de coucher. Ils peuvent aller partout, mais suivis et observés par la police.

Tout est amusant à regarder ici : les marchands, leur manière d'achalander leurs marchandises, une dispute, une conversation dans la rue. L'autre jour, je trouve dans un cabriolet du coin de la rue un morceau de pain, le déjeuner du cocher, et un petit volume de Corneille. Je crus que quelqu'un l'avait oublié.

— « Ce livre est-il à vous? demandai-je au cocher.

— « Ma foi oui, ce sont les œuvres de M. Corneille! »

Je n'ai jamais trouvé ni Schiller, ni Gœthe dans un fiacre de Vienne.

Je m'en vais maintenant vous dire, heure par heure, ce que j'ai fait depuis ma dernière lettre de Compiègne qui allait jusqu'au *jeudi, vingt-neuf mars*. Ce vingt-neuf, presque tout le monde partit dès l'après-dîner; le peu de gens qui restaient, dont moi, allèrent le soir au concert chez l'Impératrice. C'étaient encore Crescentini et Mme Grassini, et fort ennuyeux. Nous attendîmes deux bonnes heures.

(1) Probablement Charles de Los Rios, qui avait servi comme capitaine dans l'armée autrichienne et mourut à Vienne le 5 août 1821.

Heureusement qu'il y avait des dames, entre autres Mme Caffarelli avec qui j'ai parlé de mes enfants (1).

Départ à onze heures du soir. Embarras sur embarras à chaque poste, disette de chevaux, cris, confusion, sabbat de l'autre monde. Par chance, le prince de Schwarzenberg et les Metternich passèrent et leur courrier me protégea.

Arrivé à Paris le *vendredi, trente mars*, à huit heures du matin, j'ai été déjeuner chez Golowkin. Quelles petites brioches! quel beurre de Bretagne dans de petites corbeilles carrées! à se mettre à genoux, mais du café froid et mauvais.

Vous savez comme Golowkin est bon cicerone, aussi suis-je décidé à ne jamais aller dans une ville, à moins de l'y trouver établi auparavant. Il m'a fait les honneurs de Berlin et de Carlsbad, il me fait ceux de Paris, et toujours à merveille.

D'abord nous avons été au jardin des Tuileries; je me dispense de vous en faire la description. Il doit être magnifique avec les feuilles que nous attendons. Puis nous avons traversé le palais dont la belle architecture, la façade noire et respectable sont entièrement défigurées à présent par un affreux orchestre et un balcon petit, mesquin, très bariolé, presque chinois, qui y sont accolés et font un affreux effet. Cette machine en toiles rouges et blanches cache en partie les fameux lions qui, malgré tout, gardent, comme un horrible souvenir, les taches du sang des

---

(1) La comtesse Caffarelli, née d'Hervilly, femme du général comte Caffarelli, aide de camp de l'empereur Napoléon.

Suisses jetés par les fenêtres au Dix août. J'ai vu ces taches (1) !

La place du Carrousel, naguère encombrée de maisons, ne l'est plus que d'énormes pierres de taille destinées à bâtir l'aile des Tuileries à laquelle on travaille, et qui fera pendant à la galerie du Louvre. Dans cette aile, chaque roi ou prince confédéré aura un appartement pour lui et sa suite, comme autant de palais séparés. Trois ou quatre cents maisons doivent encore être rasées entre les Tuileries et le Louvre, ce qui fera une place immense. En attendant, on a percé une rue au travers de toutes ces maisons comme dans du fromage : rue qui offre, des deux côtés, les fragments du papier qui tapissait les chambres et les traces de cheminées. Elle s'appelle la rue Impériale, va droit au Louvre et montre que l'entrée de ce palais n'est point vis-à-vis celle des Tuileries : les architectes embellisseurs s'en désespèrent. Rien ne saurait donner une idée des immenses travaux commencés tous à la fois dans Paris. Le décousu en est inouï, on ne conçoit pas que la vie d'un seul homme puisse suffire à les achever, aussi, le Personnage manquant, tout serait dit. Un autre ne pourrait probablement pas employer les mêmes moyens. On annonce aux habitants de tout un quartier qu'ils doivent déguerpir dans six semaines, on rase et les propriétaires ne sont que peu dédommagés. Dans dix ans, tout sera fini, paraît-il ; mais, pour le mo-

(1) Le comte de Clary doit s'être fait illusion sur la nature et l'origine des taches rouges qu'il put voir ; mais, après la Révolution, la croyance à l'existence de taches de sang indélébiles faites le dix août 1792 aux pierres des Tuileries était courante, et cette croyance semble même avoir persisté jusqu'à l'incendie du palais, en 1871.

ment, on a tant et tant abattu que, même dans les plus beaux quartiers et les rues les plus fréquentées, il y a encore autant de places entourées de planches que de belles maisons neuves (1).

La moitié de la place du Carrousel, telle qu'elle est à présent, déblayée et fermée par une belle grille, est l'endroit où se tiennent les fameuses parades, autrefois tous les quinze jours, à présent beaucoup moins souvent. Au milieu de cette grille est un arc-de-triomphe, fini il y a trois ou quatre ans. La masse des Tuileries l'écrase; il a l'air d'un surtout de dessert en sucre, avec ses colonnes rouges et tous ses ornements, quoique copié d'après je ne sais quel bel arc-de-triomphe antique (2), et dans les mêmes proportions. Ce ne sont ni ses bas-reliefs, ni leurs inscriptions qui crèvent les yeux dès qu'on débouche sur la place, comme *Bataille d'Austerlitz*, *Paix de Presbourg*, qui me l'ont fait prendre en guignon, car, hélas, on doit, à Paris, s'armer d'un front d'airain contre ces choses-là, mais il fait à tout le monde le même effet déplaisant. Le portrait de l'Empereur, en costume de couronnement, sculpté au plafond de la voûte, est de mauvais goût et du plus mauvais effet. Sur cet arc sont placés les fameux chevaux de Venise (3), très beaux mais

---

(1) Plus tard, le comte de Clary écrivait : « En 1810, il n'y avait qu'une maison rue Castiglione ».

(2) L'arc-de-triomphe de Septime-Sévère, à Rome.

(3) Ces chevaux antiques, qui ornaient le portail de l'église Saint-Marc, à Venise, avaient été pris par les Français en 1794, « mais, le 3 octobre 1815, les Autrichiens les enlevèrent à dix heures du soir pour les renvoyer à leur destination. » (Cf. *Description de l'arc de triomphe du Carrousel*, publiée, sans nom d'auteur et sans date, chez Gauthier, 49, rue Mazarine, à Paris.)

très petits. On les a attelés à un grand char de bronze doré, on leur a mis des harnais de bronze et deux génies ou victoires les conduisent, mais ces statues, de proportions beaucoup plus grandes qu'eux, les font paraître encore trois fois plus petits qu'ils ne sont vraiment. Dans le char doit être la statue de l'Empereur; elle n'est pas faite, et les Parisiens, en regardant le monument, disent : Le char l'attend *(le charlatan)*, mot le plus joli, le plus heureux, le plus simple : mot qui fait mon bonheur parce qu'il est si court et si bon.

On regrette le Louvre, devenu tout noir; on lui rend la couleur primitive des pierres de taille et on veut achever toutes les parties qui ne le sont pas. Le Louvre est d'une si simple et si belle architecture qu'on ne saurait le voir sans plaisir et sans admiration, mais l'intérieur de la cour semble triste.

La colonnade, ô blasphème, ne répondit pas à mon attente, quoiqu'elle soit un des plus beaux monuments que je connaisse. Il n'est rien, vous le savez, que l'imagination ne puisse embellir ou agrandir encore. Je croyais donc la colonnade plus longue; le milieu m'a déplu et le bas-relief représentant un quadrige tiré en tous sens (1), au-dessus de la voûte d'entrée, me choque tout à fait. Elle aussi est entourée de planches et de choses inachevées.

On veut, dit-on, percer une grande rue allant de la colonnade du Louvre à la barrière du Trône. C'est fabuleux. Elle aura, je crois, une lieue et demie de long. Tout près

(1) Ce bas-relief, œuvre de Cartellier, avait été placé, en 1809, sur une grande surface murale demeurée jusqu'alors complètement nue.

se trouve l'église, extrêmement antique et noire, de Saint-Germain-l'Auxerrois. Si on ouvre cette rue, l'église doit sauter, mais, comme elle est très intéressante à conserver, on numérotera ses pierres pour la rebâtir autre part. Ce tour de force me paraît si grand que j'ai peine à y croire.

Golowkin m'a lâché à l'entrée du Palais-Royal. On ne peut rien voir de plus *tournant-tête*. Quelles boutiques, quelles marchandises, quel mouvement! Il m'a fallu un temps infini pour en faire le tour, bien superficiellement encore.

Visite chez Mme de Bérenger, où j'ai vu Mme Raymond (1). Elle est très agréable, mais tout autre que je croyais, avec des yeux un peu à fleur de tête et les cheveux ronds *(sic)*.

Dîner chez l'ambassadeur. J'y ai reçu et dévoré deux lettres de vous et une de maman.

Soirée au Théâtre-Français. Je ne connaissais pas encore les bonnes places, de sorte qu'on m'a fourré dans une très petite loge où j'étais fort mal, avec un mari et une grosse femme grognons, qui trouvaient tout détestable. Sûrement, *Le Tyran domestique*, de Duval (2), est une mauvaise pièce, mais si parfaitement jouée par Mme Talma (3) et Fleury dont, cependant, ce n'est pas un des meilleurs rôles : elle m'a fait grand plaisir et m'en

(1) La comtesse Raymond de Bérenger, née comtesse de Lannoy de La Motterie, veuve en premières noces de Sigismond de Montmorency-Luxembourg, duc de Châtillon, remariée en 1806 au comte Raymond de Bérenger, fils du comte Charles de Bérenger. La duchesse de Châtillon, d'une beauté svelte et aérienne, avait été courtisée par Chateaubriand.

(2) Alexandre-Vincent Pineux-Duval, dit Alexandre Duval (1760-1830), auteur dramatique très connu à l'époque du premier Empire. Il était, en 1810, directeur de l'Odéon.

(3) Née Charlotte Vanhove. — Elle avait épousé, en 1802, le célèbre acteur Talma, divorcé de sa première femme, née Julie Carreau.

aurait fait davantage encore sans les magots de ma loge. Ce qui m'en a fait un inexprimable, ce sont ces vieux *Jeux de l'Amour et du Hasard* (1). Oh! la délicieuse actrice que Mlle Mars! Quelle grâce, quel naturel, quels yeux, quel son de voix surtout! Elle approche cependant de la quarantaine et on dit qu'elle a eu six enfants (2). Armand est un acteur agréable, d'une figure charmante, qui joue l'amant à merveille. Thénard tient le rôle du valet fort drôlement. J'étais hors de moi de plaisir. On croit connaître une pièce, et c'est tout autre chose lorsqu'on la voit jouer avec cet ensemble et cette perfection.

Souper chez Mme Tyszkiewicz. Oh! quelle fête! Cinquante personnes dans de très petites pièces où l'on ne peut se tourner sans renverser une duchesse; des figures inouïes (3); un biribi (4) avec trois ou quatre banquiers publics; des tables de jeu partout; un excellent souper où je n'ai pas eu de place : voilà tout. J'y ai vu Mme de Laval (5) qui m'accueillit à merveille et m'invita chez

---

(1) Comédie de Marivaux.
(2) Le comte de Clary vieillit Mlle Mars, qui, étant née en 1778, dépassait peu la trentaine en 1810, et il lui attribue un nombre de maternités véritablement exagéré.
(3) (*Note du comte de Clary.*) En recopiant ces lettres, je n'ai pas voulu revenir sur ma première impression. Une laide princesse Sapieha et Mme de Bauffremont m'avaient particulièrement frappé.
(4) Jeu de hasard ressemblant au loto.
(5) Catherine-Jeanne Tavernier de Boullongne (1750-1838), fille d'un trésorier de l'extraordinaire des guerres colossalement riche, mariée en 1775 au vicomte de Laval, de la maison de Montmorency. Ruinée par la Révolution, séparée de son mari, homme d'une inconduite notoire, la vicomtesse de Laval habitait, en 1810, une petite maison de la rue Roquépine et tenait un salon brillant dont le prince de Talleyrand et le comte Louis de Narbonne-Lara étaient les hiérophantes.
D'après les *Mémoires* du comte de Rambuteau, du baron de Barante, d'Aimée de Coigny, etc., l'histoire s'est faite très sévère, peut-être in-

elle, M. de Talleyrand (1), très froid et dédaigneux, sa femme (2) qui, à mon avis, ne garde aucun reste de beauté. Le mari-évêque (3) est déplaisant au possible. Mme de Brunoy (4) m'a traité en ancien ami. M. de La Vaupalière (5) n'est pas changé. Il y avait aussi la duchesse de Courlande (6), Mme de Fitzjames et son fils (7), etc., etc. Adieu pour aujourd'hui.

juste et certainement pharisaïque contre la vicomtesse de Laval. Ses torts, ses écarts mêmes, car elle en eut, furent surtout ceux de son époque, et il faut juger avec un grand coefficient d'indulgence les femmes qui, comme elle, subirent tous les bouleversements de la Révolution, perdirent leur fortune, endurèrent la prison, faillirent être guillotinées. Enfin, on ne saurait oublier que la vicomtesse de Laval eut pour fils l'abbé de Laval, qui périt sur l'échafaud révolutionnaire, et le duc Mathieu de Montmorency dont les enthousiasmes politiques discutables, au temps de l'Assemblée constituante, préludèrent à une vie toute de bonnes œuvres et de piété.

(1-2) Bien que vice-grand-électeur avec cinq cent mille francs de traitement, le prince de Talleyrand se trouvait alors dans une demi-disgrâce, et vivait surtout parmi un monde étranger ou hostile au gouvernement impérial. Il avait épousé, en 1802, Catherine-Noël Worlhée (1762-1835), femme divorcée de Georges-François Grant. Elle était née aux Indes, à Tranquebar, alors colonie danoise, et passait, avant la Révolution, pour être très jolie, ce qui ne pouvait indéfiniment durer, et très bête, ce qui se remarqua davantage à mesure que décrut sa beauté tandis que grandissait sa situation.

(3) Tout le monde sait qu'avant la Révolution le prince de Talleyrand était évêque d'Autun.

(4) La marquise de Brunoy, née Pérusse Des Cars, veuve de A.-L.-J. Paris de Montmartel, marquis de Brunoy.

(5) Le marquis de La Vaupalière, ancien lieutenant général, joueur fameux, était alors âgé de quatre-vingts ans.

(6) A.-C.-D. de Medem, veuve de Pierre Biron, dernier duc régnant de Courlande, et mère de la comtesse Edmond de Périgord.

(7) Le duc Édouard de Fitzjames (1776-1838). Il marqua comme orateur à la Chambre des pairs sous la Restauration, donna sa démission en 1830, fut élu député de Toulouse et devint l'un des chefs du parti légitimiste. On le réputait homme de haut caractère et de grand talent.

CHAPITRE VII

Visite à M. de Metternich, installé dans l'hôtel du maréchal Ney. — La place de la Concorde; le palais du Corps législatif; l'hôtel des Invalides, etc. — Mme de Vaudemont. — Spectacle à Saint-Cloud : *Zaïre*.

N° *10.*
A Louise.
Paris.
Mardi, 3 avril 1810.

Je suis bien arriéré dans mon journal, ma bonne Louise, car j'ai encore deux mariages et beaucoup de choses à vous raconter.

J'en suis resté au *samedi, trente et un mars*. — Ce jour-là, j'ai déjeuné chez Golowkin, puis nous avons fait un second voyage pittoresque dans Paris, précédé d'une visite à M. de Metternich. Il habite la belle maison du maréchal Ney (1), sur le quai, à côté de l'ancien hôtel de Salm (2). La vue de la Seine et des Tuileries est superbe. M. de Metternich, allant à Paris, exigea d'être logé, nourri, voituré, servi aux frais de la cour française, comme le fut M. de Romanzow (3), il y a deux ou trois ans. Alors, au lieu de l'installer dans quelque palais

(1) Cet hôtel, situé entre la rue de Lille et le quai d'Orsay, a été détruit lors du percement de la rue Solférino.
(2) Acheté en 1804 par Napoléon, pour en faire l'hôtel de la Légion d'Honneur.
(3) Le comte Michel-Paul Romanzow, diplomate russe, frère du comte Nicolas Romanzow, chancelier, avait été chargé d'une mission spéciale à Paris vers la fin de 1808.

impérial, on lui donna comme un billet de logement sur la maison du maréchal Ney. Pendant que celui-ci guerroie en Espagne et que Mme Ney habite le rez-de-chaussée, M. de Metternich couche dans le lit à trophées militaires du maître de la maison, reçoit dans son salon à tableaux *(sic)*, travaille dans son joli cabinet. Voilà des choses qu'on ne voit qu'ici; elles prouvent de nouveau qu'il n'y a qu'un Dieu, qu'un maître, qu'un seul et unique possesseur de tout. Mme de Metternich demeurait à l'hôtel de Courlande, hôtel garni sur la place **Louis XV** ou place de la Concorde, elle va déloger.

Cette place est une chose unique. On y arrive du jardin des Tuileries par une vilaine colonnade d'occasion, qui a l'air d'être en carton et vient de cacher la belle grille fermant d'ordinaire le jardin. Je crois vous en avoir déjà parlé. A ce que j'ai appris depuis par les journaux, cette colonnade est censée rappeler ou représenter soit une entrée de Schœnbrunn, soit je ne sais quel souvenir de Vienne, avec lequel je ne lui trouve pas le rapport le plus éloigné.

Les préparatifs d'illumination sont immenses.

Vis-à-vis des Tuileries se trouve l'entrée des Champs-Élysées, avec les beaux chevaux de pierre qui ornaient autrefois Marly.

A droite s'élèvent deux bâtiments d'architecture égale, dont l'un sert de garde-meubles de la Couronne. Ils paraissent beaux malgré les lattes, les colonnes en planches, les ancres en lampions, les grandes couronnes sur le toit qui, dans ce moment-ci, les défigurent. Entre eux s'ouvre la rue de la Concorde (1), aux constructions régulières, qui aboutit à la Madeleine, église commencée il y a vingt ans et plus, abandonnée depuis (2). Son péristyle, tel qu'il devait être un jour, vient d'être achevé en charpente pour l'illumination.

Vis-à-vis, de l'autre côté de la Seine, par delà le pont Louis XVI (3), se trouve le palais du Corps législatif, naguère Palais-Bourbon, auquel on travaille à force. Le pont, d'où l'on découvre une vue superbe des deux côtés, n'est pas en beauté pour le moment. Des colonnes de bois sur chaque arche, réunies par des festons de lanternes et entourées d'une spirale en lampions de couleur, plus deux pyramides en charpente à chaque bout, changent absolument sa forme ordinaire et gâtent sa belle simplicité.

Quand on pense à tout ce qui s'est passé sur le milieu superbe de la place Louis XV, les cheveux en dressent sur la tête (4). Ah! je conçois bien l'horrible sensation qu'éprouvent les malheureux qui y ont tout perdu, puisque, moi-même, je n'y passe jamais sans penser à ces temps affreux. Mais, cela mis à part, je défie, en fait de villes, Pétersbourg et Londres d'offrir un plus beau point de vue.

---

(1) Appelée maintenant rue Royale.
(2) L'achèvement de la Madeleine était alors résolu. Napoléon Ier comptait en faire un bâtiment d'apparat, sans destination certaine, appelé *Temple de la Gloire*.
(3) Maintenant pont de la Concorde.
(4) On se souvient que Louis XVI, Marie-Antoinette et beaucoup d'autres victimes de la Révolution furent guillotinés sur la place Louis XV. La statue équestre du roi Louis XV, qui se trouvait au milieu de la place, avait été remplacée par une statue de la Liberté. L'échafaud de Louis XVI fut élevé entre le piédestal de cette statue et les Champs-Élysées. (Cf. *La Mort du Roi*, par Pierre DE VAISSIÈRE.)

Devant le Corps législatif monte un magnifique péristyle du plus grand genre entre quatre statues colossales et assises, très belles et très bien exécutées, de Sully, Colbert, d'Aguesseau et Montesquieu, en costume de leur temps. L'idée est nouvelle et, malgré les critiques, ne me semble pas malheureuse, seulement derrière eux se dressent une Minerve ou Sagesse et, je crois, une Justice, figures allégoriques également colossales mais debout, dont le costume antique jure avec la fraise de Sully et la perruque à marteaux de Colbert. Ce mélange, d'effet désagréable, paraît un manque de goût et d'unité. La façade n'est finie qu'en charpente, pour les fêtes. Un grand transparent de circonstance orne le fronton, et des inscriptions latines sur le mariage complètent le décor.

Golowkin m'a fait remarquer l'architecture vraiment sublime de la cour intérieure de l'hôtel de Salm, à présent hôtel de la Légion d'Honneur : c'est idéal de simplicité.

Nous allâmes ensuite voir l'hôtel des Invalides, monument admirable des bons ou du moins des grands temps. Les quatre esclaves de bronze autrefois accolés au piédestal de la statue de Louis XIV, place des Victoires, sont maintenant dispersés le plus ridiculement du monde sur l'immense façade des Invalides, mais heureusement ne doivent pas y rester (1). Au milieu de l'esplanade plantée d'arbres, qui précède, se trouve le fameux Lion de Saint-Marc, juché sur une fontaine où il a l'air rétif et rechignant (2).

---

(1) Ils y sont encore. La statue de Louis XIV, élevée place des Victoires, avait été détruite pendant la Révolution. (Voir ci-après, p. 114, en note.)

(2) Le Lion de Saint-Marc avait été apporté de Venise à Paris en 1797. Il

Nous sommes entrés sous le magnifique dôme, bâtiment superbe et religieux, malheureusement entouré d'innombrables trophées de drapeaux autrichiens, où se trouvent les tombeaux de Turenne et de Vauban (1). De la voûte pend un objet qu'on ne distingue pas d'abord : c'est un tout petit paquet de guenilles, enfin on reconnaît le chapeau, l'épée, l'écharpe de Frédéric II, qui, dans l'immensité de ce dôme, font un effet presque ridicule (2). Rien n'est plus intéressant que cet immense établissement, ce beau palais plein de souvenirs, où il n'y a pas un homme entier et où l'on rencontre une si grande variété de jambes de bois qui courent et sautent, en vérité, aussi bien que les vôtres. Nous avons enfin regardé l'École militaire devenue une caserne, et l'immense et fameux Champ de Mars.

Mon guide Golowkin m'ayant quitté, j'ai été voir une des choses les plus curieuses de Paris : Mme de Vaudemont (3), dont la figure, la tournure, les manières m'ont

fut repris par les Autrichiens en 1815. (Cf. *Paris sous Napoléon. Administration et grands travaux*, par L. DE LANZAC DE LABORIE, p. 251 ; et *Histoire d'une grande dame au dix-huitième siècle*, par Lucien PEREY, t. II, p. 479.)

(1) Napoléon Ier avait fait transférer aux Invalides le corps de Turenne en 1800, et le cœur de Vauban en 1808.

(2) Ces trophées, pris à Potsdam en 1806, et de très nombreux drapeaux étrangers furent brûlés dans la nuit du 30 au 31 mars 1814, par ordre du maréchal Sérurier, gouverneur des Invalides, afin qu'ils ne pussent pas être repris par les Alliés. (Cf. *Napoléon et les Invalides*, par le général NIOX.)

(3) Née Louise de Montmorency-Logny (1763-1832), mariée à Joseph de Lorraine, prince de Vaudemont (1759-1812), qui avait servi en France sous l'ancien régime, puis était devenu officier-général en Autriche pendant l'émigration.

D'après un bulletin de nouvelles, en date du 15 février 1810, envoyé le 25 février suivant à la chancellerie autrichienne par le prince de Schwarzenberg, le prince de Talleyrand et le ministre de la police, Fouché, proposèrent à Napoléon Ier Mme de Vaudemont comme dame

étonné et amusé. Quelle drôle de femme, on est à son aise avec elle tout de suite. Sa maison est délicieuse (1).

En rentrant, je trouve une invitation, très bien venue, pour le spectacle de Saint-Cloud. — J'ai mis mon uniforme chocolat, un peu dîné avec mes voisins Schœnborn, et suis allé à Saint-Cloud avec le mari. Il faut une heure.

Pour gagner la salle de spectacle, on traverse l'orangerie qui, encore remplie d'arbres comme de raison et richement éclairée par des lampions de couleur, avait un extrême air de fête. Le théâtre est petit, mais fort joli. Tout le monde était bien brodé et assis, les femmes invitées aux galeries, la cour dans les loges. Silence le plus parfait. Au moment où l'Empereur arrive, on se lève et la toile se lève également.

On jouait *Zaïre* (2), qui m'a fait le plus grand plaisir. Lafond semble parfait en Orosmane, Mlle Volnais bien pleureuse en Zaïre, Damas bien laid en Nérestan, Baptiste bien ennuyeux en Lusignan, auquel il donne, s'il est possible, encore cinquante années de plus que n'en comporte le rôle. Cependant, quoique, en général, la pièce fût jouée avec un ensemble auquel je ne suis pas habitué, jamais ses défauts ne me frappèrent autant à la lecture. Tout roule sur ce prétendu crime qui n'en est pas un, car, en conscience, Zaïre n'est point coupable de ne pas être chrétienne, non plus que d'aimer ce pauvre Turc si galant

---

d'honneur de la future impératrice Marie-Louise, mais l'Empereur répondit « qu'elle avait le propos trop leste ». (*Archives impériales et royales de Vienne.*)

(1) L'hôtel de la princesse de Vaudemont était situé à l'angle de la rue Blanche et de la rue Saint-Lazare.

(2) Tragédie de Voltaire.

et si violent. Lusignan a tort de prendre cela tellement au tragique, je suis sûr qu'Orosmane aurait passé à sa femme un aumônier et une chapelle.

Après *Zaïre*, charmant divertissement, où dansaient Mme Gardel, Clotilde, Millière, Bigottini, Chevigny. Force guirlandes de lauriers, beaucoup de couronnes de roses s'unissaient en une allégorie dont on fait grand usage par ce temps d'hymen impérial. Je n'aime pas encore Vestris. Comme j'étais placé sous la loge impériale, je n'ai pu voir l'impression qu'un bon spectacle produit sur l'Impératrice. La cour bâillait joliment. Mme de Montmorency, entre autres, avait fait son nid dans le coin d'une loge; elle a dormi comme chez elle, et bien d'autres aussi.

CHAPITRE VIII

Mariage civil de Napoléon et de Marie-Louise à Saint-Cloud. — *Iphigénie en Aulide* ; *Le Legs*. — Mariage religieux aux Tuileries. — Le Temple de l'Hymen sur les tours de Notre-Dame. — Impression produite par le mariage impérial sur le peuple parisien.

N° 11.
A Louise.
Paris.
Mardi, 3 avril 1810.

Dimanche était donc le premier grand jour : mariage civil à Saint-Cloud. Le matin, pluie, temps affreux. Tout le monde disait :

— « L'Empereur sera bien mécontent de ce temps, lui qui, jusqu'à présent, en eut toujours un superbe à sa disposition les jours de fête. »

Et on ajoutait tout bas :

— « C'est de mauvais augure pour la nouvelle Impératrice. »

A dix heures, rassemblement chez l'ambassadeur, d'où j'ai été avec Schœnborn à Saint-Cloud. On prend ici autrement soin des étrangers que chez nous, et nous avons eu les meilleures de toutes les places. Le coup d'œil de cette superbe galerie de Saint-Cloud semblait magnifique. Les spectateurs étaient rangés des deux côtés, derrière des balustrades. Immédiatement devant Schœnborn et moi se tenait le prince de Schwarzenberg, blanc comme un meunier des pieds à la tête (1). A côté de lui se trouvait le tout petit duc de Frias (2), ambassadeur d'Espagne, figure inouïe, absolument le nain jaune : il est couleur de *mahony* (3), a cinquante ou soixante ans, des cheveux gris tout hérissés et des mains absolument comme de la peau d'éléphant. Ses culottes de tricot laissaient voir la fin de la chemise, le commencement des bas et la teinte de la peau entre les deux. Dans mon dessin, il paraît de grandeur humaine, mais la faute m'en incombe, car Son Excellence n'a pas plus de quatre pieds de haut.

Pour ce qui s'est passé, je vous renvoie aux gazettes qui n'oublieront rien. Les rois et les reines se tenaient sur l'estrade, aux deux côtés du trône; le costume des rois est la plus belle chose et la

LE DUC DE FRIAS.

plus pittoresque possible. On voudrait les mettre sur une table pour les examiner de près. Un roi est si joliment brodé sur toutes les coutures! Et puis sa cravate en dentelle, et ses ordres, et ses diamants, et la vermine (*sic*) impériale, ces abeilles qui couvrent son manteau : tout cela fait un effet charmant.

---

(1) Le prince de Schwarzenberg devait porter son uniforme blanc de feld-maréchal-lieutenant autrichien.
(2) Don Diego Fernandez de Velasco Lopez Pacheco y Giron, marquis de Belmonte, duc de Frias, ambassadeur d'Espagne en Portugal, puis en France, où il mourut au mois de février 1811.
(3) Peut-être *mahoni* ou *mahogany*, nom anglais du bois d'acajou.

« Ma cousine Julie (1) », autrement dit la reine d'Espagne, m'a paru affreuse.

Le coup d'œil de cette cour théâtrale, portant de ravissants costumes, des manteaux de velours brodé, était extrêmement beau. Les chambellans sont en rouge, les écuyers en bleu, les maîtres des cérémonies en violet avec une écharpe blanche, tel M. de Prié (2), nommé maître des cérémonies depuis peu de jours et auquel ce costume va très bien.

LE COMTE DE CASTEL-ALFER.

Les toques à plumes blanches siéent à la main de tous et aussi sur la tête des jeunes, mais en revanche les vieux ! Quand ils mettent ces immenses chapeaux garnis de plumes à la Henri IV, dont la forme n'est pas du tout de bon goût, c'est à mourir de rire. Pour Titine, le dernier de

UN CERTAIN PRINCE ITALIEN.

---

(1) Julie Clary, fille d'un négociant de Marseille, femme de Joseph Bonaparte, frère de Napoléon Ier et roi d'Espagne.
Les Clary français n'avaient et, croyons-nous, ne revendiquaient aucune parenté avec les Clary autrichiens, c'est donc en plaisantant que le comte de Clary appelle la reine d'Espagne : « Ma cousine Julie ».

(2) S.-H.-E.-F.-D. Turinetti de Prié ou Priero, né à Turin en 1789, fils du marquis de Priero qui avait occupé de grandes charges au service du gouvernement autrichien.

ses jours serait arrivé, si elle pouvait voir Champagny, ou Mocenigo (1), ou son Castel arrangés comme cela. De ma vie, je n'ai connu personne de plus risible qu'un certain prince italien, de figure rouge et d'ensemble très ridicule, dont peut-être vous vous souvenez. Il avait mis sa toque à l'envers, la plume en arrière s'en allant contre le vent. Comprenez-vous cela?

On apporta une table devant le trône. Les plumes à écrire étaient peintes en rouge et bleu, raffinement de gala qui m'a amusé. Toute la famille et les grands dignitaires ont signé.

L'habit ponceau de l'Empereur lui allait fort bien; il avait, je crois, le manteau court, mais je ne m'en souviens plus. Madame Mère se tenait à côté de lui : c'est tout à fait Mme Garzoni, un peu mieux cependant, avec l'air plus jeune et pas mauvaise tournure.

Derrière le trône, au bout de la galerie, un superbe vase de porcelaine avait attiré mes yeux. En voyant toute cette famille si brodée et cette Madame Mère, je pensais à Monsieur Père, je me le représentais tout à coup sortant de ce grand vase et je me figurais son étonnement sur l'état des siens. D'un autre côté, dans un genre différent, j'imaginais l'étonnement de Marie-Thérèse assistant à ce mariage. Enfin, je voyais arriver dans cette galerie de Saint-Cloud, couverte de devises de son temps, Louis XIV, un almanach impérial de 1810 à la main pour s'orienter sur les trônes de l'Europe. La cérémonie fut si longue que

---

(1) Alvise Mocenigo, noble vénitien, créé magnat de Hongrie par l'empereur François en 1798, puis comte et sénateur du royaume d'Italie par Napoléon.

toutes ces folies eurent le temps de me passer par la tête.

Nous dînâmes à Paris, chez le prince de Schwarzenberg, puis je retournai seul à Saint-Cloud pour le spectacle. C'était *Iphigénie en Aulide* (1), qui m'enchanta. Talma jouait Achille comme vous savez qu'il joue, quoique ce ne soit pas, au dire des connaisseurs, un rôle brillant pour lui ; mais ce qui surpassa mon attente, c'est Mlle Duchesnois en Ériphile. Elle me parut sublime, ravissante dans tous les moments. D'abord, je ne la trouve ni aussi laide, ni aussi maigre que je croyais : ses bras ne sont pas mal, et sa figure d'une incroyable expression. Dès qu'elle paraissait, je ne voyais plus qu'elle.

Mlle Raucourt, en Clytemnestre, ressemblait à feu *Kasperl* (2). Le son rauque et affreux de sa voix surprend. Néanmoins, elle eut beaucoup de moments sublimes et *hinreissend* (3), bien peu où je l'aie trouvée trop forte. En général, le théâtre de Saint-Cloud ne semble pas assez grand pour la tragédie (4).

Mlle Volnais est une pleurnicheuse à large face, aussi médiocre en Iphigénie qu'en Zaïre. Pour moi, je n'ai pas pleuré, je crois à force d'attention. Quant aux courtisans, ils ne donnent signe de vie aux spectacles de la cour que par de longs et fréquents bâillements.

---

(1) Tragédie de Racine.
(2) Sorte de bouffon, qui est l'un des personnages habituels du théâtre populaire viennois, comme Polichinelle ou Pierrot dans la comédie italienne.
(3) Entraînants.
(4) (*Note du comte de Clary.*) Je n'ai rien voulu changer à ce premier jugement, quoique, depuis, Talma ait prodigieusement gagné et Mlle Duchesnois un peu perdu dans mon opinion. Ériphile est un des rôles qu'elle joue le mieux.

Vint ensuite *Le Legs* (1). Mme Talma et Fleury ont joué divinement — Fleury peut-être encore mieux que moi (2)!!! Quelle perfection d'ensemble! Personne n'a l'apparence de réciter un rôle, tant il le possède.

La pluie avait cessé. On dit que, malgré l'extrême humidité, l'illumination du parc était charmante et qu'il y avait beaucoup de monde : jeux et plaisirs allèrent leur train, sans nous autres, gens de la cour.

Lundi, deux avril. — Avant-hier, il avait plu jusqu'à l'heure des illuminations de Saint-Cloud, aujourd'hui il pleut à verse et hier, le grand jour, il faisait le plus beau temps du monde : le printemps tout à fait. Le soleil parut à l'instant où un coup de canon annonça le départ de Saint-Cloud. Jamais, ce qui est connu sous le nom de temps de l'Empereur ne fut aussi marqué. Tout Paris était en mouvement. A dix heures, assemblée du corps diplomatique chez le prince de Schwarzenberg, déjeuner très somptueux. Départ pour les Tuileries, foule, file, équipages, train, assez d'ordre cependant, et nous voilà dans la chapelle (3). Coup d'œil magnifique. Imaginez une salle carrée, éclairée par en haut et servant ordinairement de salle d'exposition de tableaux; deux rangs de galeries drapées, brodées, bordées, criblées d'abeilles; dans ces galeries, de jolies femmes bien parées; en bas, un espace, vide d'abord, que la cour vint remplir. C'était

(1) Comédie de Marivaux.
(2) On jouait beaucoup la comédie de société à Vienne, et le comte de Clary passait pour un excellent acteur.
(3) Le salon carré du Louvre, transformé en chapelle pour la cérémonie.

vraiment la chose la plus frappante qu'il fût possible de voir, mais sans rien de religieux, rien qui ressemblât en rien à une chapelle, à tel point qu'on se trouvait tout étonné lorsque, par hasard, il entrait en bas quelque cardinal ou évêque de lui voir faire le signe de la croix. Les draperies, bleues et rouges, ne semblaient d'ailleurs pas de bon goût. L'autel et les chandeliers étaient en vermeil, ciselés par Odiot (1) et superbes comme travail et comme goût : l'Empereur les destine à Saint-Denis. Mais, au-dessus de cet autel où, en étendant la main, on aurait pu mettre ce que la peinture offre de plus beau, *La Transfiguration* (2) par exemple, se trouvait du taffetas blanc parsemé d'étoiles d'or. Quelle différence entre ce clinquant et la pompe des Augustins, où seule la pyramide de papier doré placée sur l'autel a déplu!

Le cher oncle Fesch officiait.

La cérémonie et la musique furent aussi longues que belles; les costumes magnifiques; l'Impératrice fort en beauté et de très bonne contenance, son manteau d'un fier velours pourpre et d'une fière broderie, sa couronne en diamants et son collier les plus belles choses du monde et du meilleur goût.

Ce pauvre prince Kourakin s'est trouvé mal : on l'emporta avec une peine inouïe (3) et il effraya tout le monde.

---

(1) Orfèvre célèbre de l'époque. L'autel n'était qu'en partie l'œuvre d'Odiot, car un bas-relief de vermeil, modelé sous Louis XIV par Sarrazin, en formait le « devant ».

(2) Il s'agit évidemment de *La Transfiguration* de Raphaël, qui avait été distraite des collections du Vatican en 1797, et y rentra après la chute de Napoléon.

(3) Le prince Alexandre Kourakin, ambassadeur de Russie, était énorme et tout perclus de goutte.

Quoique depuis longtemps en bien mauvais état de santé, il avait absolument voulu venir pour prouver qu'il ne boudait pas le mariage.

Quelqu'un disait :

— « On ne connaît pas sa maladie, on croit que c'est la goutte dans l'estomac, et c'est une archiduchesse remontée. »

Après la cérémonie, je le retrouvai en bas, tout gaillard au milieu des cardinaux et un bon coussin sous les pieds. Je n'ai aperçu le pâle prince (?) que de loin; je n'ai pas vu Mme Demidoff (1), ni la vilaine *Miche;* j'ai retrouvé, avec grand plaisir, Nesselrode (2) et Richter (3).

En quittant la chapelle, nous traversâmes... quoi?... dans toute sa longueur, l'immense galerie du musée, et c'est ainsi que j'aperçus pour la première fois ce monde de trésors artistiques. J'ai reconnu quelques-uns des plus fameux, en passant. Il y avait foule de chaque côté, tout le long des banquettes, pour voir le cortège; c'était un coup d'œil charmant mais cependant une profanation, au point de vue de l'art s'entend.

Nous devions attendre le spectacle du banquet impérial dans de vilaines pièces entresolées au rez-de-chaussée, que l'on appelle le Salon des ambassadeurs. Par les

(1) Née comtesse Strogonoff, femme de Nicolas Nikititch Demidoff, Russe colossalement riche qui passa une partie de sa vie en France.

(2) Le comte Charles-Robert de Nesselrode (1780-1862), conseiller de l'ambassade russe à Paris. En dehors de ses fonctions officielles, il adressait à l'empereur Alexandre Ier des rapports particuliers et secrets sur les affaires de France. Plus tard, il joua un très grand rôle dans le gouvernement de son pays, surtout au point de vue diplomatique. (Cf. *Lettres et papiers du chancelier comte de Nesselrode*, publiés par le comte A. DE NESSELRODE.)

(3) D'une famille courlandaise.

fenêtres, nous avons vu, dans le jardin des Tuileries, toute la parade. Les troupes défilaient devant le balcon où se tenaient l'Empereur et sa compagnie. Le coup d'œil des troupes, de l'immense foule, du jardin, le temps divin : tout cela était magnifique. Les acclamations, pas très fortes, semblaient bien de commande, mais faisaient bon effet, car elles ont duré pendant toute cette défilade de deux heures. L'attente fut longue entre la cérémonie du mariage et celle du banquet; presque tout le monde se passa de dîner, parce qu'on eut la duperie de croire qu'on n'en aurait pas le temps. Il y eut cependant un dîner dans une pièce voisine, chez le comte Regnaud de Saint-Jean d'Angély (1), où le prince de Schwarzenberg, M. et Mme de Metternich furent priés d'occasion. Plusieurs de nos jeunes gens y allèrent et ont grugé (2); pour moi, la pudeur a été plus forte que la faim et une bouchée de jambon fut tout mon repas. Ces plaisanteries-là sont si connues ici, à la cour, qu'on a inventé des bâtons de chocolat dans du papier de plomb comme la cire d'Espagne. C'est excellent. On en met deux ou trois en poche les jours où la cour dure toute la journée, et l'on grignote.

Pendant la messe, l'Empereur et l'Impératrice étaient assis au beau milieu de la chapelle, et lorsqu'ils allaient à l'autel, ce qui est arrivé trois ou quatre fois, le manteau de l'Impératrice était porté par les reines et les princesses (3). Chacune de ces « portemanteau » avait une

---

(1) Secrétaire d'État de la famille impériale.
(2) Vieux mot français qui veut dire au sens propre, inusité aujourd'hui, « briser avec les dents quelque chose de dur », et a pris des sens très divers au figuré.
(3) C'est-à-dire les reines d'Espagne, de Hollande et de Westphalie,

traîne de six aulnes portée par son chevalier d'honneur. Représentez-vous cette machine se mettant en mouvement. On aurait dit la tortue aux pattes d'argent du baron Strogonoff (1). L'Empereur avait l'air d'une humeur de chien pendant tout le temps de la cérémonie. C'est que, le matin encore, il y avait eu des scènes incroyables dans l'intérieur. Reines et princesses, dit-on, avaient fait le diable

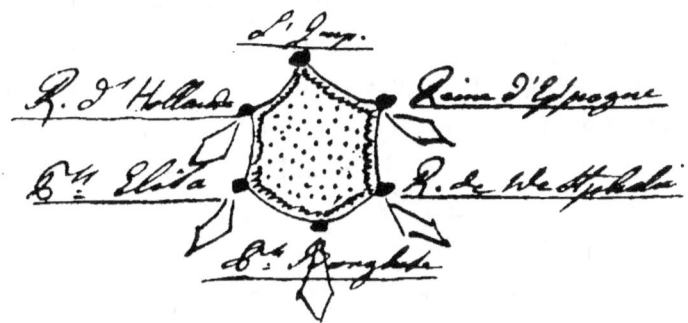

LE MANTEAU DE L'IMPÉRATRICE.

pour ne pas porter le manteau : larmes, prières, évanouissements, refus absolu, on prétend qu'elles essayèrent en vain tout cela. Le maître furieux les traita de Turc à Maure, et un bel et bon « je veux » termina l'affaire. Celle qui avait le plus fait la revêche était la dinde de Westphalie, qui est d'une fierté inouïe. Aussi, rien n'était plus comique que de voir la manière dont elles s'acquittaient de leur corvée : l'une faisait la moue, l'autre, son flacon sous le nez, menaçait de se trouver mal, la troi-

---

belles-sœurs de Napoléon, et ses sœurs, Élisa, grande-duchesse de Toscane, et Pauline, mariée au général Bacciochi, princesse Borghèse.
(1) Probablement le baron, puis comte Alexandre Strogonoff (1750-1811), qui posséda de superbes collections et fut président de l'Académie des beaux-arts de Pétersbourg.

sième laissait tomber le manteau et c'était bien pire car il fallait le ramasser. Les deux sœurs, dont l'une est grosse (1) et l'autre d'une santé vraiment affreuse (2), avaient beau jeu. La seule qui fit bonne mine à mauvais jeu et y mit de la dignité, était la reine de Hollande, parce qu'elle a de l'esprit et du tact; et puis « ma cousine Julie » a aussi fort bien porté le manteau, mais elle est si souillon que je lui aurais conseillé de faire autrement. Enfin, je n'aurais pas donné ce spectacle pour beaucoup. On prétend que l'une des porteuses ayant laissé tomber sa part de traîne ou n'étant pas à son poste, l'Impératrice lui jeta un regard très impératif qui disait : « Eh bien! » — Je ne l'ai pas vu.

Comme les reines et princesses de la maison impériale prennent entre elles le rang d'âge, la reine de Naples, qui est la plus jeune, n'avait pas de place au manteau, ce dont elle aura été, je crois, médiocrement affligée.

Le coup d'œil du banquet impérial était magnifique (3), et la salle de spectacle des Tuileries, où il se donnait, arrangée à ravir. La vaisselle *en vermeil*, ce que les Russes ont trouvé mesquin (4), est d'un fier travail. Pour du goût et de la magnificence, il faut être juste, Ils en ont. Musique ennuyeuse pendant le banquet, comme cela se pratique partout. En s'en allant et passant devant le prince de Schwarzenberg, Il lui a fait, ce que l'on ne croirait pas

(1) La princesse Élisa.
(2) La princesse Pauline.
(3) Ce banquet n'eut pour convives que l'Empereur, l'Impératrice et leur famille.
(4) La vaisselle *en or* de la cour de Russie est célèbre.

sans l'avoir vu, une mine vraiment jolie et prodigieusement affable. Le Seigneur était content de son expédition.

Enfin, on est allé sur les grandes terrasses des Tuileries pour voir le feu d'artifice : il était très peu de chose et, d'ailleurs, si éloigné, si bien caché par la fumée, qu'on le croyait sur parole; mais le coup d'œil des jardins illuminés, les milliers de têtes le nez en l'air, dont ils semblaient pavés, les bâtiments éclairés qui, par-ci par-là, sortaient de la nuit obscure, étaient magiques. On exécuta, pour finir, une grande cantate que personne n'a écoutée.

Trêve de descriptions, je n'en puis plus et vous de même probablement.

En quittant les Tuileries, j'ai traversé toute la rue de Rivoli à pied, en habit brodé, car c'était mon bel habit, fort admiré entre parenthèses, que j'avais ces deux jours-ci, et j'ai été me déshabiller chez Golowkin pour ensuite courir un peu les rues. Du milieu de la place Louis XV, le coup d'œil était une chose fabuleuse à laquelle l'imagination n'atteint pas. Presque tout le reste semblait mesquin. Ce n'est pas comme à Vienne, où une chandelle au moins à chaque fenêtre change la nuit en un jour doux et universel; ici, il y a une maison très bien illuminée et le reste de la rue demeure dans la plus profonde nuit, sans compter les jardins, les places non bâties, etc., de telle sorte que tout cela présente un décousu parfait. De même, sur les boulevards, peu de maisons faisaient un joli effet, au moins pour ce que j'ai vu. Sur les tours des églises ou autres édifices, on avait mis de soi-disant

LE TEMPLE DE L'HYMEN,
SUR LES TOURS DE NOTRE-DAME.

comètes, ridicules. L'épouvantable Temple de l'Hymen (1), perché sur les tours de Notre-Dame, qui les défigure depuis si longtemps, ce grand *allen Leuten von Geschmack ein Gräul* (2), que je n'ai jamais pu regarder sans colère, manqua tout à fait. Le vent ne permit pas d'en allumer les lampions, et les vingt ou vingt-quatre mille francs qu'il coûte furent comme jetés à la Seine.

---

(1) Voici, d'après un ouvrage du temps, la description de ce temple ou plus exactement de cet autel païen, dont la superposition aux tours d'une église catholique était vraiment singulière.
— M. Brognard, architecte, se « servit, très ingénieusement et avec avantage, » des tours de Notre-Dame, « remarquables par leur masse et par leur hauteur, pour y placer l'emblème de l'hymen qui venait d'être célébré, en y figurant un autel élevé sur un nombre de degrés qui traversaient l'intervalle entre les deux tours. Les degrés avaient quinze pieds d'élévation, et l'autel trente pieds au-dessus de la balustrade qui borde les tours. Quatre trépieds, antiques étaient placés dans le bas et aux quatre angles des degrés. Des feux vifs, et considérables par leur masse, brûlaient sur l'autel et sur les trépieds, et répandaient dans le ciel une clarté magique. L'autel était orné des aigles des deux puissances, et des chiffres des deux époux. Et pour que ces objets se distinguassent, l'artiste avait enveloppé l'extrémité supérieure des tours par des masses de nuages en transparent, derrière lesquelles étaient des torches allumées, qui servaient à la fois à éclairer l'autel et les nuages ». (*Fêtes à l'occasion du mariage de S. M. Napoléon*, etc., avec une description par M. GOULET, architecte.)
(2) Objet d'horreur pour tous les gens de goût.

Je rencontrai Cavriani et, mourant de faim, nous allâmes, à minuit, souper chez Véry (1), sur la terrasse des Tuileries.

Il y avait dans les rues la plus grande tranquillité, le plus grand ordre, mais aussi pas l'ombre de joie ou d'enthousiasme. Même le matin, à l'entrée de l'Empereur et de l'Impératrice, il n'y avait eu que des acclamations de commande, avec beaucoup de lacunes de silence. Ce mariage semble aussi indifférent au peuple que celui du Grand Mogol, quoi qu'en disent les gazettes, mais il est vraiment curieux de voir tout ce qu'on nous fait croire à nous autres Parisiens. Le laquais de je ne sais plus qui, auquel on demandait comment il avait trouvé l'Impératrice, répondit tranquillement :

« — Oh! c'est une belle princesse, bien belle! Et puis, c'était si touchant de la voir en voiture avec sa vieille gouvernante! »

Le teint jaune de l'Empereur, sa toque, ses plumes avaient induit en erreur le naïf laquais : et ceci n'est pas un conte, au moins!

(1) Le restaurant Véry, qui empiétait sur la terrasse des Tuileries, aurait dû disparaître en 1806, au moment où fut placée la grille séparant cette terrasse de la nouvelle rue de Rivoli; mais Véry avait eu « l'art d'intéresser à sa cause l'impératrice Joséphine et d'obtenir un sursis provisoire qui durait encore en 1815. » (Cf. *Paris sous Napoléon. Administration, grands travaux*, par L. DE LANZAC DE LABORIE, p. 135.)

CHAPITRE IX

Diner chez M. de Champagny. — Thé chez Mme de Mniszech. — Les amies parisiennes de la princesse de Clary : Mmes de Bérenger, de Pardaillan, de Vaudemont, de Boufflers, etc. — Une séance de l'Institut. — *Nicodème; Mme de Sévigné.* — L'Empereur et l'Impératrice ; calembours et jeux de mots sur leur mariage. — L'ode d'Esménard ; une *coquille!* — Visite au Musée. — *Gérard de Nevers.* — Soirée chez Mme de Laval. — Promenade sur les boulevards.

N° 12.
A ma Mère.
Paris.
Mardi, 3 avril 1810,
à minuit.

L'abominable femme que cette *Miche!*

Quel guet-apens ! Est-il possible que je sois venu à Paris pour y passer ma vie comme cela? Quelle journée, qu'ai-je vu, qu'ai-je fait dans ma journée d'aujourd'hui? J'ai passé la matinée à vous écrire des volumes : à la bonne heure, cette bonne action vous fait plaisir et me vaut des lettres de vous. J'ai dîné chez M. de Champagny avec 80 — je dis quatre-vingts — personnes. Il est vrai qu'à un dîner comme celui-là, lorsqu'on a un voisin aimable, on s'en tire encore, aussi étais-je à côté du mamamouchi de Perse (1), qui avait la barbe et les ongles teints en rouge et qui puait la peste. Point de spectacle, le dîner finit trop tard. Enfin, *La Plaque* me

---

(1) Probablement le ministre de Perse en France. D'après l'almanach impérial de 1810, il se nommait Askerkan.

fait venir à un thé et, dans la candeur des premiers jours, je me crois obligé de quitter les Montboissier, chez qui je m'amusais, pour y aller. J'arrive sur les dix heures. Il y avait trois ou quatre hommes qui désertent et me laissent seul entre la mère et la fille. Oh, je jurais !

Quand j'entrai, elle me dit :

— « Vous allez voir une dame qui vient en votre honneur et gloire : c'est Mme Alexandre Potocka. »

Entre M. de Montmorency (1).

— Monsieur Adrien, il va nous arriver une dame qui vient un peu pour vous voir, c'est Mme Alexandre !

Et Mme Alexandre n'est pas venue. Quelle femme que cette *Plaque*, il n'y a pas moyen de s'en dépêtrer, car elle invite toujours pour trois choses à la fois. Il faut tout accepter, mais on trouve ensuite des « empêchements imprévus » dont cette bonne ennuyeuse ne se fâche point. On ne la gâte pas, car sur trente personnes qu'elle prie il en vient quinze : c'est reçu.

Chez Mme de Montboissier, j'ai vu Mme Colbert, devenue une bonne gardeuse d'enfants (2). Elle a l'air d'une

---

(1) Adrien de Montmorency, prince-duc de Laval (1768-1837). — D'abord officier dans l'armée royale, il émigra dès les premiers événements de la Révolution, rejoignit l'armée des princes, compta ensuite, dit-on, dans l'armée russe puis dans l'armée anglaise, voyagea beaucoup, finit par rentrer en France vers 1801 et, depuis lors, tout en restant fidèle à ses convictions royalistes, se rendit utile à beaucoup d'émigrés ou de suspects grâce à son esprit actif, son caractère conciliant, ses relations très étendues et très diverses. Devenu, sous la Restauration, lieutenant-général, pair de France, ambassadeur, le prince-duc de Laval joua un rôle marquant dans la diplomatie française jusqu'au moment où la révolution de 1830 et son attachement à la branche aînée des Bourbons le contraignirent à une retraite dont il ne sortit plus jusqu'à sa mort.

(2) En 1810, la comtesse de Colbert Maulevrier, née Montboissier, avait deux filles.

nourrice et porte une vilaine perruque ronde. Je ne parviens pas encore à débrouiller les maris, je n'en connais que le vieux Baert. Il y avait M. et Mme Juste de Noailles, M. Archambault de Périgord (1), père de Mme de Noailles, et M. Edmond de Périgord (2) qui a l'air d'un jeune homme, M. de Damas (3). Tout le monde m'a bien parlé et demandé compte de vous.

Jeudi, cinq avril. — Vous sentez bien que vos amies m'ont reçu et embrassé à qui mieux mieux. Elles s'indignent que vous ne mettiez pas de lunettes tandis qu'elles en ont. Mme de Bérenger est grasse et porte une vilaine perruque. Mme de Pardaillan est une petite poire sèche, avec des joues un peu en chien couchant — pardon, Maman! — Je suis enchanté de Mme de Vaudemont. Quelle drôle de femme! Elle m'amuse au possible. J'ai fait hier chez elle un excellent dîner avec Mme de Pardaillan.

J'ai enfin vu M. de Boufflers que j'ai trouvé plus vieux que je ne croyais, et Mme de Boufflers que je n'aurais jamais reconnue tant elle a engraissé : c'est une tout autre figure. Elle m'a écrit un billet assez tapé, qui commençait par : « Je conçois bien, Monsieur, que vous avez mieux à faire que de venir voir les vieux amis de Madame votre Mère. »

---

(1) Archambault de Talleyrand-Périgord, comte de Périgord, puis duc de Talleyrand (1762-1838), premier frère cadet du prince de Talleyrand.
(2) Edmond de Talleyrand-Périgord, comte de Périgord, puis duc de Dino, de Talleyrand et de Sagan (1787-1872), fils du duc Archambault de Talleyrand et mari de Dorothée de Biron, princesse de Courlande. (Voir ci-dessus, p. 38, en note.)
(3) Probablement le comte, puis duc Charles de Damas (1758-1829), frère aîné du comte Roger de Damas. (Voir ci-dessus, p. 21, en note.)

J'ai trouvé cela un peu sec, d'autant plus que, sur de fausses adresses, je l'avais cherchée vainement pendant deux jours, et ce n'est pas une petite affaire de chercher quelqu'un dans Paris avant d'y être orienté. Cependant, elle m'a reçu à merveille et il n'y paraissait plus. Vous sentez bien que tous les trois (1) m'ont questionné à mort sur vous tous. Hier soir, en ramenant Elzéar de chez Mme de Montboissier, il me dit, avec sa voix traînante et endormie :

— « Cher Lolo, vous exercez l'hospitalité roulante comme le prince de Ligne. »

J'aime beaucoup cette expression.

J'avais aussi vu, chez les Montboissier, Mme de Durfort (2) et les Périgord, c'est-à-dire Edmond et sa femme. Elle est bien jolie, a les plus beaux yeux du monde, mais je la trouve un peu pincée et pas agréable. Tout le monde en dit du bien.

Mme de Boufflers m'avait envoyé un billet pour la séance de l'Institut où l'on devait donner les prix aux ouvrages couronnés; j'y suis allé hier, *quatre avril*. Cela m'a fort intéressé : tout ce qui est bien dit ou bien écrit, tout ce qui tient au style doit faire grand plaisir. On a lu en entier l'*Éloge de La Bruyère* par Victorin Fabre (3), puis de grands fragments fort intéressants de deux : *Tableau de la littérature du dix-huitième siècle en France*, l'un de

---

(1) Le marquis de Boufflers, la marquise de Boufflers et leur beau-fils et fils, le comte Elzéar de Sabran. (Voir ci-dessus, p. 34, en note.)

(2) Il y avait alors plusieurs dames de Durfort appartenant aux diverses branches de cette grande maison. Rien ne permet d'identifier celle que nomme le comte de Clary.

(3) Victorin Fabre (1785-1831), auteur d'ouvrages littéraires et de quelques poésies.

M. Jay (1), l'autre encore de Fabre. Dans tous les deux, il y avait des morceaux charmants, par exemple sur Voltaire et sur d'autres. Le coup d'œil de la salle de l'Institut, ronde et remplie de bancs circulaires, est fort joli; c'était plein comme un œuf, et je n'étais pas trop bien placé dans une tribune haute, vis-à-vis du président.

Dîner chez Mme de Vaudemont comme je vous l'ai dit, puis j'ai vu Talma dans *Nicomède* (2), où il est sublime. C'est un de ses triomphes. Il y avait une foule inouïe. Talma vient d'être très malade et des mois sans jouer, de sorte que sa rentrée attire un monde prodigieux. Heureusement, j'avais été le matin chez Mme Alexandre Potocka, qui m'avait donné un billet pour sa loge. Ses autres invités étaient M. de Souza (3) et M. de Flahaut (4). Mme de Souza (5) est malade et voit peu de monde. Mme Alexandre ne fréquente que le salon Souza-Flahaut, et pour cause, dit-on (6).

Dans la tragédie, je n'aime ni Mlle Volnais, ni la petite Mlle Maillard; leur manière inconcevable de traîner chaque syllabe est probablement une chose à laquelle il faut s'habituer. Ce qui est ravissant sans restrictions,

---

(1) Antoine Jay (1770-1854), littérateur, historien et journaliste.
(2) Tragédie de Corneille.
(3) Le baron de Souza-Botelho (1758-1825), diplomate et littérateur portugais, marié en 1802 à Adèle Filleul, veuve du comte de Flahaut.
(4) Le comte Auguste-Charles de Flahaut, fils du premier mariage de Mme de Souza avec le comte Charles-François de Flahaut. Il fut général et aide de camp de Napoléon Ier, mais demeure surtout connu par sa liaison avec la reine Hortense, d'où naquit le célèbre duc de Morny.
(5) Adèle Filleul (1761-1836), mariée au comte Charles-François de Flahaut, officier-général qui périt sur l'échafaud révolutionnaire, puis au baron de Souza-Botelho. Elle a publié des romans qui eurent beaucoup de succès.
(6) Le comte de Flahaut faisait une cour assidue à la comtesse Alexandre Potocka.

c'est la comédie et surtout Mlle Mars. On donnait, comme seconde pièce, *Madame de Sévigné* (1), jouée par Mme Talma (Mme de Sévigné), Armand (son fils), Fleury (le chevalier de Pommenars), Michot (le jardinier Pilois), Mlle Mars, adorable dans le rôle d'une petite ingénue de quinze ans que Mme de Sévigné élève et qu'aime Pilois. Il y a, sans doute, des longueurs dans cette pièce, mais elle était jouée!!!

Je ne connaissais pas M. de Flahaut, il est d'une figure extrêmement agréable.

Tous les matins, je cours les rues avec Golowkin pour m'orienter. Son Montallègre, à deux lieues d'ici, doit être bien joli. Il m'en a montré des vues par un petit peintre, M. Pecharman, qu'il a avec lui : elles donnent une idée charmante du pays.

M. Zamoyski a pris la peine, l'autre jour, de me faire les plus pitoyables manifestes, et Mme Demidoff a dit vingt fois : « Le diable m'emporte. » On prétend qu'elle est devenue tout à fait mauvais ton.

Spiegel (2) est ici depuis une semaine. Il va retourner à Bruxelles.

La cour part, je crois, aujourd'hui pour Compiègne. J'ai une peur affreuse de ce deuxième voyage. La seule chose qui pourrait m'en consoler est qu'il y aura spectacle tous les jours. Je vous ai dit que le monarque était d'une humeur massacrante le jour du mariage. La reine de Westphalie avait tant pleuré qu'elle s'est ensuite trouvée mal.

---

(1) Comédie de Bouilly.
(2) Le baron de Spiegel, général au service autrichien, etc. Il épousa, en 1812, la princesse Flore de Ligne, sœur cadette de la princesse de Clary, et mourut en 1836.

On ne parle que de l' « amour » de l'Impératrice pour son époux; lui, de son côté, ne fait rien de toute la journée, et les papiers non ouverts s'amoncellent dans son cabinet. Au reste, il pleut des calembours, plus ou moins bons, que l'on ne se gêne pas trop pour répéter.

On dit que c'est la première archiduchesse d'Autriche qui fait un mariage civil *(si vil)*.

On dit :

— « C'est par ce mariage que l'Empereur s'allie *(salit)* les Bourbons. »

— « Elle s'est mariée en carême pour être aimée à la Passion. »

— « Elle est laide à présent, mais elle sera beaucoup mieux quand elle aura un nouveau-né *(nez)* » — parce que, en effet, le sien est affreux.

Et tant d'autres choses.

Il y a une chanson fort jolie, que je suis bien fâché de ne pas avoir (1).

On n'a aucun doute sur l'*entrevue* de Compiègne et tout le monde s'indigne contre les deux parties (2). La présentation du lendemain dura quatre ou cinq heures.

---

(1) Nous ignorons à quelle chanson le comte de Clary fait allusion, mais le couplet suivant, déjà cité par le baron d'HELFERT dans *Maria-Louise*, p. 409, donnera une idée de celles qui se colportaient en France et ailleurs sur le mariage impérial.

. . . .
J'voyons des mariag' comm'ça
D'temps en temps à la Courtille.
Tout d'abord on ross' l'papa,
Pis on...... *embrasse* la fille
Et l'beau-père' n'os' pas dire non
D'peur d'avoir z'encor' l'ognon.
. . . .

(2) Voir ci-dessus, p. xv et xvi.

On n'a nommé aucune dame à l'Impératrice et elle n'a parlé à aucune.

Ce qui n'est pas un calembour, mais un hasard qui fait mon bonheur, c'est l'ode d'Esménard (1) sur le mariage, parue au *Journal de l'Empire*. Dans la seconde strophe, il y avait ce vers remarquable :

« *Vingt peuples dont un homme a troublé le repos.* »

Le vers me parut fort, la strophe tout à fait inintelligible (2); je me suis cassé la tête pour la comprendre, pas moyen. D'autres en furent frappés de même, Golowkin par exemple. Le lendemain (3) : *Erratum.*

— « Il s'est glissé une faute dans quelques exemplaires du feuilleton d'hier, le deuxième vers du second couplet doit être lu ainsi :

« *Vingt peuples dont un homme a fondé le repos.* »

Je vous demande s'il pouvait y avoir un hasard plus heureux que celui-là entre deux mots qui se ressemblent si peu ! Je m'en allais montrant ces deux feuilles à tout le monde, tant cela m'amusait.

---

(1) J.-A. Esménard (1770-1811) est surtout connu par son poème de *La Navigation* et quelques livrets d'opéras. Il fut membre de l'Académie française.

(2) Voici les deux premières strophes de cette ode, qui n'en a pas moins de quarante-deux.

> La France préparait les fêtes de la Gloire ;
> Paris de son héros célébrait le retour ;
> Paris ne répétait que des chants de victoire,
>   Et des hymnes d'amour.
>
> Tout à coup il entend vingt cités souveraines,
> Vingt peuples dont un homme a troublé le repos,
> Jaloux de nos destins, sur des rives lointaines,
>   Appeler le héros.

(3) En réalité, le surlendemain. L'ode avait paru au *Journal de l'Empire* du 4 avril, l'*erratum* parut à celui du 6.

La chanson de M. de Bonnay (1) pour Féfé n'est pas trop jolie.

La chanoinesse Kinsky (2) et le prince Wenzel (3), à Paris, donneront une bonne idée de notre jeunesse.

Je vois que vous êtes dans les fêtes et les spectacles à Vienne.

Vendredi, six avril. — Hier, j'ai passé une fort bonne journée : on donnait des billets pour voir le Musée (4) qui, depuis le nouvel arrangement de la galerie, n'avait pas encore été ouvert au public.

Beaucoup de monde, mais pas foule. J'y suis resté trois heures, jusqu'au moment où, à force de regarder, les yeux m'ont manqué tout à fait : à la lettre, je ne voyais plus rien. Que de trésors, que d'anciennes connaissances que je n'avais jamais vues. Je me disais toujours : « Est-ce bien vrai? Est-ce donc la véritable *Transfiguration;* est-ce la vraie *Madona della Sedia;* est-ce le véritable *Apollon du Belvédère?* Est-ce l'original du *Laocoon* (5)? » Cette galerie à perte de vue offre un coup d'œil unique; elle est arrangée merveilleusement, et des colonnes la séparent en travées d'après les écoles. Il y avait beaucoup de gens de connaissance, mais j'étais trop occupé de lire mon catalogue pour y faire grande attention. La chapelle du

---

(1) Le marquis de Bonnay, ancien président de l'Assemblée constituante, alors établi à Vienne. Il versifiait agréablement.

(2) La comtesse Marie-Anne de Kinsky, née en 1765.

(3) Le prince Wenzel de Liechtenstein, né en 1767.

(4) Le musée du Louvre, alors appelé officiellement le *Museum français* et, dans la conversation, le Musée tout court.

(5) Ces chefs-d'œuvre célèbres, enlevés au Saint-Siège par les Français victorieux, lui furent rendus après la chute de l'Empire.

mariage, sans monde, perd tout son prestige, on voit combien ses draperies bleues et rouges sont de mauvais goût, combien peu elle ressemble à un endroit religieux.

Dîner chez Mme de Montboissier avec Mme de Belsunce (1) qui m'a parlé de vous, et beaucoup. Fut-elle jolie? Il y paraît à peine. M. de Cordoue (2) a l'air d'un laquais, quoique d'une figure assez agréable, et montre dans le ton et les manières quelque chose d'éminemment commun. Sa femme semble le détester proprement. M. de Gourgues (3) est un petit poudré de quarante ans, qui n'ouvre pas la bouche.

De là, visite en Courlande. La duchesse me traite fort bien. M. Archambault de Périgord lui donne toujours de l'Altesse; pour moi, ce mot me meurt dans la bouche, ainsi que le « Princesse » à Mme Tyszkiewicz (4), qu'on lui donne ici et qu'elle accepte. On dit la duchesse assez mal avec sa fille.

A huit heures et demie j'ai été chez Franconi (5) voir une pantomime à grand spectacle appelée *Gérard de Nevers*. Le plus joli moment est celui de la chasse, avec un pauvre cerf qui fait la navette entre les coulisses et la meute qui le poursuit sans lui faire de mal, ce que je trouve presque encore plus admirable que la civilisation

---

(1) Probablement Angélique-Louise-Charlotte de La Live d'Épinay, qui avait épousé, en 1764, Dominique de Belsunce, vicomte de Méharin.
(2) Le marquis de Cordoue, gendre de Mme de Montboissier.
(3) Le marquis de Gourgues, autre gendre de Mme de Montboissier. Il devint pair de France sous la Restauration.
(4) On se souvient que la comtesse Tyszkiewicz était née princesse Poniatowska. (Voir ci-dessus, p. 35 en note.)
(5) Le cirque Franconi, ainsi appelé du nom de son fondateur. Il était installé rue du Mont-Thabor.

du cerf. Mais une pantomime de quatre ou cinq actes, tout à fait indéchiffrable sans programme, est trop en vérité. Il m'a pris un sommeil affreux, et je suis parti avant la fin pour aller à une soirée fort agréable et peu nombreuse chez Mme de Laval, qui est gracieuse au possible pour moi. Il y avait la duchesse de Fitzjames qui l'est aussi; Mme de Jaucourt (1) qui doit avoir été bien belle; Mme de Talleyrand, fort aimable les jours où il [M. de Talleyrand] n'a pas d'humeur; Mme Tyszkiewicz; Mme de Bellegarde et sa sœur (2), deux femmes qui me sont antipathiques (3) et ressemblent à Cathos et Made-

---

(1) Née Bontemps, mariée en 1778 à L.-C. de La Châtre, comte de Nançay, puis duc de La Châtre. Elle avait divorcé, puis s'était remariée au marquis de Jaucourt qui fut sénateur sous l'Empire, membre du gouvernement provisoire en 1814, pair de France et ministre de la marine sous la Restauration.

(2) La comtesse de Bellegarde, née Adélaïde (ou Adèle)-Victoire de Bellegarde (1772-1830), et sa sœur, Mlle Aurore de Bellegarde (1776-1840), dont le sort demeura constamment lié au sien, appartenaient à l'ancienne noblesse savoyarde. Mariée à l'un de ses cousins, Adélaïde-Victoire l'abandonna, pendant la Révolution, pour devenir la maîtresse du conventionnel Hérault de Séchelles, chargé d'une mission en Savoie, puis divorça et suivit Hérault à Paris où il fut guillotiné. Elle tint ensuite une place brillante dans la société du Directoire, et eut une liaison très connue avec le fameux chanteur mondain Garat.

Moins heureuses que d'autres, Mme et Mlle de Bellegarde n'avaient pas pu ou pas su se refaire une bonne position sociale sous l'Empire, et demeuraient un peu en marge du vrai monde, où elles étaient assez bien accueillies mais assez mal considérées. Plus tard, les choses s'arrangèrent. Lorsque le comte de Clary revint à Paris, en 1822, il trouva Mme et Mlle de Bellegarde installées, 2, rue de Beaune, au faubourg Saint-Germain et, semble-t-il, tout à fait entrées dans le giron de la bonne compagnie.

De son mari, passé au service d'Autriche et devenu général, la comtesse de Bellegarde avait un fils, qui servait en Autriche également. Un autre fils, né de sa liaison avec Garat, vivait avec elle. (Cf. *Mémoires de Aimée de Coigny*, publiés par Étienne Lamy, et surtout *Le Roman d'un conventionnel, Hérault de Séchelles, et les dames de Bellegarde*, par Ernest Daudet.)

(3) (*Note du comte de Clary.*) J'ai changé d'avis depuis.

lon (1); Giamboni; Zoé (2), la grosse négresse de Mme de Laval, qui, après avoir fait et présenté le thé, s'assied et cause comme tout le monde.

Aujourd'hui, j'ai parcouru les boulevards, vu la superbe Porte Saint-Martin, drôlement placée au milieu de la rue, et le magasin de porcelaines de Dagoty (3). J'ai fait un excellent déjeuner au café Gierdy, puis me suis extrêmement amusé des joueurs de gobelets, des sauteurs, de tout ce qui se passe continuellement dans ces charmantes rues de Paris que j'adore, et me voilà. Adieu, Maman, je vais faire quelques visites, puis dîner, hélas, chez M. de Talleyrand.

(1) Personnages des *Précieuses ridicules*, de Molière.
(2) La négresse Zoé avait été amenée en France tout enfant et donnée à la vicomtesse de Laval, vers la fin du règne de Louis XV ou le commencement du règne de Louis XVI, du temps que les négrillons et les « négrilles » étaient à la mode. Mme de Laval et ses amis s'en amusèrent d'abord comme d'une guenon ou d'une perruche, mais, néanmoins, « Zoé reçut une éducation bonne et chrétienne dans ce milieu peu édifiant. Pendant la Révolution, elle suivit sa maîtresse en prison, la servit et la soigna comme l'esclave la plus humble et la plus dévouée. Le calme revenu, Zoé, appelée désormais Mlle Zoé, fut accueillie en amie par la famille de la vicomtesse de Laval et toujours traitée ainsi, au salon, à table. Elle se tenait simplement, était mise selon sa position, avait gardé la coiffure de son pays faite d'un foulard enroulé autour de la tête, portait d'énormes anneaux d'or aux oreilles, et mettait sa seule coquetterie dans la blancheur extraordinaire de son linge. Bien que très intelligente, elle était restée ignorante, car son esprit ne se pliait pas au travail. Le prince de Talleyrand causait volontiers avec Zoé, la taquinait et s'amusait de ses réparties.
« Après la mort de la vicomtesse de Laval, Zoé habita chez le duc de Luynes, neveu de son ancienne maîtresse. Elle vécut jusqu'en 1840, au moins. Dans les dernières années de sa vie, elle avait le type nègre le plus laid, avec un nez épaté, de grosses lèvres, des cheveux crépus et laineux, mais elle conservait des dents superbes. » (Renseignements dus à l'obligeance de Mme la marquise de P... douairière, qui a encore connu la vicomtesse de Laval et Zoé.)
(3) Situé, 4, boulevard Poissonnière. — Dagoty était l'un des fournisseurs de porcelaines de Napoléon Ier.

CHAPITRE X

Diner chez M. de Talleyrand; sa maison. — Soirée chez Mme de Laval. — Promenade dans Paris; l'arc-de-triomphe de l'Étoile; les prisons de l'Abbaye; Saint-Germain-des-Prés, etc. — Diner chez Cambacérès. — Saint-Sulpice; le musée du Luxembourg, etc.

N° 13.
A Louise.
Paris.
Lundi, 9 avril 1810.

Je remarque avec effroi comme les jours passent, et trouve toujours que je ne vois pas assez de choses. Je comprends, à présent, combien le monde et le *voir Paris* sont incompatibles. Je connais trop de personnes, j'use ma vie en billets, en reproches, en remords, et cependant je cherche encore à faire de nouvelles connaissances, je compte aller chez Mme Récamier, chez Mme de Souza, chez d'autres. — O faiblesse humaine! — J'ai cinq ou six maisons où je devrais et même voudrais aller dîner et souper. Les visites, je ne puis me résoudre à en faire à l'heure du spectacle. Enfin, les arrangements d'heures et de voitures, les inconcevables distances achèvent mon malheur.

Vendredi, six avril. — J'ai donc dîné chez M. de Talleyrand : cinquante personnes mais, parmi elles, Mme Boson de Périgord (1), l'amie de Flore (2), avec qui, par conséquent,

(1) Née Pusignan, mariée en 1800 au comte Boson de Périgord, second frère cadet du prince de Talleyrand.
(2) La princesse Flore de Ligne, sœur cadette de la princesse de Clary. Elle épousa, en 1812, le général baron de Spiegel.

j'étais tout de suite en pays de connaissance. Je l'ai trouvée fort aimable et lui présentai Spiegel, qui dînait avec nous et devait partir pour Bruxelles immédiatement après. En un quart d'heure de temps, elle le connaissait comme nous. Sa « véhémence » l'a fort amusée. Elle m'a extrêmement questionné sur Vienne et sur tous les nôtres. Mme Boson et Mme de Pardaillan sont furieuses de ce que Féfé n'écrit plus à Mme de Balbi (1), elles disent :

— « Voyez comme Christine écrit toujours à ses anciennes amies! »

Et puis vient l'éloge de maman que je ne contredis pas.

M. Boson de Périgord est sourd comme un pot et ressemble d'une manière frappante à ses deux frères. Avec l'air moins jeune que son frère Archambault, moins vieux que son frère Bénévent (2), qui paraissent à vingt ans l'un de l'autre, il tient, pour la figure et les manières, de tous les deux.

La maison du prince de Bénévent, le salon, le jardin sont la plus belle chose du monde. Il a changé de maison

---

(1) La comtesse de Balbi, née Caumont La Force (1753-1836). Mme de Balbi, dame d'atours de la comtesse de Provence, joua un rôle pendant les dernières années de l'ancien régime et surtout au début de l'émigration, comme amie et confidente du comte de Provence, puis perdit son influence sur ce prince, rentra en France vers l'époque du Consulat, se compromit dans diverses intrigues et se vit reléguée à Montauban par le gouvernement impérial. Revenue à Paris après la chute de l'Empire, elle trouva Louis XVIII oublieux des sentiments qu'elle lui avait inspirés naguère, et finit dans l'obscurité. (Cf. *Les Reines de l'Émigration. Anne de Caumont La Force, comtesse de Balbi*, par le vicomte DE REISET.)

(2) Le titre princier donné par Napoléon Ier à Talleyrand reposait sur Bénévent, ville des anciens États de l'Église, mais, dans les relations mondaines courantes, on disait beaucoup plus souvent : « Le prince de Talleyrand » que : « Le prince de Bénévent ».

avec M. Crawford (1) en lui donnant, je crois, sept cent mille francs de retour. Sa maison actuelle est plus grande mais au fond du faubourg Saint-Germain ; l'ancienne, habitée maintenant par M. et Mme Crawford, est dans la rue d'Anjou-Saint-Honoré et plus agréablement située (2).

(1) Quintin Crawford ou Craufurd (1734-1819), noble anglais établi sur le continent en 1780, fut mêlé aux préparatifs du voyage à Varennes et à beaucoup d'autres événements de la période révolutionnaire. Il avait rassemblé une collection de portraits historiques, et écrivit de nombreux ouvrages, entre autres une *Notice sur Marie Stuart, reine d'Écosse*, et sur *Marie-Antoinette, reine de France*.

Quant à Mme Crawford, née Franchi, et fille, dit-on, d'un tailleur de Lucques, elle avait mené, avant son mariage avec M. Crawford, l'existence la plus singulière : en effet on la trouve successivement femme d'un danseur et peut-être danseuse elle-même — maîtresse du duc Charles-Eugène de Wurtemberg, dont elle eut une fille — femme de M. Sullivan, membre de la haute aristocratie britannique — maîtresse, à Paris, vers la fin de l'ancien régime, de M. Crawford puis du comte de Fersen, et faisant, avec eux deux, ménage à trois.

Très riches, très faufilés dans tous les mondes, s'occupant des affaires les plus diverses, présentant des aspects incertains et changeants, tantôt agents politiques presque avérés, tantôt informateurs mystérieux du gouvernement anglais, M. et Mme Crawford ont traversé l'histoire si troublée de la fin du dix-huitième siècle et du commencement du dix-neuvième siècle en aventuriers de haut vol. (Cf. *Autour du Temple*, par Gustave Bord, t. II, p. 60 et suiv.)

(2) Voici les renseignements donnés sur ces habitations dans : *Monsieur de Talleyrand*, ouvrage paru, en 1834, chez Roret, sans nom d'auteur, mais attribué à C.-M. de Villemarest, t. IV, p. 185, en note :

« M. de Talleyrand, en quittant le ministère des relations extérieures, où, depuis quelque temps, il n'allait plus que le matin comme un employé va à son bureau, alla s'établir tout à fait à la maison de la rue d'Anjou qu'il habitait déjà. Plus tard, il acheta, rue de Varennes, le somptueux et vaste hôtel de Valentinois... Cet hôtel était alors la propriété de M. Crawford, qui prit en échange la maison de la rue d'Anjou. M. de Talleyrand se vit plus tard dans la nécessité de s'en défaire et l'Empereur le lui acheta. Ce fut alors qu'il acquit l'hôtel de l'Infantado, à l'angle de la rue Saint-Florentin et de la rue de Rivoli. »

— L'hôtel de Valentinois est devenu l'ambassade d'Autriche. La maison de la rue d'Anjou, troquée par M. de Talleyrand à M. Crawford, a été détruite pour le percement du boulevard Malesherbes. Quant à l'hôtel de l'Infantado, il appartient maintenant au baron Édouard de Rothschild,

La fille de M. Archambault de Périgord, Mme Juste de Noailles, est jolie mais a l'air commun. Elle ressemble extrêmement à ce pauvre Louis (1), son frère. J'ai passé l'autre jour une heure à me faire expliquer les Noailles et les Périgord, et je commence à y voir un peu plus clair.

Soirée chez Mme de Laval. Son fils, Mathieu (2), bien triste et silencieux, s'en va toujours vers dix ou onze heures; comme il est dans la plus abstraite dévotion et sa mère point du tout dévote, elle se moque quelquefois un peu de lui. La duchesse de Courlande y était, elle ennuie tout le monde.

Samedi, sept avril. — Promenade inouïe dans les rues de Paris (article de journal que vous pouvez sauter).

J'ai été seul à la barrière de l'Étoile, au bout des Champs-Élysées, en regardant tous les petits jardins, à droite et à

---

(1) Louis de Talleyrand-Périgord, né en 1784, mort en 1808, à Berlin, sans alliance.

(2) D'abord vicomte de Montmorency-Laval, puis duc Mathieu de Montmorency (1767-1826). — Député de la noblesse aux États généraux de 1789, le vicomte de Montmorency-Laval adopta les idées nouvelles avec fougue mais se réfugia en Suisse après la chute de la monarchie, tandis que, en France, son père tombait dans une inconduite notoire, sa mère subissait mille tribulations et son frère, l'abbé de Laval, mourait sur l'échafaud. Depuis lors, le chagrin, peut-être le remords changèrent sa vie et l'inclinèrent vers une haute piété. Revenu d'émigration dès 1795, il s'occupa uniquement de bonnes œuvres et prit une part très active au mouvement de renaissance catholique qui se développa progressivement pendant le Directoire, le Consulat et l'Empire pour s'épanouir sous la Restauration. Il fut alors aide de camp du comte d'Artois, pair de France, ministre des affaires étrangères, gouverneur du duc de Bordeaux.

Le duc Mathieu de Montmorency, devenu, suivant l'expression de Chateaubriand, un chrétien achevé, mourut subitement le 24 mars 1826, jour du vendredi-saint, tandis qu'il était en prière devant le « tombeau », à l'église Saint-Thomas-d'Aquin.

gauche, puis je me suis arrêté longtemps devant le nouvel arc-de-triomphe, le plus grand qui existât jamais, figuré en toile tel qu'il doit être, et dont la charpente et la toile coûtent, dit-on, huit à neuf cent mille francs, si je ne me trompe. Cette masse immense me paraît dans les plus belles proportions, malgré les nombreuses critiques des connaisseurs, et fait un superbe effet de tous les points possibles. On la voit de partout, depuis Saint-Cloud jusqu'à Saint-Germain, et elle domine le Bois de Boulogne. Enfin, pourvu que Dieu Lui prête vie, ce sera bien beau. En regardant ce bouleversement universel, ces quartiers rasés, tant de choses commencées à la fois de tous côtés, on est tenté de croire que cent ans ne suffiraient pas pour les achever.

J'ai été un moment chez M. de Metternich, au déjeuner journalier, puis, avec Pépé de Metternich (1) et un M. Pilat (2), secrétaire de M. de Metternich et le plus fameux cicerone du monde, je me suis mis à parcourir tout le faubourg Saint-Germain. Ce Pilat est un furet qui, dit-on, au bout de huit jours, connaît une ville mieux que ses habitants ; rien ne lui échappe et les moindres détails de Paris lui paraissent familiers.

J'ai vu les fameuses prisons de l'Abbaye et ces petites portes où se commirent tant d'horreurs (3); l'église Saint-

---

(1) Le comte Joseph de Metternich (1774-1838), frère cadet du comte, plus tard prince Clément de Metternich, le célèbre chancelier.
(2) Joseph-Antoine de Pilat (1782-1865).
(3) La prison militaire de l'Abbaye devait ce nom au voisinage de l'abbaye Saint-Germain-des-Prés. Pendant la Révolution, on y enferma une foule de personnes très diverses et, comme toutes les prisons de Paris, elle fut ensanglantée par d'affreux massacres au commencement de septembre 1792. Les prisonniers, jugés dans une pièce par un soi-

Germain-des-Prés, bien vieille; la très belle façade de Saint-Sulpice; la fontaine (1) qui se trouve devant le jardin du Luxembourg, lequel, à mon avis, est une fort vilaine chose sans arbres, enfin le magnifique Panthéon, d'une si grande et si belle architecture, qui va redevenir l'église Sainte-Geneviève selon sa première destination. On y travaille à force : il est horriblement situé au milieu d'une masse de vilaines maisons et au bout du monde, du reste sur un point élevé. Les échafaudages de l'illumination ont empêché qu'on nous laissât monter en haut de la coupole, d'où on voit bien le panorama de Paris. Tous nos moyens de séduction échouèrent et nous dûmes nous contenter de visiter les caveaux, dont le seul intérêt est de réunir Voltaire et Rousseau dans de vilains tombeaux de bois, en attendant mieux. Tous les feux monstres qui, pendant la Révolution, y avaient fait un court séjour, ont depuis été mis à la porte. L'idée du tombeau de Rousseau semble assez ingénieuse. A l'un des bouts du sarcophage, une petite porte entr'ouverte laisse passer une main avec un flambeau. Cela signifie que, du fond de son tombeau, Rousseau éclaire encore le monde. Plus que tout autre édifice, le Panthéon porte l'empreinte de la Révolution en statues, inscriptions, etc.

Nous allâmes ensuite à la Cité et à Notre-Dame dont l'architecture gothique est une des plus belles que l'on puisse voir. Il y a de superbes vitraux, mais les beaux

---

disant tribunal, étaient tués au moment où ils franchissaient la petite porte, ou guichet, séparant cette pièce de la pièce voisine.

(1) Appelée autrefois *La Grotte*, et maintenant connue sous le nom de Fontaine de Médicis.

portails d'entrée sont mutilés, et tous les saints sans tête : il en est de même partout, d'ailleurs. Un autel neuf et des grilles, très belles mais pas de style gothique, défigurent l'intérieur. Le tout est semé d'abeilles et d'N avec une telle profusion qu'on ne voit que cela. C'est le cachet des ouvrages du siècle et, à mon avis, celui du mauvais goût. Pourquoi, par exemple, en couvrir le Louvre et sa colonnade et ôter les L qui y étaient? Pourquoi ne pas laisser à chaque siècle sa gloire? Hélas, il n'en reste que trop pour celui-ci à nos dépens! Recrépir la colonnade et y mettre un vilain quadrige, que sûrement Claude Perrault désavouerait, n'est pas l'avoir bâtie. On dit assez drôlement que le Louvre et les Tuileries fourmillent d'ennemis *(d'N mis)*.

Pendant la Révolution, les églises avaient toutes été changées en écuries, en casernes, etc.; il faut bien replâtrer, raccommoder, peinturlurer, mais cela fait des disparates.

Près de Notre-Dame se trouve le Palais de Justice, beau bâtiment où, un moment, j'ai entendu plaider et se démener les avocats.

Nous sommes revenus par le marché des Innocents dont la fontaine est superbe; la Halle au blé (1) et les autres Halles (2), etc. Tout ce quartier est affreux, mais fort

(1) Grande rotonde construite pendant la seconde moitié du dix-huitième siècle et située entre Saint-Eustache, le Louvre et le Palais-Royal.

(2) « On désignait, à Paris, sous le nom général des Halles, les divers emplacements, rues ou passages, entre Sainte-Eustache, la rue Saint-Denis et celle de la Ferronnerie, sur lesquels on exposait des provisions et des marchandises de première nécessité; quelques-unes avaient des abris légèrement bâtis, comme la Halle aux poissons; d'autres s'étalaient sous des parapluies en toile cirée ou entièrement à l'air; le beurre, le

curieux à visiter. L'incroyable mouvement, l'extrême population, l'infection de la marée pourrie, les cris, la boue, les ruisseaux, les chariots qui encombrent les rues étroites, en font un tableau tout à fait différent du beau Paris des boulevards.

Après cette course énorme, je m'apprêtais pour aller dîner chez Cambacérès, qui dîne à l'heure juste sans attendre personne, de sorte que j'étais déjà sur les épines. Confusion de voitures, la mienne manque et me voilà en fiacre, avec mon uniforme brodé, pour aller au bout du monde (1). Or la tournure, la crasse, la lenteur des fiacres d'ici sont chose dont il est impossible de se faire idée. Le cocher du mien avait un vêtement comme ceux des *Lampenputzer* (2) de Vienne. J'étais au désespoir.

J'arrive, on était à table, je ne voulais pas entrer, les gens m'y forcent, je me glisse et, par bonheur, me trouve à côté de M. de Laborde (3). Il m'a promis l'introduction à son ouvrage sur les jardins (4), que je cher-

---

fromage, les œufs, les fruits, les habits se trouvaient sous les portiques couverts nommés piliers des Halles, espèces de galeries, irrégulières, incommodes, basses et peu solides. »(Rapport de Fontaine à Napoléon Ier, en date du 24 décembre 1813, cité par L. DE LANZAC DE LABORIE dans *Paris sous Napoléon. Assistance et bienfaisance, approvisionnement,* p. 329.)

Le nom de « Halles centrales » date du second Empire, comme les constructions actuelles. Au début du dix-neuvième siècle, on disait simplement « les Halles ».

(1) Le prince archi-chancelier Cambacérès habitait en 1810 le très bel hôtel Molé, rue Saint-Dominique, qui est maintenant le ministère des Travaux publics. Il l'avait acheté en 1808. (Cf. *L'Archi-chancelier Cambacérès,* par Pierre VIALLES, p. 271 et suiv.)

(2) Lampistes, allumeurs de lanternes.

(3) Le comte Alexandre de Laborde. Voir ci-dessus, p. VIII.

(4) Cet ouvrage avait commencé à paraître par livraisons en 1808, et s'appelait : *Description des nouveaux jardins de la France et de ses anciens châteaux.*

chais et désirais depuis longtemps, et que je me ferai une fête de lire après déjeuner, à Neuhof (1), devant votre père qui en sera digne. Mme de Laborde (2) est jolie au possible et d'une tournure charmante.

A vous, Maman.

J'ai rencontré à ce dîner M. de Fezensac (3) et M. de Prié, qui m'ont parlé de vous : M. de Prié surtout vous aime beaucoup. Depuis peu, il est devenu un petit sous-maître des cérémonies, avec un bien joli costume violet et un bâton noir semé d'abeilles. Il s'acquitte avec grâce de ses fonctions. Mme de Fezensac (4) ne me paraît pas jolie le moins du monde. Mme Clarke d'à présent (5), autrement dit la duchesse de Feltre, a une figure affreuse. Ce jour-là, j'avais vu beaucoup de vos amis des mauvais temps. J'ai trouvé Raoul de Montmorency (6) chez sa mère et sa grand-mère (7), qui me reçurent à merveille;

(1) Château du comte Chotek, beau-père du comte de Clary, situé en Bohême.
(2) Née Thérèse de Cabre, mariée en premières noces au marquis de Gillier.
(3) Philippe-Joseph de Montesquiou-Fezensac, vicomte de Fezensac (1784-1840). Il fit les campagnes de l'Empire, fut lieutenant-général sous la Restauration, pair de France et ambassadeur en Espagne sous Louis-Philippe.
(4) Fille du général Clarke, duc de Feltre, et de sa première femme, E.-C. Alexander.
(5) M.-F.-J. Zaepffel, seconde femme du général Clarke, duc de Feltre. Celui-ci avait été gouverneur de Vienne pendant la campagne de 1805, et c'est probablement à cette époque que le comte de Clary l'avait connu ainsi que sa première femme.
(6) Raoul, baron, puis marquis, puis duc de Montmorency (1790-1862). Il devint chambellan de Napoléon Ier en 1813, puis aide de camp du duc d'Orléans en 1815.
(7) La comtesse de Goyon-Matignon, fille du baron de Breteuil, le ministre de Louis XVI.

Mme de Matignon surtout me parla beaucoup de vous et Mme de Bombeck [?]. Raoul a l'air d'un enfant boudeur, et fit peu de cas de moi, quoique vous eussiez cru qu'il se mettrait fort en avant; il semble si timide, si embarrassé que nous n'avons pas du tout fait connaissance. En revanche, le petit de Brack (1), que j'ai vu ce même jour à souper, est tout cœur, vous adore tous, parle de vous comme moi et vous connaît comme moi. Aussi nous nous en sommes donné : il est charmant.

De chez Mme de Matignon, j'ai été chez Mme Raymond de Bérenger qui est très aimable, elle était presque seule. Puis, j'ai revu le dernier acte de *Cendrillon;* enfin souper, biribi et ennui chez Mme Tyszkiewicz. Mme Alexandre Potocka voulut jouer aux questions, mais cela ne battait

---

(1) Antoine-Fortuné de Brack (1789-1850). Il avait fait la campagne de 1809, comme lieutenant aide de camp du général Édouard Colbert, et devint, lui-même, général sous Louis-Philippe, après une carrière très mouvementée.

Officier brillant, écrivain militaire distingué, homme à la mode, amant longtemps favorisé, presque officiel, de Mlle Mars, Brack fut très connu de son vivant, puis son nom tomba dans l'oubli pour en sortir après la guerre de 1870-1871, où la cavalerie française, toujours brillante sur les champs de bataille, avait montré un complet oubli de ses devoirs au point de vue du « service en campagne ». On s'aperçut alors que tout ou presque tout ce qu'elle avait su au temps du premier Empire, puis oublié, se trouvait résumé dans une sorte de manuel publié en 1831 par BRACK, sous le titre de : *Avant-postes de cavalerie légère*; partant, ce livre fut mis en grand honneur, les nouveaux règlements français s'en inspirèrent et il devint classique dans toutes les armées.

En 1809, après la prise de Vienne, Brack avait fréquenté chez le prince de Ligne et la princesse de Clary, qui n'avaient pas montré aux Français l'intransigeance mondaine que des vainqueurs rencontreraient aujourd'hui chez des vaincus. Le comte de Clary écrivait plus tard : « M. de Brack, en 1809, à Vienne, avec l'armée, a été la coqueluche des salons Clary-Ligne. Il n'y en avait que pour lui; ma mère, Féfé, Flore, Titine en avaient la tête tournée. Rien n'était plus gentil, c'était le mot, plus aimable..... »

que d'une aile. Mme Edmond de Périgord, M. Anatole de Montesquiou, M. de Brack, M. de Dalberg, M. de Cubières (1) et moi étions ses partenaires. M. de Cubières me plaît, quoiqu'il ne soit pas aussi prévenant que le petit de Brack.

Dimanche, huit avril. — J'ai été à la messe à Saint-Sulpice, au faubourg Saint-Germain. Drôle de procession de moines ou de chanoines qui se promenaient de long en large et braillaient en chœur. L'un d'eux les accompagnait en jouant du serpent. Ils ont de petites traînes et de petits capuchons tout à fait bizarres.

Le maître-autel de Saint-Sulpice est fort beau. Derrière, dans une chapelle formant le chevet de l'église, se trouve une grande niche très profonde entre des colonnes et, au fond de cette niche éclairée par en haut, une statue de la Vierge sur des nuages qui fait à merveille.

De là, visite au Luxembourg, où j'ai passé trois heures à regarder la galerie bien à mon aise, et surtout les fameux Rubens, d'une composition si belle, d'une allégorie si riche, qui représentent la vie de Marie de Médicis. J'ai été frappé de voir, au tableau du couronnement, le beau manteau vert ou bleu (2) de Marie de Médicis porté

---

(1) Amédée-Louis Despans de Cubières (1786-1853), fils adoptif du marquis de Cubières, agronome et naturaliste distingué. Sous-lieutenant en 1804, il se distingua aux batailles d'Austerlitz et d'Essling, devint colonel vers la fin de l'Empire, général de brigade en 1829, général de division en 1837, ministre de la guerre en 1839. Accusé alors de complicité avec le ministre prévaricateur Teste, il fut condamné à la dégradation civile, mais obtint sa réhabilitation en 1852.

(2) Ce manteau est bleu foncé, semé de fleurs de lis et doublé d'hermine.

par cinq ou six reines ou princesses ayant une petite couronne sur le sommet de la tête. Je ne sais jusqu'à quel point l'épisode est historique, et peut avoir servi de précédent au manteau du 2 avril 1810. Peut-être ce tableau en a-t-il donné l'idée à l'Empereur? Plus on regarde les coloris de ces Rubens et leurs détails, plus on y découvre de beautés. C'est entre eux et une *Sainte Famille* que l'on croit de Raphaël, c'est vis-à-vis d'un Titien qu'on joua le mauvais tour à David de placer son *Brutus* et ses *Horaces*. Je n'ose pas dire que, placés là surtout, je les ai presque trouvés affreux. Quelle recherche! Quel dessin forcé, quoique ce soit précisément ce qu'on admire chez David! Quelles *grelle Farben* (1)! Tout cela n'empêche pas qu'il y ait de grandes beautés de détails, mais, dans le *Brutus*, sur cinq figures quatre sont de profil, ce qui, à mon avis, est toujours désavantageux; dans les *Horaces*, de même, presque toutes les figures se présentent de profil. Ces tableaux n'ont point d'unité : l'un et l'autre sont partagés en deux groupes absolument différents, et le groupe des femmes pleurantes se trouve dans chacun, placé absolument de même. La jeune fille qui s'évanouit dans le *Brutus*, dessinée avec une grande vérité peut-être, est tellement disloquée que sa vue en devient peu agréable : elle aussi est de profil. La figure de Brutus a seulement l'expression de quelqu'un qui écoute avec attention, et non celle de la douleur. L'idée, très belle, des *Horaces* était d'une exécution bien difficile. Que leurs bras soient dans la même attitude, c'est

---

(1) Couleurs dures.

tout simple, mais pourquoi font-ils tous les trois le même grand pas en avant? On met ce groupe à toute sauce, sur les poêles, sur les cheminées, sur les boîtes. Je l'ai vu sur le *Stichblatt* (1) en bronze d'une épée, où il faisait très bien. Les accessoires de ces tableaux, l'architecture, le dessin des détails, la *Beleuchtung* (2) surtout sont de la plus grande beauté. Au reste, j'abandonne facilement ces critiques un peu hasardées à de plus connaisseurs que moi. C'est peut-être seulement le coloris, le naturel, le moelleux, le dessin, ce qui est indépendant de la beauté des formes, du voisin Rubens, qui m'ont donné cette première impression défavorable à David. Je le trouve cependant moins maniéré, moins guindé que Girodet, par exemple, et d'autres peintres de l'école actuelle. — *Dixi* et peut-être trop!

Il y a un bel ermite endormi de Vien (3). La figure m'a paru d'une grande vérité, aussi est-elle un portrait. Le sommeil l'a surpris tandis qu'il jouait du violon et son instrument s'est échappé de ses mains. Je ne le regrette pas, car je parierais que c'était un fier racleur!

La suite à l'ordinaire prochain.

(1) La coquille.
(2) L'éclairage.
(3) J.-M. Vien (1716-1809), peintre d'histoire. Il fut le professeur et le précurseur de David.

CHAPITRE XI

A propos d'un portrait de la comtesse de Clary. — Le temps à Paris. — Le comte de Clary sera-t-il décoré de la Légion d'Honneur? — A propos de l'impératrice Marie-Louise et de l'impératrice Joséphine. — *L'Homme du Jour; Les Fausses Confidences.* — Promenade et visites dans Paris. — *Une Soirée de Carnaval; Robert-le-Bossu; Les Réjouissances autrichiennes.*

N° 14.
A Louise.
Paris.
Mercredi, 11 avril 1810.

Je vous avoue, ma chère Enfant, que votre portrait me semble affreux et disgracieux au possible. Ce n'est qu'en le regardant avec une attention bien suivie que j'y retrouve vos traits et qu'il finit par me faire plaisir. Vous avez l'air triste, les yeux mécontents et un peu....... jaloux : à cette distance, cependant, c'est un *memento* pas *mori*, mais *fidelitatis* qui peut être utile. Qu'en pensez-vous? Adhémar (1) et ses grosses joues me donnent une envie de l'embrasser qui n'est pas concevable. Le peintre a tout à fait manqué mon idée : je voulais une *action*, il a fait une *attitude*. Je voulais une espèce de madone enveloppant l'enfant du shall pour qu'il n'ait pas froid et, au lieu de cela, vous le tenez comme un éventail ou comme un pot de fleurs. Je voulais

(1) L'un des fils du comte de Clary, mort en bas âge.

qu'on devinât seulement, sous le shall, la forme de votre bras et de ses jambes. Les cheveux sont affreux. Enfin Bayer (1) *ist und bleibt ein Schmierer* (2).

Vous êtes une brave personne d'avoir vendu mes chevaux. J'approuve très fort le gouvernement de la régence et suis très content de la régente.

Tant mieux que ces bons Clam (3) vous soient si utiles; sans eux, vous vous ennuieriez à périr.

L'histoire tragique de ce nouveau genou cassé de Guillaume Auersperg (4) est affreuse. Quelle malheureuse existence que la sienne!

Je suis sûr que vous vous amuserez à Carlsbad, et surtout que les eaux vous feront un bien prodigieux.

Il fait ici un froid de chien, et nous avons eu jusqu'à présent bien peu de beaux jours. Je ne trouve pas encore cette fameuse différence de climat que l'on m'annonçait. Ah, si nous pouvions avoir dans un salon de Vienne une aussi bonne cheminée qu'il s'en rencontre ici dans les plus mauvaises auberges! La mienne est excellente, j'ai un bon tapis et une chambre parfaite.

Vous me demandez si j'ai reçu une décoration. Non, et Schœnborn non plus, et trop heureux *wenn es nur dabey bleibt* (5). Vous savez que M. de Montesquiou, qui a porté le portrait (6), et tous les aides de camp de Berthier ont

---

(1) Antoine Bayer (1767-1833), peintre de portraits. Il habita généralement Prague.
(2) Est et reste un barbouilleur.
(3) Le comte Christian-Joseph de Clam-Gallas et sa femme, née comtesse Joséphine de Clary-et-Aldringen.
(4) Le prince Guillaume d'Auersperg (1782-1827).
(5) Si cela reste ainsi.
(6) Le baron Anatole de Montesquiou, aide de camp de Napoléon Ier,

eu le *Léopold* (1)!! J'en ai frémi, d'autant plus que Floret m'avait annoncé positivement que nous aurions la Légion d'Honneur. Pendant deux jours, cette idée m'a mis au désespoir. A présent, je respire car le danger est bien passé, puisqu'il n'en a plus été question. Vous jugez ce que cela eût été pour moi.

Vous voulez que je vous parle de la position sociale de la *Baronne* (2). Elle commence à perdre de sa vogue; elle n'est pas causante, ce n'est pas sa faute, mais on fait des comparaisons avec feu la *Marquise* (3).

Je vous ai laissé, dans ma dernière lettre, au beau milieu de la grande galerie du Luxembourg : vous aurez eu le temps de l'apprendre par cœur. Au bout se trouve une salle contenant la suite de la vie de saint Bruno, par Lesueur, puis une rotonde avec quelques statues, dont un délicieux petit faune endormi, puis la galerie des ports de France commencée par Joseph Vernet, continuée, je crois, par Hue et par un autre, enfin une petite salle d'où on voit le superbe escalier du palais.

J'ai dîné, avec Golowkin, chez Hardy (4), pour aller, bien au commencement du spectacle, voir, à la Comédie-Française, *L'Homme du Jour* (5) et *Les Fausses Confi-*

---

fils du comte de Montesquiou, grand chambellan. — Il avait porté à l'archiduchesse Marie-Louise un portrait de l'Empereur.

(1) Ordre autrichien.

(2) (*Note du comte de Clary.*) Terme convenu pour désigner l'impératrice Marie-Louise.

(3) (*Note du comte de Clary.*) Terme convenu pour désigner l'impératrice Joséphine.

(4) Le célèbre restaurant Hardy se trouvait au coin de la rue Cerutti et du boulevard des Italiens.

(5) *Les Dehors trompeurs ou L'Homme du Jour*, comédie de Louis de Boissy.

dences (1). Fleury, Mlle Émilie Leverd, Mlle Mars jouaient, et il fallait bien la perfection de leur talent pour soutenir huit actes aussi froids et aussi raisonneurs. Je n'ai jamais aimé *Les Fausses Confidences.* C'est le comble du Marivaux. A l'Opéra, on donnait le ballet de *Télémaque* (2), mais avec les *doubles* et les *triples*, car tous les bons danseurs sont à Compiègne, c'est pour cela que j'ai préféré les Français.

Lundi, neuf avril. — Courses dans les rues avec Golowkin. On ne se fait pas idée de ce que sont les boutiques et les magasins de Paris....... de la magie, et il est bien vrai que le bon marché de certains articles et les tentations passent toute idée. Les boutiques de la rue Vivienne, des boulevards, de la rue Richelieu (3), etc., sont à s'arrêter sans cesse; ce n'est qu'en disant continuellement : « Oh, je reviendrai voir cela plus à mon aise », que l'on parvient à avancer. Devant le *Fidèle Berger*, la boutique de bonbons de la rue Vivienne (4), je passe toujours en détournant la tête, ou bien de l'autre côté de la rue. Je me ruinerais. Le *Petit Dunkerque* (5) dans la rue Richelieu,

---

(1) Comédie de Marivaux.
(2) *Télémaque dans l'Ile de Calypso*, ballet héroïque réglé par Gardel.
(3) Après avoir été très aristocratiques sous l'ancien régime, la rue Vivienne et la rue Richelieu étaient devenues, sous le premier Empire, le centre du commerce élégant de Paris.
(4) Si le comte de Clary ne commet pas une complète erreur, il n'a pu voir, rue Vivienne, qu'une succursale ou un dépôt du *Fidèle Berger,* car cette confiserie célèbre, toujours existante et maintenant établie boulevard de la Madeleine, était, en 1810, rue des Lombards.
(5) Célèbre magasin où se vendaient de la bijouterie de fantaisie, de la tabletterie fine et les objets de luxe les plus divers. Son enseigne rappelait le souvenir de son premier propriétaire qui était dunkerquois.

Mme Castel (1) au Palais-Royal, et tant d'autres font venir l'eau à la bouche et l'argent hors des poches. J'ai vu aujourd'hui, avec Golowkin, le magnifique magasin de meubles et de bronzes de Buisson, petit hôtel Choiseul, rue Grange-Batelière (2), tout près de chez moi. On y trouve les plus belles pendules du monde et des réductions de statues antiques qui m'ont terriblement tenté, par exemple ce charmant Mercure de Bologne qui ne coûte que six louis. C'est le prix d'un frac, et le Mercure ne vaudrait-il pas mieux?

J'ai vu le Pont-Neuf, la place où était naguère la statue de Henri IV et où se trouve maintenant un joli café (3) qu'on va démolir pour y bâtir je ne sais quoi : une colonne à la Grande Armée, un obélisque *oder so etwas* (4). J'ai vu la triste place Dauphine, à côté du Pont-Neuf, appelée maintenant place Desaix (5), où ses amis lui ont érigé un monument assez mesquin (6). Il va en avoir un autre, de

---

(1) Mme Castel tenait un magasin de bijouterie, 39, Galerie de Pierre, au Palais-Royal.
(2) Maintenant rue Drouot.
(3) Appelé Café de Paris.
(4) Ou quelque chose d'analogue. — Le monument projeté était un obélisque. Il ne fut jamais construit et, sous la Restauration, une nouvelle statue de Henri IV vint remplacer celle que la Révolution avait détruite.
(5) Le général Desaix tué en 1800, à la fin de la bataille de Marengo dont son arrivée opportune, à la tête de deux divisions, avait assuré le gain aux Français.
(6) Ce monument, d'ailleurs fort laid, était une « fontaine funéraire » formée par un bassin au milieu duquel s'élevait un socle portant le buste du général Desaix. Ce monument fut démonté, vers 1875, au cours des travaux de régularisation de la place Dauphine, et finit par être cédé par la ville de Paris à la ville de Riom, patrie de Desaix. (Cf. *Paris sous Napoléon. Administration et grands travaux*, par L. DE LANZAC DE LABORIE, p. 233 et suiv.)

par l'Empereur, place des Victoires (1). On y travaille.

Puis longues visites aux princesses de Rohan (2) et à Mme de Coigny (3). Elles sont établies rue de Vaugirard, dans la maison de Mme de Conflans (4) leur mère, qui est un peu folle en attendant la mort. La manière dont Mme de Coigny déteste sa sœur, tout ce qu'elle en dit, l'affectation avec laquelle elle parle du mariage de la princesse Berthe (5), et s'en va demander à tout le monde pourquoi l'on en fait mystère et pour qui ce secret, sa criaillerie, son affreux son de voix rauque, sa figure chattine (*sic*), tout cela est fort comique. Elle a bien quelque chose de Mme de Kageneck (6), mais je la crois plus aimable et plus méchante. Elle ne me revient que médiocrement, et il est vrai que son costume du matin est curieux.

Dîner chez Mme de Bérenger, avec sept ou huit personnes dont ses fils, un cousin, M. Gabriel de Bérenger (7),

---

(1) Sous l'ancien régime, la place des Victoires formait un cadre magnifique au centre duquel s'élevait une statue de Louis XIV, qui fut détruite pendant la Révolution. Le monument consacré par Napoléon au souvenir de Desaix, et inauguré en 1810, se composait essentiellement d'une statue représentant le feu général entièrement nu. Elle choqua tellement le public qu'il fallut aussitôt la faire disparaître. Quelques années plus tard, le gouvernement de la Restauration érigea une nouvelle statue de Louis XIV sur la place des Victoires.

(2) La princesse Charles-Alain-Gabriel de Rohan-Guéménée, née Conflans, et sa fille la princesse Berthe de Rohan. Celle-ci venait d'épouser son oncle, le prince Victor de Rohan-Guéménée.

(3) La marquise de Coigny, née Conflans. Voir ci-dessus, p. 37.

(4) La marquise de Conflans d'Armentières, née Vaudreuil.

(5) Ce mariage, dont la plupart des ouvrages généalogiques ne mentionnent pas la date, avait, semble-t-il, été célébré le 23 juillet 1809.

(6) Peut-être la comtesse Frédéric de Kageneck, née Du Blaisel.

(7) Le comte Gabriel de Bérenger Du Gua, officier de cavalerie, aide de camp de Napoléon Ier. Il fut tué à la bataille de Dresde en 1813.

et sa jolie sœur, une petite Mme Spinola (1). Le *padron di casa* (2) m'a paru honnêtement grognon et ennuyeux.

J'ai été pour la première fois aux Variétés, et me suis amusé à crier de plaisir d'*Une Soirée de Carnaval* (3), où Brunet (4), jouant le rôle de Futet, m'a enchanté. L'extrême bêtise de ses narines retroussées est une chose charmante, inimitable. Pendant que ses vieux maîtres, M. et Mme de Boisfleury, sont au bal masqué, Madame en Psyché, Monsieur en Pierrot, Futet, pour mystifier l'épouseur provincial qu'on attend, s'habille en femme et, sous ce costume, enchante le prétendu qui le prend pour la demoiselle de la maison. Il est mis dans la perfection, avec une robe de satin rose, une toque à plumes, des gants blancs, de très jolis petits bouts de bras bien blancs aussi, etc., etc. : il n'est pas changé du tout, a une grâce incroyable et danse la gavotte d'une manière délicieuse. Je n'ai qu'à penser à Brunet et à cette pièce pour que ma bouche *sich breitzieht* (5) de plaisir. Po-

---

(1) Camille-Françoise de Bérenger, mariée au marquis Spinola, d'une grande famille génoise.
(2) Maître de la maison.
(3) Comédie-folie en prose mêlée de couplets, par M. Sewrin.
(4) Mira, dit Brunet, acteur et administrateur du théâtre des Variétés, dont son talent et son zèle firent la fortune. Il écrivit en collaboration plusieurs pièces, et ajouta généralement à ses rôles des calembours et des facéties qui furent réunis dans un recueil autrefois célèbre sous le nom de *Brunetiana*. Tout le monde, d'ailleurs, était empressé à colporter ses bons mots, car voici ce que nous trouvons dans une lettre adressée de Paris, le 10 janvier 1810, au comte de Metternich, par le conseiller d'ambassade Floret : « La présence des rois me fait penser à un bon mot de Brunet, qui lui a valu quelques jours d'arrêt. Dans une pièce, je ne sais laquelle, il dit à la fille d'auberge : *Pourquoi me donner de la chandelle, la bougie ne doit pas être chère, il y a tant de sires à Paris.* » (*Archives impériales et royales de Vienne.*)
(5) S'ouvre largement.

tier (1), je crois, qui joue M. de Boisfleury, est parfait aussi. C'est une caricature d'élégant, avec une grande houppe de cheveux qu'il fait aller en avant et en arrière, qui parle pointu, dit *sosseté* parce qu'il ne peut pas prononcer société, et qui, au retour du bal, est entre deux vins de la manière la plus aimable possible. Enfin, j'étais ravi de cette pièce dont, en outre, les couplets sont si gais, si faciles.

Auparavant, on avait joué *Robert-le-Bossu* (2), puis *Les Réjouissances autrichiennes* (3), sot nom d'une pièce de cir-

---

(1) Charles Potier, acteur presqu'aussi célèbre que son camarade Brunet, et d'un talent plus fin.
(2) *Robert-le-Bossu ou Les Trois Sœurs*, vaudeville par Mme Montenclos.
(3) Divertissement en un acte mêlé de couplets, par M. Sewrin. La pièce se passe dans un village autrichien, voisin de Vienne.
Au commencement, un meunier — affublé, par suite d'une confusion ou d'une coquille d'imprimerie, du nom anglais de Brown — chante :

> De la paix le doux retour
> A fait oublier la guerre,
> Et l'abondance à son tour
> Fait oublier la misère :
> Longtemps, à mon grand chagrin,
> Mon moulin ne tournait guère,
> Mais enfin plus de chagrin,
> Le grain
> Vient au moulin !
> . . . .
> Le Français et l'Autrichien,
> L'un à l'autre nécessaire,
> Sont unis par un lien
> Durable autant que prospère ;
> Tant qu'ils n'étaient que voisins,
> Mon moulin ne tournait guère ;
> Les voilà plus que cousins,
> Le grain
> Vient au moulin.

Puis se déroule une insignifiante intrigue franco-autrichienne et, à la fin, des villageois, des villageoises, des jeunes gens armés de fusils et portant le chiffre des deux Empereurs, des soldats autrichiens et des soldats français défilent en chantant :

> Que d'un même amour
> L'Autriche en ce jour
> A la France s'unisse,
> Et chantons en chœur :
> Vive l'Empereur !
> Vive l'Impératrice ! *(bis)*

constance, dont le coup d'œil est joli et qu'on peut voir une fois. Brunet n'y joue pas mais, dans la marche de la fin, il défile avec les autres, tout déguenillé, portant une cruche sur la tête et un pain long d'une aune sous le bras. Il ne fait que passer sans dire un mot, cependant sa mine est si divinement bête que c'est le *rire inextinguible* des dieux qui fait trembler la salle.

CHAPITRE XII

Le Jardin des Plantes; les dromadaires de Belœil, etc. — Dîner chez Mme de Poix. — *Le Vieux Célibataire; Le Secret du Ménage.* — Bal chez Mme de Bellegarde. — *La Vieillesse de Piron; Haine aux Femmes.* — Mme de Souza; Mme Alexandre Potocka; M. de Flahaut.

N° 15.
A Louise.
Paris.
Mardi, 10 avril 1810.

Temps divin, unique : aussi les boulevards étaient-ils couverts de monde. On dit qu'il y avait vingt femmes à cheval au Bois de Boulogne. J'ai été chez M. de Metternich puis, avec Pépé de Metternich et M. Pilat, au Jardin des Plantes qui, bien qu'encore sans feuilles, m'a fait grand plaisir et fort intéressé. C'était un jour public, de sorte qu'il y avait foule dans les salles des musées comme devant les grilles des bêtes. Il faudrait vingt-quatre heures pour tout voir; je n'ai fait que tout parcourir à la hâte, passer devant les cages des lions, des ours, des hyènes, des tigres, des loups, de toutes ces vilaines bêtes puantes que l'on voit partout. La partie du jardin arrangée à l'anglaise est très jolie, grâce à l'idée si heureuse d'y faire de petits parcs séparés avec des cabanes ornées, toutes différentes les unes des autres. Seulement, je voudrais que les animaux fussent plus intéressants, car, excepté les éléphants et quelques grands oiseaux très extraordinaires de la famille des casoars, ce ne sont que moutons, cerfs et autres bêtes innocentes de ce genre. On répond à cela : « Ce sont toutes les espèces de moutons connues! — Oui, mais ce ne sont que des moutons! »

En été, l'aspect doit être charmant.

Il y a toujours les dromadaires de Belœil (1), que le prince de Ligne avait ramenés de la guerre contre les Turcs et avec lesquels ma mère et moi, dans le temps que j'étais petit et gentil, nous allions au Prater (2), au grand scandale de mon père et à la satisfaction des polissons mes compatriotes. Ces dromadaires doivent avoir au moins vingt-cinq ou trente ans. Lorsque la princesse de Ligne (3) vint ici, il y a six ans, elle dit, en les regardant :

— « Voilà les dromadaires qui m'ont traînée bien souvent. »

Les spectateurs — la et se — regardaient. Ils la croyaient femme de quelque mameluck ou au moins Mme Menou (4).

Beaucoup de gens du peuple regardaient les ours dans

---

(1) Voici ce que l'on trouve sur ces dromadaires dans une *Notice sur les animaux vivants de la Ménagerie*, publiée sans nom d'auteur, en 1804 :

« Les deux individus [dromadaires] que nous possédons, et qui sont deux mâles, appartenaient au prince de Ligne, et ont été amenés en France après la conquête de la Belgique; ils servaient alors à traîner un chariot : on a essayé plusieurs fois, depuis qu'ils sont à la ménagerie, de les rendre utiles; mais ils se sont toujours refusés à tous les efforts qu'on a faits. On croit qu'ils ont environ quarante ans; ils ne montrent aucune méchanceté. »

(2) Le « Bois de Boulogne » viennois.

(3) Née princesse de Liechtenstein, aïeule du comte de Clary.

(4) Pendant l'expédition d'Égypte, le général français de Menou avait épousé une indigène et, disait-on, embrassé l'islamisme sous le nom de Jacob-Abdallah.

leur fosse. L'un d'eux était du plus beau noir. Un homme disputait et prétendait que ce n'était pas là un ours :

— « Je sais bien peut-être, disait-il, la couleur qu'a un ours.

— « Ah pardi oui, cria un autre du bord opposé de la fosse, tu as bien raison toi : c'est un merle ! »

Et deux cents personnes partent d'un grand éclat de rire. Cette excellente bêtise a fait mon bonheur, je crois que je ne verrai plus jamais un ours sans penser au merle du Jardin des Plantes.

Tous les musées étaient ouverts et il y avait foule. Ces choses-là ne m'amusent que médiocrement, car les singes, chameaux, zèbres, girafes empaillés sont les mêmes partout. Les tortues et les serpents dans l'esprit-de-vin, les papillons d'Amérique aux magnifiques couleurs, les polypes, les coraux, les pierres m'intéressent encore moins et les coquilles m'ennuient tout à fait.

Je n'ai pas eu le temps de voir les serres. On les dit belles, mais cependant moins considérables et moins intéressantes que celles de Schœnbrunn, ni même aussi bien dirigées et soignées que celles de La Malmaison (1).

Néanmoins, le Jardin des Plantes est une chose unique, parce qu'il rassemble tous les objets d'histoire naturelle qu'ordinairement il faut chercher à des endroits séparés.

En sortant du bâtiment des musées, nous montâmes sur une colline couverte d'arbres verts *(Nadelholz)* (2), où

---

(1) L'impératrice Joséphine avait réuni à La Malmaison une profusion de végétaux exotiques, dont le botaniste Bonpland dirigeait la culture. Voir ci-après, p. 285.

(2) Conifère.

se trouvent le petit monument de Daubenton (1), le cèdre du Liban et le Pavillon de bronze. Tout cela est très joli et fort bien arrangé. Le cèdre est magnifique, grand comme un chêne, avec des branches parfaitement horizontales. Je crois que l'on se trompe en appelant cèdres du Liban les deux grands arbres de Katzelsdorf (2), car leur forme est tout autre. Il y a encore un cèdre en France qui rivalise avec celui-ci en grandeur et en beauté, mais je ne sais plus où (3). Le pavillon est charmant : des colonnes de beau bronze, très légères, très élégantes et très sveltes, soutiennent son toit presque chinois. Un homme y a fixé sa résidence et offre un télescope moyennant quelques sous. La vue est une des plus belles de Paris. On a, devant soi, le Jardin des Plantes et, plus loin, cet immense Paris, avec ses tours, ses coupoles, son inconcevable masse de maisons. Je voyais, d'un côté, la Salpêtrière, hôpital et prison tour à tour, d'un autre, le donjon de Vincennes, dont on distingue les fenêtres clairsemées, les tours, les lucarnes étroites ; je pensais aux Polignac (4), à tant d'autres qui, depuis tant d'années, y végètent à si courte distance d'un demi-million d'habitants ne pensant qu'à s'amuser, à jouir de tous les plaisirs de la vie. Cette idée serre le cœur. On a tant crié contre la Bastille : eh, qu'y fait le nom ! Je ne disais pas cela tout haut pour qu'on

---

(1) Célèbre naturaliste et anatomiste (1716-1800). — Le petit monument dont parle le comte de Clary est une colonne de granit.

(2) En Basse-Autriche.

(3) Dans le parc du château de Bizy, ancienne propriété du duc de Penthièvre, près de Vernon.

(4) Le comte Armand de Polignac, plus tard duc de Polignac, et son frère, le comte Jules, plus tard prince de Polignac, avaient été compromis dans la conspiration de Georges Cadoudal en 1804.

ne me mît pas à même de faire mes réflexions sur Vincennes de plus près. Je voyais aussi les deux grandes colonnes de la barrière du Trône, la maison de campagne du Père Lachaise (1), enfin Paris, depuis Notre-Dame et la tour Saint-Jacques de la Boucherie jusqu'au dôme des Invalides et à l'Observatoire.

A quatre heures, j'étais encore au Jardin des Plantes, et j'avais une heure de chemin et une toilette à faire pour aller dîner chez Mme de Poix, dans la rue du Faubourg-Saint-Honoré, numéro 83 ou 84. Je remerciai le ciel de me faire trouver encore un cabriolet. Ces cabriolets sont aussi commodes que les fiacres sont odieux, mais ils ne vont pas aussi vite que je croyais.

Dîner fort agréable. Je dois à M. de Damas d'avoir été si bien reçu chez Mme de Poix. Elle est charmante pour moi. Il y avait tous les Noailles, c'est-à-dire le prince de Poix (2), M. Charles de Noailles (3), M. et Mme Juste de Noailles, M. et Mme Alfred de Noailles (4), plus l'abbé de Montesquiou (5). Nous avons parlé de M. de Damas et du prince de Ligne...... et beaucoup.

(1) Bâtie par Louis XIV pour son confesseur le Père Lachaise, dans un enclos qui est devenu le *Cimetière du Père Lachaise*.
(2) P.-L.-M.-A. de Noailles, prince de Poix (1752-1819), avait été capitaine des gardes sous Louis XVI et le redevint à la Restauration.
(3) Charles de Noailles, duc de Mouchy (1771-1834), fils du prince de Poix, auquel il succéda, comme capitaine des gardes sous la Restauration. Il avait épousé, en 1790, Mlle Nathalie de Laborde.
(4) Le vicomte Alfred de Noailles, né en 1778, périt, en 1812, au passage de la Bérésina. Il avait épousé sa cousine C.-M.-A.-L. de Noailles, fille du duc de Mouchy et de la duchesse de Mouchy, née Laborde.
(5) F.-X.-M.-A. de Montesquiou-Fézensac, agent général du clergé avant la Révolution, membre du gouvernement provisoire en 1814, ministre de l'intérieur lors de la première Restauration, pair de France en 1815, créé duc en 1821.

De là, j'ai été aux Français. Mlle Émilie Leverd jouait avec perfection le rôle de Mme Évrard dans *Le Vieux Célibataire* (1). Puis on donna *Le Secret du Ménage* (2), un des triomphes de Mlle Mars. Cette pièce à trois acteurs, où l'on trouve de forts jolis vers, a besoin d'être jouée comme cela, par elle, Armand et Mlle Mézeray, car l'intrigue tourne sur la pointe d'une aiguille, comme dans les pièces de Marivaux. Mlle Mars y est adorable. C'est un rôle pour Titine, et nous jouerons la pièce cet automne………… en surprise pour vous, Maman.

Des Français, j'ai été à un petit bal, déjà fort en train, chez Mme de Bellegarde : Mme Adèle et Mlle Aurore, sa sœur, sont de vieilles élégantes qui ont une tournure inouïe et une réputation de même. Maurice doit les avoir vues à Châlons. Je les ai rencontrées chez Mme de Laval qui les renie bien un peu, en disant : « Ce sont des connaissances de villes d'eau ». Elles ne sortent cependant pas de sa société et de celle de M. de Talleyrand. J'ai commencé par les juger abominables, mais, depuis, elles me font tant d'avances et sont si gentilles pour moi qu'il faut bien que je commence à les aimer un peu. Elles voient beaucoup d'artistes, doivent me mener chez Gérard (3), me faire dîner avec Talma, Duval (4), etc. Elles donnaient ce bal pour la fille de Mme de Va-

---

(1) Comédie de Collin d'Harleville.
(2) Comédie de M. Creuzé de Lesser.
(3) Pascal-Simon Gérard, peintre d'histoire et de portraits (1770-1837). Louis XVIII le créa baron.
(4) Alexandre-Vincent Pineux-Duval. Voir ci-dessus, p. 60, en note.

lence (1), Mme de Celles, mariée depuis quinze jours, une maigrichette, pas jolie, d'un pointu étonnant. Mme de Genlis n'y était malheureusement pas. Quant à Mme de Valence, on se doute aussi peu de sa beauté d'autrefois que de l'élégance de M. de Valence. Comme M. de Celles (2) est gros et pas jeune, on dit que Mlle de Valence a été mise *au gros sel*.

Mlle Aurore de Bellegarde est une grande et plate haquenée de vieux trait, coiffée en enfant de chœur avec de grosses boucles blondes qu'elle secoue comme un barbet, et qui tombent sur le parchemin de son cou comme si elle était une petite fille (3). Il y avait, à ce bal, très peu de place, beaucoup de monde, beaucoup de fleurs, un très bon souper. Maman serait enchantée de la façon parisienne de danser les contredanses à huit couples, de telle sorte que deux couples font toujours en même temps la même figure. On dirait

MADEMOISELLE
AURORE DE BELLEGARDE.

(1) Femme divorcée du général comte de Valence, et fille de la célèbre Mme de Genlis.

(2) A.-P.-J.-G. Wisscher, comte de Celles, né à Bruxelles en 1771. Il était, au moment de son mariage, préfet de la Loire-Inférieure, devint ensuite préfet du Zuyderzée, joua un rôle considérable en Hollande, puis en Belgique après la chute de l'Empire, et mourut à Paris en 1841.

(3) *(Note du comte Clary.)* J'ai laissé subsister ce premier jugement très sévère sur ces pauvres Bellegarde et la première impression qu'elles m'ont faite, mais depuis je les ai beaucoup vues, surtout vers la fin de mon séjour à Paris : ce sont d'excellentes personnes qui, *pour moi*, n'avaient aucun inconvénient. Elles se mettraient en quatre pour leurs amis; elles sont rieuses, bruyantes, que m'importe; elles ne sont pas tout à fait bonne compagnie, que m'importe encore? Elles m'aimaient à la folie et étaient toujours occupées à arranger des dîners, des

un ballet. C'est charmant de voir si bien danser, et cependant ce n'est plus avec la prétention qu'on y mettait il y a cinq ou six ans. M. de Brack s'endormait. En dansant, il m'a rappelé Westphalen (1) : il en a les cheveux, le teint, le corps en avant et la cravate large. M. de Cubières danse plus simplement et mieux à mon avis, mais ce qui est la chose du monde la plus ridicule, ce qui est à payer ses places, c'est de voir danser Casimir : Casimir, le petit joueur de harpe, fils d'un tailleur de Berlin, l'élève et l'adoration de Mme de Genlis (2). Il est très petit, très pâle, assez laid, très mal bâti, prodigieusement fat et capricieux; en dansant, il se démène comme une anguille, fait de jolis pas, mais renverse la tête, tortille le corps, lève les yeux au ciel de la manière du monde la plus comique. Je dois l'entendre chez Mme de Bellegarde.

Pour les valses, la musique était tout à fait insignifiante. Pour les écossaises (3), ce sont toujours celles que l'on dansait de mon temps, et depuis vingt ans, mais

courses, des parties d'artistes pour me faire plaisir. Elles jouent au volant, elles se démènent, elles ont des amants, qu'est-ce que cela me fait, pourvu que ce ne soit pas moi. Elles sont gaies, contentes, s'amusent de tout, ont une jolie maison, un petit jardin, un petit jockey, un équipage fort honnête, et voient des gens fort aimables. Mme Adèle, séparée de son mari depuis longtemps, a un grand dadais de fils à notre service qu'elle a été voir à Châlons, pendant qu'il y était prisonnier avec Maurice, mais on dit qu'il est tellement nigaudinet qu'elles en sont honteuses et le renient à jamais. Elles ont une terre dans les Pyrénées où elles vont quelquefois. Elles sont fort liées avec Mme de Genlis et tout ce qui y tient.

(1) Probablement le comte C.-A.-W. de Westphalen (1754-1818).
(2) Les lettres de Mme de Genlis à Casimir Baecker, son fils adoptif, ont été publiées par H. Lapauze.
(3) L'écossaise, plus connue sous le nom de scottish, était fort en vogue à l'époque du premier Empire.

comme, dans la même écossaise, on change de musique à chaque instant, c'est un peu moins monotone que chez nous.

Il y avait Mme Regnaud de Saint-Jean d'Angély (1), que l'on appelle vulgairement la comtesse Laure et dont on se moque un peu. Je crois qu'elle se trouve devenue trop grande dame et ne danse plus. Puis ma Mme Caffarelli, de Compiègne, amie intime des Bellegarde, dont elle est cousine et qui l'appellent Julienne. C'est une longue figure assez drôle.

Mercredi, onze avril. — Petites courses insignifiantes; visite à Mme de Pardaillan, qui était au lit et très malade : elle a une bonne figure en bonnet de nuit. J'ai vu chez elle une Mme de Radepont, qui est liée avec Mme de Vaudemont : c'est une assez jeune femme, grosse, presque belle; je n'ai pas bien pu débrouiller ce qu'elle est (2).

Dîner chez l'ambassadeur : lui et M. de Metternich portaient déjà la plaque de la Légion d'Honneur. Ensuite, j'ai été pour la première fois au Vaudeville. On donnait *La Vieillesse de Piron* (3), assez jolie pièce, et *Haine aux Femmes* (4), où j'ai failli m'endormir. Les actrices des petits théâtres ne me paraissent pas jolies.

---

(1) Née Laure de Bonneuil, femme du comte Regnaud de Saint-Jean d'Angély, secrétaire d'État de la famille impériale.

(2) La dame de Radepont, dont parle le comte de Clary, était presque certainement A.-J.-M.-G. de Clermont-Tonnerre, mariée en 1802 à A.-L.-V. Du Bosc, marquis de Radepont, qui fut créé pair de France en 1827.

(3) Comédie mêlée de vaudevilles, par MM. Bouilly et Joseph Pain. La première représentation de cette pièce avait eu lieu le 9 avril précédent.

(4) Comédie mêlée de vaudevilles, par J.-N. Bouilly.

Enfin visite chez Mme de Souza : on ne m'y rattrapera pas de si tôt. Elle joue, presque tout le monde fait de même et, pour la conversation, il y avait seulement le prince Tufiakin (1) et, pendant quelque temps, M. de Dalberg.

Mme de Souza m'a dit :

— « Je suppose qu'on vous a prévenu que, passé dix heures, je n'ai plus d'autre idée que l'as de pique et la dame de carreau. »

Hélas, je ne m'en suis que trop aperçu !

Chère Mère, vous voulez des nouvelles de Madame Alexandre Potocka, en voilà. Elle s'ennuie chez Mme de Laval, chez Mme Tyszkiewicz, chez Mme de Mniszech. Elle dit qu'elle regrette Vienne et reste chez elle tous les soirs; il y vient quatre ou cinq hommes; je n'y ai pas encore été, ce qu'elle trouve assez mauvais, je crois. Elle prétend qu'elle est tout embarrassée de n'y pas avoir de femmes, et qu'elle en cherche une avec qui elle puisse être un peu liée. M. de Flahaut va souvent, dit-on, chez Mme Alexandre; elle rougit bien un peu quand on parle de lui et, comme on la trouve fort laide, on se moque du goût du beau Charles. Elle dépense un argent fou en modes, bronzes, meubles, etc. Rien ne l'intéresse, et elle ne va voir les objets de curiosité que par air et en partie. Telle est Mme Alexandre à Paris.

---

(1) Grand seigneur russe très répandu dans la société parisienne. Il passa une grande partie de sa vie en France, et mourut à Paris en 1845.

CHAPITRE XIII

Visite à la manufacture de Sèvres ; la Table des Maréchaux. — Soirée chez Mme Lebrun ; Mme Dugazon ; Aimée de Coigny, duchesse de Fleury, etc. — *Le Triomphe de Trajan.* — La liste de huit dames du prince d'Esterhazy.

N° 16.
A ma Mère.
Paris.
Samedi, 14 avril 1810.

Jeudi, douze avril. — Le matin, j'ai été à Sèvres avec l'ambassadeur, M. et Mme de Metternich, et Cavriani qui fit route avec moi dans un cabriolet pris au coin de la rue. Notre cocher nous a bien amusés. — Oh! les drôles de gens que les Français, la drôle de nation : ils sont curieux à suivre. — Celui-ci avait un Boileau dans un coin et en récitait des vers par cœur. Tout à coup, en entendant une langue étrangère, il nous devine Anglais et, sans le moindre doute sur sa perspicacité, se met à parler de Londres, à me demander des renseignements sur les cabriolets et les fiacres londoniens : aussi lui en ai-je donné! Puis, il nous demande s'il est vrai que le fils de l'empereur d'Autriche épouse une demoiselle du roi d'Angleterre. Cependant, il s'aperçoit, je ne sais comment, qu'au lieu d'être Anglais nous étions Allemands, et alors, sans faire semblant le moins du monde de s'être trompé, se met à parler de Vienne avec la même aisance qu'il parlait de Londres auparavant.

Nous avons vu en détail les ateliers et les magasins de la fabrique, qui, quoique très belle, ne me paraît, ni en peintures ni en porcelaines, supérieure à celle de Vienne, mais ici les magasins sont mieux fournis. On y trouve des choses magnifiques, des vases immenses, de charmants biscuits. Dans les ateliers, il y a des bustes de Joséphine qui, probablement, vont *in die Rumpelkammer wandern* (1). — Faites-vous traduire cela, chère Mère. — Le sort de cette pauvre femme fut aussi fragile que son image en porcelaine. Elle pourrait faire graver sur son cachet une bulle de savon, avec comme légende : *Vanitas vanitatis.*

LA TABLE DES MARÉCHAUX.

Le chef-d'œuvre actuel de Sèvres est une très grande table ronde que peint Isabey (2), et qu'on a déjà mis sept fois au feu, toujours en tremblant. Au milieu se trouve l'Empereur portant le costume du couronnement. Il est comme dans le disque d'un soleil dont les rayons vont darder sur douze maréchaux peints en buste dans autant de médaillons plus petits.

C'est une merveille de miniature. Chaque tête de ma-

(1) S'en aller au débarras.
(2) Peintre miniaturiste (1767-1855). — La table dont parle le comte de Clary, dite *Table des Maréchaux*, fit d'abord partie du mobilier des Tuileries, puis appartint à divers possesseurs et finit par être achetée pour 40 000 francs, en 1903, par le prince de La Moskowa.

réchal est tellement flattée, idéalisée que même Davout et Berthier ont les plus belles figures du monde, et ainsi des autres. Les ornements et les arabesques sont charmants de bon goût. Isabey vient, je ne sais combien de fois par semaine de Paris à Sèvres, s'enfermer dans un tout petit cabinet et peindre.

Dîner chez Mme de Montboissier. Cette pauvre Mme de Cordoue dîne dans sa chambre; elle est dans un état de faiblesse et de fièvre inconcevable, ne marche guère que soutenue et s'évanouit à chaque instant. Savez-vous, chère Mère, que Mme de Montboissier est fameusement ennuyeuse au moins? Vous en souvient-il? Pour moi, je ne l'avais pas retenue de cette force-là.

Après dîner, visite au prince Kourakin, qui a la goutte. Il y avait chez lui Mme de Talleyrand, avec des diamants très grands, et Mme Crawford en robe de shall pourpre. Elle est devenue boule tout à fait. J'ai eu envie de rire en me remémorant ce qu'étaient ces deux grandes dames-là. Depuis que cette Bénévent ne peut plus aller à la cour (1), il faut bien qu'elle porte ses colliers les petits jours. C'est un fier soufflet pour elle que cette défense impromptue.

A huit heures, Golowkin m'a mené à une soirée de Mme Lebrun (2), où il y avait beaucoup de gens remar-

(1) En 1809, Napoléon Ier avait exclu Mme de Talleyrand des invitations de la cour, en prenant pour motif ou prétexte de cette mesure une intrigue amoureuse qu'elle aurait eue avec le duc de San-Carlos, grand seigneur espagnol venu en France à la suite de Ferdinand VII.

(2) Mme Lebrun, née Vigée (1755-1842), appelée souvent Mme Vigée-Lebrun, célèbre peintre de portraits. C'était une femme instruite, élégante, connaissant et recevant la plus brillante compagnie. Napoléon Ier ne l'aimait pas et, de son côté, Mme Lebrun demeurait fidèle au souvenir de Marie-Antoinette, qui l'avait, naguère, chargée de faire son portrait et comblée de bontés.

quables. Lui était prié, moi pas; mais Mme Lebrun m'a reçu en petit-fils du prince de Ligne. Je m'amuse toujours à voir les nuances de mes présentations; on dit :

— « Le comte de Clary. »

Les gens sont polis et froids.

On ajoute :

— « Le petit-fils du prince de Ligne. »

Tous les fronts se dérident, je suis accablé de questions pour savoir le jour de son arrivée et de la vôtre, car *La Plaque* a si bien dit qu'elle lui gardait un appartement, que personne ne doute de ce voyage. C'est comme à mon arrivée, tout le monde demandait quand viendrait l'archiduc, je faisais l'étonné et disais :

— « Que viendrait-il faire ici, bon Dieu! »

On n'a pas idée de ce qu'on nous fait accroire dans ce genre-là, à nous autres Parisiens.

Je vous envoie un dessin de la soirée de Mme Lebrun. La musique vous aurait enchantée, chère Mère. Naderman (1), Dussek (2) et Libon (3), fameux et excellent violoniste espagnol, ont joué des choses charmantes. Il n'y avait point d'autres musiciens et, malheureusement, pas de chant, mais, en revanche, beaucoup de monde, entre autres Mme Dugazon (4) : c'est une masse de chair

---

(1) Harpiste célèbre.

(2) Compositeur et pianiste, originaire de Bohême, établi en France et devenu le commensal habituel du prince de Talleyrand.

(3) Libon, qui avait été attaché à la musique particulière de l'impératrice Joséphine en 1804, fut choisi comme accompagnateur par l'impératrice Marie-Louise en 1810.

(4) Très célèbre cantatrice, née en 1755. Sa voix était peu étendue, mais elle chantait et jouait avec infiniment de charme et d'expression.

UNE SOIRÉE CHEZ MADAME LEBRUN.

Mme CRAWFORD — GUSTAVE DUGAZON — Mme DUGAZON — LE COMTE DE CLARY — Mlle AURORE DE BELLEGARDE — NADERMAN — DUSSEK

informe et sans beauté, c'est la grosse Mme Narischkin ou, plutôt et tout à fait, Mme de Hatzfeldt-Salm. Tous ses traits sont noyés dans la graisse. On ne conçoit pas qu'elle ait jamais pu être Nina et jolie. — Ah, mon Dieu, ce que c'est de nous! — Aussi, ce soir, quelqu'un disait en la voyant passer :

— « Pour le coup, le bien-aimé ne reviendra plus (1)! »

Dans le coin de mon tableau historique est Mme Crawford, puis Mme Dugazon : ces deux dames et les deux immenses musiciens m'ont donné l'idée de ce dessin, car Mme Crawford est aussi, dans son genre, une espèce de femme à talents. A côté de Mme Dugazon se tient son fils (2), assez bien de figure; il fait des romances que j'envoie à Titine. Vous me direz si elles sont jolies, car je ne les connais pas. Mlle Aurore de Bellegarde et moi sommes en conversation au milieu du tableau. Le reste n'est plus portrait. Mon dessin eut assez de succès et tout le monde en reconnut les personnages. Il y avait encore, chez Mme Lebrun, Mme de Boufflers, son mari et Elzéar; la princesse Charles de Rohan, qui ressemble à ses frères et surtout au prince de Montbazon d'une manière comique, à croire que c'est lui en femme; la fameuse duchesse de

---

Retirée du théâtre en 1806, elle mourut en 1821. Aujourd'hui encore, les expressions de *dugazon, jeune dugazon, mère dugazon,* s'emploient pour définir certains rôles, ou qualifier les cantatrices aptes à les remplir.

(1) L'un des plus célèbres rôles de Mme Dugazon avait été celui de Nina, dans *La Folle par Amour,* de Dalayrac. Elle y chantait, avec un délire de passion extraordinaire, le fameux air : « Quand le bien-aimé reviendra près de sa languissante amie...... »

(2) Gustave Dugazon, né vers 1780, auteur de romances, appréciées dans leur temps, et d'œuvres musicales écrites pour le théâtre où elles ne remportèrent que de médiocres succès.

Fleury (1), une des femmes les plus aimables de Paris, dit-on, et qui, il y a deux ou trois ans, en était encore une des plus jolies. Elle vient de faire une maladie mortelle et, chose plus extraordinaire pour une femme de quarante ans, d'avoir une attaque d'apoplexie et la bouche de travers pendant, je crois, six mois. C'est depuis ce temps-là seulement, paraît-il, qu'elle a l'air passé. On voit qu'elle doit avoir été charmante; elle a des yeux magnifiques mais le teint un peu noir et jaune. C'est une figure dans le genre de la princesse Lili Lobkowitz (2), avec quinze ans de plus. Très mauvaise tête de tout temps, elle a quitté son mari pour épouser, pendant la Révolution, M. de Montrond (3), fameux roué, joueur, mauvais sujet, maintenant chambellan mais exilé. Elle s'est bientôt séparée de lui et a repris son nom de naissance : on l'appelle Mme de Coigny. Elle est cousine de la marquise de Coigny. M. de Montrond a, je crois, mangé toute sa fortune et, pour le moment, elle est presque dans la misère, ce qu'elle soutient bien philosophiquement.

Il y avait aussi Vigée (4), le poète, frère de Mme Lebrun; Ménageot (5), le peintre; Carrion-Nisas (6); la fille

---

(1) Née Aimée de Coigny (1769-1820). — Elle était alors divorcée de son premier mari, le marquis puis duc de Fleury, et de son second mari, le comte de Montrond. (Cf. *Mémoires de Aimée de Coigny*, avec une introduction et des notes par M. Étienne Lamy.)

(2) La princesse Antoine-Isidore Lobkowitz, née princesse Marie-Sidonie Kinsky. Elle avait trente et un ans en 1810.

(3) Mouret, comte de Montrond (1768-1843), homme de plaisir et d'intrigue, taré, méprisé, mais brillant. Il est surtout connu pour avoir été l'ami inférieur et le complaisant du prince de Talleyrand.

(4) Étienne Vigée, auteur de poésies et de pièces de théâtre fort oubliées aujourd'hui.

(5) François-Guillaume Ménageot, peintre d'histoire, membre de l'Institut.

(6) Le marquis de Carrion-Nisas. — Officier de cavalerie avant la

de Mme Lebrun (1), cette brunette dont elle a fait tant de si jolis portraits, qui ne semble plus jolie le moins du monde et, de plus, était presqu'en bonnet de nuit dans le beau salon de sa mère; la fille de Beaumarchais (2), mariée à je ne sais qui; une Mme d'Hautpoul (3), etc. Vous voyez que c'était un rassemblement curieux de gens de toute espèce.

Aux murs du salon pendaient un beau portrait de Mme Catalani (4) par Mme Lebrun, et quelques gouaches assez barbouillées qu'elle a faites en Suisse l'an passé, je crois. Elle parle de la Suisse avec des extases et des cris qui avoisinent les convulsions. Malheureusement, elle a déjà envoyé à Mme de Staël son portrait en Corinne que j'aurais bien désiré voir.

Enfin, je ne veux pas oublier le maître de la maison, M. Lebrun (5).

Cette soirée m'a fort amusé, et les glaces étaient excellentes.

Révolution, il devint colonel sous l'Empire et général pendant les Cent jours. On lui doit plusieurs ouvrages militaires qui eurent de la réputation, des poésies, des tragédies, etc.

(1) Jeanne-Julie-Louise Lebrun. Elle avait épousé vers 1800, à Saint-Pétersbourg où sa mère était en émigration, M. Nigris, secrétaire du comte Tchernitchef. Au moment où le comte de Clary la rencontra, Mme Nigris approchait de la trentaine.

(2) Eugénie de Beaumarchais avait épousé, en 1796, M. André Delarue, qui était qualifié au moment de sa mort, en 1864, ancien maréchal de camp de la garde nationale. (Cf. *Madame de Beaumarchais*, par Louis BONNEVILLE DE MARSANGY.)

(3) Probablement Marie de Montgeroult, mariée en premières noces au comte de Beaufort et, en secondes noces, au comte d'Hautpoul dont elle vivait séparée. Elle a écrit des poésies, des romans et des ouvrages d'éducation.

(4) Célèbre cantatrice italienne.

(5) Amateur, collectionneur et un peu marchand de tableaux, M. Lebrun jouit, en son temps, d'une certaine réputation, que la célébrité de sa femme a fait complètement oublier.

Vendredi, treize avril. — Froid incroyable, vilain temps désagréable; tout le monde en gémit et s'en étonne. Le printemps, ordinairement si précoce en France et auquel je devais trouver une si grande différence avec le nôtre, ne tient pas parole cette fois-ci; la verdure arrive bien lentement.

J'ai visité le panorama de Naples; c'est un de ceux que j'aime le moins, on aurait sûrement pu tirer un meilleur parti de ce si beau pays.

Nous avons dîné, Golowkin et moi, chez Hardy, au coin de ma rue, pour aller voir *Trajan* (1), à l'Opéra, et cependant nous n'avons plus trouvé de bonnes places.

J'ai donc vu ce *Trajan*, si beau, si fameux, si ennuyeux, car il l'est honnêtement : c'était la première fois depuis bien des mois qu'on le donnait. On a fait de grands changements pour cette reprise; on a même fourni une impératrice venue des bords du Danube : au moins diffère-t-elle d'âge avec celle que j'ai amenée, car c'est Mlle Maillard (2). Le moment du triomphe est une magie, passe toute idée, toute description. La profondeur de

---

(1) *Le Triomphe de Trajan*, opéra d'Esménard pour les paroles, et de Persuis et Lesueur pour la musique. Les décors, la mise en scène, les ballets du *Triomphe de Trajan* passaient pour des merveilles, et sa première représentation, le 27 octobre 1807, fit époque dans l'histoire théâtrale.

(2) Mlle Davoux, dite Maillard. Elle appartint d'abord au corps de ballet de l'Opéra, puis débuta comme chanteuse en 1782. Certains historiens l'ont accusée, faussement paraît-il, d'avoir tenu le rôle de la déesse Raison dans une parade sacrilège célébrée à Paris au temps de la Terreur. Mlle Maillard n'avait chanté à Vienne ni dans les derniers mois de 1809, ni au commencement de 1810, et nous ne saurions préciser à quelle circonstance de sa carrière théâtrale ou de sa vie privée le comte de Clary fait allusion en disant qu'elle était « venue des bords du Danube ».

cette belle décoration; cette foule dont les derniers personnages, peints dans le fond, ne semblent même pas trop choquants, quoique le procédé soit bien hardi; ce nombre immense de danseurs qui couvrent le théâtre; ce peuple qui a l'air de le parcourir au hasard tandis que chaque pas est ordonné; ces neuf ou dix premières danseuses — et quelles danseuses — dont chacune vaut un ballet entier; la vivacité des danses devant, autour, derrière le char, au milieu de tous ces chevaux qui, sous la main de Franconi lui-même et de ses écuyers, caracolent comme au manège et font des lançades; ces fleurs jetées par tant de jolies mains........ Je vous assure que tout cela est à tourner la tête, mais ne saurait être décrit. On retient son haleine pendant vingt minutes que la scène dure, on est sur la pointe des pieds, la bouche béante, et c'est seulement lorsque tout s'évanouit comme un songe, que le théâtre se vide, que l'orchestre et les applaudissements se taisent — c'est seulement alors qu'avec un long soupir on revient de Rome à Paris. Celui qui arriverait à Paris un jour de *Trajan*, à huit heures et demie du soir, et en repartirait à neuf heures, ne regretterait pas son voyage. Si, cependant, il pouvait encore rester pour le ballet de la fin, je le lui conseillerais, car ce ballet est ravissant. Mlle Chevigny, trop petite et trop grosse, fait oublier sa graisse par sa grâce. Grand'mère, et très laide de près (1), elle a, au théâtre, une jeunesse, une fraîcheur, une gaîté imperturbable qui font que Geoffroy (2)

---

(1) Mlle Chevigny était née en 1775 et avait débuté à l'Opéra en 1790.
(2) Critique dramatique du *Journal des Débats*. Ses ennemis l'accusaient de faire un trafic rémunérateur d'éloges et d'injures.

a bien raison quand il l'appelle la voluptueuse Chevigny. C'est l'idéal d'une jolie bacchante de Rubens. Clotilde est trop grande, trop maigre surtout, mais si bien faite, si majestueuse qu'elle paraît belle encore quoique sa figure ne le soit plus du tout (1); elle est presque trop sérieuse et sourit à peine. Mlle Bigottini semble tout ce qu'on peut voir de plus joli : c'est une grâce, une légèreté, une gaîté, de grands yeux noirs, des dents éblouissantes qu'elle a grand soin de montrer; c'est le corps le plus svelte, les épaules les mieux placées qu'il soit possible. Le prince d'Esterhazy (2) a bien fait de la mettre sur la liste des huit dames auxquelles il compte offrir ses hommages, et ses ducats qui valent mieux. Connaissez-vous cette liste qu'il apporta de Vienne, sur recommandation paraît-il, et qui m'a tant amusé? — A sa place, j'en rayerais Clotilde, elle est trop vieille, ce serait de l'argent mal employé; pour Mlle Millière, à la bonne heure (3); pour Mlle Leverd (4), ce ne sera pas bien difficile; pour Mlle Mars, ce le sera beaucoup plus, pas par vertu mais parce qu'outre beaucoup d'argent, il lui faut du sentiment et que le premier venu ne lui convient point du tout. Elle

---

(1) Elle était née en 1776.
(2) Nicolas, prince d'Esterhazy de Galantha (1765-1833), l'un des plus grands seigneurs de Hongrie, réputé pour sa richesse, sa magnificence, sa générosité, son goût des arts et des sciences.
(3) Mlle Millière était danseuse à l'Opéra. *Le Mémorial dramatique pour l'année 1810* loue sa grâce et sa légèreté.
(4) Mlle Leverd, née en 1788, dansa d'abord à l'Opéra; puis se mit à jouer la comédie et devint, en 1809, sociétaire du Théâtre-Français. Elle avait alors, au dire des contemporains, une physionomie vive et piquante, une diction juste et spirituelle, un débit naturel et plein de verve, une fraîcheur de jeunesse que ne déparait pas un embonpoint un peu précoce.

adorait Nicolas Gagarin (1), dont elle a un ou deux enfants, et, dit-on, pleure encore son départ. Pour Mlle *Cendrillon* Saint-Aubin (2), on lui en souhaite. J'oublie les autres dames inscrites sur la liste de ce grand prince.

Il y avait un monde fou à *Trajan*, et le coup d'œil de la salle était superbe. La voix de Lainez (3), que j'entendais pour la première fois, m'a donné bien envie de rire. Je n'avais aucune idée de chose pareille, et l'impudence avec laquelle il chevrote ses grands airs passe tout ce qu'on avait pu m'en dire d'avance. Il est âgé d'au moins cinquante ou soixante ans, et, on a beau dire, le plus admirable jeu, la plus noble figure ne sauraient faire passer tant de pots cassés et une voix aussi tremblotante. Quand Geoffroy nous assure gravement que, pour jouer Trajan, Licinius (4) et Cortez (5), il vaut mieux cette voix-là qu'une voix fraîche et jolie, c'est le comble de la démence.

---

(1) Le prince russe Nicolas Gagarin (1786-1842) avait une énorme fortune, protégeait les arts et faisait montre, en toutes choses, d'un faste extraordinaire.

(2) Alexandrine Saint-Aubin, née en 1793. Elle venait d'obtenir un très grand succès dans le rôle de Cendrillon, au théâtre Feydeau, et eut toujours, semble-t-il, une excellente réputation.

(3) Étienne Lainez (1753-1822). Il a laissé la réputation d'un chanteur médiocre mais d'un admirable tragédien, possédant, au plus haut degré, le don d'émouvoir ses auditeurs. C'est lui qui, en 1791, l'une des dernières fois où Marie-Antoinette parut au théâtre, enthousiasma la salle en lançant avec un élan prodigieux la phrase célèbre : « Chantons, célébrons notre reine », d'*Iphigénie en Aulide*. Après le 9 thermidor, il se fit applaudir, avec frénésie, dans le fameux *Réveil du Peuple*.

(4) Dans *La Vestale*, d'Étienne de Jouy pour les paroles, et de Spontini pour la musique.

(5) Dans *Fernand Cortez*, d'Esménard et Étienne de Jouy pour les paroles, et de Spontini pour la musique.

Mlle Maillard ne m'a pas paru aussi ridicule et aussi criarde qu'on me l'avait dit, quoique j'aime mieux la voix de Mlle Milder (1). Elle a une belle figure noble, joue très bien et trouve quelquefois encore de beaux sons.

Quant aux danseurs, aucun, à mon avis, ne vaut une jambe de Duport (2). Vestris me fait un plaisir très médiocre, approchant même du pas du tout. Au reste, à l'Opéra, il y a trop de perfections réunies, trop de choses à voir en même temps; on est trop distrait pour goûter chaque chose à sa juste valeur la première fois.

Adieu, chère Mère, je n'en puis plus d'avoir coulé à fond tout l'Opéra, et vous êtes peut-être encore plus fatiguée que moi, bavard que je suis!

Après *Trajan*, fort jolie soirée chez Mme de Laval et bon thé à minuit. Zoé me traite déjà si bien qu'elle me donne cinq ou six tasses sans que je les demande. M. de Talleyrand n'avait point d'humeur, ce qui lui arrive rarement, et était fort aimable. Je suis resté chez Mme de Laval jusqu'à deux heures du matin.

Samedi, onze heures du soir. — Adieu, je pars dans le moment pour Compiègne, j'en reviendrai après-demain. Il faut que nous allions tous nous faire présenter à l'Impératrice, quelle corvée! A mon retour, je vous raconterai cela.

---

(1) Chanteuse de l'Opéra de Vienne.
(2) Duport, né vers 1775 et plus jeune d'environ quinze ans que le second Vestris (Marie-Auguste), fut son rival souvent heureux. Les luttes de ces deux *Nourrissons de Terpsychore* inspirèrent même à Berchoux un petit poème intitulé : *La Danse ou La Guerre des Dieux de l'Opéra*.

CHAPITRE XIV

Chez les sourds-muets. — *Le Salon des Etrangers.* — *Andromaque*; *Les Fourberies de Scapin.* — Départ pour Compiègne; l'audience de l'Empereur; pas de présentations à l'Impératrice; retour à Paris.

N° 17.
A Louise.
Paris,
Lundi, 16 avril 1810.

Je suis fort content de la poste, ma bonne Louise, elle vient de m'apporter en dix jours votre lettre du quatre avril, de Prague.

Je suis revenu hier, à minuit, d'une belle et agréable expédition, celle de Compiègne. J'ai fait quarante lieues pour une audience de cinq minutes et nous n'avons pas été présentés à l'Impératrice, ce qui était, cependant, le but de notre voyage et nous avait été annoncé. Mais, avant le récit de notre course tragi-comique, je vous dois encore celui de ma journée de samedi.

Samedi, quatorze avril. — J'ai été à une séance de l'abbé Sicard (1). C'est ennuyeux à périr, mais intéressant pour une fois. Il y avait foule : foule à être renversé. La salle est très petite et il y faisait une chaleur étouffante. L'abbé

---

(1) Successeur du fameux abbé de L'Épée à la direction de l'*Établissement des sourds-muets*. — L'abbé Sicard étendit et perfectionna les méthodes que son prédécesseur avait créées pour permettre aux sourds-muets de s'exprimer par signes.

fut si long, si pédant sur la grammaire, je sais si peu ce que c'est qu'un gérondif ou une particule que, si j'avais été assis au lieu d'être debout, je me serais endormi. Sûrement, l'intelligence de ces petits sourds-muets semble merveilleuse. C'est miracle de voir comme ils devinent les nuances de deux temps différents d'un même verbe, depuis, par exemple : *J'ai aimé*, jusqu'à *Quand j'ai eu aimé*, aussi bien que la facilité avec laquelle ils saisissent toutes les nuances intermédiaires ; mais l'intérêt d'un tel spectacle s'achète cher. Ce qui m'a intéressé le plus, c'est Massieu (1). Son intelligence, l'extrême vivacité avec laquelle il comprend et exprime les idées, sa figure qui dit tant de choses, jusqu'à la singulière forme de sa tête et aux deux bosses si extrêmement marquées de son front : tout en lui est singulier. Je voudrais savoir le jugement que porterait Gall (2) sur cette tête, s'il rencontrait Massieu sans le connaître. Voici, d'ailleurs, son portrait quelque peu exagéré.

LE SOURD-MUET MASSIEU.

(1) Sourd-muet renommé pour son intelligence. Il fut le premier et le meilleur élève de l'abbé Sicard, dont ses progrès avancèrent beaucoup la réputation.

(2) Médecin allemand, né en 1758 dans le grand-duché de Bade, créateur de la phrénologie ou étude des relations pouvant exister entre la conformation cranienne d'une personne et ses facultés intellectuelles. Mal vu et même inquiété dans son pays à cause de ses opinions et de ses théories, Gall était venu s'établir à Paris en 1807.

Un spectateur donna une brochure, et Massieu, cette brochure à la main, en dicta, par geste comme de raison, une très longue phrase à un autre sourd-muet. Celui-ci l'écrivit sur le mur devant nous, puis ils intervertirent les rôles. La brochure était un jugement littéraire sur Parini (1), Alfieri (2) et Cesarotti (3). La manière dont Massieu explique chaque mot, quelquefois fort abstrait, le feu de ses gestes, surtout lorsque son partenaire ne le comprend pas, la quantité d'images et d'idées accessoires auxquelles recourent les sourds-muets, sont bien amusants à suivre. Par exemple, pour dire : *la féconde Italie*, Massieu indique par gestes que tout germe et pousse autour de lui. Il s'essuie le front pour désigner : *l'Italie où il fait chaud*. Il montre la forme de la botte et cent autres choses en un clin d'œil. Sa figure et ses grimaces sont expressives au possible. Quant à Sicard, il a l'air d'un vieux singe.

J'ai été ensuite chez Mme de Vertamy (4), qui m'a reçu très bien.

Dîner à six heures au *Salon des Étrangers* (5). C'est une maison de jeu. M. de Reul (6) est l'un des commissaires qui prient et font les honneurs. Il semble intimement persuadé qu'il se trouve chez lui et que c'est lui tout seul qui

---

(1) L'abbé Joseph Parini (1729-1793), poète italien.

(2) Le comte Victor Alfieri (1749-1803), l'un des plus grands poètes tragiques de l'Italie.

(3) Melchior Cesarotti (1730-1808), poète et littérateur italien.

(4) Nous n'avons pu identifier avec certitude Mme de Vertamy, qui devait appartenir, par son mari, à une famille originaire d'Auvergne.

(5) Le *Salon* ou *Cercle des Étrangers* était installé rue Richelieu, et dépendait de la *Compagnie fermière des Jeux de Paris*.

(6) Ce M. de Reul, pourvu d'un assez triste emploi, appartenait, semble-t-il, à une famille belge connue et bien apparentée.

donne chaque samedi un des meilleurs dîners de Paris. Il y a une trentaine de couverts au dîner et, outre cela, chaque jour, dit-on, un souper servi à deux heures du matin où mange qui veut : le tout gratis. A la vérité, on espère bien que la rouge et la noire, les belles tables vertes, les montagnes de louis tenteront les convives : ainsi font-ils d'ailleurs. Pour que la Société qui afferme tous les jeux de Paris, puisse payer quatre millions au gouvernement et tenir ce grand *Salon des Étrangers*, unique en son espèce, il faut bien qu'il y ait des tentés qui joignent leurs louis aux montagnes étalées; cependant c'est au moins, comme le disait mon voisin de table, la friponnerie la plus permise et du meilleur goût possible. Quant à M. de Reul, c'est différent. On dit que la Société lui donne cinq louis par jour pour attirer *gli ucceleti* (1). Les commensaux vont, viennent dans les différentes pièces du cercle, lisent les journaux, parcourent les livres qui s'y trouvent en vente, causent ou bien s'en vont, comme j'ai fait, sans que personne s'embarrasse d'eux; mais, au coup de six heures, on passe à table, et M. de Reul dit fort bien des grossièretés à ceux qui arrivent plus tard. Lorsqu'on veut « jouer » dans une maison particulière, on ne peut le faire qu'en demandant des croupiers de cette Société, et c'est pour son compte qu'ils tiennent la banque, ce qui ne laisse pas d'être assez désagréable. La maison de Mme Tyszkiewicz, par exemple, a l'air d'un tripot lorsqu'on y voit trois ou quatre croupiers à figures singulières qui, avec beaucoup de sang-froid, lèvent à

---

(1) Les petits oiseaux.

chaque instant leur grande feuille de biribi (1), et font glisser les louis et les écus dans leur caisse.

En partant, j'ai laissé deux louis à Jean Paar et couru bien vite aux Français, où je n'ai trouvé qu'une assez mauvaise place dans une loge déjà occupée par quatre hommes. On donnait *Andromaque* (2), avec Talma. Il y est sublime. Plus on le voit, plus il entraîne, plus il ravit. Le rôle d'Oreste, et surtout le fameux moment des fureurs sont un de ses triomphes. Les efforts surnaturels qu'il fait tourneraient en hurlements pour tout autre, mais lui demeure tellement maître de sa voix et de ses gestes, a une telle profondeur de vérité, tant d'expression, que j'avoue ne l'avoir point trouvé chargé. Son étonnement de se voir ainsi traité par Hermione après tout ce qu'il a fait pour elle, le désespoir qui le saisit alors, le sombre de sa figure, le pathétique de son jeu sont vrais et déchirants.

Mlle Duchesnois doit être excellente dans cette Hermione-ci comme elle l'est dans celle d'*Iphigénie*. Mlle Maillard, qui jouait ce soir, est trop faible, trop petite pour le rôle, je ne l'aime pas du tout. Mlle Volnais avait une belle occasion de pleurer dans le rôle d'Andromaque, et ne l'a pas manquée.

Les Fourberies de Scapin (3), qui suivaient, m'ont ennuyé au delà de toute expression : il n'y avait que les *doubles*.

Un moment passé chez moi, et il était l'heure d'aller souper chez le prince de Schwarzenberg, où j'ai trouvé

(1) Voir ci-dessus, p. 61 en note.
(2) Tragédie de Racine.
(3) Comédie de Molière.

l'Autriche entière déjà rassemblée, prête à partir pour Compiègne. Dix ou douze voitures étaient préparées, les chevaux de relai commandés partout, sans quoi nous n'en aurions point trouvé dans la bagarre de cette nuit mémorable. Nous étions vingt-cinq, y compris tous les membres de l'ambassade, et Bergstett (1), que j'ai connu à notre service et qui est à présent chambellan de la princesse Stéphanie. Paar m'a donné, un peu à regret peut-être, vingt louis qu'il avait gagnés pour moi au *Salon des Étrangers;* car mes deux louis et les deux qu'il y avait ajoutés lui en avaient valu quarante; j'ai trouvé cela très doux, très commode, et les ai mis en poche fort satisfait.

Après le souper, grand embarquement de tout le monde, ce qui était déjà fort amusant. J'ai bénéficié d'une place excellente, avec Schœnborn, Wallmoden et Tettenborn, dans la seule berline qu'il y eût. Les autres sont morts de froid.

Dimanche, quinze avril. — Nous allâmes fort vite et, à huit heures du matin, nous étions dans une toute petite chambre, très loin du château. Il y avait le petit Starhemberg (2), Baptiste Batthyany (3), Thurn (4), Cavriani, le prince d'Esterhazy qui, cependant, n'était pas avec

---

(1) C.-L.-F. Bergstett. — En passant à Carlsruhe, douze ans plus tard, e comte de Clary retrouva M. Bergstett, devenu un personnage très considérable dans le grand-duché de Bade, ministre des affaires étrangères, etc., etc.

(2) Peut-être le comte Georges-Louis de Starhemberg, fils du prince de Starhemberg.

(3) Jean-Baptiste, comte de Batthyany.

(4) Probablement le prince Maximilien-Joseph de Thurn-et-Taxis.

nous autres, canaille chambellanique, mais dans une chambre à part, puis tous les Krufft (1), Daiser (2), Hammer, Lefebvre (3), etc., qui tiennent à l'ambassade, Floret aussi, enfin tout le monde. Notre toilette commune, absolument de comédiens ambulants, était très drôle ; cependant, il sortit de ce taudis les plus beaux costumes possibles et des Hongrois absolument changés en lingots d'or. Pendant la toilette, je trouvai moyen d'attraper une messe en faveur du dimanche des Rameaux.

A onze heures, rendez-vous au château, chez le prince de Schwarzenberg, d'où nous descendîmes pour l'audience de l'Empereur. Il y avait un monde prodigieux, car, bien qu'il ne se trouve pas à Paris cette énorme affluence d'étrangers dont les gazettes parlent sans cesse, le corps diplomatique est cependant extrêmement nombreux. La manière dont les courtisans d'ici se pressent, se froissent, se marchent sur les pieds pour attraper un mot, un regard, pour entrer les premiers, est une chose comique dont on n'a aucune idée chez nous. Pour moi, qui ne devais pas être présenté et qui n'ai pas le don des coups de coude dans une foule aussi brodée, je fus coupé de mes compatriotes et restais modestement en arrière. L'ambassadeur nomma tout le monde d'une voix beaucoup trop basse et trop timide : en général, il n'a pas l'air assez sûr de son fait. L'Empereur a parlé à Schœnborn, demandé à

---

(1) Le baron Nicolas de Krufft, secrétaire à la chancellerie d'État autrichienne.
(2) Le baron Léopold de Daiser zu Sylbach, attaché à l'ambassade d'Autriche à Paris.
(3) M. Joseph Lefebvre von Rechtenburg, attaché à l'ambassade d'Autriche à Paris.

Paar s'il était le frère de sa sœur et si elle était accouchée (1), etc., etc. Personne ne fut remarquablement mal traité comme le prince d'Esterhazy. Après l'avoir fixé, l'Empereur lui demanda s'il était parent du prince d'Esterhazy qui avait été ici il y a quelques années.

— « C'est moi-même, Sire, répondit-il. »

Et l'Empereur ne lui dit plus rien. Jugez quelle apparence que Sa Majesté ait oublié quelqu'un d'aussi marquant par son rang et par ses dépenses!

Ensuite, l'Empereur dit tout haut :

— « Et le chambellan comte de Clary, où est-il? Est-il resté à Paris?

— « Non, Sire, répondit le prince de Schwarzenberg, le voilà derrière M. de Metternich. »

Or, vous jugez de l'effet, de la considération, de la manière dont les rangs s'ouvrirent pour me laisser passer. L'Empereur vint à moi, me dit un mot de prince et continua son chemin; mais ce fut assez pour me laisser une auréole de gloire aux yeux des courtisans. Vous voyez comme ç'eût mal réussi si je m'étais dispensé du voyage. M. de Metternich prétend que, décidément, l'Empereur a un grand attrait pour moi et qu'il prit l'air tout inquiet, puis *ganz weinerlich* (2) de ne pas me voir.

Au moment où notre foule de deux cents courtisans sortait à reculons de la chambre, l'Empereur et l'Impératrice nous suivaient déjà pour aller à la messe, et on nous

---

(1) La sœur du comte Jean de Paar avait épousé le comte François de Mercy-Argenteau, chambellan de Napoléon Ier. Elle était accouchée d'un fils le 28 mars précédent.

(2) Tout éploré.

prévint que nous ne serions pas présentés à l'Impératrice, sans que personne sût ou pût concevoir pourquoi. On dit que, dès la veille, S. M. l'Empereur, dans son intérieur, avait daigné mourir de rire en pensant à tout ce corps diplomatique roulant, voyageant, passant une nuit blanche, manquant de chevaux, arrivant en pardessus tête au milieu de tous les embarras du voyage et cela gratis, car je suis bien sûr que, dans son cœur impérial, c'était prémédité pour donner une nouvelle preuve à quel point Sa Majesté se moque du genre humain. Le tour était leste et la mystification complète (1).

L'ambassadeur et M. de Metternich dînaient chez Duroc; pour nous autres, petites gens, y compris le prince d'Esterhazy, comme personne ne nous avait priés à dîner et que nous ne pouvions pas paraître au concert du soir sans avoir été présentés à l'Impératrice, nous n'eûmes rien de mieux à faire que de retourner à Paris avec notre pied de nez.

Il fallait voir la colère du magnat [le prince d'Esterhazy], les propos et les fureurs de Tettenborn et des autres, les terreurs des diplomates comme Floret sur ce qu'on se permettait de dire, etc., etc. Pour moi, qui suis plus calme, je dis : « *Transeat cum cæteris!* — Nous en avons avalé bien d'autres! » Le prince d'Esterhazy, à force d'argent, obtint des chevaux et partit sur-le-champ; nous

---

(1) Le 17 avril 1810, le prince de Schwarzenberg écrivait à son gouvernement : « Je ne puis cacher... que mes compatriotes furent très peinés de devoir quitter Compiègne et d'avoir fait trente-six lieues sans avoir été assez heureux pour contempler l'auguste fille de leur Souverain. »
(Rapports du prince de Schwarzenberg. *Archives impériales et royales de Vienne.*)

autres, *sfogata la rabbia* (1), attendîmes assez gaîment des chevaux jusqu'à cinq heures. Vers minuit, nous étions à Paris, pas fâchés, au bout du compte, de retrouver nos bons lits, au lieu d'une seconde nuit blanche à laquelle nous étions résignés.

Voilà ma journée d'hier. Aujourd'hui, cependant, on me dit qu'on a fait des espèces d'excuses. Apparemment que les clameurs un peu hasardées de ces messieurs s'élevèrent jusqu'au pied du trône, car on assura qu'il y avait eu confusion, qu'on avait été surpris de ne plus nous voir, que nous devions dîner je ne sais où, etc. (2).

---

(1) La colère tombée.

(2) A propos de l'incident raconté par le comte de Clary, voici ce que le conseiller de l'ambassade autrichienne à Paris, Floret, écrivait, le 28 avril 1810, au prince de Metternich-Winnebourg, qui gérait la chancellerie autrichienne en l'absence de son fils, le comte de Metternich, alors en mission à Paris :

« Mon Prince,

« Par le rapport nº 17, lettre A, M. l'Ambassadeur, prince Schwarzenberg, a rendu compte à Votre Altesse de la peine qu'ont éprouvée les Autrichiens en se voyant privés de l'honneur de présenter leurs hommages à S. M. l'Impératrice et Reine, à l'occasion de l'audience diplomatique qui eut lieu le 15 à Compiègne. L'Empereur, ayant appris combien ils y avaient été sensibles, en parla quelques jours après au cercle à S. E. M. le Ministre des affaires étrangères, comte de Metternich.

« Sa Majesté pria le Ministre de dire à M. l'Ambassadeur qu'Elle était très fâchée de ce qui était arrivé, qu'il n'y avait pas de sa faute, qu'Elle avait trouvé dans les règles que les présentations des étrangers devaient être précédées par celles du corps diplomatique, mais que l'affaire aurait pu s'arranger en faisant entrer les étrangers après les ministres, et que, dans tous les cas, Il aurait fait une exception à l'égard des Autrichiens, dont Il trouvait tout simple l'empressement de revoir une princesse, fille chérie de leur souverain : que la faute était à ceux qui ne lui avaient pas parlé. Sa Majesté désirait que les Autrichiens fussent informés de la manière dont Elle venait de s'expliquer sur cette affaire.

« Le grand-maréchal, duc de Frioul, vint aussi, le lendemain, faire des excuses à Son Excellence. Il ne lui cacha pas que l'Empereur s'en était pris à lui et au grand-maître des cérémonies, leur avait mani-

Personne n'en fut dupe, et, pour moi, cela m'était bien égal, à la seule crainte près qu'il fallût recommencer cette course. Est-ce que je ne vous écris pas trop longuement sur les moindres choses? — Pardon, j'en ai quelquefois des remords.

festé le plus grand mécontentement de ce qui était arrivé à MM. les Autrichiens.

« Le prince [de Schwarzenberg] m'ordonne de faire part à Votre Altesse de cette circonstance, afin de prévenir ou d'effacer de mauvaises impressions que des lettres particulières pourraient donner sur un événement qu'on aurait tort d'attribuer à une intention préméditée de l'Empereur, et qui se trouve complètement réparé par la gracieuse attention avec laquelle Sa Majesté a daigné s'en occuper. »

(*Archives impériales et royales de Vienne.*)

CHAPITRE XV

Brunehaut; L'École des Bourgeois. — Tournée de visites; la princesse de Latour et la duchesse de Courlande. — Le musée des Petits-Augustins; le tombeau d'Héloïse et d'Abélard. — Bouts-rimés, etc. — Longchamp; le Bois de Boulogne. — *Phèdre; Le Parleur contrarié.*

N° 18.
A Louise.
Paris.
Vendredi saint, 20 avril 1810.

Lundi, seize avril. — Pluie toute la matinée.

Le soir, j'ai été avec Golowkin, aux Français, voir *Brunehaut* (1). Nous avions dîné au Palais-Royal pour être bien placés sur le troisième banc, au milieu de l'orchestre, ce qui a réussi. Telles sont, à mon avis, les meilleures places dans tous les théâtres.

Brunehaut me plaît beaucoup. Il y a de très beaux vers, des situations très intéressantes. Mlle Raucourt paraît sublime dans le rôle de la reine. Son costume est superbe. Cet air diable que lui donnent ses tout petits yeux qu'elle ferme encore, son port, son air de fierté, jusqu'au son mâle et rauque de sa voix, tout accroît son apparence de méchanceté et de profonde politique. Il n'y a qu'elle qui puisse jouer ce genre de rôle.

(1) Tragédie d'Étienne Aignan.

Suivait *L'École des Bourgeois* (1). Peu de spectacles m'ont fait rire comme cette vieille pièce-là. C'est, à mon avis, le triomphe de Fleury. J'étais hors de moi de plaisir en voyant l'incroyable supériorité et l'insolence avec lesquelles il traite Mme Abraham dont il va épouser la fille; l'adresse de Vigny jouant l'excellent rôle de M. Mathieu, le frère de Mme Abraham, qui veut d'abord refuser sa nièce à ce grand seigneur, puis se laisse graduellement gagner le plus joliment du monde; la finesse de cette adorable Mlle Devienne dans le rôle de la soubrette; l'extrême drôlerie de Michelot dans le personnage du petit financier; enfin le fameux coup de théâtre de la lettre : « C'est donc ce soir que je m'encanaille! »

La pièce entière est d'un vrai comique et jouée avec une perfection d'ensemble dont on ne se fait pas idée.

Pardon, ma chère Louise, tout cela doit vous ennuyer car ce sont pour vous des énigmes, mais lisez la pièce et vous verrez comme elle est amusante.

Mardi, dix-sept avril. — J'ai passé trois heures au Musée dans le plus complet bonheur. Malheureusement, les Raphaël sont tout au bout. On n'en peut plus avant d'y arriver, et on a beau dire : « Je ne veux rien regarder en chemin », il n'y a pas moyen. Oh! quels trésors!

Ensuite, promenade charmante sur les quais par un très beau temps. Je ne me rassasie pas de ces tableaux vivants de Paris si amusants et si vrais.

(1) Comédie de l'abbé d'Allainval.

L'ambassadeur est reparti, ce mardi, pour aller faire un séjour à Compiègne que je ne lui envie pas.

Ce mardi également, M. de Neumann (1) s'est enfin mis en route comme courrier; il est chargé d'un bon paquet de mes lettres et d'une pauvre petite chaîne bleue pour vous. C'est bien peu de chose.

Je me suis jeté dans les visites, ce qui me coûte horriblement. — Visites chez Cambacérès, où il y a une telle foule qu'on est un quart d'heure à la porte du salon sans pouvoir entrer; chez M. de Talleyrand; chez la princesse de Latour (2), qui a l'air très triste et gémit bien de ce que ses affaires la retiennent toujours ici. Il est vrai qu'elle y joue un pauvre rôle pour quelqu'un qui est habitué à tenir cercle et à dire un petit mot à chacun; ici, c'est elle qui attend le petit mot en rang d'oignons.

A certains jours, les Princesses la traitent bien et l'appellent sur le canapé, à d'autres on ne la regarde pas. Aussi, elle et la duchesse de Courlande sont beaucoup ensemble dans le monde, et ces deux grands débris se consolent entre eux. Hélas, leur union a produit un accident fâcheux, l'union plus intime de la dame d'honneur de la princesse et du médecin de la duchesse, et cette union-là produisit, elle-même..... (je me voile et n'achève pas), tant que Mlle de..... n'est pas présentable et qu'on ne la voit plus!

(1) Philippe de Neumann, attaché à l'ambassade d'Autriche à Paris.
(2) La princesse de Thurn-et-Taxis, née princesse de Mecklembourg-Strélitz. Elle était venue, semble-t-il, à Paris pour tâcher de faire aboutir des réclamations consécutives au nouvel état de choses créé en Allemagne par les victoires françaises.

La petite princesse Thérèse de Latour (1) semble assez jolie quand elle est bien mise; c'est une petite noire assez piquante avec de beaux yeux et une jolie taille. Elle et sa mère sont fort liées avec mère et fille Leyen (2).

Enfin j'ai été voir pour la seconde fois, et avec beaucoup plus de plaisir que la première, le ballet de *Paul et Virginie*.

Mercredi, dix-huit avril. — Bonne matinée. J'ai passé deux ou trois heures au Musée des Petits-Augustins (3), avec un fort grand intérêt : il y a des tombeaux superbes, et c'est très bien arrangé par siècle, comme vous le savez. On dit que, entassés comme ils sont, ces tombeaux ne font pas la moitié de l'effet qu'ils feraient à leurs anciennes places dans les églises; d'accord, mais qui les

(1) Elle épousa, en 1812, le prince Paul-Antoine d'Esterhazy.
(2) La princesse Amélie de Leyen, née comtesse Schœnborn-Wiesentheid, et sa fille qui allait épouser le comte Tascher de la Pagerie.
(3) Nous empruntons quelques renseignements sur ce musée au remarquable ouvrage de M. L. DE LANZAC DE LABORIE : *Paris sous Napoléon. Spectacles et musées*, p. 330 et suiv.

« En décrétant la mise à la disposition de la nation des biens ecclésiastiques, en organisant la vente à l'encan des couvents et des églises paroissiales non conservées par la Constitution civile du clergé, l'Assemblée constituante, malgré son dédain pour le passé artistique et religieux de la France, s'était préoccupée de sauver de la destruction, sinon les édifices eux-mêmes, du moins les plus beaux ou les plus intéressants d'entre les monuments qu'ils contenaient. Les objets d'art, tableaux, statues, livres, chartes, etc., devaient être réunis en un certain nombre de dépôts provisoires, en attendant qu'il eût été statué sur leur destination définitive.

« Le principal d'entre ces dépôts fut tout naturellement celui de Paris, » qu'on installa dans l'ancien couvent des Petits-Augustins, proche du quai Malaquais.

Sous la Restauration, certains monuments furent rendus aux églises d'où ils provenaient, d'autres placés au musée du Louvre. Quelques-uns seulement restèrent dans les cours de l'ancien couvent des Petits-Augustins, que vint occuper et occupe encore aujourd'hui l'École des Beaux-Arts.

verrait s'ils étaient disséminés par toute la France? Et d'ailleurs, que seraient-ils devenus, si M. Lenoir (1), avec une peine et un zèle dont on n'a pas idée, ne les avait sauvés et rassemblés? Telle qu'elle est, c'est une collection du plus vif intérêt, unique au monde et qu'on pouvait seulement créer dans les circonstances du bouleversement révolutionnaire. On prétend que les anciens tombeaux enlevés de Saint-Denis vont y être replacés, mais le gardien du musée nie cette nouvelle avec dédain.

Il y a, aux Petits-Augustins comme partout suivant moi, trop de mélange de vieux et de neuf, trop de restaurations, et j'aimerais mieux le monument de Diane de Poitiers sans le nouveau piédestal et les autres accessoires qu'on y a joints. Les salles sont arrangées avec goût, et le jardin, quoique sans feuilles encore, est charmant, planté à merveille, rempli de beaux groupes de marbre. C'est là que se trouvent le monument du connétable de Montmorency, les quatre bas-reliefs qui ornaient autrefois le socle de la statue de Louis XIV sur la place des Victoires, enfin le tombeau d'Héloïse et d'Abélard, à peu près tel qu'il était au Paraclet. Ces noms font pâmer tout le monde, mais l'histoire de ces amants est dégoûtante et, d'ailleurs, Héloïse était une pédante qui parlait trop bien latin. De leur aventure, je n'aime que l'épître de Pope (2). Quoi qu'il en soit, l'ensemble, fort intéres-

(1) A. Lenoir (1762-1839). Il avait d'abord étudié la peinture. On lui doit plusieurs ouvrages relatifs aux musées qu'il dirigeait et aux monuments dont il avait la garde.
(2) Cette épître, adressée par Héloïse à Abélard après leur séparation, et passionnée jusqu'au délire inclusivement, a été traduite ou imitée plusieurs fois en français. Voici, d'après une traduction presque litté-

sant, fait grand honneur à M. Lenoir. Il y a des vitraux charmants dans les corridors, entre autres toute la suite de l'histoire de Psyché d'après les dessins et les cartons de Raphaël. Je me promets bien de revoir ce musée.

C'était aujourd'hui le premier jour de Longchamp et, quoiqu'il fît un temps divin, il y avait très peu de monde : le second jour étant censé le plus brillant, on garde les équipages pour demain.

Jai dîné chez Mme de Bérenger, puis passé une demi-soirée chez Mme Alexandre Potocka, avec M. Anatole de Montesquiou, M. de Brack et un ou deux autres, je crois. Nous avons fait des bouts-rimés à la diable, en voici un de moi :

> Eh! pourquoi vous donner les airs de la candeur?
> Il sied à la beauté quelque peu d'artifice.
> Aimez-nous, trompez-nous, riez de notre ardeur.
> Aux yeux noirs et coquets, l'air malin est propice.

Ce qui m'amuse, entre nous soit dit, c'est que, avant mon arrivée, Mme Alexandre répandait le bruit que j'étais amoureux d'elle, si bien que tout plein de personnes en demeurent persuadées. Je crois même qu'elle donnait à entendre que j'allais à Paris pour elle. Une lettre d'ici à Vienne — de et à je ne sais qui — mande aussi que je suis amoureux d'une Polonaise. C'est d'autant plus joli que je la vois très peu. Je l'aime beaucoup d'amitié et la trouve aimable, voilà tout.

rale publiée en 1813 et signée de l'initiale V, les vers auxquels le comte de Clary fait allusion :

> Et puisse unir, bientôt, une tombe commune
> Deux noms qu'unit trop bien une triste infortune;
> Qu'ainsi mon nom obscur, sur ton grand nom enté,
> Assure, à mon amour, ton immortalité.

De chez Mme Alexandre, j'ai été chez Mme de Mun (1); elle est aimable, son mari, le comte Adrien (2), aussi. Leur maison est jolie; on monte au salon par un petit escalier d'acajou couvert de fleurs, qui paraît la plus charmante chose du monde. On rencontre souvent chez eux M. et Mme de Marmier (3). Mme de Marmier, très agréable, avec l'air timide et une sauvagerie assez piquante, semble fort journalière de figure; François Potocki (4) en était amoureux. Elle est fille du petit monstre Choiseul (5), que l'on ne se vante pas d'avoir connu. M. de Marmier est un petit chambellan qui se montre extrêmement poli et prévenant pour moi.

J'ai fini par Mme de Laval, qui me reçoit toujours avec une bonté extraordinaire : il y avait chez elle M. de Thiard (6), qui fut un moment gouverneur de Dresde, M. de Flahaut, etc.

---

(1) Née comtesse d'Ursel.

(2) Le comte, plus tard marquis de Mun. Il devint pair de France en 1815.

(3) Le comte, puis marquis, puis, sous Louis-Philippe, duc de Marmier et sa femme, née Choiseul.

(4) Le comte François Potocki, fils du comte Vincent Potocki et de sa seconde femme, née comtesse Micielska. Il avait épousé la princesse Sidonie de Ligne, fille du feu prince Charles de Ligne (frère de la princesse de Clary) et de la princesse Charles de Ligne, née princesse Hélène Massalska. (Voir ci-dessus, p. 34 et 35, en note.)

(5) Le comte, puis duc Gabriel de Choiseul-Stainville (1760-1838). — Chargé de précéder la famille royale lors du voyage à Varennes, il eut sa part dans les fatalités diverses qui firent échouer l'entreprise. C'est probablement ce souvenir qu'évoque le comte de Clary avec une violence d'expression tout à fait injustifiée.

(6) Le comte Auxonne-Théodore de Thiard de Bissy. — Officier dans l'armée royale sous l'ancien régime, dans l'armée de Condé pendant la Révolution, il était ensuite devenu, après sa rentrée en France, général et chambellan de Napoléon Ier. Employé par l'Empereur comme diplomate et comme militaire, nommé gouverneur de Dresde après la bataille

Jeudi, dix-neuf avril, Jeudi saint. — Pluie à verse toute la matinée, adieu l'élégance de Longchamp. Il n'y avait personne; cependant, à trois heures, j'y suis allé seul en cabriolet pour l'acquit de ma conscience. Je n'avais pas encore vu le Bois de Boulogne, il surpassa beaucoup mon attente..... il me fit rire. Ce sont de vilains buissons et de grandes allées ou plutôt de grands chemins, sans arbres : c'est affreux, c'est une promenade bonne seulement pour s'y battre en duel, et encore faudrait-il attendre les feuilles pour y être caché.

Dîner chez Mme de Vaudemont avec Mme de Radepont et un jeune homme qui, pendant quelque temps, a chanté à l'Opéra, je crois sous le nom de Roland (1). Puis j'ai été aux Français voir *Phèdre* (2), jouée par Mlle Duchesnois. Je n'avais trouvé place que dans les coulisses et, pendant certains intervalles, j'apercevais cette vraiment hideuse (3) Mlle Duchesnois arrangeant ses cheveux ou son voile devant un miroir, tandis que sa femme de chambre mettait une épingle ou réparait les plis dérangés par la passion. Ce n'est favorable ni au prestige ni à l'illusion du théâtre, et cependant, dès qu'elle paraissait en scène, je ne voyais plus que Phèdre elle-même. Damas est trop laid pour jouer Hippolyte et véritablement affreux dans ce rôle. Je ne l'aime, d'ailleurs, jamais : ses *souvenirre*, ses *amourre*, pour dire souvenir et amour, ses cris,

d'Iéna, puis tombé en disgrâce, le comte de Thiard vivait tout à fait à l'écart de la cour lorsque le comte de Clary le rencontra.

(1) Les archives de l'Opéra sont absolument muettes sur ce personnage.

(2) Tragédie de Racine.

(3) Bien que jeune encore, Mlle Duchesnois (1777-1835) était et, paraît-il, avait toujours été extrêmement laide.

ses grimaces de possédé, son manque de respiration me donnent une impatience invincible. Mlle Volnais pleurait le rôle d'Aricie. Ensuite Damas a joué *Le Parleur contrarié* (1); on dit qu'il est très bon dans la comédie, je ne trouve pas; je l'ai pris en guignon une fois pour toutes. Je n'aime pas la pièce non plus, mais Baptiste cadet y est extrêmement drôle et bredouille dans la perfection.

Enfin, j'ai achevé la soirée chez Mme de Montboissier, où se trouvait Auguste de Staël (2) : il est laid, sans ressembler à sa mère. Je suis fâché de l'avoir seulement vu et point entendu causer. Adieu, ma chère Louise. Pardon de la sécheresse de mon journal, mais qu'y faire? Cela doit vous ennuyer à lire mais, à relire, m'amusera.

(1) Comédie de A.-J. de Launay.
(2) Le baron Auguste de Staël, fils de la célèbre Mme de Staël. Il s'occupa surtout d'agronomie et d'œuvres philanthropiques.

CHAPITRE XVI

Portraits et buste de l'impératrice Marie-Louise : elle-même fait le portrait de Napoléon: intimité de leur vie conjugale; mort du sculpteur Chaudet et de l'accoucheur Baudelocque; soupçon de grossesse de l'Impératrice, sa gourmandise. — Office de la semaine sainte à Saint-Roch; les chaises; les quêtes. — Encore Longchamp; le jardinier Tripet et sa fille. — *Abel.* — Accidents de voiture survenu à Mmes de Cordoue et de Périgord. — *Manlius.* — *La Caravane* ; *Vénus et Adonis.* — Mme Hamelin; la maison d'Isabey.

N° 19.
A ma Mère.
Paris.
Samedi, 21 avril 1810.
Samedi saint.

Quatre ou cinq peintres, deux sculpteurs ont été mandés à Compiègne pour faire, en même temps, le portrait de l'Impératrice. Bien habile celui qui en fera un joli et ressemblant. Prud'hon (1) y fut mandé aussi pour lui donner des leçons, diriger *ses études et son goût* dans la peinture en général et, à présent, dans le portrait qu'elle fait de son Nana ou Popo. Elle l'appelle d'un de ces deux noms-là et le tutoie, ce dont les Français ne reviennent pas. On m'a demandé s'il était vrai que mon Impératrice tutoyât mon Empereur, en me disant que l'on avait parié que non et convenu que je déciderais du pari. J'expliquai que la chose est aussi simple et reçue en alle-

---

(1) P.-P. Prud'hon (1753-1825), peintre d'histoire et de portraits. Il était, en 1810, à l'apogée de sa réputation.

mand que choquante en français. L'impératrice Marie-Louise fait le café pour l'Empereur tous les matins, il en est enchanté, trouve que les Allemandes seules sont bonnes ménagères et les recommande comme épouses à tous ses généraux. Les Français disent que c'est trop l'âge d'or et goûtent faiblement cette idylle sur le trône, d'autant plus que la bergère est d'une fierté inouïe vis-à-vis de ses dames qui étaient habituées à voir la feue familièrement : celle-là ne veut pas qu'elles paraissent à moins d'être appelées (ce qui est, au reste, tout simple), et passe la matinée seule à s'occuper, ou bien avec l'époux fortuné.

Chaudet (1), le fameux sculpteur, est mort avant-hier, 19 avril. Appelé à Compiègne, il y avait été quoique très malade. En arrivant pour commencer le buste de l'Impératrice, il trouve un autre sculpteur déjà venu pour la même besogne, chose à laquelle il ne s'attendait pas, et en est extrêmement saisi. Il se met à l'ouvrage, se pique d'avoir fini le premier, travaille comme un forçat et, en une ou deux séances, ébauche toute la ressemblance, mais ces efforts, joints à l'inquiétude, lui donnent la fièvre, je crois même des vomissements de sang, et on le ramène expirant à Paris.

Si les hommes regrettent Chaudet, les femmes pleurent un artiste d'un autre genre, l'accoucheur Baudelocque (2), que l'on prétend avoir été tué aussi d'une course à Compiègne, où un soupçon de grossesse l'avait fait mander. Sa Majesté l'Impératrice dégobillait à plaisir, et tous les jours : or, on s'est aperçu, après mûre délibé-

---

(1) A.-D. Chaudet (1763-1810), sculpteur et peintre.
(2) J.-L. Baudelocque (1746-1810).

ration de tous les experts, que Sa Majesté daignait prodigieusement manger, est extrêmement gourmande et trouve la cuisine française excellente. Cette tête couronnée se donnait donc une indigestion par jour. L'erreur sur le motif de ces indigestions a causé la mort de Baudelocque et met au désespoir toutes les femmes grosses qui, à présent, ne savent plus que faire des enfants qu'elles portent dans leur sein.

Hier, *vendredi, vingt avril,* long, long office à Saint-Roch : il y a ici, pendant la semaine sainte, une quantité de cérémonies que nous ne connaissons pas du tout chez nous. Rien ne pousse moins à la dévotion que le bruit, le ménage de toutes les chaises de paille à l'église; il est vrai qu'on est mieux assis qu'à Vienne (1), mais ce trafic me scandalise. Les chaises forment un labyrinthe, au travers duquel on a quelquefois toutes les peines du monde à passer; il faut déplacer continuellement et les chaises et les femmes qui y sont établies. Il y a des chaises, à Saint-Roch par exemple, qui sont la propriété de quelqu'un et ont de petits agréments en vieux velours râpé. C'est à l'Assomption (2), je crois, que j'en ai vu deux avec le nom de la maréchale de Richelieu (3). Ce qui fait

---

(1) Les églises autrichiennes ne contenaient que des bancs.
(2) Ancienne chapelle de couvent, encore existante et située au coin de la rue Cambon et de la rue Saint-Honoré. Elle servit d'église paroissiale depuis 1795 jusqu'à l'époque où la Madeleine actuelle, commencée pour être une église puis destinée sous l'Empire à devenir le Temple de la Gloire, fut enfin achevée et rendue à sa première destination.
(3) J.-C.-J. de Lavaulx, troisième femme du maréchal de Richelieu (1696-1788). Elle était, en premières noces, Mme de Rothe, épousa le maréchal de Richelieu en 1780 et lui survécut jusqu'en 1815.

mon bonheur, ce sont les disputes de gens, quelquefois très bien mis, avec les loueuses de chaises. Telle personne se fait rendre bien exactement sa monnaie, et cela dure une bonne heure; telle autre, assurant qu'elle a déjà payé, se défend avec beaucoup de peine et de chaleur pour un sou. Les loueuses ont un son de voix à part pour dire : « Vos chaises, s'il vous plaît. »

On quête sans cesse. Toutes les femmes que j'ai vues quêter étaient laides, mal tournées : aussi avaient-elles l'air honteuses et habituées aux refus. A chaque instant, il en arrive une qui vous tend son petit sac sur la main, avec un bedeau qui frappe à terre de son gros bâton en disant tout haut : « Pour les pauvres, s'il vous plaît. » Je pensais toujours à Mme de Wrbna (1) et à la jolie mine qu'elle faisait sûrement à tout le monde en quêtant : aussi lui donnait-on des louis, tandis que les quêteuses d'à présent n'ont que des sous dans leur petit sac.

Vient ensuite un prêtre, avec un bedeau qui demande : « Pour le culte, s'il vous plaît. » Ordinairement, ça ne plaît à personne. Ce ménage est perpétuel; à chaque instant, ce sont ou les chaises, ou les pauvres, ou le culte qui tournent. Joignez-y le presque continuel, triste et monotone son de ce gros serpent, le chant des psaumes, etc., etc. Au reste, je ne sais pas, en vérité, pourquoi je vous dis tout cela, chère Mère, car, sûrement, c'était de même dans votre temps. Il y a foule dans toutes les églises et, en somme, peut-être plus de monde qui prie dévotement et du fond du cœur que chez nous.

(1) Probablement la comtesse de Wrbna, née comtesse Anne-Flore de Kageneck (1779-1857).

De Saint-Roch, j'ai été chez Mme de Boufflers; pendant que j'y étais, est venue Mme Vincent Potocka (1), mère de Sidonie (2), avec Mme d'Andlau (3). Jugez de mon bonheur. Elle est arrivée depuis peu de jours et je désirais extrêmement la voir. Je la trouve presque encore mieux que sa fille. Mme d'Andlau m'a parlé de vous : le prince Auguste d'Arenberg m'a ordonné (!) d'aller chez elle un de ces jours.

Puis j'ai été à Longchamp et m'y suis longtemps promené. Il faisait très beau, mais cependant assez froid et humide. Quand je dis que j'ai été à Longchamp, c'est-à-dire que j'ai été dans l'allée des Champs-Élysées et pas plus loin. Le coup d'œil était charmant; il y avait beaucoup de très jolis équipages, beaucoup de superbes chevaux de selle, mais, somme toute, ce grand jour est comme un dimanche ordinaire au Prater. Il n'y manque que les beaux arbres, les guinguettes et la musique.

J'ai visité, au bout de l'avenue de Neuilly, le jardin du sieur Tripet, qui remplit tous les journaux de ses offres de tulipes et de jonquilles; il a des plates-bandes de jacinthes superbes comme celles de Schœnbrunn. Ce jardinier est père d'une fille qu'on pré-

---

(1) La comtesse Vincent Potocka, née princesse Hélène Massalska. Elle avait épousé, en premières noces, le prince Charles de Ligne, frère de la princesse de Clary. (Voir ci-dessus, p. 34 et 35, en note.)

(2) La princesse Sidonie de Ligne, née du premier mariage de la comtesse Vincent Potocka avec le prince Charles de Ligne. Elle avait épousé le comte François Potocki, né du précédent mariage du comte Vincent Potocki avec la comtesse Anna Micielska. (Voir ci-dessus, p. 34 et 35, en note.)

(3) La comtesse d'Andlau, fille du philosophe Helvétius.

tend assez jolie L'autre jour, un amateur lui dit :

— « Monsieur Tripet, la plus jolie fleur de votre jardin est votre petite Tripette. »

Voilà M. Tripet furieux, qui trouve le compliment très mauvais et veut mettre le complimenteur à la porte. J'ai ri de cette bêtise et vous la donne comme telle.

Le soir, j'ai été voir *Abel* (1), un des plus ennuyeux coquins d'opéras qui existe. J'avoue que, excepté ceux de Gluck, aucun ne m'avait encore produit cet effet-là. Mlle Maillard est une affreuse mère du genre humain. Heureusement qu'en ce temps-là les patriarches multipliaient comme des lapins, sans quoi il n'y aurait pas dans *Abel* cette quantité de jolies danseuses qui font oublier que la scène n'est plus au paradis terrestre. L'abominable Lainez, qui chevrote et hurle avec une impudence si rare et si ridicule aux applaudissements fous du public, se démène comme un chien enragé. Il joue Caïn, trop bien en vérité. Et quand Geoffroy nous dit gravement qu'à l'Opéra on n'a pas besoin de chanter pourvu qu'on joue, et qu'il serait bien « fâcheux » pour ses rôles que Lainez eût une jolie voix, c'est le comble de l'absurdité et de l'égoïsme national. Il y a cependant un duo charmant au premier acte, mais rien d'autre ne m'a frappé dans la musique. Lavigne, qui joue Abel, possède, à mon avis, la seule jolie voix de l'Opéra (2). Le moment de l'apothéose est magique, mais je ne crois pas qu'il dure

---

(1) Opéra de Hoffmann pour les paroles, et de Kreutzer pour la musique.

(2) Le chanteur Lavigne, engagé depuis peu à l'Opéra, n'était encore qu'un « double ».

cinq minutes. Je ne veux point excuser l'incroyable hardiesse de mêler dans les nuages, même aux premiers plans, des figures peintes aux groupes ravissants de tant de figures vivantes. C'est ici seulement qu'on pouvait l'oser. Cependant, le tout est tellement confondu, le prestige si grand, la manière d'éclairer si habile, le moment si court que rien ne choque, en vérité. Toute cette superbe décoration s'élève sur trois plans : on croit rêver.

Suite de la lettre N° 19.
Lundi, 23 avril 1810.

Samedi, vingt et un avril. — J'ai dîné au Salon des Étrangers, soupé chez Mme de Mniszech. Pauvre journée !

Dimanche, vingt-deux avril, jour de Pâques. — Foule à Saint-Roch, où j'ai entendu la messe. De là, j'ai été aux Tuileries : un monde fou, à ne pouvoir ni avancer ni reculer, comme le jour de la redoute donnée pour le mariage à Vienne. J'avais de l'humeur et me promenais en m'ennuyant sans parvenir à trouver une seule personne de connaissance. Comment, me disais-je, dix mille personnes se promènent ici et je n'en connais pas une seule? Ce sentiment d'isolement total me donnait une vraie colère. Concevez-vous ça? Il y a des jours où l'on se trouve ainsi disposé. La belle chose que les Tuileries ! Comme tout y est grand, majestueux ! Quelle belle promenade au milieu de la ville ! Mais s'il y a une distance immense entre les Tuileries et nos affreux remparts, d'un autre côté, le Bois de Boulogne ne vaut pas un seul arbre du Prater, et les Champs-Élysées sont loin de mériter leur nom si pompeux. Je suis frappé de la quantité de beaux enfants que l'on voit ici aux promenades, bien plus, par exemple, que de jolies femmes.

Mme de Cordoue a été ce matin ou du moins a voulu aller au Bois de Boulogne, en boghey, avec Mme Edmond de Périgord : les chevaux se sont emportés, le cocher est tombé, enfin elles ont été extrêmement effrayées.

Dîner et souper chez Mme de Mniszech, c'est trop en vérité! J'ai frémi l'autre jour en lisant dans une de vos lettres : « J'espère que *La Plaque* vous portera sur les mains. » Hélas, elle ne me porte que trop! Si elle voulait me mettre à terre, j'en serais fort aise. Je l'avais quelque peu négligée; samedi dernier, pour bien réparer mes torts, je vais chez elle à neuf heures du soir, elle me dit :

— « Ah ça, il y a longtemps que vous n'êtes venu chez moi! Vous restez à souper et, demain, vous dînerez et souperez ici. »

Je fus tellement étourdi du coup que la parole me manqua, et j'ai fait tout cela. C'est un monstre. Je me serais battu de m'être ainsi fourré dans la gueule du crocodile. Au fond, une fois que j'y suis, je ne m'ennuie pas ordinairement parce qu'il y a souvent chez Mme de Mniszech du monde qui me convient, mais je regrette toujours les maisons où je ne suis pas.

J'ai vu Talma dans *Manlius* (1), c'est son triomphe, il y est sublime et m'a enlevé, quoique j'aie encore été

---

(1) *Manlius Capitolinus*, tragédie de Lafosse d'Aubigny (1653-1708), médiocre mais contenant un rôle, celui de Manlius, dans lequel Talma obtenait toujours un immense succès.

mal placé, à l'entrée des coulisses. Rien n'est beau et romain comme sa figure. On oublie tout à fait l'acteur. Mlle Maillard (1) paraissait bien mauvaise ce jour-là, son physique s'oppose à la tragédie : c'est une pauvre petite princesse de dix-sept ou dix-huit ans, maigre comme un chat écorché et semblant se mourir de la poitrine. Elle a, néanmoins, quelques très beaux élans, mais de mauvais gestes, et donne, dans les moments de force, un coup de talon qu'on pardonne difficilement, même à Mlle Duchesnois. Elle vient d'avoir, sauf le respect que je vous dois, un enfant qui l'a exténuée.

La tragédie finie, je cours à l'Opéra, où j'arrive pour voir la fin de *La Caravane* (2) et le délicieux ballet de *Vénus et Adonis* (3). C'est d'une fraîcheur de danses et de costumes ravissante; toutes les bonnes danseuses y figurent, mais les décors paraissent vieux et laids comme la plupart de ceux de l'Opéra. Dans les hommes, aucun ne vaut Duport. Celui qui joue Adonis, Beaumont je crois, est superbe mais pas grand danseur. Vestris ne me fait aucun plaisir. La beauté admirable de Clotilde, qui tient le rôle de Vénus, la grâce de Mme Gardel, la gaîté de cette grosse Chevigny, la taille admirable et le sourire de Bigottini, le charme de tant d'autres, les groupes, les guirlandes, les corbeilles remplies d'amours vivants, voilà ce qui est enchanteur. On n'a pas idée chez

---

(1) Elle avait débuté en 1807, à dix-sept ans, et mourut en 1813. Mlle Maillard passait pour jouer avec beaucoup d'âme, et le comte de Clary l'a certainement vue dans un de ses mauvais jours.
(2) *La Caravane du Caire*, opéra de Morel de Chédeville pour les paroles, et de Grétry pour la musique.
(3) Ballet réglé par Gardel.

nous de cette quantité de monde dansant à la fois; et le dernier des figurants, que l'on découvre dans le fond, ne se croit pas dispensé de jouer et de danser comme s'il était tout seul.

Aujourd'hui *lundi, vingt-trois avril,* visite à Mme de Cordoue; j'ai vu chez elle M. Élie de Périgord (1) que vous connaissez, le fils du prince de Chalais (2). Il a une jolie figure. En sortant, j'ai rencontré M. de Brack qui m'a mené chez une femme élégante un peu passée de mode, Mme Hamelin (3); je m'attendais à la trouver jolie, il s'en faut. Elle est petite, noire, grasse, avec une grosse tête, un nez de nègre, une grosse face joufflue couverte de fard, des cheveux combattant entre le noir, le gris et le rose, dernier effet de je ne sais quelle eau pour les teindre. Elle est Américaine, aimable, a de l'esprit, dit à peu près tout ce qui lui passe par la tête, danse comme personne, monte à cheval comme un écuyer, etc., etc. Son entourage forme une société borgne qu'on ne renie pas, qu'on peut même avouer, mais dont on ne se vante point comme, par exemple, de celle de Mme Récamier que Golowkin m'a fait manquer à force de savoir-vivre, en ne trouvant jamais une heure à propos pour une première

---

(1) Augustin-Marie-Élie-Charles de Talleyrand-Périgord, plus tard prince de Chalais, duc de Périgord, etc. Il avait vingt-deux ans en 1810.

(2) Hélie-Charles de Talleyrand-Périgord, prince de Chalais, créé duc de Périgord en 1816.

(3) J.-G.-F. Lormier-Lagrave, née en 1776, à Saint-Domingue, mariée en 1791 à M. Hamelin, fils d'un ancien receveur-général de Tours, morte en 1851. « Presque laide, mais pleine d'attraits, » elle fut une des femmes célèbres du Directoire. (Cf. *Une Merveilleuse [Mme Hamelin]*, par Alfred MARQUISET.)

visite. Elle vient de partir pour retrouver Mme de Staël (1) à Chaumont, près de Blois. Il m'a fait manquer, de même, Mme de Boigne (2), qu'on dit fort aimable. Mme Hamelin nous a reçus dans un vilain petit jardin, au bout de la rue Blanche (3), et M. Fortuné de Brack avait l'air assez bien en cour.

Très près de là, nous avons été voir la maison du peintre Isabey, toute petite, mais gentille au possible et arrangée avec beaucoup de goût. Il n'y était pas. On nous a montré, parmi ses œuvres, de grands et beaux dessins, entre autres celui, fameux et charmant, qui représente une barque avec la famille d'Isabey.

(1) Mme de Staël, dont les démêlés avec Napoléon Ier et la police impériale sont historiques, se trouvait alors exilée à quarante lieues de Paris.
(2) La comtesse de Boigne, née d'Osmond, dont les *Mémoires* ont été publiés il y a quelques années.
(3) D'après LEFEUVE, Mme Hamelin habitait, rue Blanche, une ancienne « petite maison » du maréchal de Richelieu. (*Histoire de Paris, rue par rue, maison par maison*, t. Ier, p. 454.)

CHAPITRE XVII

Dîner chez Mme de Mun. — Promenade à Versailles; le château, l'orangerie, etc., etc.; les Trianons. — Les Bains chinois. — *Ambroise; Le Prisonnier; Une Heure de Mariage.*

N° 20.
A Louise.
Paris.
Jeudi, 26 avril 1810.

Lundi, vingt-trois avril. — Très joli dîner chez Mme de Mun : il était petit, de gens aimables, excellent, précisément comme je les aime, et beaucoup. Il y avait le prince Auguste d'Arenberg, M. et Mme de Marmier, M. Juste et Mme Mélanie de Noailles, fort aimable et bien naturelle surtout, encore quelques autres personnes. La petite fille de Mme de Mun, Alix (1), est très gentille.

Visites à Mme Crawford que j'ai enfin trouvée, puis à Mme d'Andlau, qui jouait au billard avec son mari lorsque je suis arrivé. Hélas, ces politesses m'ont coûté le spectacle!

Mardi, vingt-quatre avril. — Journée très intéressante à Versailles avec les Schœnborn, les Leyen, M. de Dalberg, Wratislaw, Cavriani, le petit Starhemberg.

(1) Mlle Alix de Mun, née en mars 1806. Elle épousa le comte de Montréal-Troisville.

Nous avons couru depuis une heure jusqu'à huit heures, aussi étions-nous sur les dents. Rien n'est fatigant à voir comme Versailles.

Après un déjeuner chez Mme Raimbault, restaurateur (1), nous sommes allés au château : il est dans un état de dégradation pitoyable, pas un meuble, rien que des tableaux de la nouvelle école française. Les anciennes peintures des plafonds pendent en lambeaux, les glaces sont brisées. Chaque porte, chaque fenêtre rappelle quelque événement. On a, d'un côté, les souvenirs de Louis XIV, de l'autre, ceux de la Révolution et ils se confusionnent tellement entre la plus haute gloire du trône et son plus grand abaissement qu'on peut à peine les débrouiller. Depuis un moment, au regard des siècles, cet immense bâtiment est sorti du néant et déjà il y est rentré, et des siècles paraissent écoulés depuis la chute de Versailles! Rien n'est triste comme la ville : cette ville qui n'eut jamais qu'une vie factice par la présence de la cour et, même dans ce temps-là, était triste quoiqu'elle comptât, dit-on, quatre-vingt mille habitants. Elle n'en compte pas vingt mille aujourd'hui, et l'herbe pousse dans les rues. En chemin déjà, je croyais voir la route couverte de voitures, de gens qui allaient et venaient, de courtisans empressés à chercher un regard, un mot du maître.

(1) Mme Raimbault, ou Rimbault, tenait un hôtel, fort achalandé et fort cher, à l'enseigne du *Grand-Réservoir*, 12, rue des Réservoirs, à Versailles, et passait pour être ou — en 1810 — avoir été une fort jolie femme) (Cf. *Un Voyage à Versailles*. Paris, Colnet, an XI, p. 51-53 et 83-87. *Miroir historique, politique et critique de l'ancien et du nouveau Paris et du département de la Seine*, par L. Prudhomme, t. VI, p. 473-474. — *Les Hôtelleries, cafés et cabarets de l'ancien Versailles*, par P. Fromageot, p. 82.)

Je voyais cette grande voiture dorée de Louis XIV, je le voyais lui-même avec ses grosses boucles et son petit chapeau, enivré d'encens, pouvant se croire le roi du monde, entouré de gardes, suivi de toute la cour; je voyais, dans la troisième voiture, Mlle de La Vallière...... Imagination! Mais le moyen de n'en point avoir ici où tout parle du passé? C'est dans la chambre de Louis XIV qu'est ce malheureux balcon d'où Louis XVI et Marie-Antoinette dirent au peuple qu'ils consentaient à le suivre à Paris — n'était-ce pas le 7 octobre (1)?

Les petits appartements de la Reine paraissent épouvantables : ce sont de petits trous d'entresols entourant une toute petite cour, on dirait une prison. Nous avons vu la porte par où la Reine s'est sauvée avec le dauphin sur les bras (2).

On va restaurer Versailles; déjà on travaille à force extérieurement. C'est un ouvrage immense, le devis des choses indispensables atteint soixante millions, et le devis général plus de deux cents; on dit que l'Empereur accepte ce dernier devis. On va redorer les plafonds, réparer les tableaux, mais il y aura des N!!! et l'esprit de Louis XIV, s'il revient, ne retrouvera pas son chiffre qu'il croyait bien ne devoir jamais périr. Vous n'avez pas idée comme ce château m'a rendu triste.

Nous avons parcouru tous les appartements et la grande

---

(1) Le comte de Clary se trompe d'un jour. — La famille royale fut ramenée de Versailles à Paris le 6 octobre 1789.

(2) Le comte de Clary se trompe. — Le 6 octobre 1789 au matin, Marie-Antoinette gagna seule la chambre de Louis XVI par un passage dérobé, tandis que la marquise de Tourzel, gouvernante des Enfants de France, y portait le dauphin par une autre voie.

galerie, si belle autrefois, dont les portes ont vu périr ces pauvres gardes-suisses (1) : cette galerie, dont les fenêtres donnent sur le parc et d'où l'on aperçoit le haut des bâtiments de Saint-Cyr, retraite de Mme de Maintenon, cette pauvre vieille ennuyeuse dont on a dit trop de bien et dont c'est la mode maintenant de dire trop de mal. Nous avons vu la salle de spectacle si dorée où Louis XIV dansait (2), la chapelle qui est encore magnifique.

Comme je vous l'ai dit, il n'y a plus un meuble, mais des tableaux de la nouvelle école française dont on fait tant de cas ici. La masse de croûtes et d'horreurs qui en sortent est étonnante. Quelles couleurs, quel dessin et, bien souvent, quelle composition monstrueuse; fort peu de ces tableaux, vraiment, méritent une exception. J'ai remarqué *Le Passage du Saint-Bernard*, un horrible tableau de la guerre de Vendée, un *Oreste tourmenté par les Furies*, puis des *Couronnements*, des traits de la vie de Napoléon : tout en est plein.

Le palais visité, nous gagnâmes la magnifique orangerie : la plus belle peut-être qui existe ; elle est située entre les deux majestueux degrés qui descendent de la terrasse du château vers la pièce d'eau des Suisses, voûtée en pierres de taille et, comme les arbres y sont encore, c'est

---

(1) Le comte de Clary se trompe. — MM. de Varicourt et Deshuttes, qui furent massacrés le 6 octobre, n'étaient pas gardes-suisses mais gardes du corps, et ne périrent pas aux portes de la grande galerie, mais avaient été traînés hors du château par la populace. Deux autres gardes du corps, MM. de Miomandre et Du Repaire, furent blessés à la porte de l'antichambre de la Reine, du côté de l'escalier de marbre, c'est-à-dire à l'opposite de la grande galerie. (Cf. *Histoire de Marie-Antoinette*, par Maxime DE ROCHETERIE, t. II, p. 77 et suiv.)

(2) Le comte de Clary paraît se tromper. — Il semble bien que la salle dont il parle ne fut construite que sous Louis XV.

son beau moment. Il y a des orangers comme je n'en avais jamais vu de ma vie, deux surtout, dont l'un date du temps de François Ier.

Nous sommes sortis par la porte devant laquelle périt le duc de Brissac (1), et avons été à la manufacture d'armes qui, au fond, nous intéressait fort peu. Si magnifiques que soient les armes, elles sont d'un prix tellement fou qu'elles ne me tentèrent même pas. Une paire de pistolets, par exemple, coûte soixante louis (dix-huit cents florins papier à présent) : à vrai dire, c'est tout ce qu'on peut voir de plus beau comme travail. J'ai oublié le prix des fusils.

De là, nous avons gagné l'ancien hôtel de la Marine, où se trouvent une collection d'armes, d'habits, de dieux d'Otahiti, qui, si je ne me trompe, appartenait aux enfants du comte d'Artois, et une bibliothèque fort nombreuse. On y montre les livres de la reine Marie-Antoinette et aussi un grand livre extrêmement curieux reproduisant tous les costumes, toutes les devises du fameux carrousel de Louis XIV, peints à merveille en miniature sur vélin. Les costumes sont si fous, tellement exagérés en plumes, que je ne concevrai jamais, pour un homme à cheval, la possibilité de balancer cette masse en équilibre. Mme de

---

(1) Le duc L.-H.-T. de Brissac, ancien gouverneur de Paris et ancien capitaine-colonel des Cent-Suisses, avait été nommé commandant-général de la garde constitutionnelle de Louis XVI en 1791. Décrété d'accusation lors du licenciement de ce corps, en 1792, puis traduit devant la Haute-Cour d'Orléans, il fut massacré le 9 septembre de la même année, avec les autres prisonniers de la Haute-Cour, au moment où on les ramenait d'Orléans à Versailles pour les incarcérer dans la prison de cette ville. (Cf. *Une Victime de la Haute-Cour* (1792), *le Duc de Brissac*, par Mme la duchesse DE BRISSAC, née Crussol d'Uzès.)

Vaudemont possède absolument le même livre : ce sont, dit-on, les deux seuls exemplaires qui existent au monde, et toutes les figures sont des portraits.

Nous avons vu ensuite les jardins, les bosquets, les statues, les bassins, le bain d'Apollon. Tout cela semble magnifique. Il n'y a que les ifs, devant le château, que je trouve par trop affreux. Le spectacle est extrêmement curieux, paraît-il, quand les eaux jouent. Comme elles ne jouent pas partout à la fois, un homme fait le tour des bassins en battant du tambour et une foule immense le suit pour ne rien manquer : la promenade dure deux heures.

Nous visitâmes encore les deux Trianons, meublés avec un luxe de conte de fées. L'Orient n'a jamais connu, je crois, rien d'aussi beau en bronzes, velours brodés, porcelaines, peintures, parquets, cheminées, et tout est du meilleur goût. On vient de gâter, en la fermant de vitrages, une belle galerie ouverte du grand Trianon ; on prétend, il est vrai, que cette galerie rendait le château inhabitable.

Dans les appartements, j'ai remarqué quatre tableaux, malheureusement bien peints, de l'avant-dernière guerre. Celui de la reddition d'Ulm est, hélas, d'un grand effet. On y retrouve Mack, on devine le prince Maurice (1) et d'autres. Ailleurs, il y a un vase et des tables de malachite, présent de l'empereur de Russie qui sont la plus belle chose du monde. Dans une galerie fort longue se

---

(1) Le prince Maurice de Liechtenstein, général-major autrichien, avait été chargé par le général en chef Mack de traiter de la capitulation d'Ulm. Il négocia d'abord avec Ney, puis avec Berthier, puis enfin avec Napoléon lui-même.

trouvent une quantité de jolis tableaux de cabinet faits par des artistes vivants; j'en ai reconnu beaucoup que je connaissais par les *Annales de Londres*, comme *Dédale et Icare, Le Chien et l'Enfant*. La nouvelle école est bien plus heureuse en petits sujets qu'en grands tableaux; c'est le genre auquel, à mon avis, les peintres français devraient se tenir. Tout ce qui demande de la grâce, de l'esprit, de jolis détails, voilà leur fait. Laurent (1) et surtout Richard (2) sont des artistes délicieux sous ce rapport, mais, pour les grandes compositions historiques, ils ne me semblent pas avoir le goût assez sûr. Je ris, Maman et Louise, en pensant à quel point mes pompeuses descriptions, que vous trouvez dans tous les livres, doivent vous ennuyer. Je sais combien les descriptions de choses qu'on ne connaît pas amusent peu et en donnent peu une idée juste, mais lisez toujours, Mesdames, un mauvais quart d'heure est bientôt fini et j'ai besoin de retrouver tout cela dans mes lettres, en temps et lieu, comme souvenir et journal.

Ce qui a surpassé notre attente, c'est le jardin anglais du petit Trianon. On rétablit la tour, on va rétablir le hameau exactement comme du temps de Marie-Antoinette. Le temple rond est un chef-d'œuvre de travail. On nous a refusé l'entrée du petit théâtre sur lequel jouait la Reine : il vient d'être restauré, l'Empereur ne l'a pas encore vu lui-même et, en attendant, on ne le montre à personne. Le pavillon d'habitation est petit mais charmant. L'appar-

---

(1) J.-A. Laurent (1763-1832). Il avait obtenu une médaille de première classe au Salon de 1808.
(2) F.-F. Richard (1777-1852).

tement vient d'être meublé à neuf pour l'Impératrice; une partie des pièces ne sont que des entresols, par exemple la chambre à coucher, garnie en mousseline blanche brodée d'or et du meilleur goût. Il faudra un fier estomac à Sa Majesté pour habiter le petit Trianon. Je me flatte qu'Elle ne pensera que peu ou point. Il pourrait, d'ailleurs, y avoir des souvenirs désagréables tapis dans les coins de cet appartement, qu'aimait et habitait une femme si malheureuse et si intéressante.

Les deux Trianons sont maintenant réunis par un enclos qui les sépare du parc de Versailles; je crois même que, dorénavant, ils doivent être inaccessibles aux vulgaires humains.

Pour voir tout cela, on passe comme un ballon de mains en mains, par celles d'au moins vingt *cicerone* : on donne un petit écu à chacun, ce qui ne semblait rien parce que nous étions très nombreux, mais reviendrait fort cher si l'on faisait l'excursion seul.

Morts de fatigue et à la nuit tombante, nous sortîmes enfin du parc pour voir encore le manège et les immenses écuries, où il reste, à ce qu'on assure, quoique ce soit incroyable, de vieux chevaux du temps du Roi.

Un excellent, long et très gai dîner en pique-nique, chez notre Mme Raimbault, termina la journée. M. de Dalberg ne pouvait presque plus marcher et était amusant au possible.

Mercredi, vingt-cinq avril. — J'ai été aux Bains chinois (1), je me suis fait frotter et laver à la manière orientale, ce

(1) Boulevard des Italiens, 25.

qui est très agréable : on sort de là blanc comme Vénus Anadyomène dans sa conque. J'ai dîné chez Mme de Bérenger, fini ma soirée à Feydeau. On donnait d'abord *Ambroise* (1), où la petite Saint-Aubin est très gentille, puis *Le Prisonnier* (2), où, pour la première fois, j'entendais Elleviou. Sa voix est délicieuse, il est charmant, joue à ravir, avec une gaîté, un naturel dont on n'a pas idée, mais je le trouve moins bien de figure que je ne m'y attendais. Le spectacle se terminait par *Une Heure de Mariage* (3), où Elleviou encore et Mme Gavaudan ont joué divinement. Juliot est excellent dans le rôle du père. Mme Duret et Paul tenaient les deux autres rôles.

(1) *Ambroise ou Voilà ma Journée,* comédie mêlée d'ariettes, de Monvel pour les paroles, et de Dalayrac pour la musique.
(2) *Le Prisonnier ou La Ressemblance,* comédie mêlée de chants, d'Alexandre Duval pour les paroles, et de della Maria pour la musique.
(3) Comédie mêlée de chants de C.-G. Étienne pour les paroles, et de Dalayrac pour la musique.

CHAPITRE XVIII

Lettres reçues et lettres perdues. — La vie journalière de Paris. — Visite au comte Golowkin, etc., etc. — *Une Soirée de Carnaval; Les Trois Étages; Le Départ pour Saint-Malo.* — Le banquier Rougemont. — Dîner chez M. de Talleyrand. — A Saint-Roch, puis à l'Assomption en temps pascal. — Le jardin des Tuileries.

N° 21.
A ma Mère.
Paris.
Samedi, 28 avril 1810.

Chère Mère, vos lettres m'enchantent et je vous en remercie mille fois. Le prince Wenzel de Liechtenstein m'en a remis une, et j'en ai reçu une autre par le courrier. La poste va assez exactement d'ici à Prague, mais bien moins exactement d'ici à Vienne, puisque vous n'avez reçu que le dix-septième jour ma lettre de Saverne, et point du tout celle de Compiègne, du vingt et un mars (1). Elle donnait les détails de mon arrivée et de ma première audience et, quoiqu'elle ne contînt pas la moindre chose contre les mœurs ni contre la religion, je regrette cependant qu'elle soit tombée en d'autres mains que les vôtres; mais, trêve d'ennuyeux calculs, nous retrouverons toutes les lettres perdues au jugement dernier.

A présent seulement, je suis en pleine jouissance de

(1) Cette lettre perdue n'était pas adressée à la princesse, mais à la comtesse de Clary.

Paris, chère Maman, et je trouve que c'est une bien bonne et jolie chose. C'est la vie journalière de Paris qui m'enchante. Il fait le plus beau temps du monde, on court, on se promène; le matin, on va voir quelque objet d'intérêt ou de curiosité; au bout de la journée, on est sûr de trouver un spectacle ravissant. Ma première soif de voir s'apaise, je connais plus de monde, je suis plus à mon aise dans les maisons où je vais; je gaspille, il est vrai, beaucoup de temps mais, cependant, je vois beaucoup de choses, au moins superficiellement. Quant à ceux qui me font l'honneur de croire que je voyage avec plus de fruit qu'un autre, ils se trompent bien : tout au plus il me reviendra de mon voyage quelques fleurs, dont Mme de Mniszech et les grands dîners sont les épines. Parabole à part, je m'amuse à merveille, mais sans le tourbillon ni l'ivresse que je croyais, c'est plus tranquillement et, par conséquent, mieux.

Néanmoins, je pense avec ravissement à notre réunion : voici mes projets. Je compte partir le 1ᵉʳ juin et ne résiste pas au désir de voir la Suisse, tout le monde me le conseille, m'en fait venir l'eau à la bouche. Quand je pense à cette Suisse, le cœur me bat de plaisir. La seule chose que je craigne, et beaucoup, ce sont ces malheureuses fêtes que vous m'enviez tant, Maman frivole! Les voilà retardées jusqu'au 15 mai pour le moins, et peut-être bien plus (1). Je m'en passerais bien tout à fait, mais, de trois en trois jours, on me dira :

---

(1) L'Empereur et l'Impératrice étaient partis de Compiègne le 27 avril pour faire un court voyage en Belgique et en Hollande, puis revenir par Dunkerque, Boulogne et le Havre.

— « En conscience, vous ne pouvez partir avant le bal de l'Hôtel de Ville qui sera si beau ! »

Et puis :

— « Vrai, il est impossible que vous manquiez le carrousel et les courses du Champ de Mars ! Ça ne fait que deux jours de différence, etc. »

Ma matinée d'aujourd'hui fut terriblement occupée, et commença bien orageusement; mais je vous dois encore mes journées d'hier et d'avant-hier.

Jeudi, vingt-six avril. — J'ai été voir ce pauvre Golowkin qui, établi depuis hier dans son nouveau logement, débute par ne pouvoir remuer ni pied ni patte, souffrir mort et passion de rhumatismes, de maux de reins et malheureusement de la pierre. Il reste au fond de son lit, et ne peut faire le moindre mouvement sans jeter les hauts cris. Il vient de quitter, par économie, la plus jolie maison de Paris, à côté des Tuileries, et dit, lui-même, que sa campagne de Montallègre lui coûte un argent fou. Il a pris, dans la rue du faubourg Saint-Honoré, n° 76, vis-à-vis de l'Élysée, une petite chambre qu'il a cependant trouvé moyen d'arranger avec goût et qui, moyennant ses dessins et ses jolis meubles, est devenue charmante. J'ai trouvé chez lui le médecin à la mode, Koreff (1), petit juif de Breslau, très aimable, homme de beaucoup d'esprit, traducteur de Tibulle en vers alle-

---

(1) Jean-Ferdinand Koreff (1783-1851). — Venu à Paris en 1807, il retourna en Allemagne vers 1816 pour être professeur à l'Université de Berlin, remplit cet emploi jusqu'en 1822, puis revint s'établir à Paris où il habita jusqu'à sa mort. Koreff passe pour avoir été l'amant de la marquise de Custine, née Delphine de Sabran.

mands, causant aussi bien littérature que médecine. Il a une vogue étonnante et fait de très belles cures.

Dîner chez Mme de Mniszech avec la princesse et le prince de Léon (1), celui qui était amoureux de Mme de Wrbna, ou du moins la voyait tous les jours. J'avais cru qu'elle passait sa vie chez Mme de Laval, et il se trouve qu'elle n'y a jamais mis les pieds. Mme de Léon est sœur de M. de Montmorency et de Mme de Mortemart (2). M. de Léon, père d'Auguste et de Fernand de Chabot (3), garde, lui-même, l'air d'un jeune homme.

Visite à la duchesse de Courlande, puis j'ai été aux Variétés. Pour l'instruction et le plaisir du Vice-Roi (4) qui avait demandé ce spectacle, on donnait les trois triomphes de Brunet : *Une Soirée de Carnaval* que je connaissais déjà, *Les Trois Étages* (5) et *Le Départ pour Saint-Malo* (6). Je

---

(1) A.-L.-A. de Rohan-Chabot, prince de Léon, duc de Rohan, etc., et sa femme, née Montmorency. Il fut maréchal de camp pendant l'émigration, pair de France en 1814, premier gentilhomme de la chambre du Roi, et mourut en 1816.
(2) La comtesse de Mortemart, dame du palais de l'impératrice Joséphine, puis de l'impératrice Marie-Louise.
(3) Auguste de Rohan-Chabot, duc de Rohan après la mort de son père, fut chambellan des princesses Pauline et Caroline Bonaparte, puis chambellan de Napoléon Ier en 1812, puis sous-lieutenant à la suite des chevau-légers de la maison du Roi en 1814. Devenu veuf de sa femme, née Sérent, brûlée par accident en 1815, il entra dans les ordres en 1822, devint archevêque de Besançon, cardinal et mourut en 1833.
— Fernand de Rohan-Chabot, duc de Rohan après la mort du précédent, son frère aîné, fit la campagne de 1809 comme officier de cuirassiers, puis les campagnes de 1812 et de 1813, devint général en 1828, premier écuyer du duc de Bordeaux, et mourut en 1869.
(4) Le prince Eugène de Beauharnais, né du premier mariage de l'impératrice Joséphine, vice-roi d'Italie.
(5) *Les Trois Étages ou L'Intrigue sur l'Escalier*, vaudeville de Désaugiers.
(6) *Le Départ pour Saint-Malo ou La Suite des Trois Étages*, folie par Désaugiers.

riais à me tenir les côtes, tout le monde bâillait autour de moi et me regardait avec étonnement. La décoration des *Trois Étages* est charmante et tous les acteurs sont excellents. J'ai acheté ces pièces dans l'intention de les lire une fois par mois, pour me faire du bon sang en me représentant les narines si bêtes de Brunet et l'excellente triste figure de ce vieux Tiercelin, adorable aussi en portier. Ces deux pièces, vraiment classiques, narrent l'histoire suivie de M. Dumollet (1), un nom qu'on ne peut pas entendre prononcer sans avoir envie de rire et sans faire une bouche en cœur.

Soirée chez Mme Raymond de Bérenger; le salon n'était pas trop bien éclairé, de sorte que mon entrée fut assez embarrassante avant que je ne me sois orienté. Mme Raymond est très aimable, quoiqu'on n'y retrouve, à mon avis, aucune trace de l'élégante et coquette Mme de Châtillon d'autrefois. Elle est devenue on ne peut plus femme de bien et *bérengifiée* tout à fait. Chère Mère, vous comprendrez ce mot nouveau.

Vendredi, vingt-six avril. — N'ayant plus d'argent, j'ai été, pour la première fois, chercher cent louis chez M. Rougemont (2), le banquier. Il passe pour ennuyeux et sa mai-

---

(1) Il serait plus juste de dire que M. Dumollet, de Saint-Malo, type du provincial ridicule et berné, paraît dans ces deux pièces à la manière des personnages types de la comédie italienne.

(2) Denys Rougemont ou de Rougemont (1759-1839), banquier suisse établi en France, très riche et très considéré. (Cf. *Biographie neuchâteloise*, par F.-A.-M. JEANNERET.) M. de Rougemont habitait, rue Bergère, un hôtel, sur les terrains duquel fut ouverte, en 1844, la rue Rougemont actuelle.

son a la même réputation. Afin d'entamer la conversation, je lui parle des Esterhazy.

— « Convenez, Monsieur, répond-il, vous qui, comme je le vois, avez habité l'Autriche, que ces Viennois sont très aimables.

— « Mais, Monsieur, comme je suis de Vienne, je me trouve mauvais juge là-dessus.

— « Ah! Monsieur, c'est différent, vous n'êtes donc pas des Clary parents de la reine d'Espagne?

— « Non, Monsieur, on ne peut pas moins. »

M. Rougemont est joli homme, mais affecte un air de protection et de nonchalance. Il parle avec enthousiasme de la Suisse et de certains noyers voisins d'Interlaken : il m'en faisait venir l'eau à la bouche.

Nombreux mais très joli dîner, en frac, chez M. de Talleyrand. Il y avait M. et Mme Lucchesini (1). Quel singulier sort pour eux de revenir ici comme chambellan et dame du palais de Mme Bacciochi, après y avoir été ministre de Prusse. Mme Lucchesini a toujours été laide, à mon avis, et je ne la trouve pas changée. Il est bizarre d'être la seule femme en Europe qui se peigne une raie noire sous les yeux : cela se pratique au

---

(1) Le marquis Jérôme Lucchesini (1752-1825), originaire de la petite république de Lucques, fut d'abord bibliothécaire et lecteur du grand Frédéric, puis entra dans la diplomatie prussienne, où il joua un rôle considérable, comme envoyé à Varsovie, plénipotentiaire au congrès de Reichenbach, conseiller du roi Frédéric-Guillaume II pendant la campagne de 1792, ambassadeur à Vienne, ministre à Paris, etc., etc., jusqu'à la rupture entre la Prusse et la France, qui précéda la campagne de 1806. Il revint alors à Lucques et fut choisi comme chambellan par Élisa Bonaparte (femme du général Bacciochi), princesse de Piombino et de Lucques, puis grande-duchesse de Toscane, dont il se trouvait être le sujet.

Il avait épousé, en 1786, Charlotte von Tarrach.

sérail mais, hors de là, il n'y a que Mme Lucchesini (1).

En revenant de ce dîner, le prince Wenzel de Liechtenstein m'a dit :

— « Ce M. de Talleyrand, je voudrais bien l'entendre causer un peu, car, moi, voilà ce qui m'intéresse, c'est d'apprendre à connaître les hommes ; je comptais l'observer, mais je crois qu'il s'en est aperçu car il ne s'est pas livré à la conversation. *Ich bin ein närrischer Kerl* (2); on ne le dirait pas en me voyant, mais rien ne m'échappe dans le monde. »

Il étonne bien un peu ici et on ne le trouve presque pas poli. Au fond, je ne vois guère ou point du tout mes compatriotes ; ils se moquent de moi, disent que je me suis entièrement voué au faubourg Saint-Germain et ne fréquente que de vieilles duchesses ; je les laisse dire et m'amuse peut-être différemment, mais, au moins, aussi bien qu'eux.

On trouve très extraordinaire que le prince d'Esterhazy ait acheté une maison ici : cela paraît fou, même aux Français, et l'on s'en moque proprement.

Le soir, grand opéra de *Cortez*. Spectacle magnifique, une attaque de chevaux au galop faisant le plus grand effet, des costumes superbes, toutes les bonnes danseuses, un boléro charmant et d'une grande vivacité par tous les danseurs, une belle musique, par-ci par-là de très beaux

---

(1) « Madame la marquise de Lucchesini, dit la duchesse d'Abrantès, était une grande femme — prussienne, ayant tout immense excepté les yeux, qui étaient fort petits et qu'elle agrandissait tant qu'elle pouvait avec du noir récolté sur une grande épingle ; ce qui faisait que ses yeux et son visage étaient souvent barbouillés comme celui d'un petit ramoneur. » (*Histoire des Salons de Paris*, t. VI, p. 191-192.)

(2) Je suis un homme singulier.

chœurs, Mme Himm fort en voix et, malgré tout cela, un ennui profond : voilà l'impression que m'a produite le conquérant du Mexique.

Aujourd'hui, *samedi, vingt-huit avril*, j'ai donc eu, comme je vous l'annonçais déjà, une matinée très aventureuse. J'ai fait mes pâques! Or, écoutez-en la déplorable histoire. J'arrive à Saint-Roch, je trouve un vieux prêtre, j'entre dans son confessionnal; il s'aperçoit que je ne sais pas la formule du commencement, premier grief, et me demande si je suis étranger.

— « Oui.

— « De quelle nation?

— « Allemand. »

Ces questions m'impatientaient déjà!

— « Pourquoi n'allez-vous pas à un confesseur allemand?

— « Parce que la langue m'est indifférente.

— « Allez-y!

— « Mais puisque me voilà, écoutez-moi, mon Père! »

Vous jugez quelle préparation à la dévotion! Enfin, je lui débite ma petite histoire.

— « Mon cher Monsieur, je ne puis pas vous donner l'absolution!

— « Comment, mon Père?

— « Non, Monsieur, vous reviendrez dans quatre ou cinq jours.

— « Mais, mon Père.

— « Vous reviendrez.

— « Mais, mon Père, le temps pascal sera passé.

— « C'est égal.

— « Mais, mon Père, de grâce.

— « C'est inutile.

— « Mais, mon Père, vous risquez que je ne revienne pas.

— « Tant pis pour vous!

— « Est-il possible, mon Père, pour mes pauvres petits péchés?

— « Mon cher Monsieur, il y a fort à parier que je sais mieux ma religion que vous!

— « D'accord, mon Père; mais, en vérité, c'est bien sévère! Dans cinq jours, je ne pourrai vous dire que les mêmes choses, etc., etc. »

Je me sentais une agitation intérieure qui n'était rien moins qu'un sentiment saint et pieux.

— « Allons, mon cher Monsieur, voulez-vous vous soumettre aux décrets de l'Église?

— « Je me soumets, mon Père, mais je vous avertis que je m'en vais chercher un prêtre plus indulgent.

— « A votre aise, mon cher Monsieur. »

Et paf, voilà la grille fermée, et moi cherchant le curé, lui racontant mon cas piteux et lui proposant ma confession. Il n'en veut pas et m'envoie paître. Je m'en vais à l'Assomption, fais le tour des confessionnaux et choisis l'abbé dont la mine me semble la plus douce; je me confesse, il m'absout. Alors, je lui avoue que l'on m'a refusé l'absolution à Saint-Roch.

— « Mon cher Monsieur, me répond-il, je ne condamne point le prêtre de Saint-Roch; je crois qu'il a bien fait d'après sa conviction, mais je crois être en règle en vous absolvant; vous avez été tiède, j'ai été indulgent, mais je crois n'avoir rien à me reprocher. »

Si je n'avais pas déjà entendu dire que beaucoup de prêtres jansénistes exigent cette double confession, j'aurais été aussi étonné qu'effrayé de me trouver tellement criminel. J'espère que mon histoire ne vous scandalisera pas, elle n'est point du tout à mauvaise intention, mais seulement pour vous montrer, chère Mère, comme on est sévère ici.

J'ai été me remettre de mes malheurs aux Tuileries. Mon Dieu! la belle chose que ces marronniers si hauts, si élancés, si touffus, si verts, ces tilleuls qui entourent les quinconces, tous ces arbres magnifiques et heureusement non taillés; ces statues dont beaucoup sont vraiment remarquables; cette terrasse du bord de l'eau avec la vue de la Seine; et quel bonheur d'avoir cette superbe promenade au beau milieu de Paris. Il y a toujours du monde aux Tuileries, et foule à midi. J'y entre à toute heure, je regarde les figures, je m'amuse des caricatures qui se promènent, ou bien je m'assieds et lis, à un sou pièce, trois ou quatre journaux (1) qui font mon bonheur en me rendant compte du spectacle que j'ai vu la veille. L'intérêt que l'on prend ici aux spectacles et, par conséquent, aux jugements des journaux est une grande source de plaisir. Tous ces feuilletons m'amusent royale-

---

(1) Il s'agit évidemment de journaux loués, car, à cette époque, les journaux à un sou étaient inconnus.

Nous trouvons, d'ailleurs, dans une lettre écrite par le comte de Clary pendant son second séjour à Paris, en 1822 : « Je m'en vais lire les journaux de la loueuse devant le café de la Rotonde, au Palais-Royal. »

ment; je me décide pour le spectacle du soir; mais toujours je regrette celui auquel je ne pourrai pas assister; puis je rencontre quelqu'un de connaissance; puis je vais manger des choses excellentes chez Véry, sur la terrasse des Feuillants, dans la salle la mieux arrangée qu'il soit possible......... Oh! le charmant endroit que les Tuileries!

J'ai été ensuite chez Golowkin, puis chez Nesselrode que j'ai retrouvé avec le plus grand plaisir, et avec qui j'avais rendez-vous pour courir Paris. Une cotelette, un cabriolet, et nous voilà en courses. A demain, chère Maman, le récit de tout ce que nous avons fait et vu.

CHAPITRE XIX

Promenade dans Paris; Notre-Dame; la Morgue; les Gobelins, etc.; le magasin de porcelaines de Dyle; le magasin de cristaux du Mont-Cenis. — Dîner chez Mme de Montboissier; Mme de Belsunce, etc.; rentes restituées à Mme de Montboissier par Napoléon Ier en souvenir de M. de Malesherbes. — *Iphigénie*; *Le Médecin malgré lui*.

N° 22.
A *Louise*.
Paris.
Lundi, 30 avril 1810.

Je vous dois la continuation de ma journée de *samedi, vingt-huit avril*. D'abord j'ai été, avec Nesselrode, voir Notre-Dame qu'il ne connaissait pas, quoiqu'étant depuis dix-huit mois à Paris; c'est moi qui lui en ai fait les honneurs. Après avoir bien admiré extérieurement et intérieurement cette belle église, nous sommes montés sur la plate-forme d'une des tours, malgré l'affreux temple de l'hymen qui, je ne conçois pas pourquoi, demeure toujours juché là-haut, d'où il scandalise tous les gens de goût. Le panorama de Paris, que l'on ne voit de nulle part mieux, est admirable. Si le Panthéon est plus élevé, Notre-Dame se trouve au centre de la ville, et la rivière, les ponts, les quais ajoutent à la perspective un intérêt que l'on ne trouve pas au Panthéon. On ne peut se faire idée du nombre de maisons que le regard découvre, c'est effrayant.

Coup d'œil à la Morgue ou Morne, chambre fermée de

glaces au bord de la Seine, où l'on expose les noyés que fournissent presque journellement les filets de Saint-Cloud. Il y en avait deux. C'est un spectacle horrible dont je vous épargne la description : il m'a laissé une impression de dégoût que je ne saurais ni rendre ni oublier. Quand on pense que cette pauvre Mme de Balleroy (1) a été là et que, pendant trois mois, M. Philippe de Ségur y a cherché son frère (2).

Nous sommes passés près du Jardin des Plantes pour aller aux Gobelins. Quoique je déteste les fabriques et les rouages, ceux-ci m'ont cependant fort intéressé. C'est magnifique ; on ne conçoit pas que la patience humaine puisse aller si loin. Un homme reproduisait en tapisserie le portrait de l'Empereur par Gérard. Je lui demande depuis combien de temps il y travaille, il me répond froidement : « Il n'y a pas encore deux ans. » Le nombre des fils, la variété des nuances sont effrayants et, qui plus est, il faut faire la tapisserie à l'envers avec le tableau derrière soi. J'aimerais mieux je ne sais quoi que de gagner ma vie comme ça. Vous savez qu'on ne vend jamais de tapisserie des Gobelins. La manufacture, unique au monde, est un luxe de la cour impériale pour faire des présents aux rois tributaires et autres. On n'y reproduit guère maintenant que des portraits de Napoléon, des tableaux à la gloire de son règne, tels que *La Mort de Desaix*, *Les Pestiférés de Jaffa*, etc.

---

(1) La marquise de Balleroy, née La Vaupalière, se noya, par accident, à Paris, le 21 brumaire an IX (11 novembre 1801). (Cf. *Histoire de Balleroy jusqu'au dix-neuvième siècle*, par l'abbé AUBERT.)

(2) Voir ci-après p. 351 et 352.

Le superbe pont d'Austerlitz, construit depuis peu, nous a menés de l'autre côté de la Seine, au débouché du canal de l'Ourcq. A gauche, on voit l'Arsenal qu'habitait Sully, puis on arrive sur une place où des planches forment un enclos que l'on est encore occupé à niveler. C'est la place de la Bastille. Que de souvenirs elle évoque ! Il est singulier qu'elle paraisse si petite, ayant contenu un si grand bâtiment. En suivant les boulevards, on remarque sur la droite la maison de Beaumarchais (1), et son jardin fameux autrefois comme l'un des premiers jardins anglais dessinés en France : il semble joli. Sur la gauche, voici le Marais, le beau quartier du temps de Louis XIV, ce qui étonne d'autant plus qu'il est à deux lieues des Tuileries. C'est là que se trouvent la place Royale, maintenant place des Vosges, l'hôtel Soubise, l'hôtel Carnavalet qu'habitait Mme de Sévigné, la maison de Ninon de Lenclos. Je ne les ai pas vus, je me réserve un voyage *extra* au Marais et au faubourg Saint-Antoine, car je veux aussi voir Bonsecours, d'où sortirent les chefs-d'œuvre d'éducation qui font l'honneur de ma famille (2).

La tour du Temple, ce souvenir d'horreurs sans égales, a entièrement disparu. Sur son emplacement, on établit un grand marché. Déjà, un monde de petites colonnes de bois couvre le sol. Je vous laisse à penser ce qu'on éprouve en passant par là.

Nous avons visité l'immense et magnifique magasin de

(1) Le nom du boulevard Beaumarchais actuel rappelle cette maison et son jardin.
(2) Le couvent de Bonsecours, situé rue de Charonne, appartenait, avant la Révolution, aux Bénédictines. Le prince de Ligne y avait, semble-t-il, fait élever sa fille, la future princesse de Clary.

porcelaines de Dyle (1), bien supérieur à Sèvres suivant moi. Ce sont l'immensité, la multiplicité de ces grands magasins de porcelaines, de bronzes, de meubles, qui donnent une idée du luxe parisien. On croit qu'un seul suffirait pour approvisionner la capitale entière, et cependant, il y en a beaucoup, et tout le monde vend et vit. Quant à l'article des tentations, il n'en faut pas parler; j'ai été, par exemple, au moment d'acheter une jolie tasse de quatre louis, ce qui ne paraît rien du tout ici. L'envie m'en a passé, en comptant que, pour moi, cela ferait cent cinquante florins et plus; mais je l'ai échappé belle car j'étais fort tenté. A ce point de vue, j'emploie un moyen avec succès, je dis que je reviendrai faire mes emplettes le dernier jour, et puis, le dernier jour, j'espère que je n'aurai plus le temps.

Dyle est Allemand. Il a inventé une sorte de mastic pour couvrir les terrasses, que l'on prétend miraculeux, et croit être le seul possesseur du secret de la peinture sur verre. Les autres fabricants de porcelaine le contestent, mais aucun n'a produit dans ce genre d'aussi grandes choses que lui. Il montra longtemps, pour de l'argent, une galerie unique au monde. A présent, par un caprice incompréhensible, il ne la montre plus ou très rarement du moins. Je l'ai vue par la protection de Nesselrode, mais désespère que ma description puisse vous en donner une idée juste.

Imaginez une galerie peinte en gris et éclairée par six

---

(1) Dyle et Guérard, rue du Temple, au coin du boulevard, avaient obtenu une médaille d'or à l'exposition de 1806 et, déjà, une distinction équivalente quelques années auparavant. (Cf. *Exposition de 1806. Rapport du Jury*, etc.)

fenêtres très enfoncées entre des murs fort épais revêtus de pilastres. En approchant, on ne voit qu'une fenêtre à la fois, et cette fenêtre est un tableau sur verre d'une seule pièce ayant environ quatre pieds de haut sur trois ou trois et demi de large, soit les dimensions de quatre carreaux ordinaires. Ces tableaux, peints par le meilleur paysagiste d'ici dont j'oublie le nom, sont charmants. L'air, l'eau, les arbres paraissent d'une vérité, d'une légèreté qu'aucun autre tableau ne saurait égaler; c'est absolument l'effet de la nature vue dans une chambre noire. Il y a un paysage de neige et de glace dont l'effet semble prodigieux lorsque le soleil l'éclaire par derrière; une scène nocturne avec du feu; une scène champêtre avec deux femmes et un enfant : l'une des femmes, mise en velours noir, est jolie à en devenir amoureux, l'autre a un shall jaune, etc. Dyle ne veut vendre ces tableaux que tous ensemble et demande, pour certains, mille louis pièce (trente ou quarante mille florins). Quel est le souverain assez riche et assez fou pour les acheter? En attendant, il ne les montre plus, ce dont je ne conçois pas la raison.

DISPOSITION D'UNE FENÊTRE DANS LA GALERIE DE DYLE.

Dans le même quartier, le beau magasin du Mont-Cenis (1) est rempli de cristaux, jolis de forme et de dessin

---

(1) « Ladouepe-Dufougerais, entrepreneur de la manufacture de cristaux de Sa Majesté l'Impératrice, au Creusot, près Mont-Cenis, ayant son dépôt à Paris, rue de Bondy, n°ˢ 8 et 10, » était réputé pour ses lustres et ses cristaux taillés, plus beaux, disait-on, que ceux des fabriques anglaises. (Cf. *Exposition de 1806. Rapport du Jury*, etc.)

mais sans rien de supérieur à nos verres de Bohême.

J'ai dîné chez Mme de Montboissier avec le comte Étienne Durfort (1) qui, pour être un fameux d'autrefois, a l'air bien triste et peu gracieux. Mme de Belsunce (2) s'y trouvait aussi. Elle paraît fort aimable et vous aime beaucoup. Elle me dit, en plaisantant, comme aux petits enfants :

— « Je parie que vous ne me connaissez plus, que vous avez oublié mon nom.

— « Bah, Madame, répondis-je, vous vous appelez la *Peste de Marseille* (3). »

Le mot eut quelque succès, ne vous en déplaise.

Les sœurs Montboissier crient et jabotent comme autrefois, même Mme de Cordoue, quoique cette pauvre femme soit dans un état de faiblesse affreuse; elle s'évanouit presque chaque jour sans raison. Son humeur est très changée. Son mari est bien mais a une tournure commune. Pour M. de Gourgues, le mari d'Albertine, il est laid, riche, timide, bon, et je n'ai pas encore entendu le son de sa voix. Tous jubilent parce que Mme de Montboissier vient d'obtenir — je crois par la protection de son cousin Molé (4) qui est un personnage — vingt mille livres de rentes du gouvernement, le tiers de ce qui lui

---

(1) Le comte Étienne de Durfort (1753-1839) avait été maréchal de camp avant la Révolution, et devint pair de France sous la Restauration.

(2) Voir ci-dessus, p. 93.

(3) Tout le monde sait quel dévoûment et quel courage montra Mgr de Belsunce, évêque de Marseille, pendant la peste qui désola cette ville au commencement du règne de Louis XV.

(4) Le comte Molé (1781-1855). Il était, en 1810, conseiller d'État et directeur général des ponts et chaussées, devint pair de France sous Louis XVIII, et fut plusieurs fois ministre pendant la Restauration et le règne de Louis-Philippe.

est dû. On parle même de la *grâce* que l'Empereur mit à accorder cette *grâce* en souvenir de M. de Malesherbes (1).

J'ai vu, aux Français, *Iphigénie* (2) et *Le Médecin malgré lui* (3). Je ne suis pas content de Mlle Duchesnois dans le rôle de Clytemnestre, tandis qu'à Saint-Cloud, dans la même pièce, je l'avais vue jouer Ériphile d'une manière sublime. Voilà ce qu'il y a d'amusant ici, la variété des acteurs, les comparaisons que l'on fait : ainsi les pièces retrouvent le piquant de la nouveauté. Je voyais *Iphigénie* pour la seconde fois, et tous les rôles principaux étaient tenus par d'autres acteurs.

Achille.	A St-Cloud : Talma.	A Paris : Lafond.
Clytemnestre.	— Mlle Raucourt.	— Mlle Duchesnois.
Ériphile.	— Mlle Duchesnois.	— Mlle Maillard.
Iphigénie.	— Mlle Volnais.	— Mlle Dupuis.

Je ne m'étonne plus du haut degré d'intérêt que les habitués apportent au théâtre. On joue toujours les mêmes pièces, ce qui fait autant l'éloge de leurs auteurs que celui des acteurs : ceux-ci savent leur rôle à merveille, rien ne leur échappe et ils saisissent les moindres nuances dans leur jeu.

Le Médecin malgré lui, abandonné aux *doubles,* ne m'a que médiocrement amusé. On ne se fait pas idée de la distance qui sépare les *doubles* des chefs d'emploi. Une pièce que ceux-ci daignent jouer y gagne du tout au tout.

(1) Voir ci-dessus, p. 34, en note.
(2) Tragédie de Racine.
(3) Comédie de Molière.

CHAPITRE XX

Le printemps à Paris. — *Le Menuisier de Livonie; La Petite Ville.* — Les Caraman. — *Les Châteaux en Espagne; La Gageure.* — Mousseau. — Déjeuner chez Mme de Gourgues. — Dîner chez la duchesse de Courlande ; le beau Tchernitchef. — *Cimarosa; Jadis et Aujourd'hui.* — Déjeuner chez Mmes de Bellegarde; visite à l'atelier de Gérard. — Dîner chez Mme de Matignon. — *Horace; George Dandin.* — Soirée chez Mme de Souza; Mme Alexandre Potocka fait chanter M. de Flahaut. — Soirée chez Mme Hamelin. — Visite à l'atelier de Maurice Lefèvre. — Dîner chez Mme de Boufflers, etc. — Le jardin de M. de Caraman, etc. — Saint-Denis. — *L'Assemblée de Famille; La Jeunesse de Henri V.*

Nos 23 et 24.
A Louise.
Paris.
Jeudi, 3 mai 1810.

Dimanche, vingt-neuf avril.
— Le printemps est charmant, Paris semble un vaste jardin : partout des boutiques de fleurs, des ânes portant des fleurs dans des corbeilles. Les boulevards sont délicieux avec leur beau monde, leurs arbres si élancés qui se couvrent enfin de feuilles, leurs jolies maisons, leurs si élégants magasins. On y rôdaillerait des heures sans avoir rien à faire.

Je me suis voué, pour aujourd'hui, au faubourg Saint-Germain et, afin d'arriver à temps au théâtre de l'Odéon (1), j'ai dîné sur le chemin, chez Beauvilliers, un

(1) En 1810, une troupe de comédiens français et une troupe de chanteurs italiens donnaient à l'Odéon, ou théâtre de l'Impératrice, des représentations alternées suivant les jours de la semaine.

excellent restaurateur voisin du Théâtre-Français (1).

La salle de l'Odéon est superbe, peut-être la plus belle de Paris, mais il n'y avait presque personne. On donnait *Le Menuisier de Livonie*, comédie de Duval (2), et *La Petite Ville* (3). La première pièce m'avait ennuyé à Prague et ne m'a pas amusé à Paris. Clozel, cependant, y est beau et bon ; c'est lui qui eut ce fameux procès avec Mlle Émilie Leverd, à propos d'un enfant commun que tous deux réclamaient. Il va partir pour Cassel, ce sera une grande perte pour l'Odéon dont il est le soutien.

Ensuite, soirée du dimanche chez les Caraman (4). C'est une chose passablement effrayante que de se trouver, à l'ouverture des deux battants d'une porte, au milieu de trente personne que l'on ne connaît pas. On me présentait à droite, à gauche.

— « C'est ma sœur de....., c'est ma sœur de..... »

Elles sont cinq sœurs Caraman ! C'est une famille très compliquée. Le fils de M. Victor de Caraman va épouser

---

(1) Le restaurant Beauvilliers était rue Richelieu, 26.
(2) Alexandre Pineux-Duval. (Voir ci-dessus, p. 60, en note.)
(3) Comédie de L.-B. Picard.
(4) Les membres de la famille de Caraman, chez lesquels le comte de Clary fréquenta pendant son séjour à Paris, furent :
1° Le marquis, plus tard duc Victor de Caraman (1762-1835), qui devint, sous la Restauration, pair de France, ambassadeur, etc.
2° Un frère de celui-ci, le comte Maurice de Caraman (1765-1835), qui devint également pair sous la Restauration.
3° Les cinq sœurs des deux précédents : Gabrielle, mariée au comte de La Fare; Marie, mariée au vicomte de Sourches; Pauline, mariée au vicomte de Vaudreuil; Émilie, mariée au comte de Baschi Saint-Estève; Cécile, mariée au marquis de Saumery.
4° Le fils du marquis Victor de Caraman, appelé également Victor. Il était alors lieutenant d'artillerie dans l'armée hollandaise, et épousa, le 16 mai 1810, sa cousine germaine Marie, fille du comte Maurice de Caraman.

sa cousine, la fille de M. Maurice de Caraman : elle est jolie.

Lundi, trente avril. — Je suis resté, avec délice, au Musée jusqu'à quatre heures, moment de la fermeture, et me suis fait traquer, chasser par les gardiens, qui ont eu toutes les peines du monde à me mettre dehors. J'y avais trouvé les Schœnborn et M. de Dalberg, qui m'engagèrent à venir faire avec eux un excellent dîner au *Rocher de Cancale* (1).

J'ai vu, aux Français, *Les Châteaux en Espagne* (2) et *La Gageure* (3), deux triomphes de Fleury.

Mardi, premier mai. — Le matin, visite à Mousseau (4) avec Nesselrode, par un temps délicieux. Il y a de beaux arbres, de beaux gazons, une abondance prodigieuse de lilas, beaucoup de rossignols, des eaux croupissantes, de vilaines *ruines* qui tombent en *ruine*, beaucoup de fabriques au goût d'il y a trente ans et pas du tout entretenues, un temple, une colonnade au bord d'un marais, une jolie maison dont nous n'avons pas vu l'intérieur. Elle appartient à Cambacérès qui en a réservé et fermé une partie. Un restaurant établi dans le jardin est très fréquenté, dit-on, pendant les dimanches d'été, mais pas par le beau monde.

(1) Restaurant célèbre situé rue Mandar, 2, et rue Montorgueil, 61. Son enseigne exacte était : *Aux Rochers de Cancale et d'Étretat.*
(2) Comédie de Collin d'Harleville.
(3) *La Gageure imprévue*, comédie de Sedaine.
(4) Le parc Monceau actuel. Il avait appartenu au duc d'Orléans sous l'ancien régime et, après diverses vicissitudes, venait d'être ouvert au public.

Grand déjeuner chez Mme de Gourgues pour l'anniversaire de son mariage. Il y avait tous les Molé et Lamoignon possibles, que je ne débrouillerai jamais, une fort agréable Mme de Chastenay (1), et de très bonnes choses à manger. Mme de Gourgues, au bout d'un an de mariage, a une petite fille de trois mois, c'est tout ce qu'on peut demander. M. de Gourgues a une jolie femme, une bonne maison, de l'argent, une belle bibliothèque et un oncle de quatre-vingts ans très riche, au Marais, qui dîne à midi et qu'il faut soigner.

Bon et joli dîner chez la duchessse de Courlande, avec le beau Tchernitchef (2) à la taille serrée, la caricature de toutes les tailles russes. Une très belle figure mais l'air kalmouk, de beaux yeux, de beaux cheveux bouclés, très fat, très conquérant, un uniforme blanc et un immense plumet, tel est ce vainqueur des cœurs. On dit qu'il donne fort dans l'œil à deux sœurs, l'une portant couronne et l'autre pas (3), très jolies femmes au sur-

---

(1) La comtesse Victorine de Chastenay-Lanty (1771-1857), dont les *Mémoires* ont été publiés par A. Rosenot.

(2) Alexandre Ivanovitch Tchernitchef, colonel et aide de camp de l'empereur Alexandre Ier de Russie. Son souverain venait de l'envoyer à Paris, sous prétexte de remettre à Napoléon Ier des lettres amicales et, en réalité, pour s'en faire un agent secret, à côté du prince Kourakin, l'ambassadeur russe officiel, qui était vieux et fatigué. Au commencement de 1811, lorsque les relations entre la France et la Russie se tendirent, Napoléon Ier chargea Tchernitchef de porter une lettre à l'empereur de Russie. A peine était-il parti, la police visita son appartement et découvrit ses relations d'espionnage avec un employé du ministère de la guerre, qui fut guillotiné. Plus tard, Tchernitchef devint, en Russie, ministre de la guerre, président du Sénat, etc. (Cf. sur son rôle en France et son adresse à tenir une conduite dépistant les soupçons : *Napoléon et Alexandre Ier*, par Albert Vandal, t. II, p. 495 et suiv., et t. III, p. 312 et suiv.)

(3) La reine de Naples et la princesse Borghèse.

plus. Dans mon dessin il semble petit, mais c'est un tort que je lui ai fait. Il a suivi toute la dernière campagne avec l'empereur Napoléon et, après Aspern [Essling] d'heureuse mémoire, repassé le Danube en nacelle avec

LE BEAU TCHERNITCHEF.

lui. L'autre jour, quelqu'un disait à un tailleur de lui faire un frac un peu serré.

— Ah oui, répondit le tailleur, à la *Guêpe du Nord*.

Ce sobriquet donné sans malice est excellent.

Tchernitchef m'a mené dans sa loge au théâtre Feydeau. C'était la rentrée de Martin, il y avait une foule prodigieuse, mais le choix des pièces était malheureux. *Cimarosa* (1) est détestable et très ennuyeux, *Jadis et Aujourd'hui* (2) fort peu de chose aussi. Martin possède une très jolie voix, mais la charge tellement de

---

(1) Opéra-comique de Bouilly pour les paroles, et de Nicolo pour la musique.
(2) Opéra bouffon de Sewrin pour les paroles, et de Kreutzer pour la musique.

gargouillardes, de notes en fausset, qu'elle ne fait plus plaisir. On l'a cependant furieusement applaudi. Il était onze heures et demie passées quand finit le spectacle.

Mercredi, deux mai. — Déjeuner chez mes Bellegarde avec M. de Cubières. Nous avons été voir l'atelier de Gérard; sa femme, petite et ronde, est fort liée avec les Bellegarde. Lui-même n'y était pas, non qu'il se fût rendu chez un de ses modèles, car il ne va chez personne. Tous les jours, la princesse Élisa, grosse à pleine ceinture, se fait porter chez lui et arrive en gémissant de fatigue et d'escaliers, mais Gérard tient bon et fait la sourde oreille. Le portrait de la princesse Élisa, à peine commencé, est déjà frappant de laideur. Celui de la princesse Borghèse ne semble pas bien joli : peindre des diamants est un métier si ingrat. J'ai aussi vu, chez Gérard, un *Bélisaire* très beau, et un *Ossian* qu'il a, je crois, répété plusieurs fois. On lui reproche, non sans quelque justice, le coloris plombé de ses tableaux. Je n'aime pas beaucoup son portrait de la princesse Grassalkowics, qui me semble peu ressemblant, au moins comme expression de la figure. Elle porte une robe de shall ponceau. L'esquisse du portrait de Talma est d'une ressemblance prodigieuse. Ce qui paraît fort intéressant pour Gérard et pour les autres, c'est la collection complète des esquisses en petit de tous ses grands portraits, tels que ceux de Mme Zamoyska, de Mme Starzynska, etc.

Dîner chez Mme de Matignon. Je ne savais pas bien l'existence du comte de Montmorency, son gendre; il a l'air extrêmement jeune pour être le père de Raoul (1). Hélas, Mme de Matignon est aussi une de celles qui se plaignent de me voir trop peu.

De là, j'ai été aux *Horaces* (2). Lafond m'a tout à fait plu; je ne lui avais encore vu aussi bien jouer aucun rôle de force. Mlle Duchesnois est excellente dans Camille, parce qu'elle ne s'y montre pas aussi larmoyante qu'à son ordinaire. Elle y met beaucoup de force et d'énergie. Le moment des imprécations, celui où Lafond, furieux, parcourt tout le théâtre en la poursuivant pour la tuer, fait frémir.

George Dandin se trouvait abandonné aux *doubles,* comme tout ou presque tout le répertoire de Molière. Dandin était en habit rouge rayé avec une toque; M. de Sotenville avait une grande perruque et un baudrier comme dans les estampes des vieilles éditions de Molière; la mère portait une caricature de costume d'il y a cinquante ans; et Mlle Rose Dupuis se pavanait en élégante d'aujourd'hui : voilà donc les costumes de trois siècles, et ces disparates ne choquent personne. Mlle Rose est fort jolie, mais elle fait la belle sans mettre la moindre nuance de jeu entre Iphigénie et Mme Dandin. Vigny est bon, mais pas drôle, dans George Dandin; son triomphe est M. Mathieu de *L'École des Bourgeois*. Il s'y montre vraiment excellent.

Soirée chez Mme de Souza : peu de monde. Madame Alexandre Potocka a fait chanter M. de Flahaut, que je

(1) Le comte de Montmorency était né en 1768, et son fils Raoul en 1790.
(2) *Horace*, tragédie de Corneille.

n'avais pas encore entendu. Jamais voix d'homme ne m'a produit un tel plaisir. Il chante, avec un goût prodigieux, des romances charmantes. J'aurais bien voulu lui en demander une pour notre *Haus-Nachtigall* (1). — Remerciez-moi, Titine, je crois que l'expression est jolie.

L'autre jour, j'ai passé un bout de soirée chez Mme Hamelin; je croyais y trouver une quantité de monde, au lieu de cela il n'y avait que le général Colbert (2). Elle a soupé toute seule. Mme Hamelin est aimable, mais son air moqueur m'en impose. Je ne me sentais pas à ma place chez elle et n'éprouve aucune envie d'y retourner.

N° 25.
A Louise.
Paris.
Samedi, 5 mai 1810.

Jeudi, 3 mai. — Golowkin m'a mené voir l'atelier de Robert Lefèvre (3). Tous les artistes parisiens sont meublés avec une extrême élégance, un luxe prodigieux de trépieds, de draperies, de tabourets, pour qu'on se croie chez Apelle, au moins par les meubles si ce n'est par le talent. Lefèvre a de très beaux portraits, d'une ressemblance frappante. On trouve son pinceau dur. Pour moi, je n'ose pas dire que je préfère ses portraits à ceux de Gérard et les trouve beaucoup plus ressemblants. Il a un charmant portrait de Mme de Barral, appuyée contre un rocher et portant une

---

(1) Rossignol domestique.
(2) Le général Édouard de Colbert, ou le général Alphonse de Colbert son frère.
(3) Peintre de portraits (1756-1831).

robe de shall rouge dont les plis tombent bien avec la pesanteur du cachemire; un portrait de Mme Demidoff, esquissé, qui est frappant; un très joli portrait de Mme Eugène de Montesquiou (1), un excellent de l'Empereur et plusieurs superbes portraits d'hommes. Si je devais et pouvais me faire peindre, ce serait par lui. Il nous a montré des *Vénus* et des tableaux de composition que je n'aime pas beaucoup.

Dîner chez Mme de Boufflers avec tout plein d'académiciens, M. Parseval-Grandmaison (2) et autres. Il y avait Mme de Custine, ou Delphine. Elle est blonde, grasse, belle encore pour avoir un fils de vingt ans, et un peu dans le genre de Mme Wonsonicz, quoique moins bien. Mme de Boufflers espérait l'abbé Delille après dîner mais, comme à l'ordinaire, lorsqu'on vint au fait et au prendre, son Antigone (3) dit non et, à sa place, arriva un billet de défaite. Le vieux maréchal de Kalkreuth (4), venu dans la soirée, a beaucoup bavardé. Il racontait des anecdotes sur le roi Frédéric, ce qui est toujours intéressant.

Le matin, j'avais été chez M. de Caraman pour voir son jardin, charmant, planté à merveille, tel qu'on serait

---

(1) Née Harcourt.

(2) Poète épique qui jouit, sous l'Empire et sous la Restauration, d'une réelle célébrité. Il avait accompagné Bonaparte en Égypte.

(3) Mme Delille. — Quoiqu'on le qualifiât d'abbé, à cause d'un bénéfice ecclésiastique qu'il possédait avant la Révolution, Delille ne fut jamais engagé dans les ordres. Il avait épousé sur le tard une nièce ou prétendue nièce, qui, au dire d'un de ses contemporains, « le faisait enrager, coucher, lever, manger, dormir et surtout écrire des vers dont elle faisait commerce ». (Cf. *Souvenirs du baron de Frénilly*, p. 336.)

(4) Le comte de Kalkreuth (1737-1818), feld-maréchal prussien. Il avait été chargé par le roi de Prusse d'aller complimenter Napoléon Ier sur son mariage avec l'archiduchesse Marie-Louise.

enchanté d'en avoir un à la campagne. On a ici le talent de tirer parti de petits terrains et ces jardins font un des grands agréments de Paris. Certains paraissent extrêmement jolis, par exemple celui de l'hôtel de Montesson qu'habite le prince de Schwarzenberg; il est vrai que le prince paie plus de trente mille francs de loyer.

J'ai vu, chez M. de Caraman, M. Olivier de Vérac (1), un des plus riches partis de France. Il va épouser la sœur d'Alexis de Noailles, dans la prison duquel le mariage s'est arrangé (2). Tout le monde s'occupe de ce mariage parce qu'il se trouve retardé d'une manière très singulière. On était rassemblé pour la signature du contrat, la mariée demi-habillée, lorsqu'un animal de notaire s'est aperçu qu'il manquait je ne sais quelle formalité à la procuration du grand-père Noailles (3), qui est à Rolle, en Suisse. Les Caraman viennent d'avoir une déconvenue du même genre, à propos du mariage arrangé entre le fils de M. Victor de Caraman et sa cousine, la fille de M. Maurice. Au dernier moment, le roi de Hollande, au service duquel se trouve le jeune homme, a refusé son consentement par pur caprice. Il a fallu tout remettre, et le fiancé est parti pour la Hollande avec son oncle afin d'arranger les choses. La famille se désespère, et Mme de Caraman

---

(1) Le marquis de Vérac. Il épousa, le 12 mai 1810, Euphémie de Noailles, sœur d'Alfred et d'Alexis de Noailles. (Cf. *Le Marquis de Vérac et ses amis*, par le comte A. DE ROUGÉ.)

(2) Le comte Alexis de Noailles, catholique fervent, venait de passer sept mois en prison. On l'inculpait d'avoir fait connaître à Paris la bulle d'excommunication lancée par le pape Pie VII contre les spoliateurs du patrimoine de Saint-Pierre, après que Napoléon eût décrété, en mai 1809, la réunion des États pontificaux à l'Empire français.

(3) Le duc de Noailles (1739-1824), aïeul maternel de la fiancée.

en est malade. Pardon, ma chère Louise, tout cela doit vous être bien égal, mais ces mariages occupent beaucoup les sociétés que je fréquente.

Vendredi, quatre mai. — J'ai vu ce matin Saint-Denis. C'est une des courses les plus intéressantes qu'on puisse faire ici, à cause des tristes souvenirs qu'elle évoque. On retrouve, dans ce superbe bâtiment, plus que partout ailleurs, l'acharnement de la destruction. Tout l'intérieur de l'église doit être renouvelé (1): on y fait d'immenses restaurations et de grands changements. Les deux autels expiatoires m'ont paru un peu colifichets avec leurs petits ornements gothiques. Une profusion prodigieuse de lys d'or sur fond bleu couvre les murs et les plafonds des chapelles où ils se trouvent, tandis qu'ailleurs pullulent les abeilles impériales. Les deux larges escaliers qui conduisent au caveau sont entièrement neufs et d'un bel effet. C'est par là que descendra la nouvelle dynastie, s'il plaît à Dieu. Le caveau est soutenu par d'antiques petites colonnes, grosses et courtes, dont non seulement chaque chapiteau mais même les côtés d'un même chapiteau sont différents. Ces colonnes ont échappé à la destruction. Rien ne donne plus à penser que la petite place que se

---

(1) Un décret impérial de 1806 avait décidé que l'église de Saint-Denis serait consacrée à la sépulture des empereurs; qu'un chapitre composé de dix chanoines, choisis parmi les évêques âgés de plus de soixante ans et hors d'état de continuer leurs fonctions, desservirait cette église; enfin, que quatre chapelles y seraient érigées, dont trois sur les emplacements qu'occupaient les tombeaux des trois premières races, et la quatrième sur l'emplacement destiné à la sépulture des empereurs. (Cf. *Monographie de l'église royale de Saint-Denis*, par le baron DE GUILHERMY.)

destine Celui qui en tient une si grande dans le monde : je l'ai longtemps regardée. Les gardiens font sonner bien haut que l'Empereur est venu lui-même à Saint-Denis pour se préparer ce réduit, tandis que les rois n'y entraient jamais de leur vivant et que Louis XIV cessa d'habiter Saint-Germain parce qu'il en voyait les tours de Saint-Denis. Puisse le patron d'à présent y reposer en paix, et surtout bientôt! L'endroit où furent jetés les trente ou quarante cadavres royaux exhumés pendant la Révolution deviendra une cour pavée. Les ossements que l'on retrouvera doivent être remis dans les caveaux.

Au retour, j'ai couru les boutiques et dîné chez l'ambassadeur. Ensuite, spectacle charmant, grand jour de Mlle Mars dans *L'Assemblée de Famille* (1) et *La Jeunesse de Henri V* (2). Mlle Mars était divine, jeune et jolie au possible dans le costume de Betty. Pour le reste, *La Jeunesse de Henri V* était si bien jouée à Vienne (3) qu'elle m'a fait ici presque moins d'effet que je n'en attendais. Damas est trop vieux, et surtout trop laid, pour jouer le Prince. Fleury est excellent dans Rochester, et Michot dans Copp. Mlle Dupuis est une très médiocre lady Clara; Armand un fort joli page.

Quant à *L'Assemblée de Famille*, on sait que la pièce n'est pas bonne, et qu'on met à présent sur la scène trop de testaments en action; seul, le jeu parfait des acteurs rend toutes les pièces agréables.

(1) Comédie de Riboutté.
(2) Comédie d'Alexandre Duval.
(3) Une adaptation de cette pièce, par Hasselsteiner, avait été jouée, avec le plus brillant succès et un grand nombre de fois, au Théâtre impérial de Vienne.

CHAPITRE XXI

Les amies de la princesse de Clary. — Paquets à emporter par les courriers de cabinet. — La comédie à l'hôtel de Ligne. — La Légion d'Honneur. — Préparatifs de fête chez le général Clarke. — Illumination en plein jour de l'Allée-Verte, à Bruxelles ; M. Vangobbelschroy. — Mme de Vaudemont, sa maison de Suresnes, etc. — Présentation à Madame Mère. — Promenade à Saint-Cloud. — *Le Triomphe de Trajan*. — M. Zamoyski.

N° 26.
A ma Mère.
Paris.
Lundi, 7 mai 1810.

Samedi, cinq mai. — Vous me demandez si vos amies ont des restes de beauté. Ah! Maman, en conscience, ce sont de vraies *chattines!* Mme de Bérenger est bien sourde, pas mal aveugle et porte une affreuse perruque brune; son mari a l'air grognon; votre vilain chien, qu'elle adore, mord et aboie à tort et à travers; ses fils sont très bien, peut-être un peu lourds (1), sa belle-fille très agréable, quoique je ne la trouve plus jolie. Tout cela est parti pour Séchelles (2). Mme de Pardaillan est retournée à Versailles. Vous me dites, chère Maman, que j'ai des succès — *o vanitas*

---

(1) Outre son fils Raymond, qui avait épousé Mlle de Lannoy, mariée en premières noces au duc de Châtillon, la comtesse de Bérenger avait un second fils, qui épousa, sous la Restauration, Mlle de Bourdeille.

(2) Probablement le château de Séchelles, commune de Cuvilly, Oise.

vanitatum! — et je trouve moyen de mécontenter tout le monde. Il n'y a pas une femme à Paris qui ne juge fort simple que, pour aller chez elle, on n'aille jamais au théâtre et, parce que je ne puis me résoudre à faire des visites à l'heure des spectacles, je passe ma vie dans les reproches et les remords. Mme de Brunoy, par exemple, est furieuse contre moi, un peu avec raison. Le nombre des maisons où je devrais et même voudrais aller ne se compte pas. Rien qu'au faubourg Saint-Germain, il y a Mme de Matignon et sa fille, Mme de Coigny et la princesse de Rohan, Mme de Vertamy, Mme Raymond de Bérenger, une jeune et très aimable Mme de Chastenay que je vois chez les Montboissier, les Caraman, etc......... sans parler des ministres! C'est encore bien pire au faubourg Saint-Honoré. Cette foule de monde à voir est le malheur de Paris.

Mme de Vaudreuil (1) m'a envoyé des pantalons pour M. de Bonnay; j'ai de la laine pour Mme de Vargemont (2), deux immenses paquets, de gants je crois, pour Mme d'Ecquevilly (3). Je compte mettre tout cela dans une caisse à l'adresse du prince de Ligne, pour ne pas vous donner la fausse joie d'une caisse de Paris. Les courriers prennent si difficilement la moindre chose, que c'est la mer à boire de les charger d'une commission.

L'autre jour, je vois, à la chancellerie de l'ambassade, une très grande armoire vitrée comble de boîtes et de

---

(1) Probablement la vicomtesse de Vaudreuil, née Caraman.
(2) Peut-être la comtesse Louis de Vargemont, femme d'un diplomate russe mort à Vienne en 1821.
(3) La comtesse d'Ecquevilly, née Durfort-Civrac, ou la vicomtesse d'Ecquevilly, née comtesse d'Eyck.

paquets fort variés d'espèces comme de taille, et tous des plus appétissants.

— « Mon Dieu, dis-je à Floret, qu'est-ce que vous faites de tout cela?

— « Eh, ce sont des paquets dont les courriers n'ont pu se charger, il leur faudrait un fourgon. Mille choses s'accumulent dans cette armoire, certaines y sont depuis trois ans. On est très indiscret, on envoie une masse d'inutilités que, souvent, nous ne pouvons même pas rendre, faute de savoir d'où elles viennent, et tout reste là! »

J'avoue que le sort de ces paquets, envoyés si légèrement aux courriers, m'a fait une profonde impression. Cela montre quelle confiance mérite cette voie. — Avis aux lecteurs!

Je suis bien fâché de la maladie de M. de Ferraris (1) et de la mort de ce pauvre Grovestins (2). Le malheur des Étienne Zichy (3) est affreux.

Vous ne me donnez pas assez de détails sur vos spectacles, que je regrette bien. Jouer la comédie à l'hôtel de Ligne est un tour de force (4) qui manquait à la gloire du maître.

---

(1) Le comte Joseph de Ferraris, feld-maréchal autrichien.
(2) Guillaume-Auguste Sirtema de Grovestins. Il appartenait à une famille de l'aristocratie hollandaise et fut d'abord capitaine des gardes à cheval du Stathouder, puis, à l'époque de la Révolution, émigra en Autriche et devint chambellan de l'Empereur.
(3) Le comte Étienne Zichy et sa femme, née comtesse de Starhemberg, perdirent plusieurs fils en bas âge. C'est probablement à l'un de ces malheurs que le comte de Clary fait allusion.
(4) A la suite de circonstances diverses et surtout de la Révolution française, le prince de Ligne, naguère puissamment riche, n'avait plus qu'une fortune très amoindrie et son habitation, à Vienne, était de dimensions restreintes.

Maintenant que je crois le danger passé à l'égard de l'accident qui faillit m'arriver ainsi qu'à Schœnborn (1), je puis rire de l'effet que produisit cette fausse nouvelle parmi les personnes qui veulent bien s'intéresser à moi, comme Mmes Lanckoronsky, Hohenzollern, etc. J'en étais sûr et cette idée augmentait encore mon effroyable humeur : humeur est trop peu, car cela me faisait une peine prodigieuse. On me l'avait annoncé presqu'officiellement mais, puisque je n'entends plus parler de rien, j'espère en être quitte pour la peur.

On dit que les fêtes seront tellement retardées que je ne pourrai pas les attendre. Les préparatifs semblent immenses. M. Clarke, par exemple, dont l'hôtel a une magnifique vue sur le quai, s'est campé devant tout le premier étage une grande salle couverte d'ardoises qui, pour un bal de douze heures, lui ôtera la vue et même le jour pendant peut-être six mois. Est-ce du zèle ?

Avez-vous lu, dans les gazettes, que les Bruxellois ont donné leur illumination de l'Allée-Verte en plein jour (2) ?

---

(1) (*Note du comte de Clary.*) La Légion d'Honneur.

(2) L'empereur Napoléon et l'impératrice Marie-Louise, arrivés à Bruxelles le 29 avril, vers sept heures du soir, par la porte d'Anderlecht, avaient traversé la ville, solennellement mais sans s'arrêter, pour aller loger au château de Laeken.

Après avoir raconté, dans son numéro du 1ᵉʳ mai, la formation du cortège qui devait escorter l'Empereur et l'Impératrice à travers Bruxelles, le journal belge *L'Oracle* ajoutait :

« C'est dans cet ordre que nos augustes souverains ont traversé la ville entière de Bruxelles, et sont sortis par la porte Napoléon pour se rendre au palais impérial de Laeken, en passant par la belle *Allée Verte*, qui était entièrement illuminée, quoiqu'il fît encore jour... »

Telle est évidemment la circonstance à laquelle le comte de Clary fait allusion.

— Et le nom de M. Vangobbelschroy (1), fait-il assez bien dans la collection des noms flamands?

Vous voulez savoir en quoi je trouve Mme de Vaudemont extraordinaire? Son air houzard, un œil qui louche, sa manière de dire tout ce qui lui passe par la tête, sont drôles et amusants au possible. La première question qu'elle m'adressa fut pour me demander si son mari était toujours aussi ennuyeux qu'au temps où elle l'avait connu (2).

— « Pardi, ajouta-t-elle, en se frappant sur la cuisse, j'ai eu bon nez de ne pas avoir d'enfants, ils auraient été bêtes comme lui! »

D'ailleurs, elle est parfaite pour moi et me traite avec beaucoup de bonté. Elle m'a questionné à mort sur les personnes qu'elle connaît à Vienne. Après m'avoir vu cinq ou six fois, elle me battait et me tirait par les cheveux parce que je tisonnais dans sa cheminée. Elle est enchantée de tout ce qui lui appartient et s'en va toujours grondant quelqu'un à tort et à travers. Elle voit toute espèce de monde et les plus drôles de gens : artistes, musiciens, etc. Elle adore la musique et revient de la campagne pour chaque concert du Conservatoire.

Avant-hier, *samedi, cinq mai*, j'ai passé une journée charmante chez Mme de Vaudemont à Suresnes, où j'avais

---

(1) On lisait, dans *L'Oracle* du 2 mai 1810... « Leurs Majestés se sont embarquées hier, à midi, en face du palais impérial de Laeken; un lieutenant de la garde d'honneur, M. Vangobbelschroy, et quatre gardes, MM. de Beekman, J. d'Hoogvoerst, Demaleck et H. Latour du Pin, ont été placés de service sur la barque... »

(2) Voir ci-dessus, p. 67, en note.

été dîner avec M. de Caraman. Sa propriété est délicieuse, elle l'agrandit sans cesse et, à cause de cela, cherche à vendre sa maison de ville qui est si jolie et si bien arrangée.

On ne sait ce que sont les fleurs, surtout les lilas, quand on n'a pas été à Suresnes. Il y en a une espèce, appelée lilas Varin, beaucoup plus beaux que les nôtres, avec des thyrses magnifiques et deux fois plus grands. A l'extérieur, ils forment, autour de l'habitation, une véritable corbeille ; à l'intérieur, de grands vases en contiennent des bouquets gros comme votre fauteuil, chère Mère : je ne trouve pas d'autre point de comparaison sous la main. Cette abondance de fleurs est une chose unique et vous enchanterait.

La très belle bibliothèque renferme une précieuse collection d'in-folio remplis de peintures sur vélin, entre autres un exemplaire du *Carrousel de Louis XIV*, absolument semblable à celui de Versailles (1).

Enfin la chair est excellente et partout circulent de gros chiens.

Une route sépare le jardin de la Seine : on voit le pont de Neuilly à gauche, le pont de Saint-Cloud à droite, le bois de Boulogne en face et, derrière, le triste Mont-Valérien. En somme, le paysage n'est pas joli.

Au dîner, il y avait M. et Mme de Rémusat (2), et le gros Dussek, qui a joué de l'orgue. M. de Rémusat est

(1) Voir ci-dessus, p. 176 et 177.
(2) Le comte de Rémusat était alors premier chambellan de l'Empereur, maître de la garde-robe et surintendant des spectacles. Quant à la comtesse de Rémusat, née Vergennes, dame du palais de l'impératrice Joséphine, elle est fort connue par ses *Mémoires* et ses *Lettres*.

aimable et nous a beaucoup parlé de l'intérieur de l'Opéra dont il est directeur. Dussek habite, comme vous le savez, chez M. de Talleyrand et donne des leçons à cette petite Charlotte (1) qui semble un si grand personnage dans la maison Bénévent : il parlait très drôlement de tout cela.

Pendant que nous étions à Suresnes, le temps changea complètement et devint détestable. Il a plu toute la soirée.

Hier, *dimanche, six mai*, je devais aller à Saint-Cloud avec la société de *La Plaque* et, au lieu de cela, il fallut se rendre en troupeau chez Madame Mère. Rien n'était plus inutile; nous y sommes restés cinq minutes, le temps d'entrer et de sortir, et elle ne nous a dit que deux mots à tous ensemble. C'est vrai qu'elle ressemble fort à Mme Garzoni, en bien cependant. Il y avait autour d'elle une demi-douzaine de dames qui nous ont un peu ri au nez, entre autres Mme de Laborde (2). Madame Mère habite, je crois mais n'en suis pas sûr, l'hôtel de Lassay (3). On prétend, je ne l'ai pas vu, qu'on aurait fait à

---

(1) « Cette petite Charlotte, » dont parle le comte de Clary, était un personnage énigmatique que les biographes modernes du prince de Talleyrand paraissent avoir assez négligé. Comme on s'enquérait indiscrètement, autrefois, de son identité près d'un familier des Talleyrand, celui-ci répondit après quelque hésitation :
— « Charlotte ? Charlotte ?............ Eh bien, c'est un entremets qu'on fait avec des pommes ! »
Contentons-nous de cette définition, faute de mieux. — Dans le sixième tome de son *Histoire des Salons de Paris*, p. 215 et suiv., la duchesse d'Abrantès parle beaucoup de la « petite Charlotte », mais sans donner sur son compte aucun renseignement précis.

(2) La comtesse de Laborde était dame de Madame Mère.

(3) Madame Mère n'habitait pas l'hôtel de Lassay qui confine au

M. Buonaparte père, ce bon procureur corse, l'honneur de placer son portrait en bel habit de velours rouge dans l'appartement de Madame Mère.

Je me suis déshabillé, puis j'ai rejoint à Saint-Cloud ma société, c'est-à-dire Mme de Mniszech et sa fille, Mme Alexandre Potocka, M. Adrien de Montmorency. Je les ai rattrapés pendant la visite du château, qui est meublé avec la plus grande magnificence et orné de très beaux tableaux, entre autres la fameuse *Phèdre* de Guérin (1). Le temps était froid, humide, personne n'avait bien envie de se promener, de sorte que nous avons pris une si légère esquisse des jardins qu'il me faudra y retourner. Les alentours de la Lanterne de Diogène (2) paraissent très mal soignés, mais la vue sur Paris est une des plus magnifiques que je connaisse.

Le soir, j'ai revu *Le Triomphe de Trajan*. C'est un ennuyeux coquin d'opéra et Lainez me fait l'effet d'un fou enrhumé, mais le moment même du triomphe est une chose magique dont aucune description ne peut donner idée. Rien de plus amusant que la façon dont s'opèrent en un clin d'œil tous les changements à l'Opéra. On voit

---

Palais-Bourbon, mais l'hôtel de Brienne sis rue Saint-Dominique. Ces demeures, fort belles toutes deux, existent encore : la première est devenue l'hôtel du président de la Chambre des députés, la seconde l'hôtel du ministre de la guerre.

(1) Pierre Guérin, peintre d'histoire (1774-1833).

(2) Sorte de petite tour élevée, en 1801, sur un point culminant du parc de Saint-Cloud. Son architecture rappelait celle du monument athénien appelé *Lanterne de Démosthène*, et c'est ainsi qu'elle devait être désignée, mais l'usage substitua au nom du grand orateur celui du philosophe cynique, que le mot *Lanterne* semblait d'ailleurs faire prévoir. Quoi qu'il en soit, *la Lanterne de Démosthène* ou *de Diogène* fut détruite en 1870 par les Allemands et n'a pas été rebâtie.

les décors descendre, monter, se rejoindre, former un superbe ensemble sans que jamais la toile se baisse.

Chère Mère, j'ai une peur affreuse de rabâcher, de dire sans cesse la même chose, dans les volumes que je vous écris; je vous en demande pardon une fois pour toutes.

Ce matin, *lundi, sept mai*, il pleuvait à verse, aussi n'ai-je fait qu'écrire et lire comme si je n'étais pas à Paris.

Je suis bien malheureux, on joue ce soir *Cinna* (1) aux Français, avec Talma et Mlle Duchesnois ensemble, ce qui est rare : au lieu de pouvoir y aller, il me faudra dîner à cinq heures juste chez l'ambassadeur, puis, avec toute la tribu autrichienne, nous rendre aux Tuileries chez la reine de Naples, et ensuite à Neuilly, à une lieue d'ici, chez la princesse Pauline qui donne des bals tous les jeudis et des concerts les samedis. Oh douleur! s'il faut se mettre sur le pied d'aller à tout cela, il y a de quoi mourir et j'en prends une humeur de chien.

M. de Reul ne m'invite plus au *Salon des Étrangers;* je suis une mauvaise pratique et c'est peine perdue de me donner un excellent dîner.

Adieu, chère Mère, de grâce ne faites pas le bonheur de trop de monde avec mes lettres, et surtout envoyez-les bien vite à Louise.

M. Zamoyski est fort embarrassé avec moi, je crois vous l'avoir dit. Trois ou quatre fois déjà, il a commencé une justification que j'élude en parlant d'autre chose. Il me paraît jouer ici un assez triste rôle, a l'air ennuyé et, depuis qu'il ne met plus de poudre, semble très vieilli.

---

(1) Tragédie de Corneille.

Vous avez bien fait de nier tout cela à Mme Krasinska, vous ne sauriez avoir une assez sainte terreur de répéter ce que je vous écris dans tous les genres, excepté quand il est question de Mlle Mars ou du jardin des Tuileries.

Nous serons présentés ce soir à la reine de Naples et à la princesse Borghèse.

CHAPITRE XXII

Les Bains Vigier. — Présentation à la reine de Naples ; le grand-duc de Wurtzbourg ; la duchesse de Cassano. — Présentation à la princesse Borghèse. — La maison de M. et de Mme Crawford ; Mme Grassini ; M. de Krusemark. — Dîner chez Mme Alexandre Potocka ; M. de Girardin. — *Aristippe* ; *La Dansomanie*. — Cabriolet et cocher de louage. — Visite aux ateliers d'artistes : Laurent ; Wille ; Mme Auzou. — Les modèles de Cassas, son procès avec le comte de Choiseul-Gouffier. — Présentation à la princesse Élisa. — Un billet du comte Golowkin. — Mme de Staël et Mme Récamier. — Promenade à Saint-Leu. — *Maison à vendre* ; *Picaros et Diégo* ; Mme de Laval et Mme de Talleyrand, etc. — Bal chez Mme Edmond de Périgord, etc., etc. — A propos des cardinaux qui n'avaient pas assisté au mariage religieux de Napoléon.

N° 27.
A Louise.
Paris.
Jeudi, 10 mai 1810.

Je viens des Bains Vigier (1) qui m'ont médiocrement charmé, car je trouve les Bains chinois bien mieux arrangés ; puis je reprends mon journal au *lundi, sept mai*, où je l'avais laissé.

Je vous ai dit que nous devions être présentés à la reine de Naples. Elle habite le pavillon de Flore (2). Maman se

---

(1) Bains installés sur la Seine dans un vaste bateau qui fut d'abord amarré près du Pont-Neuf, puis un peu au-dessus du Pont-Royal, et se trouve maintenant entre le pont de l'Hôtel-de-Ville et le pont d'Arcole.

(2) Pavillon méridional du château des Tuileries.

souviendra de la chambre du coin, d'où la vue est si belle, d'un côté sur le Pont-Royal, de l'autre sur le jardin des Tuileries. La présentation s'est faite presqu'entre chien et loup. La reine est vraiment très aimable et très jolie, quoique pas autant que sa sœur Pauline. Elle a l'air plus commun, mais ses mains et ses bras sont charmants. Elle dit quelque chose d'obligeant à chacun. On assure que le grand-duc de Wurtzbourg, l'intime de la maison et son attentif déclaré, a passé tout le temps de l'audience assis sur une petite table, dans l'embrasure de la fenêtre. Je ne l'ai pas aperçu.

— Mon Père, vous ai-je dit que j'ai trouvé ici la duchesse de Cassano. Elle m'a demandé de vos nouvelles et regrette bien de ne pas vous avoir vu à Braunau (1). La voilà dame d'honneur et comme grande-maîtresse de la reine de Naples. C'est une petite femme toute ronde, beaucoup plus jeune que je ne croyais. Elle doit avoir été bien jolie et on ne la croirait pas mère de grands enfants mariés.

Au cercle de la princesse Borghèse, à Neuilly, on joue et vers dix ou onze heures tout le monde s'en va, mais elle retient parfois quelques élus pour le reste de la soirée. Alors, ce sont des danses, de petits jeux, tous les plaisirs de l'âge d'or. Et puis quelquefois parmi ces élus il en est un.........

Mardi, huit mai. — J'ai enfin été ce matin chez M. Crawford, pour voir sa maison qui est charmante et parfaite-

---

(1) La duchesse de Cassano accompagnait la reine de Naples lorsque celle-ci était allée au-devant de l'impératrice Marie-Louise, à Braunau.

ment située rue d'Anjou, au faubourg Saint-Honoré, le quartier le plus agréable de Paris. Vous savez quel intérêt présente sa collection de portraits, vraiment unique au monde. Elle remplit toutes les pièces et on y trouve la suite complète des personnages fameux de la cour de Louis XIV. C'est Mlle de La Vallière, c'est Mme de Montespan, à tous les âges et sous toutes les formes. C'est la véritable Mme de Sévigné, l'authentique Mme de Grignan. La bibliothèque est une belle pièce parfaitement éclairée par en haut, avec une grande table au milieu. Le bas est entièrement garni de livres et, au-dessus, règne une petite galerie couverte de tableaux. L'appartement de Mme Crawford est meublé à merveille. Le jardin paraît fort grand et très joli. Enfin, tout semble à souhait et la bonne grosse Mme Crawford fait les honneurs de chez elle avec beaucoup de complaisance. M. de Talleyrand possédait cette maison, mais la trouvait trop petite. Il l'a troquée avec M. Crawford contre une maison beaucoup plus grande et plus magnifique du faubourg Saint-Germain (1), en lui donnant, je crois, sept cent mille francs de retour, et c'est, à mon avis, M. Crawford qui a fait une excellente affaire.

Chez les Crawford, j'ai trouvé Mme Grassini, qui doit avoir été bien belle et conserve des yeux magnifiques. Elle est fort aimable, adore l'Angleterre et nous a conté fort drôlement ses aventures lorsqu'elle voulut s'échapper de France pour retourner dans sa chère Angleterre; c'est de force que l'Empereur la retint ici et la contraignit de

---

(1) Voir ci-dessus, p. 97 et 98.

rompre le contrat qu'elle avait là-bas. Mme Grassini est donc aussi une conquête (1).

M. de Krusemark (2) se trouvait également chez les Crawford; c'est un très galant homme que j'aime beaucoup et qui se désespère du poste qu'il occupe. On est charmé, surtout à Paris, de retrouver quelqu'un *der so recht deutsch denkt* (3).

Dîner chez Mme Alexandre Potocka avec M. Anatole de Montesquiou, M. de Flahaut et M. de Girardin (4). Ce dernier est le plus laid des vainqueurs, il louche horriblement. On le dit aimable et on assure qu'il a beaucoup de succès près des femmes. On le croit fat, je n'en sais rien. Son père possède Ermenonville. Lui-même est un des innombrables aides de camp de Berthier.

J'ai vu, à l'Opéra, le dernier acte d'*Aristippe* (5) qui ne m'a pas fait plaisir malgré des danses délicieuses. Pour le chant, il n'y avait que Mlle Joséphine Armand, que je trouve détestable. Puis vint *La Dansomanie* (6). Mme Gardel y est ravissante et toutes les autres danseuses aussi, mais les Turcs et les Chinois sont aussi ennuyeux que

---

(1) Elle l'avait même été plus encore naguère, pendant la campagne d'Italie de 1800, lorsque Bonaparte, séduit moins par ses charmes que par sa voix de contralto, la plus touchante qu'on pût entendre, était devenu son amant. (Cf. *Napoléon et les femmes*, par Frédéric Masson, p. 79 et suiv.)

(2) Ministre de Prusse à Paris.

(3) Qui a des sentiments si allemands.

(4) Le comte Alexandre de Girardin. Il servait dans l'armée avec le grade de colonel, s'était particulièrement distingué à la bataille d'Austerlitz et venait de suivre Berthier dans son ambassade extraordinaire à Vienne, comme aide de camp et premier chevalier d'ambassade.

(5) Comédie lyrique de Giraud et Leclerc pour les paroles, et de Kreutzer pour la musique.

(6) Folie-pantomime de Gardel.

chez nous. Je connais trop ce ballet et sa musique.

A propos ou pas à propos, je n'ai pas pris de voiture de remise avec Wallmoden, le prix en était vraiment trop élevé. Je me suis donné l'état d'un cabriolet à seize louis par mois, attelé d'un cheval nommé Moricaud; il me sert le matin pour mes courses de campagne, le soir en ville et, de plus, je mène dans les rues de Paris avec la plus grande distinction; je n'ai encore roué personne. Le cabriolet semble très propre et pourrait fort bien passer pour un équipage de maître, si Germain, le cocher, avait la tournure tant soit peu plus anglaise, mais son frac cannelle à boutons d'acier, son chapeau placé comme ci-dessus, un gilet rouge, des bas gris démentent le jockey : sans compter que Germain a entre cinquante et soixante ans.

LE COCHER GERMAIN

Hier, *mercredi, neuf mai*, un Polonais, dont j'ai été un mois à retenir le nom, M. Nosarzewski, très officieux, très faufilé avec tous les artistes, est venu me prendre pour me mener chez quelques-uns d'entre eux. D'abord, nous avons été chez Laurent. Il peint de charmants petits tableaux dans le genre de Richard ou, parmi les anciens, des Miéris. Ce sont les plus jolies compositions du monde avec mille détails de costumes, d'accessoires, de choses caractéristiques. Par exemple, il a un ravissant tableau du *Conte de l'oiseau bleu*. La princesse se tient assise près d'une fenêtre, l'oiseau bleu sur son doigt; sa vilaine mère et la hideuse Truitonne ouvrent la porte. Un autre tableau représente une jeune fille arrosant des fleurs. Elle est tout ce qu'on peut voir de plus joli, et les fleurs, fort petites, sont des chefs-d'œuvre : le tout infiniment mieux que mon dessin. Le pendant représente un jeune homme entouré d'armures antiques et essayant, sur sa délicieuse tête blonde, un casque trop grand pour lui. C'est le portrait du fils de Laurent. Il y a aussi un Henri IV assis près de Gabrielle. Le roi rentre de la chasse vers la tombée du jour, et l'un de ses chiens dort de fatigue.

JEUNE FILLE ARROSANT DES FLEURS.

J'ai été surpris de trouver chez Laurent les originaux de cet Amour dans une coupe et de cet autre Amour dans une rose, qui ont été gravés et que l'on voit partout. Dans le même genre, il y a un Amour entouré de fleurs aussi grandes que lui et attaché à un autel, qui est joli au possible.

Laurent fait le portrait de Mme Alexandre Potocka, singulière composition de la façon du modèle. Elle porte une pelisse courte, une sorte de *Kontuschl* (1) et, sur la tête, un de ces petits bonnets qu'elle aime et que maman connaît. Derrière elle se trouve une fenêtre par où l'on voit la chapelle gothique de Natoline (2), et elle est entourée des joujoux de ses enfants, poupées, petits sabres, tam-

---

(1) Vêtement national polonais.
(2) Propriété de la comtesse Alexandre Potocka, en Pologne.

bours : ce qui semble drôle car il n'y a pas d'enfants. Ce portrait ne me paraît pas très ressemblant jusqu'à présent. Laurent a aussi commencé le portrait de la petite princesse Galitzin (1), dans le costume de Betty de *La Jeunesse de Henri V*.

Wille (2), fils du fameux graveur, âgé lui-même de plus de soixante ans, fait de grands dessins à la plume, magnifiques dans leur genre, mais habite un vrai taudis.

Mme Auzou (3) a de très jolis tableaux, entre autres :

— Une jeune fille de douze ou treize ans dans le cabinet de toilette de sa mère dont elle essaie les perles : cette jeune fille, très peu vêtue, se lève sur la pointe des pieds pour se voir dans une glace et un reflet du feu de la cheminée éclaire ses pieds nus. C'est un des plus charmants tableaux qu'on puisse voir.

— Un petit garçon mangeant du raisin, dans le genre de Murillo.

— Deux petites têtes de chats buvant de la crème dans une jatte, qui m'ont fait penser à Mathilde et à Euphémie (4).

— Un grand tableau, trop grand pour une main féminine et qui, je crois, pourrait être mieux exécuté, mais dont l'idée est heureuse et d'un grand effet. Une femme et son

---

(1) La princesse Catherine Galitzin, fille du prince Michel Galitzin. Elle épousa le comte de Caumont La Force.
(2) Pierre-Alexandre Wille (1748-1821), fils de Jean-Georges Wille, graveur du roi, mort en 1808.
(3) Mme Auzou, née Demarquest, peintre de genre réputé. On lui doit également de beaux portraits et un tableau, fort connu naguère, qui représente : *L'impératrice Marie-Louise distribuant ses diamants aux archiducs et archiduchesses, ses frères et ses sœurs, avant de quitter sa famille.*
(4) Filles du comte de Clary.

enfant dorment au lit : ils sont charmants, leur sommeil tranquille fait du bien. Le mari les quitte pour aller se battre et leur jette un dernier regard. Il s'est levé et habillé à la hâte, est pâle, en désordre et cache, sous un manteau rouge, ses pistolets et son épée.

En quittant mon cicerone, j'en ai rencontré un autre, M. Pilat, qui m'a mené voir, avec Pépé Metternich, la collection des modèles de Cassas (1), au sujet desquels celui-ci, auteur du *Voyage en Syrie*, eut un procès fameux avec M. de Choiseul-Gouffier, auteur du *Voyage en Grèce*. Ce sont des temples et des monuments de l'antiquité, tels que le tombeau de l'empereur Adrien (château Saint-Ange), les temples de Palmyre et de Pæstum, le Colisée, les Propylées, le Parthénon, des temples indiens. Les uns, restaurés, sont en plâtre ; les autres, à l'état de ruine, en liège : tous ont été exécutés avec la plus grande perfection et paraissent très intéressants, quoique mal soignés et très mal placés depuis que cette collection appartient à l'État. Il doit y avoir bien des parties d'imagination dans les restaurations. Je parie qu'Adrien ne reconnaîtrait pas son tombeau et que Platon ne s'orienterait pas dans les Propylées. En outre, on a eu la malheureuse idée de réunir ces monuments, de sorte qu'un temple d'Athènes se trouve au bout du pont Saint-Ange, et ainsi de suite.

Telles sont les matinées qui font le bonheur de Paris. Comme continuation moins agréable, grand dîner diplomatique chez le prince Kourakin et, en nous levant de

---

(1) L.-F. Cassas (1756-1827), peintre et architecte. Il avait beaucoup voyagé.

table, à huit heures, il a fallu aller bien vite chez la princesse Élisa, au cercle de laquelle nous avons été présentés. Cela se passe comme nos assemblées. Chacune des trois sœurs de l'Empereur a une table de jeu et elles tiennent le cercle avant et après le jeu. Les glaces, qui sont fort bonnes, consolent le public de son ennui.

La princesse Pauline de Schwarzenberg (1) m'a apporté des lettres de maman et de mon père, mais point de vous, ce dont je me désole. Il y a deux jours que je n'en ai eu et n'ai pas encore les réponses à mes toutes premières lettres ; ah, que nous sommes loin !

L'autre jour, j'écrivais à Golowkin et me plaignais que le temps allât si vite et que je ne visse pas assez de choses, là-dessus il me répond :

— « Vous êtes pas mal ridicule avec votre passion de voir. N'avez-vous pas tout vu, imbécile ! Marchez par les rues, étudiez les badauds vos confrères, faites de la politique au Palais-Royal, des phrases dans le parterre de la Comédie-Française, de l'esprit dans le salon des Montboissier, et puis couchez-vous avec une certaine opinion de vous-même ; voilà tout ce que je puis vous conseiller de mieux ! »

Comment trouvez-vous ce billet du matin ?

J'en étais là, ma chère Louise, quand la princesse Pauline m'a envoyé votre lettre n° 26, du 18 avril, jugez comme c'est vieux.

(1) Née princesse d'Arenberg et femme du prince Joseph de Schwarzenberg, frère de l'ambassadeur autrichien à Paris. Elle périt dans l'incendie qui éclata, le 5 juillet 1810, à l'ambassade d'Autriche, au cours d'une fête donnée en l'honneur de Napoléon Ier et de l'impératrice Marie-Louise.

Je ne sais ce qui en sera de mon voyage en Suisse, si bien arrangé, si joli! Les fêtes prendront tout le mois de juin. Dieu sait que je ne m'en soucie guère, mais peut-être ne pourrai-je pas partir sans y assister? Cela ferait de la peine à mon ami l'Emper. (*sic*). Il faut bien que je sois présenté à l'Impératrice!

L'autre jour, pour avoir un prétexte d'aller chez Mme Récamier, j'ai écrit une lettre de quatre pages à Mme de Staël; malheureusement, je m'y suis pris trop tard : Mme Récamier était déjà partie pour Blois (1), et je reste là avec ma lettre. Néanmoins, elle était assez galamment tournée pour que je ne veuille pas la perdre, je l'enverrai.

Adieu, ma bonne Amie, vous avez de la jolie cire d'Espagne comme si c'était vous qui étiez à Paris, au lieu de moi.

N° 28.
   A ma Mère.
     Paris.
Vendredi, 11 mai 1810.

Hier donc, *jeudi, dix mai*, *La Plaque* nous obligea, M. Adrien de Montmorency et moi, qui sommes ses attentifs, à une partie de campagne. Comme je voulais voir Saint-Leu, le château de la reine de Hollande, et la vallée de Montmorency dont Saint-Leu est la fin, je me suis laissé entraîner. Cette *Miche* a une manière de ne rien voir, en

---

(1) Mme Récamier était allée voir Mme de Staël, alors exilée à quarante lieues de Paris et installée au château de Chaumont-sur-Loire, près de Blois. — Voir ci-dessus, p. 170 et 171.

allant voir, qui est curieuse. Elle fait très bien huit lieues en voiture pour s'asseoir et lire *Les Pénitents noirs* (1), pendant que les autres courent. Le premier volume lui dure depuis que je suis à Paris. Au reste, cette course a réussi beaucoup mieux que nous ne pouvions nous en flatter. Il n'y avait que Mme de Mniszech et sa fille, Mme Alexandre Potocka était malade. Saint-Leu est charmant, avec un grand parc très bien planté sur la pente d'une colline, de beaux arbres, de grandes pelouses, beaucoup de vignes et, au bas, un canal portant bateau. La vue est superbe. On domine toute la vallée de Montmorency, couverte de ses fameux cerisiers, parsemée de villages, avec, dans le fond, Paris dont on ne distingue que les dômes et les tours. Enfin, c'est très beau pour ce pays-ci qui ne vaut ni Dresde, ni Vienne. La pauvre reine Hortense adore Saint-Leu et pleure de grosses larmes d'être sur un trône à côté d'un mari qu'elle déteste, au lieu de vivre ici en aimable particulière. Je n'ai jamais vu réunir comme elle les suffrages de tous les partis. On ne tarit pas sur sa bonté, sa bienfaisance, son amabilité.

L'habitation est meublée très simplement. J'ai remarqué un portrait de l'impératrice Joséphine, où elle semble avoir vingt ans.

Il y a huit mille pots d'hortensias. Ce doit être charmant dans le temps où ils fleurissent. N'est-ce point de la reine Hortense que l'hortensia tire son nom (2)?

(1) *L'Italien ou Le Confessionnal des pénitents noirs*, par Anne Radcliffe.
2) Si une analogie onomastique décida vraisemblablement la prédilection de la reine Hortense pour les hortensias, ces fleurs, cultivées en Europe depuis 1792, avaient eu, semble-t-il, pour marraine Mme Hortense Lepaute, femme d'un des célèbres horlogers de ce nom.

En revenant de Saint-Leu, *La Plaque* voulait s'arrêter à Montmorency pour voir le château d'Ermenonville, son parc, la maison qu'habitait Jean-Jacques Rousseau, l'auberge du *Cheval Blanc* et son enseigne peinte par Gérard en deux heures, pour remplacer un affreux cheval blanc dont la vue le scandalisait. Cette auberge en a pris une sorte de célébrité. Nous prouvâmes à Mme de Mniszech que le temps physique manquait pour faire tout cela, et passâmes notre chemin. Pour moi, je flottais entre la soif de voir, comme dit Golowkin, et l'envie très forte d'attraper encore un bout d'opéra-comique. Chère Maman, comme le ciel m'aime et comme le sort me sert bien! A peine rentré, je cours à Feydeau, et j'arrive pour la première scène de *Maison à vendre* (1) qu'allait suivre *Picaros et Diégo* (2). Ah! le joli spectacle et combien je vous y souhaitais. Martin et Elleviou jouaient dans les deux pièces, et Mme Belmont dans la seconde. Quels aimables acteurs! Comme tous trois jouent en gens de bonne compagnie! Quelles délicieuses voix ont les deux hommes, quel naturel, quelle gaîté! Il y avait foule; cependant, avec un peu de patience, de jolies mines, parfois un petit écu aux loueuses de loges, je trouve toujours moyen d'avoir une bonne place à l'orchestre : c'est là qu'on est le mieux dans tous les théâtres. Mme de Laval et Mme de Talleyrand se trouvaient dans une loge de parterre et jouissaient de voir le plaisir que le spectacle me faisait.

---

(1) Comédie mêlée de chants, d'Alexandre Duval pour les paroles, et de Dalayrac pour la musique.
(2) Opéra-bouffon d'Emmanuel Dupaty pour les paroles, et de Dalayrac pour la musique.

On se moque un peu de la princesse de Bénévent; mais elle n'a pas l'air plus bête que beaucoup d'autres, et est sans inconvénients quand on la fréquente aussi peu que moi.

Après Feydeau, j'ai été chez Mme Alexandre Potocka, où *La Miche* avait fait porter ses viandes et où l'on m'attendait pour un dîner-souper. J'ai ramené Mme de Mniszech en cabriolet; elle trouvait cela si charmant que j'ai vu le moment où elle me demanderait de la conduire au bois de Boulogne, à minuit. Elle a la rage de la promenade la nuit!

Enfin, j'ai encore pu arriver à temps pour un joli petit bal chez Mme Edmond de Périgord, d'où je suis parti le dernier, à quatre heures et demie du matin. Il faisait grand jour par un temps divin; mon jardin semblait si joli, si plein de lilas, si peuplé d'oiseaux, que j'étais au moment de ne pas me coucher.

On danse d'une manière charmante à Paris, surtout les hommes. M. de Flahaut est un de ceux qui dansent le mieux et avec le moins de prétention. On cite aussi, parmi les élégants fameux, M. Adolphe de Maussion, petit blond très joli et propret, auditeur au Conseil d'État, ami intime des Périgord. Pour qu'un bal soit fashionable, il faut y avoir Julien (1), le fameux nègre qui joue si bien les contredanses. C'est charmant comme un concert, et si bas, si doux qu'on entendrait une mouche voler. Pour les

---

(1) Le mulâtre Julien jouissait d'une grande vogue comme chef d'orchestre et violoniste. « Au témoignage des musiciens, il excellait à faire varier à son orchestre les effets de sonorité; de plus, habile soliste, il exécutait certaines contredanses avec une infinie délicatesse. » (*Paris sous Napoléon. La Cour et la Ville, la Vie et la Mort*, par L. DE LANZAC DE LABORIE, p. 221.)

gens qui ne dansent pas, cela rend les bals beaucoup plus jolis que ceux de mon temps, mais le gros Hillmayer était plus gai. Pour vous, chère Maman, cette douceur vous enchanterait.

Il y avait d'assez jolies femmes au bal Périgord, mais aucune beauté marquante. Sur l'article des toilettes, j'en appelle de mon premier jugement qui était fort téméraire. Après le premier souper Mniszech, le jour de mon arrivée, j'osai écrire que les femmes étaient mal mises à Paris. Une affreuse et ridicule princesse Hélène de Bauffremont, amie inséparable de M. de Choiseul-Gouffier, vieille chanoinesse coiffée en Ninon, et une horrible princesse Sapieha, les cheveux pleins de brimborions d'argent, m'avaient induit en erreur. Le blasphème se répand à Vienne, quelqu'un le mande ici à Mme de Schœnborn, et les choses ainsi répétées rendent ridicule. On mérite d'être hué en disant que les femmes sont mal mises à Paris.

A propos de mode, j'ai lutté un mois contre elle, mais enfin il m'a fallu céder; me voilà, comme les autres, avec un petit chapeau à larges bords, un frac du matin entre le vert et le jaune, une culotte descendant jusqu'au mollet, des bottes anglaises à petits revers, une canne du matin que, pour Dieu, il ne faut pas confondre avec la petite canne du soir.

Chère Maman, moyennant la recette que je vous donne là, vous faites un élégant de Paris et vous ferez la fortune d'un élégant de Vienne.

Pour en revenir à Mme Edmond de Périgord, elle a vraiment un succès étonnant, quand on pense aux préventions qui devaient nécessairement exister contre elle. Tout le monde l'aime et la loue, depuis les Flahaut et les Maussion jusqu'à Mme de Brunoy et Mme de Montboissier qui, Dieu sait, ne sont pas douces. Mme de Montboissier surtout l'adore. Elle — Mme Edmond — a encore l'air un peu pincé, une manière de parler qu'on pourrait croire affectée; eh bien, elle vainc tout cela par sa gentillesse, sa bonne tenue, sa conduite et..... sa gouvernante, Mlle Hoffmann, qui reste avec elle et passe pour une personne de beaucoup de mérite (1). Ses yeux sont magnifiques et, dans quatre ou cinq ans, après qu'elle aura eu des enfants, ce sera une des plus jolies femmes de Paris. Elle est extrêmement raisonnable pour seize ans, aime s'occuper et a, dit-on, autant d'ordre dans sa maison que son mari en a peu. Au fond, je lui crois plus de tête que d'esprit. M. de Talleyrand la traite bien, mais ne l'aime pas parce qu'il n'aime personne; il lui a donné pour son mariage..... une orange et voilà tout. On avait dit la duchesse de Courlande mal avec sa fille, il n'y paraît pas : au moins la duchesse en fait-elle des éloges intarissables, ce qui, à la vérité, ne prouve pas grand'chose.

Toutes les Allemandes qui ont épousé des Français ne réussissent pas aussi bien : il s'en faut. On les dit telle-

---

(1) La comtesse Edmond de Périgord, qui porta ensuite le nom de duchesse de Dino, nous a laissé un portrait fort agréablement écrit, mais assez sévère de Mlle Hoffmann. « Sa manière d'enseigner, dit-elle, était heureuse, ses sentiments étaient généreux et son caractère élevé, mais, avec plus d'imagination que d'esprit, plus de savoir que de discernement, plus d'emportement que de volonté; avec un cœur ardent, une humeur inégale et impérieuse, elle paraissait plus appelée à donner une éducation brillante que raisonnable. » (Cf. *Souvenirs de la duchesse de Dino*, p. 133-134.)

ment fières, impérieuses et maladroites, qu'elles se font détester par tout ce qui les approche, et que je crois leur affaire réglée à jamais en fait de succès (1). Du reste, c'est l'églogue et la pastorale du monde la plus dégoûtante *(sic)*.

Je verrai donc Flore de Ligne, et cela dans peu de jours, j'en suis au comble du bonheur. J'ai appris, au bal Périgord, que le prince Auguste d'Arenberg l'avait logée...! Où...? Chez *La Plaque*...! Les bras m'en sont tombés quand celle-ci me l'a dit et, dans le premier moment, j'en étais au désespoir pour Flore. Par contre, cette bonne et ennuyeuse *Plaque* jubilait. Je tournai à la mort quand elle me dit :

— « Ah ça, lorsque la princesse Flore sera arrivée, je vous avertis qu'il y aura tous les jours souper chez moi : elle, Mme Alexandre et ma fille feront un joli fond de société, vous m'avouerez. »

Ensuite, par réflexion, j'ai trouvé que le prince Auguste avait eu raison.

J'ai été hier chez Angélique (2) sans la trouver. J'y retournerai, car je suis curieux de la voir mais je la cultiverai peu; elle habite ce faubourg Saint-Germain qui est la province pour nous autres gens du beau quartier.

Je n'ai vu que deux fois Mme de Vertamy : son salon est sale, mal éclairé; il y a des demoiselles; on joue aux

(1) Plus tard, les circonstances changèrent le caractère de Marie-Louise, mais, comme écrivait le comte de Clary en 1822 : Il lui a fallu « pour devenir aimable les promenades de la fiancée du roi de Garbe, un mari comme ça et un amant comme-ci...... ».

(2) Peut-être Angélique de La Brousse de Verteillac, née en 1764, mariée en 1782 au prince Auguste-Joseph de Broglie-Revel? Elle vécut jusqu'en 1855.

petits jeux. C'est trop jeune pour moi. Elle m'a dit que Mme Idalie (1) désirait me voir; j'irai chez elle et j'y parlerai des affaires de mon père à M. de Metternich. Pour le prince de Neufchâtel, je le vois peu. Sans être précisément brouillés, nous sommes froidement ensemble.

La fille de Mme de Leyen est une des plus laides et des plus désagréables princesses que je connaisse. On prétend que son M. de Tascher (2) la déteste : dans ce cas, la pauvre petite fera un sot mariage. M. de Tascher est bien de figure, mais a l'air extrêmement commun. Sa sœur (3) a le même inconvénient et une figure que je n'aime guère. On dit que M. de Tascher doit être fait duc et gouverneur de Francfort (4). Tout cela semble très bizarre et très vague.

Je suis toujours charmé de rencontrer M. de Dalberg; il se montre très aimable et on l'aime beaucoup. Sa femme, assez jolie, bien française, un peu coquette, ne me paraît pas pouvoir convenir à son genre d'esprit. Ce mariage fut, je crois, un faux calcul. Il n'est pas encore

---

(1) Presque certainement la comtesse Armand de Polignac, plus tard duchesse de Polignac (1775-1862), née baronne Ida-Johanna-Lina de Neukirchen de Nyvenheim, que l'on trouve souvent désignée, à l'époque du premier Empire, sous le simple nom de « Madame Idalie ». (Cf. *Souvenirs de la comtesse Golovine, née princesse Galitzine.*)

(2) Le comte Louis de Tascher de La Pagerie épousa, le 10 août 1810, la jeune princesse Amélie de Leyen, dont il eut six enfants. Il était cousin germain de l'impératrice Joséphine, née Tascher de La Pagerie.

(3) Stéphanie de Tascher de La Pagerie. Elle avait épousé, en 1808, le duc d'Arenberg. Plus tard, ce mariage fut déclaré inexistant par l'Église, et rompu par un divorce devant la loi.

(4) Le comte Louis de Tascher de La Pagerie devint, en effet, gouverneur de Francfort peu après son mariage. Il ne fut pas créé duc, mais son fils aîné le devint à la mort du duc de Dalberg, oncle de la comtesse de Tascher de La Pagerie, née princesse de Leyen.

tout à fait duc, quoique beaucoup de personnes lui en donnent déjà le titre. Une des choses les plus curieuses, en fait de changement d'existence, est le cas de M. Lucchesini qui, après avoir été ministre de Prusse à Paris, y revient comme chambellan de la princesse Élisa dont sa femme est dame du palais (1). Le monde semble tellement bouleversé que je deviendrais grand-vizir sans que cela m'étonnât.

M. de Metternich, pouvant avoir besoin d'un jour à l'autre d'uniformes de chasse, à Compiègne où il se trouve, m'a racheté les miens. Je n'en aurai sûrement plus besoin, et c'est une bonne affaire pour moi.

Alexis de Noailles est enfin sorti de prison; il a montré vraiment bien du courage et bien du caractère.

Je compte aller passer deux jours chez Golowkin, à Montallègre. Ce ne sera pas sans peine que je quitterai Paris, car c'est une assez jolie ville à l'user, et je m'y amuse très rondement.

J'admire l'incroyable décousu de mes lettres; j'écris tout ce qui vient au bout de ma plume et demande pardon à la compagnie si je suis trop bavard.

Pour finir, voulez-vous une des innombrables bêtises qu'on répète tous les jours? La voici :

— « Pourquoi l'Empereur a-t-il été si mécontent qu'il manquât des cardinaux à son mariage (2)?

(1) Voir ci-dessus, p. 186.
(2) Sur vingt-huit cardinaux présents à Paris lors du mariage religieux de Napoléon Ier et de Marie-Louise, treize évitèrent d'assister à cette cérémonie, entachée pour eux d'irrégularité, puisqu'ils ne considéraient pas la précédente union de Napoléon et de Joséphine comme valablement dissoute.

« L'Empereur prit d'abord, le jour de la cérémonie, le parti de dissi-

— « Parce qu'il n'y avait plus assez de sous-papes *(soupapes)* pour faire aller la pompe. »

muler, et, avant son arrivée à la chapelle, on eut soin de faire emporter les sièges vacants et de placer les cardinaux présents de manière à rendre leur petit nombre moins sensible. » (Rapport du prince de Schwarzenberg, du 17 avril 1810. *Archives impériales et royales de Vienne*) Mais, ensuite, Napoléon ordonna d'arrêter les treize cardinaux manquants, de les dépouiller de la pourpre cardinalice, de les reléguer dans différentes provinces, etc.

CHAPITRE XXIII

Omasis ou Joseph en Égypte. — *Aline.* — Bons mots de M. de Ségur. — Anecdote. — Les *Mémoires* de Lauzun. — *Le Mariage de Figaro*; Mlle Mars et Mlle Leverd. — *Iphigénie en Tauride.* — La rue Cocatrix. — Cadeau impérial. — Les chevaux du prince de Schwarzenberg. — Le cabinet de M. Denon; profil de Marie-Louise. — Amabilité de tout le monde pour le comte de Clary. — Cadeau de Napoléon au prince de Schwarzenberg.

N° 29.
A Louise.
Paris.
Lundi, 14 mai 1810.

Vendredi, onze mai.
— J'ai vu *Omasis ou Joseph en Égypte*, de Baour-Lormian (1). Au fond, c'est une pièce ennuyeuse par la faute du sujet. Elle a quelques beaux tableaux, de beaux vers, d'assez beaux costumes, mais aucun intérêt. Ce qui la soutient, c'est Mlle Mars en Benjamin : Mlle Mars toujours adorable et qui, dans ce rôle, semble avoir quinze ans. Le son de sa voix a une telle magie qu'elle ferait, je crois, pleurer par ses accents en récitant le *Pater*. Aussi faut-il voir comme on l'applaudit. Il fait bon ici être jolie et aimée du public. Chaque mot qui permet l'allusion sur une jolie actrice est saisi et couvert de bravos. Lafond a des moments superbes dans le rôle d'Omasis, et Damas fait des grimaces épouvantables dans

(1) Poète et auteur dramatique (1770-1854). — Ses ennemis l'accusaient d'écrire dans un style aussi lourd que son nom.

celui de Siméon; je ne l'ai jamais vu si laid, ni jouant d'une manière aussi forcenée.

Après la tragédie, j'ai couru à Feydeau pour voir *Aline* (1). L'opéra m'a ennuyé, je le connais trop ; mais Mme Belmont joue d'une façon charmante et est très belle, quoique trop forte. J'avais dîné chez Mme de Mniszech avec le prince Auguste d'Arenberg. Après le spectacle, j'ai été chez Mme de Laval et chez Mme de Montboissier.

Hier, on parlait de feu M. de Ségur (2) et de son amabilité. Depuis que son frère était grand maître des cérémonies, il signait souvent : *Ségur sans cérémonies*. Un jour qu'il faisait répéter un opéra, Elleviou le tourmentait, avec beaucoup d'insolence, pour obtenir un changement. « Mais, mon cher Elleviou, répondit froidement M. de Ségur, vous oubliez tout à fait que, depuis la Révolution, je suis devenu votre égal. » Rien n'est joli comme ce mot.

J'ai fait, l'autre jour, une visite à Mme de Rougemont ; elle m'a reçu du fond de son fauteuil, quoique, d'ailleurs, très poliment. J'ai vu chez elle Mme Mouradja d'Ohsson (3). Les Rougemont m'ont prié à dîner, mais j'étais déjà engagé. Je n'ai pas encore pu aller à leurs soirées du dimanche.

Je suis si habitué à vous dire tout ce qui m'arrive, que

(1) *Aline, reine de Golconde*, opéra de Vial et Favières pour les paroles, et de Berton pour la musique.
(2) Le vicomte Joseph-Alexandre de Ségur, connu comme auteur dramatique. Il était mort en 1805.
(3) Veuve d'Ignace Mouradja d'Ohsson. Celui-ci, fils d'un Arménien, consul de Suède à Smyrne, était devenu représentant de la Suède à Constantinople et avait écrit plusieurs ouvrages sur l'Orient.

vous allez avoir des anecdotes dignes des *ana*. Voilà, dans ce genre, une bêtise qui m'a fait rire l'autre jour. Un garçon boucher écrivait à son père : « Mon maître me traite fort bien, il m'a déjà fait saigner trois fois et, s'il continue à être content de moi, il me fera écorcher et assommer avant la fin du mois. »

Samedi, douze mai. — J'avais une petite fête secrète avec Mme de Mniszech : un rendez-vous sur les neuf heures du matin ! Il s'agissait de lire les *Mémoires* manuscrits de M. de Lauzun (1), que le prince Auguste d'Arenberg lui avait procurés ; nous avons déjeuné, puis je lui ai fait la lecture au jardin. C'était très amusant. Lauzun parle de tant de gens connus : la princesse Czartoryska (2), le prince Repnin (3), Mme de Laval (4), etc. Il existe plusieurs copies de ces *Mémoires*, M. de Talleyrand en possède une. Je crois que la princesse générale (5) a déjà

---

(1) Armand-Louis de Gontaud, duc de Lauzun, puis duc de Biron, né en 1747. Après avoir brillé à la cour, il adopta les idées nouvelles en 1789, servit dans les armées révolutionnaires et finit par être guillotiné au mois de décembre 1793. Ses *Mémoires* ont été publiés pour la première fois en 1822 ; leur authenticité passe pour très discutable.

(2) Née comtesse Fleming (1743-1835). Elle aurait été la maîtresse de Lauzun.

(3) Étant ambassadeur russe à Varsovie, raconte Lauzun, le prince Repnin se serait compromis de la façon la plus grave par amour pour la princesse Czartoryska.

(4) Voici ce que l'on trouve dans une note, à la page 103 de la seconde édition des *Mémoires du duc de Lauzun*, publiée en 1858 par Louis Lacour : « La vicomtesse de Laval n'est morte que de nos jours et a été l'une des dames que les *Mémoires de Lauzun* ont mises en émoi, et qui se sont le plus opposées à leur publication. »

(5) Cette appellation désigne la princesse Czartoryska, dont le mari avait été « staroste général de Podolie ». La *féminisation* de toutes les dignités était courante en Pologne.

payé une fois je ne sais quelle somme pour qu'ils ne soient pas imprimés. Rien de plus comique que les avis mystérieux de *La Miche* à leur propos. Après m'avoir recommandé pendant huit jours le plus grand secret, vis-à-vis surtout de Mme Alexandre Potocka et de Mme Tyskiewicz, elle étouffait elle-même de ce secret qui lui pesait sur le cœur, prenait un air fin, laissait échapper de petits mots, me disait devant Mme Alexandre par exemple : « Monsieur de Clary, vous savez notre rendez-vous », ou bien : « Monsieur de Clary me fera le plaisir de déjeuner chez moi à neuf heures du matin ». Jugez l'étonnement des gens qui l'entendaient! Ou bien encore, elle disait en public : « Vous ne trahirez pas notre secret, n'est-ce pas? » Mme de Brunoy est venue pendant la lecture, avec M. de La Vaupalière ; les papiers étaient devant nous ; Mme de Mniszech avait l'air si coupable, si empêtrée, si gênée que Mme de Brunoy s'en est bien aperçue et que j'avais fort envie de rire. Nous avons lu jusqu'à quatre heures.

J'ai dîné chez le restaurateur Riche, au coin de la rue Grange-Batelière, pour me reposer de *La Plaque* et aller de bonne heure au *Mariage de Figaro* (1). Quoique le rôle de Suzanne ne soit pas le triomphe de Mlle Mars, elle y est cependant charmante. Mlle Leverd joue à merveille le rôle de la Comtesse ; comme c'est dommage qu'elle devienne si grosse, car elle est bien jolie. On prétend que Mlle Mars est extrêmement méchante et violente, malgré son air d'extrême douceur. L'autre jour,

(1) Comédie de Beaumarchais.

raconte-t-on, il y eut une dispute incroyable entre elles deux, et Mlle Leverd répliqua seulement à Mlle Mars qui avait dit tous les gros mots possibles :

— « Ah, Mademoiselle, je suis bien étonnée qu'avec un si joli son de voix on puisse dire de si vilaines choses. »

Damas est bien laid et, à mon avis, pas bon dans le rôle du Comte. Thénard ne joue pas Figaro assez gaiement. J'ai oublié le nom de la demoiselle qui tient fort mal le rôle du Page.

Hier, *dimanche, treize mai,* j'ai été à midi chez la princesse Berthe de Rohan. Sa mère et sa tante jouaient au trictrac, je crois pour ne point se disputer. Elles se détestent d'une manière comique.

Le soir, j'ai eu le grand plaisir de voir, aux Français, *Iphigénie en Tauride* (1). Jamais je n'avais trouvé Talma aussi sublime (2). La manière dont il paraît à sa première entrée est unique. Il est si fatigué de malheur et de souffrance, semble si anéanti qu'il se traîne à peine. Ce rôle est tuant pour lui. On dit qu'il crie; je ne trouve pas, ce sont ses rôles qui crient. Le moyen de jouer les fureurs d'Oreste sans se démener? Il m'a fait un plaisir prodigieux.

Après le spectacle, visite à Mme de Mun. Mme d'Ursel (3) y était avec cette pauvre Mme de Lannoy (4) que, certainement, je n'aurais pas reconnue. Elle a l'air

---

(1) Tragédie de Guimond de La Touche.
(2) Talma remplissait dans *Iphigénie en Tauride* le rôle d'Oreste, frère d'Iphigénie.
(3) La duchesse d'Ursel, née Ferrero-Fieschi, princesse de Masserano.
(4) La comtesse de Lannoy de La Chaussée, née comtesse d'Ur-

d'avoir cinquante ans, et est très maigre avec un grand nez. La pauvre femme revient de Nice; je crains bien qu'elle ait pris trop tard le parti d'y aller. Mme d'Ursel m'a très bien reçu, regardé, questionné, etc.

L'autre jour, j'ai parcouru les vieilles rues de la Cité, du faubourg Saint-Germain, etc., etc., d'après le conseil de Golowkin. Je parie, ma chère Louise, que vous ne savez pas où est la rue Cocatrix (1). Hé bien moi! je la vois d'ici, elle donne dans la rue des Marmousets (2).

Devinez ce que je lis en fait de nouveautés? Les *Lettres de Madame de Sévigné!* Que de choses on y trouve, d'une vérité incroyable quand on les lit dans l'éloignement.

Voici, ma chère Louise, un petit supplément à ma lettre n° 29.

Écoutez.

N° 30.
 A Louise.
 Paris.
 Lundi, 14 mai 1810, à
 2 heures du matin.

Aujourd'hui, ou plutôt hier, dîner chez M. de Montesquiou (3), le grand chambellan. Avant dîner, il m'a donné — de la part de l'Empereur — une boîte. Je n'ai pas osé la regarder et l'ai mise en poche; mais elle m'a fait grand plaisir, plutôt pour le présent que je

---

sel, sœur de la comtesse de Mun. Elle avait trente-cinq ans en 1810.
 (1) Cette rue, située dans la Cité, tirait son nom de Geoffroy Cocatrix, échanson de Philippe le Bel. Elle a disparu lors du percement de la rue d'Arcole.
 (2) Il y avait à cette époque deux rues des Marmousets, l'une dans le quartier des Gobelins, qui existe encore, l'autre dans la Cité, qui n'existe plus.
 (3) Le comte de Montesquiou-Fezensac (1764-1834).

n'ai pas eu et que je craignais (1), que pour celui que j'avais.

J'étais enchanté de la certitude d'avoir échappé au malheur que je redoutais. Vous m'entendez. Je grillais, néanmoins, d'envie de regarder ma boîte et, au fond, je ne sais pas pourquoi je ne l'ai pas fait. En m'en allant, je n'ai pas osé ouvrir l'écrin en cabriolet, de peur que mon homme ne m'assassinât, de sorte que je suis arrivé, toujours mon trésor en poche, chez M. de Champagny. Là, j'ai pris mon temps et, caché par quelqu'un, ouvert l'écrin dans mon chapeau.

COUVERCLE DE LA BOITE
DONNÉE PAR L'EMPEREUR AU COMTE DE CLARY.

La boîte est superbe, beaucoup plus magnifique que je ne pouvais m'y attendre pour mon port de lettre, et travaillée admirablement. C'est un grand prince, le prince

(1) La Légion d'Honneur.

qui me l'a donnée! Voici, au juste, l'air, la taille et la tournure de son présent. Sur le couvercle se trouve son portrait, peint à merveille par Saint (1), très flatté, mais assez ressemblant. Sur le fond extérieur, il y a un aigle et une bordure d'arabesques et d'abeilles en émail bleu, qui sont la plus jolie chose du monde. Quant aux diamants — vous savez que c'est un accessoire pour le sentiment — je les vendrai. A Dieu ne plaise que je les aie comptés, mais..... on les

ARABESQUES ET ABEILLES EN ÉMAIL BLEU.

a comptés pour moi : il y en a vingt-six. Pour rien au monde, je n'aurais voulu demander ce que cela vaut, mais Mme Alexandre, qui prétend se connaître en diamants, les estimait cinquante ducats pièce (2), je crois qu'elle se trompe de moitié, mais c'est toujours fort joli. Enfin, j'ai accepté le cadeau et sans peine. Schœnborn, qui est mon pendant en mission et en faveur, aura sans doute le pareil. Qu'en dit Maurice? Qu'en disent les dégoûtés qui ont désapprouvé mon voyage? Hein? Qu'on m'attrape toujours comme cela !

Ce matin, j'ai été un moment à un déjeuner, de quarante personnes je crois, si splendide qu'il ressemblait comme deux gouttes d'eau à un dîner, que l'ambassadeur donnait au général Rapp (3) et à d'autres Français pour

---

(1) Daniel Saint, célèbre peintre de miniatures (1778-1847).
(2) (*Note du comte de Clary.*) Cela ferait pour les vingt-six diamants 16 800 francs, et j'ai vendu toute la boîte 13 200 fr.
(3) Le général comte Rapp (1772-1821) avait la réputation d'un brillant chef de cavalerie, et s'était signalé aux batailles d'Austerlitz et d'Essling.

leur montrer ses chevaux (1). Sinzendorf au barbet (2) *(sic)* a manqué être tué d'un coup de pied de cheval qui, à cause de sa petite taille, l'attrapa au front. Je n'ai pas vu l'exhibition de l'écurie, parce que je devais aller, avec Mme Alexandre, visiter le cabinet de M. Denon (3). Il a, en curiosités, en antiquités, les plus belles choses du monde.

ARABE MOURANT DANS LE DÉSERT.

Trois pièces sont remplies de trésors : dieux de tous les pays, monstres de toutes les espèces; une pierre des Pyramides, un morceau de la statue de Memnon, des cailloux du désert, des papyrus, des hiéroglyphes, des camées, des intailles, des scarabées, des fragments d'étoffes pris sur des momies vieilles de quatre mille ans et même le pied de l'une d'elles, petit, noir, pétrifié, charmant; des vases et des lampes étrusques; de vieux laques, des diables chinois, des pagodes indiennes, des porcelaines de tous les temps; des tableaux de tous les âges, entre autres un *Arabe mourant dans le désert* qui

---

(1) L'écurie du prince de Schwarzenberg était renommée. En outre, le jour même où l'on célébrait son mariage à Vienne, l'empereur Napoléon avait envoyé, comme cadeau, à l'ambassadeur autrichien « une voiture superbe, attelée de six chevaux de grande beauté, tout harnachés ». (Rapport du prince de Schwarzenberg, du 14 mars 1810. *Archives impériales et royales de Vienne.*)

(2) Peut-être le comte Rodolphe de Sinzendorf (1757-1811), général dans l'armée autrichienne.

(3) Le baron Denon (1747-1825), directeur-général des musées français et collectionneur célèbre. Il a écrit plusieurs ouvrages et avait un véritable talent comme dessinateur et graveur.

est d'un grand effet, des Ruysdaël, des Rembrandt, des Corrège, des portraits; d'immenses portefeuilles de dessins que nous n'avons pas eu le temps de voir; des filigranes, des bustes, des bronzes, un admirable petit Jupiter, hélas, trouvé à Vienne; cinq ou six portraits de lui-même, ce qui est beaucoup lorsqu'on est aussi laid! En avez-vous assez? Voilà la centième partie de ce que renferme cette admirable collection!

M. Denon est aimable et fort complaisant, mais ressemble étonnamment à l'*aquila rapax* (1). Il nous a montré un profil en bas-relief de l'impératrice Marie-Louise, le seul de ses portraits ressemblant jusqu'à présent. Denon disait :

LE BARON DENON.

« Sa figure sera toujours très difficile à faire, tous ses traits sont rassemblés sur un petit espace et, tout autour, il y a des landes. »

Drôle d'expression!

Après les antiques de Denon, j'ai été en voir une d'un autre genre, Angélique (2) qui m'a reçu on ne peut mieux, bavarde, bavarde, vous aime à la folie, famille de Vienne. Elle avait un dîner de quinze personnes, voulait m'y retenir et prétendait que je ressemble comme deux gouttes d'eau au prince de Ligne et à maman. Ce que c'est que la force de l'imagination.

(1) L'aigle ravisseur.
(2) Voir ci-dessus, p. 236.

Ensuite, dîner chez M. de Montesquiou, assaisonné de la fameuse boîte. J'étais à côté de M. de Fezensac, avec lequel j'ai parlé de Vienne. Il est froid. Sa femme est grosse à pleine ceinture et laide. Lui serait joli garçon, s'il n'était pas si pâle. Mme de Montesquiou (1), la mère, dessine en artiste; elle a, dans son salon, de grandes et magnifiques copies des beaux Ruysdaël de Dresde faites par elle-même, et que j'ai vues avec plaisir.

Puis visite à cette triste et momifiée duchesse de Cad'or, comme dit le prince-père si élégamment, et enfin visite à M. de Talleyrand. Lui et sa Bénévent me traitent très bien; il s'est déridé, parle à présent devant et même à moi; aussi, suis-je parvenu à le trouver quelquefois très aimable chez Mme de Laval, les jours où il est de bonne humeur.

Tout cela m'a fait, hélas, manquer le spectacle, car deux visites d'après-dîner mènent très proprement à dix heures du soir. J'ai terminé ma soirée chez les Montboissier, où je vis une sœur, fort bossue, de M. de Richelieu (2), puis chez Mme de Laval, où je rencontrai, pour la première fois, M. de Broglie (3), qui me parla de Vienne à fond. Il se souvient en bien de la famille. Tout le monde me traite à merveille ici. Vous souvient-il, Maman, de la peur que me faisait à Vienne, chez le prince de Ligne, le dédai-

---

(1) La comtesse de Montesquiou-Fezensac, née Le Tellier de Montmirail, qui devint gouvernante du roi de Rome.

(2) Le duc de Richelieu avait deux sœurs : Armande ou Armandine qui épousa le marquis de Montcalm, et Simplicie qui devint marquise de Jumilhac. L'une et l'autre étaient contrefaites. C'est la seconde que rencontra le comte de Clary. (Voir ci-après, p. 262.)

(3) Probablement le duc A.-V. de Broglie (1785-1870), qui fut plusieurs fois ministre sous Louis-Philippe, membre de l'Académie française, etc.

gneux Lagrange (1)? Hé bien, les autres jeunes gens sont loin d'être comme cela. Depuis que je suis ici, je n'ai pas entendu un seul mot désobligeant. Malheureusement, les faits ne parlent que trop, et voici une chose incroyable dans ce genre-là. Derrière une magnifique boîte que l'ambassadeur vient de recevoir de l'Empereur, se trouve représenté l'arc-de-triomphe de la place du Carrousel, arc-de-triomphe couvert de bas-reliefs et d'inscriptions rappelant la bataille d'Austerlitz et le traité de Presbourg. Le prince de Schwarzenberg disait l'autre jour à M. de Laborde, après avoir vanté la beauté de cette boîte :

— « Elle a un seul inconvénient.

— « Et lequel?

— « C'est que je ne peux pas la montrer! »

---

(1) Probablement le général marquis de Lagrange (1766-1833), qui avait appartenu à l'ambassade de France à Vienne, et y avait épousé, en 1807, Mlle de Galliot de Genouillac, fille d'un chambellan de l'empereur d'Autriche.

CHAPITRE XXIV

Télémaque. — Visite au comte Golowkin, à Montallègre; Prunay; Luciennes; le château de la Belle Gabrielle; La Celle; Beauregard. — *La Mort d'Hector; L'Aveugle clairvoyant.* — *L'Auberge de Bagnères.*

N° 31.
A Louise.
Paris.
Vendredi, 18 mai 1810.

Mardi, quinze mai.
— J'ai été, le matin, voir Mme de Matignon et sa fille, Mme de Montmorency, qui a mal au genou et reste sur sa chaise longue depuis longtemps.

Le soir, fort joli dîner chez mes Bellegarde, avec l'auteur Duval qui est très aimable, M. d'Estourmel, jeune auditeur fort bien aussi (1), le petit Casimir, etc. Puis, j'ai été à l'Opéra, où l'on donnait le délicieux ballet de *Télémaque* (2). C'était la rentrée d'Albert, qui fut longtemps malade ou absent. Il est charmant, très gracieux, excellent et, à mon avis, le meilleur danseur de Paris sans comparaison. Rien n'est beau comme Clotilde en costume de chasse, avec une jupe descendant jusqu'aux genoux : on dirait absolument la belle Diane du musée. Mme Gardel, en Eucharis, est ravissante.

---

(1) Le comte Joseph d'Estourmel. — Après avoir été, sous l'Empire, auditeur au Conseil d'État, il devint préfet sous la Restauration.
(2) Réglé par le maître de ballet Gardel.

J'ai fini ma soirée chez Mme de Mun. Il y avait Mme d'Orglandes (1), fille de Mme d'Andlau.

Mercredi, seize mai. — Je suis parti à onze heures du matin, pour aller voir Golowkin dans son chez-soi de Montallègre. C'est une course d'une heure ou de cinq quarts d'heure. On passe les Champs-Élysées, la barrière de l'Étoile, Nanterre, vilain petit bourg gris et triste comme tous les villages autour de Paris, où de vilaines femmes vous poursuivent avec des gâteaux de Nanterre qui étouffent. On aperçoit des champs couverts de rosiers, tandis qu'on se bouche le nez pour ne pas sentir les horreurs qui avoisinent. On passe devant la Malmaison ; enfin on suit la chaussée de Bougival, entre la Seine et une rangée de maisons, sur l'une desquelles, fort jolie, le nom de « Montallègre » indique que vous êtes arrivé.

Golowkin m'a reçu à merveille et m'a donné une chambre haute d'où la vue est charmante. Sa maison, petite mais parfaitement arrangée, réalise ses dessins bizarres d'autrefois. Il fallait son goût pour faire quelque chose d'aussi joli avec aussi peu de moyens. Le salon est délicieux : une table à dessiner au milieu, de jolis meubles, des rideaux de mousseline blanche et, à la place de trumeaux, du drap vert couvert de portraits et de miniatures. Il ouvre sur une terrasse que garnissent des pots de fleurs, des orangers, un banc et des tabourets, un paravent en jalousie. Un petit escalier descend au berceau, abrité sous une toile blanche et rouge, par lequel

(1) Femme du comte d'Orglandes, qui fut pair de France sous la Restauration.

on arrive; et un autre escalier, son pendant, se termine par des sphinx.

La salle à manger est petite et ornée de dessins.

Dans un recoin, il y a la bibliothèque, le clavecin et à peine la place de se retourner.

Rien de joli comme le jardin, avec un chemin creux gazonné d'un côté, muré de l'autre en pierres brutes qui seront un jour couvertes de lierre; des rochers bizarres; une place ronde et un cube portant l'inscription : *Deo ignoto ;* le tombeau que dessinait toujours Golowkin; un chalet avec un balcon qu'abrite l'avancée du toit, et dont le rez-de-chaussée loge une vache et son veau, sur lequel il fait des projets comme Pérette dans la fable de : *La Laitière et le pot au lait.*

Devant la maison, la chaussée est extrêmement animée : de la terrasse, on prend plaisir à regarder, par-dessus le mur, le haut des pataches et des « pots de chambre » (1), la corbeille des diligences, et les malheureux qui sont juchés, entassés sur ces incroyables équipages. A gauche, on aperçoit la machine de Marly (2), Saint-Germain, le pavillon de Luciennes qui appartenait à Mme Du Barry, enfin l'aqueduc de Marly dont la perspective embellit tout.

Après avoir bien vu Montallègre, nous sommes sortis. Golowkin a les clefs de tous les parcs environnants, et nous avons d'abord été à Prunay, visiter un charmant

---

(1) Sorte de voiture publique.
(2) Machine énorme et compliquée construite, sous Louis XIV, pour puiser de l'eau dans la Seine et l'élever jusqu'à un aqueduc qui l'amenait aux réservoirs alimentant Versailles.

jardin, planté d'arbres magnifiques mais laissé dans l'abandon par son possesseur, un grand et gros jeune homme qu'on appelle Coco Labriffe (1), ce qui fait un nom passablement ridicule quand on connaît le personnage. Mme de Laval et Mme de Fitzjames ont passé deux étés à Prunay. Elles avaient presque forcé ce Coco à leur offrir son habitation et, n'y mettant jamais les pieds, il avait consenti d'assez bonne grâce.

De Prunay, nous sommes allés à Luciennes où Mme Vigée-Lebrun possède une maison de campagne; puis, en suivant le « chemin de la Princesse », ainsi nommé je ne sais trop pourquoi, nous sommes revenus par Bougival. Tout le pays est extrêmement joli : ce ne sont que vallons charmants, avec quantité d'arbres fruitiers, bois de châtaigniers, prairies, allées de peupliers, grandes forêts qui s'étendent jusqu'à Saint-Cloud et à Versailles. C'est le plus beau et presque le seul beau côté des environs de Paris.

Chez Golowkin, se trouvait M. Pecharman, petit peintre qui se promène avec lui et dessine pour lui.

Hier, *jeudi, dix-sept mai*, nous avons couru toute la matinée. Au bout de la chaussée de Bougival s'élève un vieux château bâti en briques comme Saint-Germain et l'ancien Versailles. On l'appelle le château de la Belle Gabrielle. Elle l'habitait, dit-on, et Henri IV venait la voir de Saint-Germain. Il y a la tour de Gabrielle, où elle l'attendait. Après que Golowkin m'eut narré tout cela

(1) Peut-être le comte Pierre-Arnaud de Labriffe, chambellan de Napoléon 1er.

bien en détail et que je me fus intéressé à chaque chose, il m'avoua que, malgré la tradition du pays qui attribuait ce château à Gabrielle, pas un mot n'était vrai dans tout ce qu'il venait de me raconter. Me voilà dégrisé.

Ce château est habité par Mme de Mesmes (1), qui a quatre-vingts ans et se porte si bien qu'elle monte tous les jours la grande colline de son parc, tandis que son fils, M. d'Avaux, est paralytique et marche à peine sur deux béquilles.

Nous avons ensuite traversé le village de La Celle. Devant son château, un demi-cercle de tilleuls forme une place magnifique où se tient, pendant l'été, une foire qui, dit-on, rassemble tous les gens du pays et donne le plus joli coup d'œil du monde.

Notre promenade s'est terminée par Beauregard, le château de Mme de Boigne. Elle passe pour très aimable. Sa mère, Mme d'Osmond, est sœur d'Édouard et d'Arthur Dillon (2).

J'aurais voulu rester plus longtemps à Montallègre, et j'étais fâché d'avoir accepté un dîner chez Mme Crawford, ce qui me forçait de rentrer en ville pour quatre heures. Golowkin m'en a bien lavé la tête. Il s'est mis sur le pied de ne jamais se gêner et, afin de vivre à sa guise, s'est brouillé avec trente personnes qu'il ne voit plus. Vous connaissez sa manière d'arranger tout cela.

Le dîner de Mme Crawford m'a paru excellent. Comme je vous l'ai dit, sa maison est belle et son jardin charmant.

---

(1) Née Feydeau de Brou. Elle avait épousé, en 1753, le marquis de Mesmes, de la maison des marquis de Mesmes, comtes d'Avaux.
(2) De la branche des Dillon (de Bordeaux).

Ensuite *La Mort d'Hector* (1), aux Français, m'a fait grand plaisir, quoique j'eusse seulement trouvé place dans les coulisses. Mlle Duchesnois jouait Andromaque à merveille, mais portait, sans façon, des souliers blancs comme pour aller au bal. La tragédie est très intéressante. *L'Aveugle clairvoyant* (2), qui suivait, m'a ennuyé. Je n'aime jamais Baptiste, qui jouait l'Aveugle.

Après avoir déjeuné ce matin chez les Bellegarde, nous avons été, avec M. de Cubières, chez M. Du Perreux (3), un peintre qui a une quantité de charmantes vues des Pyrénées. Quel pays ce doit être! J'en avais la tête tournée.

Ce soir, j'ai vu *L'Auberge de Bagnères* (4), pièce réchauffée du théâtre Feydeau, dont je n'aime beaucoup ni le sujet ni la musique; mais Mme Gavaudan est très gentille, Elleviou, Martin, Huet et Duret chantent à merveille, et Elleviou est parfait dans le rôle comique d'un fat de province.

---

(1) *Hector*, tragédie de Luce de Lancival.
(2) Comédie de Legrand.
(3) Du Perreux ou Duperreux (1764-1843). Il avait exposé diverses vues des Pyrénées aux « Salons » précédents.
(4) Comédie mêlée de chants de Jalabert pour les paroles, et de Catel pour la musique.

CHAPITRE XXV

Arrivée de la princesse Flore de Ligne à Paris. — *L'École des Bourgeois; La Coquette corrigée.* — Soirée chez Mme de Rougemont. — *Rose et Colas.* — Souper chez Mme Henri de Chastenay; Mlle Victorine de Chastenay. — Promenade au Raincy. — Le comte de Clary est décoré de la Légion d'Honneur. — Bains froids. — Encore la Légion d'Honneur. — Soirée chez Mme Potocka; imitations d'acteurs. — Courses avec Mmes de Bellegarde, Mme de Coigny, etc.; l'atelier de Girodet; l'Arsenal, sa bibliothèque et les lettres de Henri IV qui y sont conservées; retour par les boulevards. — Au bal à Neuilly; Légion d'Honneur et uniforme autrichien.

N° 32.
A ma Mère.
Paris.
Mercredi, 23 mai 1810.

Samedi, dix-neuf mai.

— Vous savez, chère Maman, que cette Florette tant désirée est enfin arrivée samedi. J'en suis au comble du bonheur, aux anges; nous ne cessons de nous étonner de rouler ensemble, en cabriolet, dans les rues de Paris, et nous disons en même temps :

— « Oh, le joli Paris! le bon petit coin du monde! »

Dès que j'ai su l'arrivée de Flore, j'ai couru chez elle et l'ai trouvée assise au milieu de sa plus que petite chambre, pleurant amèrement le malheur de loger chez *La Plaque*, et le tour perfide que lui a joué le prince Auguste d'Arenberg en l'attrapant comme cela, et en lui écrivant toute une histoire sur l'appartement bon marché qu'il disait avoir pris pour elle. Cette pauvre Flore tournaît vraiment au désespoir. Heureusement que *La Miche* était sortie dès le matin, de sorte que Flore a eu le temps de se ravoir et de faire bonne mine à mauvais jeu. Dans le premier moment, elle voulait déloger sur-le-champ, repartir pour Bruxelles, etc. Maintenant, elle a pris son parti. Cette bonne *Miche* est si contente, si fière d'avoir Flore chez elle qu'il n'y a pas moyen de se fâcher, et puis Flore commence, avec bien grande raison, à se mettre sur le pied de ne faire que ce qu'elle veut et de regimber contre les volonté de son hôtesse. Je l'encourage fort dans ces dispositions de révolte; il faut prendre bien garde de ne pas gâter Mme de Mniszech! La première chose qui remit Flore et la fit rire à Paris fut ma façon de la mener en cabriolet de place. Depuis, avec mon propre cabriolet, je me suis un peu réhabilité dans son opinion sur mes mérites de cocher.

Nous avons d'abord été chez Mme Boson de Périgord. Vous jugez de sa joie.

Le soir, aux Français, j'ai revu *L'École des Bourgeois* qui m'a fait, de nouveau, grand plaisir, et une partie de *La Coquette corrigée* (1). On dit que le rôle de la Coquette est une usurpation de Mlle Mars : sûrement, elle en joue mieux d'autres, mais il est impossible qu'elle en joue un mal.

Mes projets de Suisse me chipotent étrangement. Depuis que j'ai ma boîte et mes diamants en poche, je suis rassuré, au moins sur la dépense de ce voyage, et j'ai la conscience en repos de ce côté-là. Je me trouve combattu entre le désir de vous montrer la boîte et celui

---

(1) Comédie de Jean Sauvé, dit de La Noue.

de la vendre, parce qu'on vend mieux les diamants à Paris qu'à Vienne.

Maintenant surtout que Flore est ici, j'ai tant à faire que je ne sais où donner de la tête. Les amis, les spectacles, les déjeuners, les dîners, les soupers, les soirées, les parties de campagne, les rues, les boulevards, les boutiques, les musées, les collections, les peintres !... Oh ! la vie est trop courte à Paris, ou plutôt la journée pas assez longue, voilà ce qu'il y a de sûr. J'espère partir le huit ou le dix juin. L'Empereur ne revient que le trente mai. Je frémis à l'idée de mes devoirs de congé.

Dimanche, vingt mai. — J'ai déjeuné avec Flore chez Mme Boson de Périgord, puis nous sommes allés à Saint-Philippe-du-Roule, où nous avons trouvé Mme Mélanie de Noailles; j'y ai vu la princesse d'Hénin (1) que je ne connaissais pas.

J'ai été enfin, pour l'acquit de ma conscience, à une assemblée de M. de Rougemont : je ne supposais pas ces assemblées aussi nombreuses. Il y avait une quantité de tables de jeu et, je crois, soixante personnes de toute espèce, de tout rang, de tout âge, de tout pays, entre autres, la mère de François Potocki (2), que, hélas, je n'avais encore ni cherchée, ni rencontrée; elle fut assez *gnädig* (3) pour moi. Il y avait Mme Visconti (4) qui, cer-

---

(1) Née Guinot de Monconseil. Elle avait été dame de Marie-Antoinette et vécut jusqu'en 1822.
(2) Voir ci-dessus, p. 34 et 35, en note.
(3) Aimable.
(4) Née Antonia Samper, dame du palais de la cour d'Italie, femme de J.-A.-J. Visconti, créé comte de l'Empire en octobre 1810. Elle était

tainement, est une des grandes curiosités de Paris; elle paraît trente-cinq ans; je n'ai jamais vu femme conservée comme cela. Elle doit avoir été d'une beauté admirable. Ses yeux sont superbes et si elle met du blanc et du bleu, comme on l'en accuse, au moins ne s'en douterait-on pas. Elle est établie à Grosbois avec la princesse de Neufchâtel dont elle est l'amie, dit qu'elle s'y ennuie et rentre souvent en ville. Il y avait aussi le cardinal Albani (1) et une quantité de gens de connaissance.

Lundi, vingt et un mai. — Courses le matin avec Flore. Nous avons été au musée dans l'ivresse de l'admiration, chez Laurent dont les tableaux lui ont fait grand plaisir, enfin au jardin des Tuileries.

J'ai dîné chez *La Plaque* en l'honneur de Flore, puis vu la fin de *Rose et Colas* (2) et le commencement de *Cendrillon*, au théâtre Feydeau. La vieille Mme Gonthier était charmante dans la première pièce. Vous avez sûrement vu *Rose et Colas*, chère Mère, quand on vous faisait sortir du couvent, ce qui prouve qu'à Paris on est constant dans ses goûts.

Souper fort agréable chez Mme Henri de Chastenay (3). Je suis si heureux de me trouver comme ici dans une société toute française que, pour peu que je rencontre trois ou quatre personnes à qui parler, je m'amuse toujours. Sans être jolie, Mme de Chastenay a une jolie

depuis longtemps la maîtresse du maréchal Berthier et devait approcher de la cinquantaine.
(1) Avant d'être cardinal, Mgr Giuseppe Albani avait été nonce à Vienne.
(2) Comédie de Sedaine, mise en musique par Monsigny.
(3) La comtesse de Chastenay-Lanty, née Laguiche.

taille et est extrêmement agréable, naturelle et gaie. Son mari est laid et insignifiant; au moins il m'a paru tel à cette première vue. Il y avait aussi sa mère (1) et une belle-sœur, Mlle Victorine de Chastenay, fort aimable, assez bavarde et qui, sans me vanter, fait quelques frais pour moi. Ce n'est ni plus ni moins qu'un auteur, et dans des genres bien différents. Elle a débuté dans la vie littéraire par la traduction d'un roman anglais (2), puis écrit un livre sur la botanique (3); à présent, elle vient de publier : *L'Esprit ou Le Génie des Nations*, ou quelque chose comme cela (4). J'ai revu, chez Mme de Chastenay, la sœur bossue de M. de Richelieu, dont j'oublie le nom, mais qui n'est pas Armandine (5). Parmi les hommes, il y en avait beaucoup de ma connaissance : M. Boni de Castellane (6), M. Gabriel de Bérenger, M. Élie de Périgord, M. Adolphe de Maussion, M. de Cubières, etc.

Hier, *mardi, vingt-deux mai*, déjeuner chez M. de Metternich avec Gall que, par je ne sais quel hasard, je n'avais jamais vu et qui fut très aimable et très intéressant. Il va donner un nouveau cours. Je suis désolé de n'avoir pas le temps de l'entendre, car je me persuade que, loin d'être un charlatan, il parle de conviction.

Ensuite, promenade au Raincy avec Mme de Mniszech, sa fille, Mme Alexandre Potocka, M. de Fitzjames, qui est

---

(1) La marquise de Laguiche, née Clermont-Montoison.
(2) *Les Mystères d'Udolphe*, d'Anne Radcliffe.
(3) *Le Calendrier de Flore ou Étude de fleurs d'après nature*.
(4) Le titre exact de cet ouvrage est : *Du Génie des peuples anciens*.
(5) Voir ci-dessus, p. 250, en note.
(6) Soit le futur maréchal de Castellane, soit son père, alors préfet de Pau : tous deux s'appelaient Boni.

tout à fait en *Bedienung* (1) près d'elle, mais sans amour à ce qu'il me paraît. Flore s'en est dispensée pour passer la journée avec Mme Boson de Périgord.

Le Raincy est charmant : un parc immense et bien anglais, de très beaux arbres, une verdure superbe, le tout assez mal tenu. C'était une des innombrables propriétés du duc d'Orléans; à présent Le Raincy appartient à un M. Ouvrard, fameux financier et, comme celui-ci est quelque peu en banqueroute (2), un M. Des Tillières (3) lui sert de prête-nom. Le petit château actuel est une aile de l'ancien château. Il y a un très grand salon partagé en trois par des colonnes et d'un effet charmant, un très joli cabinet de bain, etc., etc.

Si Mme de Mniszech partait pour une partie de campagne comme celle-là vers une heure raisonnable, dix ou onze heures du matin par exemple, on aurait encore le spectacle après; mais elle part bravement à trois heures; on revient, comme aujourd'hui, à neuf heures du soir, on dîne ou soupe à dix heures, on sort de table à minuit et toute la soirée est perdue. Me reconnaissez-vous dans ces regrets? J'ai cependant encore été chez les Montboissier.

Vendredi, vingt-cinq mai, à deux heures du matin, c'est-à-dire samedi. — Je rentre et ferme mon paquet pour le courrier du prince d'Esterhazy. J'ai tant de choses à vous raconter qu'il y aurait matière à cinquante pages, mais le temps physique me fait défaut.

---

(1) Service.
(2) Ouvrard était surtout en difficultés avec Napoléon Iᵉʳ.
(3) D'une famille de finance dont le nom patronymique était Caroillon.

Chère Mère, plaignez-moi ! L'accident si funeste (1), dont on m'avait menacé il y a six semaines, dont je croyais le danger absolument passé, surtout depuis le don de la boîte, ce malheur que je craignais, dont je réfutais la nouvelle encore dans une de mes dernières lettres, a fini néanmoins par m'arriver au moment où je m'y attendais le moins. J'en suis au désespoir. Il fallait cela pour me faire regretter mon voyage à Paris.

Je vais demain à Montallègre, après demain à Méréville, chez M. de Laborde. Oh, je suis bien occupé !

N° 33.
A Louise.
Paris.
Vendredi, 25 mai 1810.

Je vois approcher le moment de mon départ et suis dans les scrupules, les remords de tout ce que je n'aurai pas vu à Paris. Puis, ce qui me trotte par la tête, c'est la mer, c'est Dieppe ou Le Havre, dont je me trouve si près et que j'ai une si prodigieuse envie d'aller voir. J'y ai pensé trop tard ; j'aurais pris le coche, cela aussi m'aurait amusé ; et voilà que l'Empereur arrive, il va y avoir toutes les horreurs des présentations, mille et mille choses, sans compter que......, je n'ose pas vous le dire......, je......, je......, j'apprends......, hélas, dans mes vieux jours......, devinez quoi......? Ne me grondez pas......, je......, *es muss doch heraus* (2)......, j'apprends...... à nager !!! J'ai déjà pris sept leçons sans oser vous l'avouer ; vous auriez

(1) Être décoré de la Légion d'Honneur.
(2) Il faut donc que je le dise.

été capable de croire que je me noierais, *oder etwa gar* (1) que je m'enrhumerais. Vous connaissez ma passion pour l'eau, mon ambition de savoir nager. J'ai trouvé ici une occasion unique dans la vie : l'école de natation est un établissement excellent; il semble inouï qu'on n'ait pas le

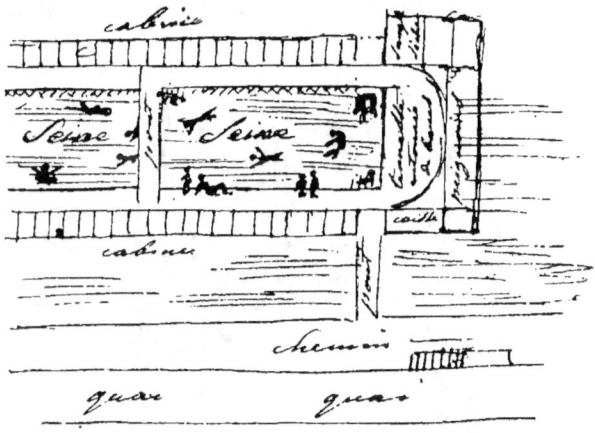

L'ÉCOLE DE NATATION.

pareil à Vienne. Malheureusement, le temps est si souvent froid et mauvais, je fais tant de courses qui interrompent mes leçons, je puis y mettre si peu de suite, que je crains bien de ne pas faire grands progrès. Comme les personnes que je vois le plus souvent savent que j'apprends à nager et qu'on se moque beaucoup de moi, j'ai fait deux petits dessins de mon piteux état aux premières leçons qui ont eu grand succès. Mes progrès dans l'art de la natation deviennent une plaisanterie de société tout établie.

Au bas du pont Louis XVI est un grand carré long, entouré par une galerie couverte garnie d'une quantité

(1) Ou peut-être même.

de petites cabines où l'on se déshabille. C'est l'école de natation, partagée en deux par un pont fort élevé, du haut duquel se jettent les experts. D'abord, on nage à la sangle sèche, dans un petit cabinet séparé, c'est-à-dire qu'on apprend les mouvements, suspendu en l'air. Vous n'avez pas idée comme on a l'air bête et crapaud. Après

PREMIÈRE LEÇON DE NATATION.

cette première opération, le maître-nageur vous campe une sangle autour du corps, vous place sur la galerie qui avance au-dessus de la rivière et il faut sauter dans l'eau. La première fois, j'ai eu bien de la peine à me décider. On a beau se dire qu'il n'y a pas l'apparence de danger, la nature regimbe à ce saut, et la mienne s'y refusait absolument. S'il y avait eu du monde, j'aurais sauté par honte, mais, comme il n'y avait que les maîtres-nageurs, je me suis fait prier un quart d'heure. A présent, je saute deux ou trois fois par jour. Vous n'avez pas idée du sentiment qu'on éprouve alors. On croit aller au centre du monde en se sentant enfoncer, enfoncer avec trois pieds d'eau par-dessus la tête. On revient comme on peut, en faisant une vilaine grimace *und da schnappt man nach Luft und trieft wie ein Pudel* (1), à la grande satisfaction des spectateurs, et puis on nage

DEUXIÈME LEÇON DE NATATION.

toujours soutenu et guidé par cette sangle, cela s'appelle, *und das von Rechtswegen* (2), être un *sanglier*. Il fait encore si froid que je me donne là un petit martyre quotidien, mais vous ne pouvez pas imaginer comme je suis joli garçon dans mon costume de bain, avec un serre-tête de taffetas ciré qui me donne l'air chinois.

M'avez-vous plaint, ma chère Louise, du malheur qui m'est arrivé? — La Légion d'Honneur. — C'est assuré-

---

(1) Et l'on cherche à respirer et l'on dégoutte comme un caniche mouillé.
(2) Et à bon droit.

ment une tuile qui me tombe sur la tête; elle est lourde, très lourde, mais le coup était imparable. Après deux jours d'humeur massacrante, après y avoir pensé, repensé, après avoir juré, raisonné, j'ai trouvé que mon refrain était : « Ce n'est pas ma faute, je ne l'avais pas méritée »; mais je puis bien porter sans honte ce que porte mon souverain et maître (1). Ici, j'en suis aussi embarrassé vis-à-vis de ceux qui trouvent que c'est un grand honneur, que de ceux qui pensent là-dessus comme moi. Il est étonnant qu'on fasse encore tant de cas, en France, de la Légion d'Honneur, surtout de la croix d'or que nous avons en qualité d'étrangers, tandis que des généraux eux-mêmes n'ont que la croix d'argent (2).

Je tâche de faire bonne mine à mauvais jeu, mais cela ne m'est pas facile. Franz était au comble du bonheur de me voir cette machine, et il m'en a coûté beaucoup de ne pas le détromper sur le plaisir qu'il me supposait.

Mercredi, vingt-trois mai. — Le prince de Schwarzenberg m'a fait venir pour me donner cette croix, avec une lettre

---

(1) Napoléon Ier avait conféré la grand'croix de la Légion d'Honneur à l'empereur François Ier, et en avait reçu les grand'croix de Saint-Étienne et de Léopold. Le premier ordre autrichien est la Toison d'Or, mais le duc de Cadore, ministre des affaires étrangères français, avait prévenu le prince de Schwarzenberg que « Napoléon n'accepterait pas la Toison, le droit de la conférer ayant de tout temps été contesté par la France qui prétendait que, cet ordre ayant été fondé par un prince de France, l'Autriche ne l'avait qu'usurpé; que l'Empereur avait, d'ailleurs, la Toison d'Espagne. » (Rapport du prince de Schwarzenberg, en date du 27 février 1810. *Archives impériales et royales de Vienne.*)

(2) La croix de la Légion d'Honneur est et a toujours été montée en argent pour les simples chevaliers, en or pour les officiers et les dignitaires d'un rang plus élevé dans l'ordre. C'est donc une croix d'officier qu'avait dû recevoir le comte de Clary.

de M. de Lacépède (1), à laquelle il fallut répondre. Heureusement, au moins, n'y avait-il pas d'autres remerciements à faire.

J'ai dîné chez Mme d'Andlau avec M. de Ségur (2), son fils Philippe (3), la femme de celui-ci (4) et le prince Auguste d'Arenberg. Fort joli dîner. C'est une singulière figure que celle de M. Philippe de Ségur : il a un peu la physionomie d'une chauve-souris avec son nez pointu et ses sourcils joints. Sa femme est au moment d'accoucher.

Ensuite, soirée fort amusante chez Mme Potocka, mère de Sidonie. Elle vient d'acheter une maison rue Caumartin; mais, comme on y bâtit, elle habite de vilains petits entresols où l'on peut à peine se retourner. Il y avait au moins quarante personnes là-dedans : artistes de toute espèce, beaux esprits, gens du faubourg Saint-Germain surtout : Mme de Boufflers, Mme d'Andlau, Mmes de Chastenay, Mme Lebrun. Un acteur du Vaudeville contrefaisait le son de voix, les gestes, les mines, la diction de presque tous les acteurs des Français. Il imitait Talma assez bien, Baptiste aîné, auquel il ressemblait comme deux gouttes d'eau, dans la plus grande perfection,

---

(1) Le célèbre naturaliste Lacépède était grand-chancelier de la Légion d'Honneur.

(2) Le comte L.-P. de Ségur, conseiller d'État, grand-maître des cérémonies.

(3) Le comte Philippe de Ségur était alors colonel. Il fit la campagne de Russie comme général de brigade, et nous en a laissé un admirable récit intitulé : *Histoire de Napoléon et de la Grande Armée pendant l'année 1812*.

(4) Née Luçay, fille du comte de Luçay, premier préfet du palais, et de la comtesse de Luçay, dame d'atours de l'impératrice Marie-Louise. La comtesse Philippe de Ségur avait, elle-même, été dame du palais surnuméraire de l'impératrice Joséphine.

Fleury et Saint-Prix à merveille, Grandmesnil très bien, Thénard, etc., etc. C'est fort amusant. Il dit des scènes entières, puis simule la réunion en comité de tous les acteurs pour recevoir la pièce d'un jeune auteur et, enfin, une leçon de diction de Saint-Prix. Tout est très drôle quand on connaît les modèles.

Après souper, M. de Coriolis (1), poète de société, a dit une fort jolie pièce de vers intitulée : *La Messe de minuit.*

Jeudi, vingt-quatre mai. — Grandes courses avec les Bellegarde, Mme de Coigny, Mme de Cubières (2), M. d'Estourmel, M. Brifaut (3), poète jeune et maigre qui écrit des tragédies. D'abord, nous avons été chez Mme Lebrun pour visiter son atelier. Elle n'y était pas et, au reste, n'a plus le portrait de Mme de Staël que j'étais très curieux de voir. Nous avons continué par Girodet. Je n'aime pas du tout son grand tableau du *Déluge* (4). Les figures sont colossales et le sujet d'une horrible vérité : un homme s'accroche à un arbre pour se sauver, il porte sur son dos un vieillard qui tient une petite bourse dans la main. Girodet a, dit-on, voulu donner l'avarice comme attribut caractéristique de la vieillesse, mais l'idée est révoltante. Une femme s'attache à l'homme, un enfant à la femme, tous se cramponnent avec force et ont des attitudes excessives. Ils m'ont fait penser aux magistrats de Hirschau,

(1) Le marquis de Coriolis d'Espinouse.
(2) La marquise de Cubières.
(3) Charles Brifaut (1781-1857). Il écrivit des tragédies, des paroles d'opéra, des dialogues, des contes, et devint académicien sous la Restauration.
(4) Ce tableau, le chef-d'œuvre de Girodet, avait obtenu le prix décennal de 1806.

qui allaient chercher un fromage dans la rivière (1). On admire surtout le dessin de ce tableau, mais moi je n'en aime ni le dessin, ni l'idée, ni la composition, ni le coloris. Il y avait aussi, chez Girodet, un tableau représentant *Diane et Endymion*, avec un ton de lune si terne qu'on dirait une grisaille; un portrait de Chateaubriand, extrêmement bien peint et que l'on dit prodigieusement ressemblant (2).

De là, nous avons été au bout du monde, à l'Arsenal, cet Arsenal qu'habitait Sully, où Henri IV venait travailler avec lui dans un cabinet auquel, je crois, rien n'a été changé. M. de Treneuil (3), l'auteur des *Tombeaux de Saint-Denis* (4), est conservateur de la bibliothèque. Il semble très poli, très aimable et professe le plus grand enthou-

(1) Les habitants d'Hirschau, petite ville de Bavière, passent pour très naïfs et sont les héros de mille histoires ridicules. Voici celle que vise le comte de Clary. — A la suite de circonstances diversement racontées, les magistrats de Hirschau, ayant vu l'image de la lune dans la rivière, crurent que c'était un fromage de Hollande et voulurent l'aller chercher. Le premier s'accrocha donc au parapet d'un pont, puis le second au premier et ainsi de suite, mais le premier, sentant faiblir son étreinte, en prévint les autres qui lui conseillèrent de cracher dans ses mains pour mieux tenir le parapet. Il le fit, et tous tombèrent à l'eau.

(2) Il s'agit évidemment soit du portrait de Chateaubriand que Girodet avait exposé au Salon de 1808, soit d'une réplique de ce portrait.

« Girodet, raconte Chateaubriand, avait mis la dernière main à mon portrait. Il le fit noir comme j'étais alors; mais il le remplit de son génie. M. Denon reçut le chef-d'œuvre pour le Salon; en noble courtisan, il le mit prudemment à l'écart. Quand Bonaparte passa sa revue de la galerie, après avoir regardé les tableaux, il dit : *Où est le portrait de Chateaubriand?* Il savait qu'il devait y être : on fut obligé de tirer le proscrit de sa cachette. Bonaparte, dont la bouffée généreuse était exhalée, dit, en regardant le portrait : *Il a l'air d'un conspirateur qui descend par la cheminée.* » (*Mémoires d'outre-tombe*, t. III, p. 8 et 9.)

(3) Joseph Treneuil ou de Treneuil (1763-1818), poète et journaliste.

(4) Cette pièce de vers fut publiée après le décret impérial de 1806 ordonnant l'érection d'autels expiatoires à Saint-Denis. (Voir ci-dessus, p. 209.) Elle plut, semble-t-il, à l'Empereur et, dans tous les cas, valut

siasme pour toutes les reliques qui lui sont confiées. Il nous a montré un recueil de lettres autographes de Henri IV à la marquise de Verneuil, sa maîtresse. Rien n'est plus intéressant. Ces lettres peignent le bon roi qui tantôt se laisse aller à son amour, tantôt, avec les meilleures raisons du monde de se fâcher, le devrait et ne le peut pas. Quelques-unes, cependant, sont fâchées pour de vrai. Toutes portent cet H entouré de 8, qui était la signature du roi et que personne, pas même M. de Treneuil, ne sait déchiffrer (1). Nous lisions, lisions, sans pouvoir nous arracher à notre lecture.

Le retour par les boulevards, depuis l'Arsenal jusqu'à la rue Neuve-des-Mathurins où demeurent les Bellegarde, est la plus jolie et la plus amusante promenade du monde.

Tout de suite après dîner, il fallut s'habiller et aller au bal de Neuilly. Pour la première fois, je portais la Légion d'Honneur, et il me parut piquant de la camper sur mon uniforme chocolat avec une grande abnégation de coquetterie. Ma tenue de militaire lui servait de contrepoison. Je croyais rêver et, lorsque je me rencontrais dans une glace, ne me reconnaissais pas, tant les deux choses ensemble me paraissaient bizarres. — *Longtemps après, la princesse Michel*

à M. de Treneuil un prix décennal et la place de conservateur de la bibliothèque de l'Arsenal.

(1) *(Note du comte de Clary.)* On croit que ce sont des lacs d'amour. — Il semble bien que les signes entourant l'initiale du nom de Henri IV, dans sa signature, ne sont ni des 8 ni des lacs d'amour, mais des S majuscules coupées par une barre transversale unissant les deux extrémités. Le sens précis de ces chapelets d'S barrés demeure incertain. (Cf. Articles publiés par M. Adrien de Longpérier dans la *Revue numismatique*, en 1856 et 1857.)

Galitzin (1) me raconta que quelqu'un, je ne sais qui, avait demandé quelle était cette tenue. Lorsqu'il sut que c'était l'uniforme de la milice de Bohême, il répondit : « Ah, ah ! c'est fier, mais c'est très bien (2) ! »

(1) Née Chouvalov, femme du prince Michel Galitzin, conseiller privé de l'Empereur de Russie.
(2) Passage ajouté par le comte de Clary, en recopiant plus tard ses lettres de 1810.

CHAPITRE XXVI

Le modèle du canal du Languedoc au Tivoli d'hiver. — Les panoramas de Naples et d'Amsterdam. — Concert chez M. de Montesquiou. — Course à Montallègre; Saint-Germain; Marly, etc. — *Polyeucte; Les Fausses Infidélités.* — Course à Méréville. — *La Vestale.*

N° *34.*
A Louise.
Paris.
Samedi, 26 mai 1810,
au soir,
en revenant de Montallègre.

Je m'amuse, je m'amuse, voilà mon refrain. Je penserai longtemps à Paris; j'y reviendrai si je puis, et la Suisse me fera un plaisir prodigieux. Je suis désolé de faire ce voyage tout seul; il me paraît si nécessaire en Suisse d'avoir quelqu'un à qui dire : « Mon Dieu que c'est beau! » que si, comme il y a apparence, je ne trouve personne qui me convienne, je prendrai peut-être le premier venu plutôt que d'aller seul. Golowkin m'a établi un itinéraire charmant, jour par jour. Il met toute la Suisse en vingt-six jours; seulement, il faudra m'armer de fermeté contre les tentations, les conseils d'aller voir encore ceci, encore cela.

Hier, *vendredi, vingt-cinq mai,* j'ai pris ma septième leçon de natation et fait des courses avec Flore; c'est un vrai bonheur d'être avec elle qui jouit si bien de tout ici, et nous partageons les mêmes enthousiasmes. Mon Germain la fait mourir de rire. Quand il y a du danger, il frappe sur la capote du cabriolet et, alors, c'est ordinairement trop tard, j'ai déjà accroché ! Au fait, cela m'arrive assez rarement.

Hier, un certain vieux monsieur a fait notre bonheur. En voulant éviter une voiture, il part, son parapluie sous le bras, court, arrive au beau milieu du ruisseau (1), y rencontre mon cabriolet et n'a que le temps de retourner par le même chemin qu'il était venu. La mine ébahie, l'étrange perplexité de ce pauvre homme nous ont bien amusés, car tout cela fut l'affaire d'un clin d'œil.

Nous avons vu hier le modèle du canal de Languedoc, dans une grande salle, au Tivoli d'hiver, rue de Grenelle-Saint-Honoré. C'est fort intéressant. Les écluses, les petites maisons, les petites figures, l'eau véritable, les petits bateaux qu'elle porte sont la plus jolie chose du monde. Nous faisions les entendus, n'osions demander tout plein de choses que nous ne savions pas et avions honte de si peu nous intéresser à la partie scientifique du modèle. Enfin, nous prîmes le parti de dire que nous étions très pressés et nous nous en allâmes en promettant de revenir.

Nous avons ensuite couru les boutiques, été voir le panorama de Naples qui ne me plaît guère, et celui d'Amsterdam qui me plaît beaucoup. Il semble y avoir une prodigieuse vérité dans la représentation de la neige sur les arbres, sur les toits et, plus encore, dans les rues où elle commence à fondre. Cela donne une idée bien triste d'Amsterdam.

(1) A cette époque, les ruisseaux des rues parisiennes coulaient au milieu de la chaussée.

Visite à la princesse Charles de Schwarzenberg (1) puis, le soir, grand, grand concert chez M. de Montesquiou. Il y avait toute la ville, deux cents personnes au moins, le grand-duc de Wurtzbourg, Paar, Mme Giacomelli, qui chante, peint, sculpte et est presqu'une jolie petite femme (2); une Italienne, Mlle Longhi, qui jouait de la harpe; Mme Himm, de l'Opéra; des ministres, des cardinaux, beaucoup d'étrangers, enfin foule. C'est comme cela chez les Montesquiou tous les vendredis; on y va en frac. Eux-mêmes et leurs fils sont extrêmement polis.

Ce matin, *vingt-six mai*, départ à six heures pour passer la journée à Montallègre, où je suis toujours si bien reçu. Nous avons fait, Golowkin et moi, une grande promenade à Saint-Germain. Le pays est magnifique et Saint-Germain très intéressant à voir. Le château semble prodigieusement antique, triste et désert. Il est cependant habité par six cents jeunes gens (3), mais apparemment que les malheureux avaient leur heure d'étude, car portes et fenêtres étaient closes : on ne laissait entrer personne et âme qui vive ne paraissait aux environs du château. La fameuse vue de la terrasse est extrêmement étendue et très curieuse. Même de si loin, l'arc de l'Étoile fait un superbe effet. On a devant soi la Seine que traverse un pont, le village du Pecq, la forêt du Vésinet, presque coupée, le hameau de La Chaussée, enfin Paris au fond du

---

(1) Née Hohenthal, femme de l'ambassadeur.
(2) Mme Giacomelli, née Sophie Billé, exposa des tableaux à presque tous les Salons de 1804 à 1814, se fit entendre dans des concerts et finit même par entrer au théâtre où elle eut peu de succès.
(3) Le château de Saint-Germain servait alors d'École de cavalerie.

tableau. Dans ces belles allées de Saint-Germain se promenaient autrefois les derniers Stuarts : à présent, elles ne sont peuplées que de vieilles duchesses qui jurent de ne plus remettre les pieds à Paris; de gouvernantes pensionnées, avec un parasol, un mops (1) en lisière, une robe d'indienne ou de taffetas changeant retroussée dans les poches; de maîtres d'hôtel retirés, avec perruque à marteaux et canne à bec de corbin, qui, au café, lisent les gazettes et jouent aux dames. C'est un autre monde, d'autres mœurs, un autre siècle que dans ce gouffre de perdition que l'on nomme Paris. Il est de fait que je n'ai pas vu une jeune figure, soit mâle, soit femelle, à Saint-Germain. La vieille duchesse de Montmorency (2), grand'mère de Raoul y est établie.

Nous sommes revenus par la machine de Marly. On croit faire un mauvais rêve en se trouvant au milieu de ce monde d'immenses roues qui tournent toujours depuis Louis XIV : elles sont délabrées, pourries, couvertes de mousse. Ce chef-d'œuvre de mécanique va être détruit et remplacé par des pompes à feu et des appareils plus simples pour élever l'eau.

Le pavillon de Luciennes, qui appartint naguère à Mme Du Barry, est placé au-dessus de la machine, dont les gémissements continuels devaient en rendre l'habitation insupportable.

L'aqueduc de Marly embellit tout ce canton et, joint aux nombreux peupliers que l'on aperçoit çà et là, donne au paysage un air italien.

(1) Sorte de petit bouledogue.
(2) Née Charlotte-Anne-Françoise de Montmorency-Luxembourg.

A trois heures, nous avons dîné à Montallègre et, après avoir bien voyagé avec Golowkin sur la carte de Suisse, je suis rentré à Paris assez tôt pour voir *Polyeucte* (1). Talma est sublime dans le rôle de Sévère : son meilleur rôle, il me semble, du moins parmi ceux où je l'ai vu. Damas, en Polyeucte, se démène comme un forcené suivant son habitude. Mlle Duchesnois est excellente. On donnait ensuite *Les Fausses Infidélités* (2), que je connais trop, en conscience.

Bonsoir; j'ai sommeil et pars demain, à sept heures du matin, pour Méréville.

On m'a dit que, l'autre jour, Batthyany avait perdu trente-trois mille francs en une soirée, et M. de La Vaupalière quarante mille le même jour. En revanche, on dit que Starhemberg (3) en a gagné dix mille et achète des piles de velours et de shalls pour sa femme. Hélas, ma chère Louise, je ne pourrai pas en faire autant : mon voyage ne vous rapportera rien, je vous en demande pardon.

N° 35.
A ma Mère.
Paris.
Mardi, 29 mai,
en rentrant le soir.

Chère Maman, ma course à Méréville a réussi au mieux et je me suis très bien amusé. Avant-hier, dimanche, *vingt-sept mai*, à sept heures du matin, j'ai été chez M. de Metternich, où était notre rendez-vous. Lui,

(1) Tragédie de Corneille.
(2) Comédie de N.-T. Barthe.
(3) Probablement le colonel comte A.-G. de Starhemberg, dont la femme était née comtesse d'Esterhazy.

l'ambassadeur, M. Adrien de Montmorency et moi, voilà notre carrossée. M. Belville, le courrier du prince de Schwarzenberg, avait pris les devants et commandé les relais, de sorte que nous fîmes très vite les dix-sept lieues qu'il y a entre Paris et Méréville. Le pays est tout ce qu'on peut voir de plus affreux, et M. de Laborde, lui-même, dit que Méréville est une oasis au milieu du désert. A coup sûr, la route ne prépare pas à voir quelque chose de joli.

Le maître de la maison nous reçut à merveille. Sa femme est très simple, très belle, très naturelle, avec un calme, une sérénité qui repose et plaît. Son teint blanc, sa fraîcheur, son joli regard, son joli sourire en font une des plus agréables femmes de la ville et de la cour. C'est Mme Swoboda avec une bonne tournure et de la grâce. Ses enfants sont très beaux et charmants. J'ai trouvé Mme de Laborde mère (1) blanche et fort soignée, mais plus âgée que je ne supposais. Elle espère toujours que Mme de Bombeck (?) viendra passer l'hiver à Paris et surtout à Méréville.

Mme Charles de Noailles (2) est constamment à Méréville; elle doit avoir été charmante et on ne la dirait pas mère d'une fille mariée (3). Sa santé est affreuse et elle semble très sauvage, aussi n'a-t-elle fait qu'une petite partie des promenades avec nous.

(1) La marquise de Laborde, née Nettine, veuve du marquis Joseph de Laborde, banquier de la cour et l'un des plus riches particuliers de France, qui fut guillotiné en 1794. Elle avait habité Vienne pendant l'émigration.

(2) Fille du feu marquis et de la marquise de Laborde. Elle avait épousé en 1790 le comte Charles de Noailles, plus tard duc de Mouchy.

(3) C.-M.-A.-L. de Noailles, mariée à son cousin, A.-L.-D. vicomte de Noailles, qui périt, en 1812, au passage de la Bérésina.

Le château est bien arrangé et a l'air cossu. Un très grand salon, à portes vitrées, laisse voir toute une enfilade de pièces.

Le parc est extrêmement grand et très beau, avec une végétation superbe; des eaux magnifiques; beaucoup de grottes artificielles exécutées dans la perfection, couvertes de fleurs et de plantes rampantes; de belles cascades; d'épais bocages, tranquilles et délicieux; un canal sur lequel on peut longtemps naviguer. Vous criez déjà, je pense, rassurez-vous, nous n'avons pas été en bateau. Il y a un temple d'une superbe architecture et dont les détails, surtout, sont merveilleusement exécutés. Sa représentation forme le frontispice du grand ouvrage de M. de Laborde sur les jardins. En face du château s'élève, au sommet d'une véritable montagne, une colonne immense que l'on voit de très loin. Ailleurs, au bord d'un lac entouré de saules, une colonne rostrale évoque le souvenir des malheureux fils de M. de Laborde, qui périrent sur mer (1). Plus loin, dans un moulin, orné, arrangé, se trouve un joli cabinet d'où l'on découvre un charmant paysage.

Quand on pense à tout ce que Mme de Laborde a perdu, cela fait frémir : son fils aîné, mort de la poitrine (2); deux autres de ses fils noyés pendant les voyages de M. de La Pérouse; sa fille aînée, la marquise Des Cars; une grande

---

(1) Deux fils du marquis de Laborde, qui servaient comme officiers de marine sous les ordres de La Pérouse, s'étaient noyés, près des côtes de Californie, en voulant secourir plusieurs de leurs compagnons en danger de périr eux-mêmes.

(2) Il avait été député aux États généraux et mourut en émigration.

partie de sa fortune prise par la Révolution; enfin son mari!

Le dîner était excellent, très splendide, la soirée fort jolie, les lits parfaits.

M. de Laborde va une ou deux fois par semaine à Paris. Ces excellentes gens qui, comme de raison, aiment passionnément leur établissement de Méréville, sont toujours au moment de le vendre, car l'entretien passe leur fortune actuelle.

Hier, *lundi, vingt-huit mai,* nous sommes partis de Méréville vers neuf ou dix heures du matin, après déjeuner, pour être de retour à Paris vers trois heures. Notre course avait été très gaie, la bonne humeur générale. J'aime beaucoup M. Adrien de Montmorency-Laval; je le trouve fort aimable, son bégaiement est très drôle, et il a une manière originale de dire les choses et de penser tout haut. Il est d'une activité comique, toujours affairé, toujours engagé, connaissant toutes les sociétés possibles, intriguant pour le bien et assez lié avec Fouché. Il travaille continuellement à faire sortir quelqu'un de prison ou à tel autre objet pareil. Il arrange des mariages, court sans cesse, met la main à tout. Enfin, il me témoigne beaucoup d'amitié, ce dont je lui suis très reconnaissant. Je n'ai pas aperçu sa femme (1). Son père, le duc de Laval, est dans un état affreux (2); il a la goutte et souffre l'impossible depuis six semaines ou plus.

Très joli dîner chez Mme de Matignon, avec Flore et

(1) Née Bonne-Charlotte-Renée-Adélaïde de Montmorency-Luxembourg.
(2) Le duc de Laval vécut, néanmoins, jusqu'en 1817.

Mme Boson de Périgord. Ensuite, nous avons été aux Variétés. J'ai revu, avec le plus grand plaisir, *Les Trois Étages* et *Le Départ pour Saint-Malo*, joués par cet adorable Brunet. Flore aussi en était enchantée.

Pour aujourd'hui, vous n'avez pas idée, chère Maman, combien j'étais malheureux! On donnait :

A l'Opéra, *La Vestale*.

Aux Français, *Manlius* et *La Revanche* (1), que je meurs d'envie de voir depuis mon arrivée à Paris.

A l'Opéra-Comique, *Richard Cœur-de-Lion* (2), où le rôle de Blondel est, dit-on, le triomphe d'Elleviou.

Concevez mon désespoir! Je ne savais où donner de la tête. Je me suis pourtant décidé pour *La Vestale*. Golowkin m'en parle depuis que je suis ici, et ne me pardonnerait pas de la manquer. Lui-même rentre ordinairement de Montallègre chaque fois qu'on la donne, et arrive toujours pour l'ouverture. C'est le seul grand opéra qui m'ait fait plaisir, malgré Lainez. La musique de Spontini est superbe et chantante, les chœurs admirables, le poème d'Étienne de Jouy très intéressant, les ballets merveilleux. Mme Himm chante très bien et a les plus beaux bras possibles. Derivis est excellent en grand-prêtre. Mlle Maillard joue si parfaitement qu'elle m'a enchanté, ravi. On dit trop de mal de cette grosse Mlle Maillard — ou Braillard — elle joue à merveille et, en vérité, ne crie pas plus que les autres, car tout le monde hurle à l'Opéra.

(1) Comédie de Roger et Creuzé de Lesser.
(2) Comédie mêlée d'ariettes de Sedaine pour les paroles, et de Grétry pour la musique.

Il s'en faut beaucoup que sa voix soit agréable, mais elle tient bien le rôle de la grande-prêtresse. Les véritables horreurs de l'Opéra sont Lainez, et même Lays dont je n'aime pas du tout la voix. Parmi les autres, Nourrit ne me fait pas le moindre plaisir; Mlle Joséphine Armand est un détestable petit crapaud; Mme Granier s'est enfuie sans que je l'aie vue; enfin Mme Branchu, malade ou en couches, n'a pas encore reparu. Somme totale, l'Opéra est presque toujours ennuyeux. Je fais une exception pour *La Vestale*, mais plaignez-moi, chère Maman, d'avoir manqué *Richard* et *La Revanche*.

Savez-vous l'heure qu'il est? Trois heures un quart du matin. Le jour paraît tout à fait, les oiseaux chantent dans mon joli petit jardin, le ciel est sans le moindre nuage. Je suis rentré à deux heures du matin; je me suis mis à écrire et me voilà.

Bonjour, je me couche.

CHAPITRE XXVII

Visite à Montallègre avec la princesse Flore de Ligne. — La Malmaison et son parc. — L'impératrice Joséphine; les regrets qu'elle a laissés; mécontentement de Mmes de Montmorency et de Mortemart contre l'impératrice Marie-Louise. — Le « marchand de modes » Leroy. — L'impératrice Joséphine reçoit la princesse Flore de Ligne et le comte de Clary, et leur montre sa galerie de tableaux. — Portraits des « Turcs » auxquels Napoléon « eut affaire en Égypte », sa bibliothèque, son bureau. — Les équipages de l'impératrice Joséphine. — La reine de Naples, le grand-duc de Wurtzbourg et le comte de Metternich.

N° 36.
A Louise.
Paris.
Jeudi, 31 mai 1810.

Or, écoutez une journée mémorable de mon mémorable voyage. Hier, *trente mai*, j'ai conduit Flore à Montallègre qu'elle ne connaissait pas. Départ à neuf heures du matin, en cabriolet. Golowkin était dans le ravissement de voir Flore chez lui, et Flore enchantée de l'établissement de Golowkin. Puis, nous sommes allés à La Malmaison. Soit dit en passant, Golowkin s'y est laissé mener par moi en cabriolet, chose étonnante bien qu'il n'y ait qu'un quart d'heure. Nous entrâmes par une porte dont il avait la clef et parcourûmes d'abord le parc. C'est bien le plus agréable que j'aie visité en France : il est immense, dessiné avec beaucoup de goût, couvre toute une colline, et s'étend bien plus loin que nous n'avons eu le temps d'aller aujourd'hui, car nous n'avons été voir ni la laiterie, au sommet de la colline, ni le lac de Saint-Cucufa. On y trouve un bois de haute futaie avec de beaux arbres, des pelouses très bien dessinées, des eaux magnifiques, un long canal sur lequel flottent de jolies barques, nagent des cygnes noirs au bec de pourpre et quantité d'autres oiseaux aquatiques.

Un petit temple, charmant et placé à merveille, abrite une statue de l'Amour, fameuse naguère, qui provient du pavillon de Luciennes.

Beaucoup de plantes exotiques et surtout de plantes des Antilles forment une collection unique en Europe, dit-on.

La serre, de toute beauté, passe pour être bien mieux soignée et entretenue que celle du Jardin des Plantes. Elle renferme des végétaux superbes, même pour un ignare et un profane comme moi, un bassin couvert de nénuphars, un jet d'eau, une statue entourée de plantes rampantes et de lierre.

Enfin, par des échappées de vue, on découvre un pays charmant qui semble prolonger le parc, des coteaux, cet aqueduc de Marly qui fait si bel effet.

Comme tout cela intéresserait mon père! Je pense à lui quand je vois des jardins, des maisons — à maman, quand je vais au spectacle ou dans le monde — à vous toujours, car tout vous ferait grand plaisir.

De la serre, quelques marches conduisent dans un joli salon, très frais, délicieusement meublé, avec un parquet encadré d'une large bordure en stuc.

Cette pauvre impératrice Joséphine a bien raison d'adorer La Malmaison. Elle y est revenue *con fiocchi*, il y a quinze jours, et bien contente de s'y retrouver. On dit qu'elle était au désespoir lorsqu'elle s'est mise en route pour Navarre, après le divorce, et qu'on l'a vue sangloter dans son mouchoir en traversant Nanterre. On la faisait alors partir assez brusquement, durement même, sans gardes, sans rien de ce qui l'entourait autrefois, mais seulement accompagnée de gendarmes. Maintenant, les rois, les reines, le grand-duc de Wurtzbourg, tous les Talleyrand, Mme Juste de Noailles la voient et la cultivent; Mme de Metternich va chez elle. Autour de La Malmaison, les chemins sont couverts de voitures à six chevaux qui vont et viennent, de courriers, de gens à cheval. Malgré tout cela, l'impératrice Joséphine ne reçoit pas précisément et on ne lui présente point d'étrangers. Elle n'a pas encore vu l'Empereur depuis son retour. Bientôt, après que ce sera fait, elle partira pour Aix-en-Savoie. Les paris sont ouverts pour savoir si elle aura une entrevue avec l'impératrice Marie-Louise.

Le Vice-Roi et la Vice-Reine (1) sont, je crois, à demeure à La Malmaison, la princesse Stéphanie aussi : du moins y était-elle hier.

C'est une bonne femme que l'impératrice Joséphine; tout le monde la regrette et personne n'en dit de mal; elle n'en a jamais fait à personne. Très frivole, ne sachant en rien s'occuper, à la botanique près, désirant voir tout le jour du monde autour d'elle, aimant les dehors et le clinquant du trône, la représentation, les diamants, la parure avec passion, sans beaucoup d'esprit, mais ayant du tact et de la grâce, sachant dire des choses flatteuses

---

(1) La Vice-Reine, femme du prince Eugène de Beauharnais, vice-roi d'Italie, était née princesse Auguste-Amélie de Bavière.

et agréables à chacun, elle se trouve maintenant désœuvrée et malheureuse sous ce rapport-là. Mme d'Audenarde fait profession d'un grand attachement pour elle, et ne tarit pas en éloges sur son extrême bonté et sur la manière dont elle supporte son sort. Les dames, qui la trouvaient beaucoup plus accueillante que celle d'à présent, la regrettent, surtout les femmes qui, comme Mme de Montmorency et Mme de Mortemart, croyaient être traitées bien différemment des autres par une archiduchesse, à cause de leur nom. Ces femmes-là sont furieuses et jettent les hauts cris.

Maintenant même que l'impératrice Joséphine reçoit, en somme, si peu, on voit tous les matins, et je crois même deux fois par jour, le cabriolet de Leroy (1) allant à La Malmaison la coiffer. Leroy, par exemple, doit être furieux contre la seconde Mme Bonaparte. Favori de l'ancienne, oracle de la cour et de la ville, ayant acquis une grande fortune en vendant des chiffons, il devait se croire à l'abri des coups du sort. Dans les premiers jours du mariage, Leroy apporte des robes à l'impératrice Marie-Louise : elle les trouve trop décolletées.

— « Ah, Madame, répond-il, quand on a un si beau cou à montrer, il ne faut pas le cacher. »

Elle sonne.

— « Qu'on chasse sur-le-champ cet insolent et qu'il ne reparaisse plus devant moi ! »

---

(1) Leroy, établi, 89, rue Richelieu, et qualifié « marchand de modes » dans les *Annuaires* de l'époque, vendait des robes, des chapeaux, de la lingerie, coiffait les dames et passait pour l'arbitre de toutes les élégances féminines.

Leroy, frappé de la foudre, n'en croit pas ses oreilles et reste bouche béante. Il avait pris l'habitude de flatter l'autre et d'être bien reçu en de semblables discours.

Cette disgrâce a fait beaucoup de bruit sur le moment, et je trouve que, cette fois, l'impératrice Marie-Louise eut prodigieusement raison.

Quoique voisin et favori, Golowkin n'avait pas encore vu la dame de La Malmaison depuis son retour, par paresse masquée en mauvaise santé, de sorte que, n'osant approcher du château, il est resté dans le jardin, à nous attendre, tandis que Flore et moi allions bravement demander Mme d'Audenarde. Un peuple de pages, de chambellans je crois, de valets de chambre galonnés, de Basques (car l'Impératrice a des Basques qui ont un très joli costume et l'air bien leste), après nous avoir toisés et regardés avec étonnement, nous conduisit dans les entre-sols qu'habite Mme d'Audenarde (1). Elle nous a reçus à bras ouverts; elle est bien un peu changée et vieillie, mais encore étonnamment bien. Elle nous demande si nous voulons voir la galerie : nous en mourions d'envie. Alors elle descend et dit à l'Impératrice :

— « Votre Majesté va-t-Elle à la galerie, ce matin?

— « Oui, il y a des ouvriers et on place des tableaux.

---

(1) « Parmi les personnes qui témoignèrent le plus d'attachement à l'Impératrice après le divorce, écrit Mlle Avrillon, dans ses *Mémoires* (t. II, p. 207), je regarde comme un devoir de citer Mme d'Audenarde....... Ayant peu de fortune, elle trouvait agréable d'habiter La Malmaison, alors même qu'elle n'était pas de service, et cela plaisait beaucoup en même temps à l'Impératrice, qui aimait en elle l'agrément de son caractère, sa conversation spirituelle et ces manières exquises qu'elle avait puisées dans la bonne compagnie où elle avait toujours vécu. »

— « En ce cas, je n'ose demander à Votre Majesté ce que je voulais.

— « Quoi donc?

— « La princesse de Ligne et le comte de Clary sont venus me voir, et j'aurais désiré leur montrer la galerie.

— « Eh bien, menez-les-y et je m'y trouverai. »

Alors Mme d'Audenarde vint nous chercher et nous fit descendre. Pour Florette, malgré sa curiosité, le cœur lui battait un peu. Quant à moi, j'eus à peine le temps d'ôter mes guêtres et de me confondre en remercîments. Déjà nous étions à la porte de la galerie, nez à nez avec l'Impératrice, qui, avec une grâce charmante, venait à nous. Elle nous reçut à merveille, eut la bonté de nous faire, elle-même, les honneurs de sa galerie et de nous montrer les plus beaux tableaux, en disant :

— « Ma galerie a besoin de votre indulgence, on y travaille. »

Il est impossible de mettre plus de grâce et d'amabilité qu'elle ne l'a fait. Au bout d'un quart d'heure, elle s'est retirée en nous laissant enchantés d'elle. Je l'ai trouvée beaucoup, mais beaucoup mieux que je ne m'y attendais, fort agréable, simplement mais très bien mise et ayant une jolie taille.

La galerie est si bien construite, peinte si bien et avec tant de goût, si parfaitement éclairée par en haut, si bien proportionnée en tout qu'on ne saurait voir une plus belle pièce.

Comme statues, il y a la délicieuse *Hébé* de Canova, un de ses groupes de *L'Amour et Psyché*, etc., etc.

Les tableaux ne sont pas nombreux mais extrêmement

choisis : quatre Claude Lorrain magnifiques, un tableau qui passe pour le chef-d'œuvre de Téniers, etc., etc. C'est l'élite de la galerie de Cassel (1) !

La salle voisine contient tout ce que l'école française moderne a produit de mieux, entre autres : *Valentine de Milan, pleurant son mari*, de Richard que j'aime tant et, du même, *Charles VII écrivant sur le plancher :* « *Gente Agnès en mon cœur demeurera plus que l'Anglais en notre France* », ou quelque chose d'analogue; *La Mort de Raphaël*, avec le tableau de *La Transfiguration* dans le fond, de Laurent, etc., etc.

Il y a une salle remplie de superbes têtes de Turcs. Ce sont les portraits de tous ceux auxquels Buonaparte eut affaire en Égypte. Que ne lui passe-t-il pas par la tête au Grand Diable (2)? Nous avons vu sa bibliothèque dans un petit cabinet, et ce bureau d'où il a renversé et bouleversé le monde par des traits de plume.

Je suis fâché de n'avoir pas remarqué M. de Pourtalès (3), que j'ai autrefois connu à Berlin. J'ai su plus tard seulement qu'il était à La Malmaison.

---

(1) Pendant la campagne de 1806, après la bataille d'Iéna, les plus beaux tableaux de la galerie de Cassel, capitale de l'électorat de Hesse, avaient été pris par les Français et envoyés à l'impératrice Joséphine qui se trouvait alors à Mayence. Au lieu de remettre ces tableaux à la Direction des Musées, l'Impératrice les avait gardés, avec l'assentiment de l'Empereur, et fait placer à La Malmaison, où ils figurèrent désormais dans sa galerie personnelle. Après sa mort, en 1814, cette galerie fut vendue à l'empereur de Russie, au grand regret des Hessois qui ne revirent jamais plus leurs tableaux.

(2) Surnom donné couramment à Napoléon Ier en Autriche, et même à la cour de Vienne.

(3) Le comte de Pourtalès, d'une famille neuchâteloise, était venu en France comme aide de camp du maréchal Berthier, créé prince souverain de Neuchâtel en 1806.

Enfin, nous allâmes rejoindre Golowkin, qui nous attendait très patiemment et fut enchanté que notre aventure eût si bien réussi.

Les équipages de l'Impératrice étaient prêts pour la promenade. Il est impossible de rien voir de plus léger, de plus élégant. Ce sont des calèches entièrement ouvertes, avec un immense parasol au milieu; les chevaux et les jockeys sont charmants.

Nous sommes revenus à Montallègre pour dîner. Golowkin était aimable au possible et Flore très contente de sa journée. Au retour, nous avons rencontré la reine de Naples avec son fidèle *cavalier servente*, le grand-duc de Wurtzbourg, qui, dit-on, en est amoureux comme un petit garçon et ne la quitte pas. Elle le traite très bien, mais, cependant, je crois qu'un grand ministre étranger (1) est plus heureux. Au reste, ce bon grand-duc est aimé et estimé par toute la famille impériale, comme par tout le monde. C'est le seul prince allemand qui ait encore un peu de considération ici. Il est charmant pour nous autres Autrichiens.

(1) Le comte de Metternich.

CHAPITRE XXVIII

Bal à Neuilly, chez la princesse Borghèse. — Promenade avec Mmes de Bellegarde; les ateliers de David et de Prud'hon; M. Lebreton et la *Psyché*, de Gérard. — Dîner chez Mmes de Bellegarde; Duval, auteur du *Retour d'un Croisé*; le peintre Gérard et sa femme, etc. — Concert chez M. de Montesquiou; M. de Veauce; Mme Festa, de l'Opéra italien, etc. — Visite à Montallègre; l'aqueduc de Marly. — *Artaxerce*. — *Saül*; *Vénus et Adonis*. — Soirée du lundi à Neuilly, chez la princesse Borghèse. — Promenade au Raincy et à Livry; souvenirs de Mme de Sévigné. — Première représentation de : *Les Deux Vieillards ou Le Vieux Fat; La Fausse Agnès*.

N° 37.
A Louise.
Paris.
Vendredi, 1er juin,
à deux heures du matin.

Je rentre d'un bal à Neuilly, chez la princesse Borghèse. Ces bals sont assez ennuyeux. Il n'y a pour faire danser que le fameux Julien et un autre musicien. Julien est aussi nécessaire à un bal que l'était chez nous Hillmayer, de dansante mémoire, je crois vous l'avoir déjà dit; mais Julien, loin d'être aussi *strepitoso* (1) qu'Hillmayer, joue si bas, si doux, qu'on l'entend à peine, bien qu'à merveille. Avec lui, les contredanses sont la plus jolie et la plus agréable chose du monde; en revanche, les valses et les écossaises sont absolument indansables, et cependant on danse un *Altvater* (2) d'une

---

(1) Bruyant.
(2) « Grand-père. » — On nommait ainsi une sorte de danse au cours de

heure. Il faut donc que je retrouve ici ce plaisir qui m'ennuie depuis vingt-cinq ans. La reine de Naples le danse *à chaque bal* avec M. de Metternich : elle est grosse, assez épaisse et cependant danse toujours. Il y a non seulement le *Schneck* (1) et l'*Aussuchen* (2) et toutes les bêtises de notre jeune âge, mais encore une figure où l'on met une chaise au milieu du salon. Une dame s'y assied, les danseurs font le cercle autour d'elle, puis se mettent à genoux, tandis que les danseuses forment un nouveau cercle autour d'eux. On a l'air bête à plaisir.

Mme Visconti était superbe ce soir, avec de fiers diamants et beaucoup. Mme Lucchesini voudrait bien faire son pendant en beauté, mais elle s'est conservée laide comme l'autre s'est conservée belle. Son cercle noir sous les yeux est bien hardi. Comment est-on la seule femme d'Europe qui fasse cela? Vous voyez que je parle comme si les Turcs n'y étaient plus.

Mon enfant, je suis rentré à deux heures du matin et il en est quatre. J'éteins ma bougie et continue à vous écrire; ne m'en remerciez pas, cela me coûte moins que de me lever le matin, et demain part un courrier.

Vendredi soir. — Aujourd'hui, ces pintades de Bellegarde m'avaient promis beaucoup de nouveau en fait de peintures et d'objets d'art, etc., etc. Elles ne m'ont qu'à moitié tenu parole, sans que ma journée ait été ennuyeuse

---

laquelle danseurs et danseuses exécutaient une suite de figures variées comme dans le cotillon actuel.
(1) La spirale.
(2) Le choix : sorte de figure basée probablement sur le choix des danseuses par les danseurs, ou réciproquement.

cependant, car j'aime toujours voir de belles choses, même déjà vues. Nous avons été aux musées du Luxembourg et des Petits-Augustins, puis chercher David à la Sorbonne où se trouve son atelier. Il n'y était pas. Je n'ai donc pas encore vu son *Enlèvement des Sabines*. On dit que David est affreux, qu'il porte sur sa figure l'empreinte de son caractère et des horreurs qu'il a commises pendant la Révolution (1). Son talent seul lui sauva la vie. Il a une excroissance dans la bouche, un morceau de chair qui en sort quand il parle et lui donne toujours l'air de mâcher du sang. Rien n'est plus dégoûtant, dit-on.

Prud'hon a aussi son atelier à la Sorbonne; nous n'y avons rien trouvé d'intéressant. Puis, nous avons mis une demi-heure à chercher de porte en porte, dans la rue de Tournon, un M. Lebreton, possesseur de la fameuse *Psyché* de Gérard (2). Enfin nous l'avons trouvé. Je n'ai jamais aimé ni l'idée ni la composition de ce tableau, quoique ma société se pâmât d'admiration. Vous connaissez cette *Psyché* si raide, que l'Amour embrasse sans la toucher!... M. Lebreton a peu, mais de très jolis

---

(1) Déjà très célèbre comme peintre sous l'ancien régime, mais tout imbu du républicanisme romain dont il s'était pénétré en méditant plusieurs de ses tableaux, David se lança passionnément dans le mouvement révolutionnaire, fut député de Paris à la Convention, vota la mort de Louis XVI et compta parmi les terroristes les plus violents. Après le 9 thermidor, son talent, peut-être, et certainement sa hâte à oublier ses anciens amis le sauvèrent, puis, de palinodies en palinodies, il finit par devenir le peintre officiel de Napoléon Ier.

(2) Gérard, né en 1770 et apprécié comme peintre dès 1795, exposa peu après son tableau de *Psyché* qui fut très admiré. Néanmoins, ce tableau ne trouva pas d'acheteur et, comme Gérard était alors fort pauvre, deux de ses amis, l'architecte Fontaine et M. Lebreton, secrétaire de l'Institut, se cotisèrent pour acquérir la *Psyché*, qu'ils payèrent par annuités.

tableaux, entre autres un petit, fort bizarre, qui représente des chasseurs trouvant, dans une forêt, le squelette de Milon de Crotone. L'idée est singulière. Le squelette est pris par les mains, puisque cet animal d'athlète *hat sich eingezwickt* (1) et fut mangé *in loco* par les lions.

Très gai et très joli dîner chez les Bellegarde. Il y avait :

— Duval qui parlait, entre autres, de son *Retour du Croisé* (2), parodie très drôle de tous les mélodrames que l'on donne à l'Odéon. Il disait que, l'autre jour, il s'était fort amusé au milieu de gens qui, ne sentant pas la plaisanterie et prenant tout pour argent comptant, se récriaient sur l'énorme bêtise de la pièce. Je suis désolé de ne pas l'avoir vu jouer.

— Gérard, le peintre, fort aimable, et sa femme, bonne petite personne toute ronde.

— M. d'Estourmel, aimable, gai, instruit. Il passe pour pédant et l'on s'en moque un peu, je trouve à tort. Il a fait une chanson du roi Dagobert qu'il m'a donnée. Il connaît tous les artistes, les bibliothécaires, les poètes et est un excellent cicerone.

— M. de Cubières, bon enfant, gai, peut-être un peu farceur. On le dit amant de Mme de Bellegarde, qui, je crois, pourrait être sa mère.

— M. Brifaut, l'un des poètes de poche des Bellegarde, chez lesquelles il a lu jeudi dernier une tragédie, que j'ai dû sacrifier au bal de Neuilly.

---

(1) Se pinça.
(2) *Le Retour d'un Croisé ou Le Portrait mystérieux*, grand mélodrame en un petit acte.

— Enfin Mme de Coigny-Fleury, dont je vous ai déjà parlé : aimable, assez mauvais train *(sic)*, très liée avec les Bellegarde, qui forment à peu près toute sa société. Elle est fille du comte de Coigny, professe un grand attachement pour la marquise de Coigny, sa cousine, et, dans ce moment-ci, paraît très occupée de suivre un cours de Gall.

Quant à mes Bellegarde, c'est une paire d'excellentes personnes, sans aucun inconvénient, que j'aime vraiment beaucoup, qui m'adorent et se mettraient en quatre pour me faire plaisir ou m'être utiles. Elles sont gaies, dansent, chantent, pincent de la guitare, jouent au volant dans leur petit jardin, donnent des dîners très agréables. Elles voient assez souvent Mme de Genlis et devaient toujours me faire entendre Casimir, mais nous n'y sommes pas parvenus. Je n'ai entendu que Nadermann chez Mme Lebrun, et d'Alvimare (1) je ne sais où.

Samedi, deux juin. — Le courrier ne part que demain. J'ai enfin reçu, ce soir, votre lettre du 30 avril. C'est pour moi une source continuelle de calculs et de chagrins que l'histoire des lettres en retard, mais le jour où elles arrivent enfin tout est oublié. Je suis donc aujourd'hui complètement heureux. Vous me dites les gentillesses d'Euphémie : j'ai beaucoup plus d'accès d'*Heimweh* (2) que vous ne croyez, car tout est contradiction dans la vie comme dans ce sot et insatiable cœur humain.

(1) Célèbre harpiste, et compositeur de nombreuses romances sentimentales.
(2) Mal du pays.

Je serais désolé que le voyage de l'Impératrice [d'Autriche] à Teplitz (1) vous empêchât d'aller à Carlsbad. Vous êtes bonne et parfaite de me donner carte si blanche pour tous mes voyages. Voyez combien j'en abuse : je ne peux pas encore fixer le jour de mon départ, puis il y aura la Suisse, et je voudrais voir encore l'Impératrice à Teplitz pendant huit jours, pas davantage.

Les gentillesses d'Euphémie me tournent la tête, celles de Mathilde doivent être plus conséquentes. Adhémar doit aussi faire quelques tours ou, au moins, quelques dents.

N° 38.
A ma Mère.
Paris.
Dimanche, 3 juin 1810.

Ingrats, vous vous plaignez.... et vous m'accusez, moi! (Pensez que je fais ici les mines de Talma.) Et, après avoir écrit plus qu'homme au monde peut-être, je suis soupçonné d'être malade ou négligent....... moi! — C'est la faute des courriers, chère Maman, je vous avoue que ma philosophie ne tient pas contre la perte de longues lettres. Je trouve par trop dur de les écrire uniquement pour ces animaux de la poste.

M. de Fitzjames est tenté d'aller en Suisse avec moi, cela me ferait plaisir. Le petit Cubières en meurt d'envie, mais ce serait un si grand surcroît de dépense pour ma bourse que nous en serions très embarrassés tous deux.

(1) L'impératrice d'Autriche devait aller prendre les eaux de Teplitz. (Voir ci-dessus, p. 17, en note.)

J'ai bien reçu hier, par M. Tourton (1), votre lettre du huit mai, et aujourd'hui celle du douze par la princesse Charles de Schwarzenberg qui est enfin arrivée. Merci, merci. Si tous vous pouviez savoir combien vous me rendez heureux en m'écrivant, vous ne feriez que cela.

Hier, *vendredi, premier juin*, l'Empereur est, je crois, arrivé dans la soirée (2). J'ai été à un concert chez M. de Montesquiou, le grand-chambellan. Il y avait, comme la dernière fois, toute la ville et d'excellentes glaces. M. de Veauce (3) a joué un concerto ou bien une sonate, car c'est cousin germain, dans la plus grande perfection. J'ai rarement entendu toucher du clavecin aussi nettement, aussi agréablement et sans la moindre grimace. M. de Veauce est fort bien sans avoir une jolie figure, et c'est l'un des jeunes gens qui me plaisent le plus. Mme Festa, de l'Opéra italien, dont la voix est belle, a chanté. Je ne l'avais pas encore entendue. L'Opéra italien est au lointain Odéon (4), et les autres spectacles me tentent toujours davantage. Nadermann a joué de la harpe en perfection. Ces concerts sont jolis parce qu'il y a beaucoup de chant et un bon choix de morceaux. On n'est pas plus poli que M. et Mme de Montesquiou, et leurs soirées ont grand air sans compter les grands airs.

(1) Peut-être le banquier Tourton, qui fut, sous le premier Empire, un des élégants le plus en vue de la société parisienne.
(2) Napoléon Ier et l'impératrice Marie-Louise étaient, en effet, revenus à Saint-Cloud le 1er juin, après leur voyage en Belgique et en Hollande.
(3) M.-A. Cadier, baron de Veauce, né en 1786.
(4) Voir ci-dessus, p. 199, en note.

Samedi, deux juin. — J'ai été le matin à Montallègre, où j'ai trouvé le pauvre Golowkin ne pouvant remuer ni pied ni patte, très souffrant de rhumatismes, de maux de reins, de la pierre, d'une joue enflée, d'un abcès. En voilà-t-il des maux! Je me suis promené seul. J'ai été voir la maison de Mme Lebrun, à Luciennes. Sauf la jolie vue, le jardin n'est rien du tout et la maison fort peu de chose. Mme Lebrun s'occupe de la meubler. Le sénateur Dupuy (1), beau-père de Charles d'Audenarde (2), possède une belle maison à Luciennes. Ensuite, j'ai voulu regarder de près l'aqueduc de Marly, et suis monté au sommet de la tour carrée qui le termine. On travaille beaucoup aux nouvelles pompes à feu qui doivent remplacer la vieille machine. En voyageur curieux, je me suis fait expliquer le mécanisme de tout sans y rien comprendre malgré ma mine entendue. Au bas de la tour, des hommes, les jambes nues dans le marais, tournaient une grande roue faisant partie des travaux actuels. « Ah, Monsieur, disait la vieille femme chargée de me conduire, c'est un ouvrage bien *maussade* qu'ils font là. » J'adore les expressions du peuple et ses dictons. En voici, par exemple, un char-

---

(1) Le comte Dupuy, ancien magistrat, était devenu, en 1790, intendant général de tous les établissements français à l'est du Cap, puis avait pris une grande part aux négociations diplomatiques qui amenèrent la paix d'Amiens entre la France et l'Angleterre.

(2) Charles-Eugène, comte de Lalaing, vicomte d'Audenarde, baron de l'Empire, fils de la vicomtesse d'Audenarde, dame de l'impératrice Joséphine et, lui-même, écuyer de cette princesse. Appartenant à une famille des Pays-Bas autrichiens, il avait d'abord servi dans l'armée autrichienne, puis avait donné sa démission, après la paix de Lunéville, pour entrer dans l'armée française. M. d'Audenarde, qui était colonel de cuirassiers en 1810, devint général de brigade en 1812, général de division en 1823, pair de France sous Louis-Philippe, sénateur sous Napoléon III.

mant que m'a dit, l'autre jour, mon Germain : « Métier qui cache son maître ne vaut rien. »

Du haut de l'aqueduc, j'ai vu la place de feu Marly. On ne conçoit pas qu'une demeure de Louis XIV bâtie il y a si peu de temps, que tous ces pavillons ambitionnés par les courtisans, que ces jardins aient pu disparaître à tel point qu'on en retrouve à peine la trace. C'est là qu'étaient les beaux chevaux qui ornent maintenant l'entrée des Champs-Élysées. Tout a été vendu et rasé pendant la Révolution.

Après avoir dîné avec mon pauvre malade, je suis retourné à Paris, pour voir, aux Français, *Artaxerce*, tragédie fort intéressante de M. Delrieu (1). Lafon est très bon dans le rôle d'Artaxerce; mon ennemi, Damas, a de superbes scènes dans Arbace; le rôle du père est un des meilleurs de Saint-Prix, mais sa manière de souffler au nez des spectateurs, comme un chameau dans ses moments de passion, semble une chose bien extraordinaire. Mlle Volnais est une ennuyeuse Mandane.

Dimanche, trois juin. — J'ai vu, à l'Opéra, *Saül* (2), dont les ballets sont ravissants. L'entrée de l'arche, entourée de toutes les danseuses qui jettent des roses, est particulièrement jolie. Je crois, en vérité, que cela vous ferait plaisir à voir. Ensuite, on donnait *Vénus et*

---

(1) E.-J.-B. Delrieu (1763-1836).

(2) « Pastiche en trois actes de Desprès, Deschamps et Morel pour les paroles, sur une musique arrangée par C. Kalkbrenner et Lachnith, d'après Haydn, Mozart, Cimarosa et Paisiello, représenté à l'Opéra pour la première fois le 7 avril 1803, pendant la semaine sainte. »

Adonis, qui est toujours un des plus beaux grands ballets.

Tous ces jours-ci, j'ai nagé quelquefois, mais, hélas, avec très peu de succès, je suis trop vieux et surtout j'ai la respiration trop courte. Pour le coup, Adhémar apprendra la natation dans un *Heferl* (c'est un petit pot, Maman), car je veux absolument qu'il ait cette jouissance dont je suis privé.

Lundi, quatre juin. — Un lundi de Neuilly, chez la princesse Borghèse : beaucoup de monde, chaleur, jeu, ennui. Au milieu de la soirée ou du bal, un valet de chambre nègre apporte à la jolie et languissante, blanche et appétissante princesse une belle jatte de vermeil pleine de lait. Elle en boit et l'on tient toujours cette jatte devant elle. Quand elle valse, tous les autres danseurs s'arrêtent pour ne point heurter cette délicate et gentille altesse impériale. Elle est très jolie et dit de jolies choses avec une jolie mine. Aujourd'hui, j'étais destiné aux honneurs de l'après-soirée (pas de la toute dernière) : ce pauvre Castel a couru après moi, m'a cherché par mer et par terre, mais, ne me doutant pas de la bonne fortune qui m'attendait, j'étais parti avec le gros du monde.

Cavriani est un des habitués de la maison, parce que le prince Borghèse avait été autrefois, c'est-à-dire en 1805, à des thés chez Mme Cavriani. Vous jugez quels contes il fait !

Starhemberg valse avec la reine de Naples. Elle l'appelle son petit houzard, quoiqu'il pue le tabac que c'est un plaisir à côté de cette jolie petite reine si parfumée.

Mardi, cinq juin. — J'ai été, avec Flore, M. et Mme de Gourgues, dans une très jolie calèche à trois chevaux de front, au Raincy d'abord, puis à Livry dîner chez la comtesse Charles de Damas (1).

Au Raincy, nous avons vu la maison et le parc, dont je vous ai déjà parlé, je crois. Livry n'est qu'à un quart d'heure, et si Mme de Sévigné se promenait dans les bois du Raincy, elle avait grand raison, car Livry même n'est pas joli. Je n'ai vu que de loin les restes de l'abbaye. Le pavillon que Mme de Sévigné habitait a disparu. *L'Allée de ma Fille* est abattue : une mère à qui la propriété appartenait ou appartient encore, et qui avait perdu sa fille, a fait raser cette allée dont le nom lui rappelait de trop tristes souvenirs. Je l'excuse et lui pardonne, mais si cette pauvre dame avait voulu s'établir ailleurs qu'à Livry, je lui en aurais su un gré infini. Dans ce qui reste de l'abbaye était l'appartement de l'abbé de Coulanges, et j'ai vu les fenêtres du *bien bon*.

Mme de Damas a une fort jolie maison, un joli jardin, beaucoup de fleurs (2). Elle nous reçut à merveille et son mari fut amical. Leur fille, Mme de Vogüé, n'est pas

---

(1) La comtesse, puis duchesse Charles de Damas, née Andrault de Maulevrier-Langeron, belle-sœur du comte Roger de Damas. (Voir ci-dessus, p. 21.)

(2) L'habitation de la comtesse Charles de Damas, appelée généralement château de Livry, eut une heure de célébrité, presque de gloire, lors de la Restauration. Le comte d'Artois, investi par Louis XVIII de la lieutenance générale du royaume, y coucha le 9 avril 1814, veille de son entrée à Paris.

jolie. Vous savez comme cette pauvre femme est triste et malheureuse, combien elle pleure toujours son mari (1). Nous sommes revenus assez tard à Paris.

Mercredi, six juin. — Après avoir déjeuné chez M. de Metternich, j'ai dîné à Montallègre, chez Golowkin, puis suis revenu à Paris pour la première représentation des *Deux Vieillards ou Le Vieux Fat* (2), aux Français. Je me faisais une fête de voir une de ces représentations orageuses et à grands événements : il n'y en a pas eu, malgré quoi je me suis fort amusé.

A la porte, une foule immense se poussait à plaisir; on vendait des billets, mais en cachette, car la police arrêtait ceux qu'elle voyait en vendre; on criait, on se disputait. Enfin, avec du calme et de la patience, j'ai pénétré à travers les baïonnettes et pris d'assaut une bonne place à l'orchestre. La pièce me paraît au moins très médiocre. Fleury joue toujours à merveille, mais le rôle d'un homme de cinquante ans, sage et raisonnable, ne lui convient guère. Baptiste aîné, qui jouait le Vieux Fat et que je n'aime pas, voulait faire le goutteux et marchait en ivrogne. Les sifflets ont été violents, les applaudissements aussi. On dit que les siffleurs cachent leur instrument meurtrier soit dans leurs souliers, soit je ne sais où et qu'ils applaudissent à tout rompre : sans cela, ils seraient bientôt découverts et mis à la porte. Il y a eu beaucoup de train contre une loge où l'on faisait trop de

---

(1) La comtesse de Vogüé finit cependant par se remarier au comte de Chastellux, en 1812. (Cf. *Souvenirs du Baron de Frénilly*, p. 336.)
(2) Comédie d'Andrieux.

bruit; enfin c'était fort amusant mais sans aucune des grandes batailles que j'espérais, comme du temps de Mlle Georges et de Mlle Duchesnois (1).

On a donné ensuite *La Fausse Agnès* (2). Mlle Mézeray n'est plus assez jeune pour ce rôle.

Soirée chez Mme de Laval.

Adieu, je vais m'habiller pour aller aux Tuileries; nous serons enfin présentés à l'Impératrice.

---

(1) De 1803 à 1806, les Parisiens, amateurs de théâtre, furent divisés par la rivalité de Mlle Georges et de Mlle Duchesnois, grandes tragédiennes toutes deux, mais la première d'une beauté sculpturale et la seconde très laide; puis les deux rivales se réconcilièrent, et Mlle Georges partit pour la Russie où elle était encore en 1810.

(2) *La Fausse Agnès ou Le Poète campagnard*, comédie de Destouches.

CHAPITRE XXIX

Présentation à l'impératrice Marie-Louise. — La parade dans la cour du Carrousel. — *Le Passage du Saint-Bernard;* les petits théâtres; Napoléon Ier et son ménechme; Esménard et son élève, Mlle Dupont. — Tivoli. — La disgrâce de Fouché et son remplacement au ministère de la police par le général Savary, duc de Rovigo. — Déjeuner chez M. de Metternich; Gall, François-le-Cordonnier, etc.

N° 39.
A Louise.
Paris.
Samedi, 9 juin 1810.

Nous ne devions être présentés que demain. Tout à coup, il fut décidé que ce serait avant-hier. Ces choses-là ne s'apprennent et, d'ailleurs, ne se décident qu'au dernier moment.

Donc, *jeudi, sept juin,* a été le grand jour des Tuileries : présentation, parade, etc. Après s'être rassemblée chez l'ambassadeur, toute l'Autriche se transporta au palais, où les autres ambassadeurs et ministres étrangers, avec leurs appartenances, se trouvaient aussi convoqués. D'abord, il y eut cercle chez l'Empereur. Il me dit encore un petit mot en passant et me demanda comment je m'amusais à Paris, ce qui est toujours poli. Après quoi, on nous a transportés chez l'Impératrice, par des corridors, de petits escaliers, des passages comme ceux contre lesquels on crie tant chez nous. Enfin, nous avons été entassés dans une fort petite pièce comme des galériens à fond de cale. Vous croyez que nous entrâmes ensuite dans une très grande salle, pas du tout. C'est l'Impératrice, avec ses dames et tout ce qui s'ensuit, qui s'est donné la peine de venir dans notre réduit. *Das war ein Drücken und Quetschen, ein Stossen und Drängen!* (1) à en perdre ses souliers, au moins. Je me suis trouvé pris entre le ventre du petit duc de Frias et la bosse du prince de Masserano (2) à croire que je n'en sortirais pas. Dans ces moments-là, toute politesse et tout égard cessent, il n'y a ni prince, ni ambassadeur, ni cardinal qui tienne. Chacun, obligé de se tenir le plus près possible de son ministre présenteur, se sert comme il peut du droit de ses poings pour ne pas se laisser couper. C'est un scandale, je vous le jure, et ce que nous appelons cohue et désordre chez nous n'est rien en comparaison de ce qu'on voit ici. Enfin, je me suis frayé un chemin jusqu'à l'Impératrice, et c'est alors que cette grande Princesse a bien parlé. Nous étions une trentaine d'Autrichiens et, apparemment enchantée de retrouver des compatriotes, elle dit à chacun :

— « Je suis charmée de vous voir. »

Puis, craignant de faire des jaloux, elle répéta la même phrase à une douzaine d'Espagnols, six ou huit Hollandais, trois ou quatre Suédois, aux Russes, aux innombrables Westphaliens et autres.

A propos de Russes, j'ai vu ici le petit prince Boris

---

(1) On se serrait, on se froissait, on se poussait, on se foulait !
(2) Prédécesseur du duc de Frias à l'ambassade d'Espagne en France. — Fidèle aux Bourbons, mais craignant de voir sa fortune confisquée, le prince de Masserano avait accepté d'être grand-maître des cérémonies du roi Joseph, frère de Napoléon Ier, tout en trouvant moyen de ne pas remplir sa charge et de rester à Paris.

Kourakin venu avec son père, le prince Alexis (1), envoyé pour complimenter. Il parle avec enchantement de son bonheur domestique. La princesse Lise (2) va accoucher pour la seconde fois. J'ai aussi rencontré M. Zotoff (3) que nous avons vu autrefois, et qui a épousé la sœur du petit prince.

Après avoir couru les dangers de cette présentation, nous retournâmes dans les appartements des Tuileries, et chacun tâcha de s'emparer d'une fenêtre d'où il verrait la parade. Pour moi, je n'étais qu'au second rang dans une fenêtre où se trouvaient la princesse Michel Galitzin et sa grosse tamponne *(sic)* de fille. Elle m'a impatienté par tout ce qu'elle a fait et tout ce qu'elle disait sur son attachement à sa seconde patrie, la France (4).

Le coup d'œil de la parade est le plus brillant spectacle militaire qu'il soit possible de voir : spectacle connu, d'ailleurs, et je suis trop paresseux pour vous dépeindre la beauté et la brillante tenue des troupes, l'Empereur galopant à travers les rangs, suivi de tous ses généraux et maréchaux couverts de cordons en tous sens et de toutes couleurs. Excepté en Russie, on n'a nulle part autant d'ordres qu'ici; chaque jeune homme, même, porte deux ou trois petites croix russes, bavaroises, italiennes, etc.

---

(1) Frère de l'ambassadeur russe à Paris.
(2) La princesse Boris Kourakin, née princesse Lise Galitzin.
(3) Le comte Nicolas Zotoff, conseiller d'État.
(4) Le prince et la princesse Michel Galitzin habitaient depuis plusieurs années Paris. Ils avaient trois fils et deux filles, dont l'aînée, Élisabeth, née en 1797, épousa le marquis Terzy, et la seconde, Catherine, née en 1798, le comte de Caumont La Force. Le comte André Chouvalov, père de la princesse Michel Galitzin, avait écrit quelques poésies françaises et entretenu une correspondance avec Laharpe.

Aussi, c'est, je crois, Golowkin qui disait : « Les ordres ne sont plus une distinction, c'est une manière d'être habillé. »

Enfin, il faisait le plus beau temps du monde sous un soleil radieux, et c'était un spectacle vraiment magnifique mais long (car cela dure trois à quatre heures et souvent bien plus), de voir la garde, les cuirassiers, les dragons, les lanciers polonais dans la cour du Carrousel, avec, au fond, l'arc-de-triomphe par lequel entrent les troupes et, de l'autre côté des grilles, la place couverte de spectateurs. Il y avait quatorze mille hommes et tout était fini vers quatre heures (1).

M. Zamoyski m'a dit que l'Impératrice l'avait reçu et

---

(1) Voici en quels termes le prince de Schwarzenberg rend compte de la journée du 7 juin à la chancellerie autrichienne :

« Jeudi dernier, 8 [7] du courant, l'Empereur et S. M. l'Impératrice reçurent le corps diplomatique au château des Tuileries..... L'Empereur était de bonne humeur et affable envers les personnes que j'avais l'honneur de lui présenter; en repassant, après la parade, par les appartements, il causa encore avec le comte de Metternich et moi. Il agita la question de l'utilité des régiments de gardes et approuva notre système de ne pas en avoir, en établissant le principe que ces corps n'étaient, n'étaient *(sic)* bons qu'entre les mains du souverain se trouvant lui-même à la tête de son armée, que, dans le cas contraire, ils ne pouvaient que nuire à l'esprit de la troupe, et finir par devenir monstrueux; il ajouta, en baissant la voix, qu'il était convaincu que, s'il avait confié ses gardes à ses généraux, il y a longtemps qu'elles seraient détruites.

« La conversation continua sur plusieurs autres sujets militaires, il remarqua la différence de la tactique des Anglais avec la nôtre et la sienne. *Vous avez, dit-il, ainsi que moi, une avant-garde, des postes avancés, aussi sommes-nous à l'abri de surprises; les Anglais, au contraire, n'ont rien de tout cela; quand on les rencontre, on tombe sur toute la masse, il en arrive quelquefois, à la vérité, qu'on est enveloppé et qu'on reçoit une échaudée.* Cette observation avait probablement rapport à l'échec essuyé par l'avant-garde du maréchal Ney sur la frontière de Portugal. » (Rapport du prince de Schwarzenberg, du 12 juin 1810. *Archives impériales et royales de Vienne.*)

traité à merveille. J'ai pensé, en moi-même : « Elle est assez sotte pour ça. »

Après m'être déshabillé, j'ai dîné au café Hardy, puis été au théâtre de la Gaieté, près de la Porte Saint-Martin, pour voir *Le Passage du Saint-Bernard* (1), avec un acteur (2) dont l'étonnante ressemblance à l'Empereur frappe tout le monde. Je n'étais pas encore parvenu à voir les petits théâtres, tels que celui-ci, l'Ambigu, etc. Ils n'ont la permission d'avoir qu'un prologue où deux acteurs parlent, tout le reste doit se passer en pantomime (3). Ici donc c'est le Saint-Bernard, les neiges, les moines, la cloche du couvent; des batailles entre les Français et les Autrichiens, des morts, des blessés, des traits de pitié et de valeur, des paysannes tiraillées, enlevées, sauvées au moment critique; du feu, des canons, un train du diable. Enfin, le héros de la pièce arrive en personne, avec son petit chapeau comme il le porte, sa tournure, ses habits, sa manière de prendre du tabac : l'acteur copie tout cela. Pour moi, j'étais dans une loge

---

(1) « *Le Passage du Saint-Bernard*, tableaux historiques à grand spectacle dans le genre de *Servandoni*, par M. Augustin *** [Hapdé?], avec musique de Piccini et Darondeau. »

(2) Il s'appelait, croyons-nous, Chevalier.

(3) Pour soutenir les grands théâtres, c'est-à-dire le Théâtre-Français, l'Opéra, l'Opéra-Comique ou Théâtre Feydeau, puis le Théâtre de l'Impératrice ou Odéon, considéré comme une annexe du Théâtre-Français, et l'Opera-buffa ou Théâtre Italien, considéré comme une annexe de l'Opéra-Comique, le gouvernement impérial avait pris, en 1806 et 1807, des mesures restrictives à l'encontre des théâtres secondaires, tels que le Vaudeville, les Variétés, la Gaité, l'Ambigu. Ces deux derniers théâtres, notamment, étaient, par ordre, spécialement destinés aux pantomimes de tout genre mais sans ballets. Il faut ajouter, cependant, qu'une partie des sévérités impériales contre les spectacles secondaires ne furent jamais appliquées ou se relâchèrent rapidement.

d'avant-scène, au-dessus de l'orchestre et trop près pour trouver que les traits de l'acteur ressemblassent à ceux de son modèle, mais je conçois que, du parterre, l'illusion doive être beaucoup plus grande. L'Empereur, lui-même, est allé voir *Le Passage du Saint-Bernard* et, fort content de son ménechme, lui a envoyé de l'argent et donné l'ordre de se faire faire une redingote grise comme celle qu'il a toujours en campagne. C'est, je crois, la première fois qu'un « Monsieur » comme lui est mis en scène de son vivant et va se voir lui-même. Encore une nouvelle manière de crier ses pilules. Ce qui m'amusa beaucoup fut de me trouver, par hasard, dans une loge avec Esménard qui me connaissait je ne sais trop d'où, et son élève, Mlle Dupont, qui a débuté aux Français dans les rôles de soubrette, voici quinze jours. Il y avait encore une mère, malgré laquelle Esménard me semblait, à vue de pays, apprendre à Mlle Dupont autre chose que la déclamation. J'avais vu deux ou trois fois cette demoiselle aux Français et elle m'avait paru médiocre, ce que, cependant, je crus devoir lui dissimuler. Esménard est causant et aimable.

Après la première pièce, je suis parti pour me donner encore un plaisir qui m'ennuyait, mais dont j'avais l'omission sur la conscience : Tivoli (1). Flore s'y était fort amusée l'autre jour, et ce doit être charmant d'en parcourir les jardins en société par un beau soir. Quant à moi, j'y ai trouvé relativement peu de monde par un temps humide et froid. Les amusements cependant ne

(1) « Jardin de plaisir » installé, rue de Clichy, dans l'ancien jardin du trésorier de la marine Boutin, l'une des victimes de la Révolution.

manquaient pas : musiques de tous les côtés, optiques de toutes espèces, danseurs de corde, ascension de Mme Saqui (1). Tandis que son compagnon Godot (2) fait mille tours, elle monte à une hauteur prodigieuse sur la corde raide, un flambeau dans chaque main, entourée et comme couverte de feux d'artifice. On grimpe sur les chaises pour bien voir, les femmes crient et n'en restent pas moins. Un peu plus loin, des contredanses en plein air valent bien nos menuets de la redoute. J'ai fini ma soirée chez Mme de Mniszech, qui nous a donné du punch excellent.

Le faubourg Saint-Germain est dans la plus grande consternation du renvoi de Fouché et de la nomination de Savary comme ministre de la police. C'est un coup de foudre pour tout le monde. On est morne, abattu, l'œil à terre, chacun se voit coffré, exilé. Le jour où cette nouvelle s'est répandue, on osait à peine en parler. « Jugez, disent bien des gens, quelle est notre situation, puisque nous en sommes à regretter Fouché. » Il avait, assure-t-on, un grand talent et, traitant la police avec des vues plus vastes qu'autrefois, n'était plus aussi minutieusement sévère. On obtenait des grâces, des adoucissements. M. Adrien de Montmorency, par exemple, toujours intri-

---

(1) Mme Saqui (1786-1866), fille de l'acrobate Lalanne et acrobate elle-même, fut, dans son genre, une des célébrités du siècle dernier. Après avoir dansé sur la corde pour Napoléon Ier, elle dansa sur la corde pour Napoléon III, et fit, semble-t-il, sa dernière ascension en 1861, à l'hippodrome de Paris. (Cf. *Madame Saqui, première acrobate de France*, par A. H., publié en 1861.)

(2) Godot ou, Godeau était le compagnon et surtout le rival de Mme Saqui. Un « concours d'ascension » ayant été ouvert entre eux au Champ-de-Mars, elle le battit dans la montée et dans la descente.

guant pour le bien et pour servir ses amis, avait continuellement à tripoter avec Fouché qui lui avait rendu de grands services. De jour en jour, il devenait plus doux. Mme de Chevreuse (1), exilée à quarante lieues de Paris, était revenue, par la permission de Fouché, à sa terre d'Esclimont (2), qui n'en est distante que de quinze lieues. Elle y recevait les visites de ses amis : M. de Talleyrand, Mme de Laval et d'autres allaient la voir. On dit que cela déplut prodigieusement au souverain maître qui, dans un discours extrêmement violent à ce duc d'Otrante (3), lui reprocha de dépasser les pouvoirs de sa charge, d'avoir tripoté une esquisse secrète de je ne sais quelle négociation avec les Anglais, puis lui parla du changement d'exil de Mme de Chevreuse en disant : « Vous voulez donc faire d'Esclimont un autre Chanteloup (4). » Et vingt autres griefs suivirent tout d'une haleine.

M. de Talleyrand, qui était du même parti, se trouve enveloppé dans la même disgrâce (5), quoique pas ostensiblement. Leur agent, le banquier Ouvrard, a été arrêté. Enfin c'est la désolation de la terreur. Il y a deux ou trois jours que cela s'est passé. Le nom de Savary inspire un

---

(1) La duchesse de Chevreuse, née Narbonne-Pelet, avait accepté, de mauvais cœur et uniquement pour rendre service à sa famille, d'être dame de palais de l'impératrice Joséphine, puis, au lieu de se plier à la circonstance, avait frondé le gouvernement impérial dans l'entourage même de Napoléon et, pour comble, tenu tête au souverain devant lequel tout cédait. C'est alors que Napoléon Ier l'avait exilée à quarante lieues de Paris.
(2) Près de Rambouillet.
(3) Fouché avait reçu le titre de duc d'Otrante en 1809.
(4) Le ministre Choiseul, exilé à Chanteloup par Louis XV, après sa disgrâce, y reçut tant de visites qu'il y avait, prétendait-on, plus de carrosses sur la route de Chanteloup que sur celle de Versailles.
(5) Le déclin de la faveur de Talleyrand remontait à 1808.

effroi dont on ne peut se faire idée. Fouché avait été prêtre, je crois même capucin, et avait été, je crois aussi sans en être sûr, un des massacreurs de Lyon (1). On dit Mme Fouché une excellente femme qui se meurt, n'est occupée que de ses sept ou huit enfants, et n'aime ni le monde, ni les diamants (2). Lui a les joues les plus creuses que j'aie jamais vues (3).

(1) Fouché n'avait pas été capucin mais oratorien. Quant à son abominable rôle dans les massacres de Lyon, il est connu de tout le monde.
(2) Fouché avait épousé, en septembre 1792, Bonne-Jeanne Coiquaud, fille du président de l'administration du district de Nantes. Ils eurent sept enfants, mais plusieurs moururent en bas âge, et, en 1810, il ne devait leur rester que trois fils et une fille. Mme Fouché mourut en 1812, et Fouché fit un second mariage très brillant.
(3) Le récit de la disgrâce de Fouché, par le comte de Clary, concorde absolument avec le rapport envoyé sur le même sujet, par le prince de Schwarzenberg, au prince de Metternich-Winnebourg, qui remplaçait momentanément son fils, le comte de Metternich, à la tête de la chancellerie autrichienne. Bien que le début de cette lettre ait déjà été cité par M. Madelin, dans son *Fouché* (t. II, p. 195-196), elle est si curieuse que nous croyons devoir la reproduire presqu'en entier :

« La disgrâce du duc d'Otrante, écrit l'ambassadeur, a produit ici la plus forte sensation. Le public, qui en est consterné au dernier point, regarde cet événement comme le présage d'un système de terreur que personne ne saura mieux mettre en exécution que l'individu dont l'Empereur a fait le choix pour lui succéder dans le ministère de la police générale. Dans Fouché, il a éloigné le seul de ses ministres qui, après la retraite du prince de Bénévent, eût osé mitiger la sévérité de ses ordres, en retarder l'exécution, quelquefois s'y opposer et user de l'influence que lui donnait la supériorité de son esprit pour l'amener à des résolutions plus modérées. Pendant les derniers temps surtout, le ministère de Fouché était effectivement très peu oppressif. La grande habitude qu'il avait acquise de ses fonctions aussi difficiles que pénibles le portait à ne tenir compte que des faits graves, propres à causer des alarmes sérieuses, à excuser des imprudences et à ne pas attacher plus de valeur qu'ils ne méritent aux propos tenus contre le gouvernement, dont presque jamais il ne fatiguait l'Empereur. Une modération sensible, éprouvée dans chaque occasion, dut naturellement lui ménager une grande popularité. Il sut faire oublier le rôle odieux qu'il avait joué pendant la Révolution, et c'est vraiment une circonstance qui marque la bizarrerie du siècle que de voir un des suppôts les plus abhorrés du

Hier, *vendredi, huit juin*, j'ai déjeuné chez M. de Metternich. Il y avait un petit homme noir et Gall. Le petit homme, noir de figure et d'habit, était François-le-Cordonnier, auteur de *Zénobie, Reine de Palmyre*, tragédie présentée aux comédiens il y a deux ou trois ans, et qu'ils

Comité de salut public suivi dans sa disgrâce du regret général de toute la nation.

« Voici les causes ou les prétextes qui, à ce qu'on prétend, ont amené l'éloignement d'un ministre qui jusqu'ici avait su survivre à tous les orages. Votre Altesse se rappellera, sans doute, l'espèce de négociation qui, dans le courant de l'hiver dernier, fut entamée avec lord Wellesley, par l'entremise du sieur Labouchère, associé de la maison Hope d'Amsterdam. C'était Fouché qui la suivit, et qui, pour intermédiaire entre lui et la maison Hope, se servait d'un nommé Ouvrard, fameux fournisseur connu d'abord par sa grande fortune et ensuite par une banqueroute qui ne l'appauvrit pas. L'Empereur prétend n'avoir autorisé que le premier envoi de Labouchère et accuse le ministre de la police de s'être laissé entraîner par son ardeur pour la paix au point de poursuivre cette négociation à son insu et contre son gré, en faisant parvenir à lord Wellesley des propositions auxquelles il n'avait jamais songé. La réponse à ces propositions parvint à la maison Hope lors du séjour de l'Empereur à Anvers; afin de la lui faire parvenir plus tôt, M. Labouchère, au lieu de l'adresser au ministre de la police, la confia au roi de Hollande, partant à cette époque d'Amsterdam pour rejoindre son frère en Belgique. C'est par ce hasard que l'Empereur prétend avoir eu connaissance de cette négociation. Le lendemain de son retour, toute sa colère éclata contre le duc d'Otrante, dans un conseil des ministres tenu à Saint-Cloud. Il l'accusa, dans des expressions très fortes, d'avoir abusé de sa confiance, d'avoir outrepassé les limites de ses attributions, de l'avoir compromis vis-à-vis d'une puissance étrangère, en un mot, d'avoir manqué à ses devoirs; on prétend qu'il lui a dit : *Je ne puis avoir de confiance dans un ministre qui un jour fouille dans mon lit* (Fouché était un des moteurs du divorce — *N. B.* après la paix de Tilsitt), *et l'autre dans mon portefeuille*. Il lui reprocha de plus d'avoir mis, pendant son absence, une sorte d'affectation à protéger une personne dont il avait à se plaindre, d'avoir permis enfin à Mme de Chevreuse de quitter son exil et de s'établir dans les environs de Paris, où on avait couru en foule, comme, sous le faible règne de Louis XV, on avait couru à Chanteloup pour faire sa cour à un ministre disgracié. Le mauvais esprit que l'Empereur avait reconnu en Belgique et dans d'autres provinces qu'il avait parcourues, devint aussi le sujet d'un reproche qu'il adressa à ce ministre........ » (Rapport du prince de Schwarzenberg, en date du 12 juin 1810. *Archives impériales et royales de Vienne.*)

furent tout près d'accepter (1). Il a l'air fort simple, n'est ni fier, ni étonné de son talent. C'est un phénomène très singulier que cet homme sans éducation, doué par la nature d'une grande passion pour les vers, d'une oreille bien juste, d'une manière de penser très bonne, qui se met à faire une tragédie, et cela sur le sujet le plus aride possible. Il en a récité beaucoup de tirades et de scènes. Ce sont des raisonnements à perte de vue sur la forme des gouvernements et des États, des morceaux sur l'ambition et les usurpations des Romains, où d'autres pourraient se reconnaître, souvent des vers dignes de Corneille. C'est

---

(1) Cette tragédie semble n'avoir jamais été imprimée, mais on en trouve une longue tirade, non signée, dans l'*Almanach des Dames pour 1811*, p. 30 et 31. (Cf. *Bibliothèque dramatique de M. de Soleinne*, Catalogue rédigé par P.-L. Jacob, t. III, p. 368.)

Voici, à titre de curiosité, le début et la fin de la tirade en question :

> Dans l'Attique autrefois, paisible ami des arts,
> Je contemplais le monde et Rome et les Césars;
> Spectateur affligé des malheurs de la terre,
> Je gémissais de voir Rome toujours en guerre :
> Dans son sénat, ses camps, de vils séditieux
> Livrer l'empire en proie aux plus ambitieux,
> Traîtres de qui l'espoir sur les troubles se fonde.
> Vendre les droits de l'homme et le sceptre du monde;
> Et de même qu'aux dieux, élever des autels
> A des monstres affreux, la honte des mortels.
> Déplorant des vaincus la foule gémissante,
> Je faisais mille vœux pour qu'une main puissante
> Vint arracher au joug de ces altiers Romains
> Tant de peuples divers et tant de souverains!
> Elle parut : soudain l'Égypte, la Syrie,
> Tout l'Orient pour chef reconnaît Zénobie.
> . . . .
> Mais Rome est un torrent dont les flots débordés
> Renversent les États autour d'elle fondés.
> La force de tout temps fut la loi souveraine :
> Tout cède au fier lion élancé dans l'arène;
> Et des peuples divers, tel est le triste sort,
> Qu'il leur faut, quel qu'il soit, obéir au plus fort.
> Vous qui de cet État si proche de son terme,
> Fûtes le défenseur et l'appui le plus ferme,
> Contre les ennemis jusqu'au dernier instant,
> Combattez, triomphez du sort qui nous attend.
> Cet honneur vous est dû, vous pouvez y prétendre;
> Courez donc à la mort; moi je saurai l'attendre.

la faute du sujet si tout cela semble un peu sec et long.

En achetant des bouquins sur le Pont-Neuf, l'idée vint à François-le-Cordonnier de faire des vers, et une scène d'horreur de la Révolution lui inspira sa première ode; il nous en a dit quelques strophes vraiment très belles. Je ne sais pas, au juste, s'il fait encore des souliers. C'est Gall qui l'a amené. Il nous fit tâter, tous, la bosse de la poésie sur la tête de François, qui la donne avec le plus grand sang-froid. On avait montré le cordonnier-Corneille à Gall entre chien et loup et, sans le connaître, il dit qu'il ne voyait pas assez clair pour juger le sujet mais le présumait poète.

Koreff était à ce déjeuner et me farfouilla la tête; le petit Thurn, ce qui est plus fort encore, jugea ma tête à vue, sans la toucher; enfin Gall, lui-même, tâtonna mes bosses et, chacun ayant opéré séparément, tous trois dirent presque absolument les mêmes choses, justes pour la plupart. Ils ont trouvé, par exemple, que si je ne faisais pas de vers, du moins j'aimais beaucoup la poésie, que j'avais la mémoire des noms, aucun talent pour la musique, hélas fort peu de cette bosse dont tous les hommes se vantent, l'amour des enfants, le *Hochsinn* (1), qui est le même pour ceux qui aiment les grandeurs dans la vie et les hauteurs dans la nature. Vous savez, ma chère Louise, que c'est dans la seconde acception seulement qu'il peut exister chez moi. Ils m'ont aussi trouvé de la facilité pour apprendre les langues et vingt autres choses dont je ne me souviens plus.

(1) Cette expression se prête à un jeu de mots intraduisible en français, mais dont le texte même donne l'explication.

CHAPITRE XXX

Spectacle à Saint-Cloud : *Joseph*. — Un enfant se noie à l'école de natation. — Visite au duc de Rovigo, ministre de la police. — Dîner chez Mme Demidoff. — *Rhadamiste; Heureusement*. — Bal chez la princesse Michel Galitzin.

N° *40.*
A ma Mère.
Paris.
9 juin 1810.

Chère Maman, je viens de chez le Rovigo, auquel il me fallait demander un passeport pour aller jusqu'à un port que je ne passerai pas, mais, avant de vous rendre compte de mon audience, il faut que je vous achève l'histoire de ma journée d'hier.

J'avais déjeuné chez M. de Metternich, j'ai dîné chez le prince de Schwarzenberg, puis été au spectacle de Saint-Cloud, qui m'a fait grand plaisir.

On donnait *Joseph*, l'opéra de Méhul, qui m'a charmé d'autant plus que, jugeant d'après la tragédie d'*Omasis*, j'attendais un spectacle ennuyeux (1). Or, le sujet, qui se refuse à être traîné à travers cinq actes, au milieu des péripéties d'une conjuration sans motif et des intrigues de l'amour le plus froid, convient parfaitement pour trois actes d'opéra formant un spectacle assez court, sans rem-

(1) Le sujet de *Joseph* avait été emprunté par Alexandre Duval à la tragédie d'*Omasis ou Joseph en Égypte*, de Baour-Lormian. Voir ci-dessus, p. 240.

plissage, avec une musique charmante, d'un style simple et naïf, une prose de la Bible ou de Chateaubriand et le jeu d'Elleviou. Les tableaux et les costumes sont charmants, sauf celui de Joseph — Elleviou — qui, avec ses bandelettes sur le front et sa robe jusqu'à terre, a l'air d'une vieille femme. J'adore la romance du premier acte, elle est d'une simplicité délicieuse. Les chœurs sont très beaux. Le Benjamin de l'opéra ne valait pas celui de la tragédie (1), c'était une Mme Moreau, *double* de son métier. Il eût fallu la petite Mme Gavaudan pour compléter la fête. La cour bâillait.

J'avais besoin de tout ce mouvement pour chasser le noir que m'avait donné le début de ma journée. — De bonne heure, je vais à l'école de natation, il n'y avait personne, le temps était frais, les maîtres nageurs s'occupaient à jeter des lignes pour rattraper un peignoir perdu. L'un d'eux tire, tire, il ramène un soulier, dans ce soulier était un pied, ce pied tenait à une jambe et cette jambe à un malheureux petit garçon de neuf ans qui s'était noyé. N'allez pas croire qu'il apprenait à nager, il n'y a pas d'exemples qu'il soit arrivé un accident en nageant. Les parents, très pauvres, de cet enfant l'avaient confié aux gens de l'école pour lui faire gagner quelque chose; il balayait, nettoyait les cabines, etc. Depuis trois heures on ne l'avait pas vu, il faut qu'il soit tombé à l'eau dans un moment où, par hasard, personne n'était présent. La femme qui s'en occupait se tordait les mains. Jean, le maître nageur, avait promis à son père d'en avoir soin et

---

(1) Mlle Mars.

de lui apprendre à nager. Sa mère est au moment d'accoucher. Voilà des choses qui font mal. Je voulus engager les baigneurs à essayer leurs frictions et tous les secours qu'ils avaient dans une cassette, ils m'assurèrent que c'était parfaitement inutile puisque le pauvre enfant était depuis trois heures dans l'eau. Vous sentez bien que, ce jour, l'envie de nager me passa.

Aujourd'hui, *samedi, neuf juin*, j'ai donc été chez le général Savary, à l'hôtel de la Police, sur le quai (1). Il n'y était pas. Cela me permit de nager un peu, puis je revins à son audience. Je trouvais drôle d'attendre dans un joli salon avec une trentaine de personnes de toute espèce, hommes, femmes, évêques, prélats, etc. On écrit son nom sur un petit papier et on l'envoie au ministre, qui vous fait ensuite appeler à tour de rôle. En quittant son cabinet, on ne rentre pas dans le salon d'attente, mais on s'en va par un autre côté. Le général a été extrêmement poli, et me dit : « Monsieur de Clary, je ne m'attendais pas à vous recevoir à cette place-ci quand je vous ai rencontré pour la dernière fois. » Je lui ai répondu que je désirais voir la mer et obtenir un passeport à cet effet. Il me fit remarquer que ma demande devait lui être adressée par écrit. Je lui expliquai que la chose pressait puisque je comptais partir le lendemain. Il me promit mon passeport en temps utile mais je n'y comptais guère, car les uns m'avaient assuré que ma demande serait refusée, d'autres, et Floret lui-même, que les formalités dureraient huit jours. Savary

(1) Le quai Voltaire.

causa encore un peu, me chargea de compliments pour vous, Maman, pour mon père, pour M. et Mme de Czernin (1), et je m'en fus. Nous verrons ce qui adviendra. En tout cas, je n'ose compter sur mon passeport.

J'ai couru les boutiques, fait quelques emplettes et me voilà. Je vais dîner chez Mme Demidoff, puis, ce soir, au bal chez la princesse Michel Galitzin, envers laquelle j'ai des torts criants.

En rentrant, à une heure et demie du matin. — Le dîner de Mme Demidoff était fort bien. Il y avait Kolagriwoff (2) qui est drôle, Nesselrode qui est aimable, M. Demidoff qui ne l'est pas, une petite demoiselle de compagnie qui est jolie, et le fameux M. de Girardin qui semblait fort à son aise et comme un coq en pâte dans la maison.

Après dîner, j'ai été, aux Français, voir trois actes de *Rhadamiste* (3), où Talma et Mlle Duchesnois sont parfaits, et le commencement d'*Heureusement* (4), puis au bal de la princesse Michel Galitzin. Quelle fête que ce bal! La princesse Michel logeait au faubourg Saint-Germain (5). Il y a quinze jours, elle s'est froidement transportée pour quatre semaines au faubourg Saint-Honoré, afin de s'installer à Tivoli où l'on prend des bains miné-

---

(1) Le comte Wolfgang de Czernin et la comtesse Wolfgang de Czernin, née comtesse de Salm-Neubourg. — En 1809, pendant l'occupation de Vienne par les Français, le général Savary, duc de Rovigo, avait logé au palais Czernin. (Cf. *Journal inédit de la comtesse de Czernin, du dix mai au seize octobre 1809.*)
(2) Peut-être André Kolagriwoff (1774-1825), qui fut général russe.
(3) *Rhadamiste et Zénobie*, tragédie de Crébillon.
(4) Comédie de Rochon de Chabannes.
(5) Quai Malaquais, numéro 1.

raux factices et, moyennant cela, se croit à la campagne.
— Dans une chambre de douze pieds carrés, basse à proportion, par une chaleur à rendre l'âme, se trémoussaient trois ou quatre couples au son d'un violon. Elle appelle ça faire danser la jeunesse! Je ne connaissais qu'une Mme de Lostange (1), ses deux grands et maladroits garçons et quelques hommes. Ah quelle fête! Et ça recommence tous les samedis! Que le Ciel m'en préserve! Aussi ne suis-je resté qu'une heure et j'ai été souper chez Mme de Mniszech, qui est vraiment plus folle que folle. Il faut l'avoir vue à Paris, et chaque jour comme moi, pour l'apprécier. D'abord, elle a remarqué que, tout de suite en se levant de souper, on s'en allait, de sorte qu'elle a trouvé, toute seule, le petit remède anodin de ne pas se lever de table avant une heure ou une heure et demie du matin. On reste à causer, le souper fini. Ce qui est parfait dans ces occasions, c'est la duchesse de Fitzjames qui n'aime pas veiller et qui est rieuse, elle fait des yeux tout petits puis s'endort, ou bien elle et Mme Alexandre Potocka intriguent, remuent, reculent leurs chaises, font du bruit et quand, malgré tout cela, *La Plaque* fait la sourde oreille et ne se lève pas, alors, quelquefois, la patience échappe à Mme de Fitzjames qui se trouve dans les états les plus violents entre sa bonté, sa politesse et l'envie extrême d'aller se coucher. Enfin, on est debout, on croit avoir fini, point du tout, il faut sortir par le jardin (2) et reconduire Mme de Fitzjames par les

---

(1) La marquise de Lostange de Saint-Alvère, née Vintimille.
(2) La comtesse de Mniszech habitait l'un des hôtels dont l'entrée est située rue du Faubourg-Saint Honoré, et dont le jardin se prolonge jus-

Champs-Élysées. Elle a un chemin plus court par la rue, proteste, supplie inutilement. On sort, il fait un temps divin, c'est vrai, mais c'est une infection aux Champs-Élysées, car il règne tout le long des jardins une grande bordure d'...... On doit la traverser, et Mme de Mniszech est capable de s'arrêter pour discuter d'où vient l'odeur. Enfin, Mme de Fitzjames arrive chez elle, au coin de la place Louis XV. Alors, il faut ramener Mme de Mniszech : souvent elle prend le plus long et il faut la traîner par l'allée du milieu des Champs-Élysées, trop heureux quand elle ne propose pas une promenade en calèche au Bois de Boulogne, ce que nous avons toutes les peines du monde à éluder. Ce *sigisbéisme* roule sur M. de Fitzjames, M. Adrien de Montmorency et moi ; celui qui peut attraper son chapeau se sauve avant la promenade, comme si le feu était dans la maison, les autres restent comme victimes. Quelle chenille que cette brave personne! Et tout cela pour conter le lendemain qu'elle adore l'air et s'est promenée au clair de lune jusqu'à deux heures du matin.

J'aime beaucoup Édouard de Fitzjames, c'est un excellent garçon. S'il parvient à épouser la petite Radziwill (1) qu'il courtise toujours, j'ai peur que ce soit uniquement pour son argent, car il n'en est pas plus amoureux que moi, si je ne me trompe (2). Elle paraît le mieux traiter

qu'à la contre-allée de droite des Champs-Élysées, appelée maintenant avenue Gabriel.

(1) Fille de la comtesse Michel de Mniszech (voir ci-dessus, p. 38, en note). Son mariage avec le prince Dominique Radziwill, contracté en 1807, était dissous depuis un an.

(2) En 1810, le duc de Fitzjames était veuf de sa première femme, née Levassor de La Touche. Il se remaria, en 1816, avec A.-F.-S. de Choiseul-Gouffier, veuve du marquis de Torcy.

maintenant. Quant à la mère, elle ne sait ce qu'elle veut. Tantôt elle ordonne à sa fille de parler à Fitzjames, tantôt elle le lui défend. Tantôt elle cherche avec affectation l'occasion de les laisser seuls, tantôt elle garde sa fille comme si elle avait quinze ans et la tête la plus vive. C'est une bonne petite fille qui serait peut-être gentille si elle était prise en douceur, au lieu d'être continuellement écrasée et abasourdie par le tatillonnage et la pétulance de cette mère qui la traite en enfant, tout en voulant faire croire au monde que sa fille la mène et fait tout ce qu'elle veut. C'est au nom de la fille qu'on prie à souper, c'est la voiture, ce sont les chevaux de ma fille, la loge de ma fille, etc.

Bonsoir pour le coup. J'ai été ce matin chez M. de Cruquembourg (1) qui est au désespoir. Le prince d'Esterhazy vient de lui enlever sa petite maîtresse qu'il avait depuis six ans, et avec laquelle je le voyais tous les jours dans une loge aux Français. Il accuse M. de Reul, son cousin germain, d'être pour beaucoup dans l'aventure, jure contre lui et passe de la fureur aux larmes tour à tour.

---

(1) V.-B.-L.-E. de Fourneau de Cruquembourg ou Cruyckenbourg (1788-1855). Il appartenait à une famille des Pays-Bas, servit dans les armées françaises sous le premier Empire et devint, plus tard, général en Belgique.

CHAPITRE XXXI

Programme de voyage. — La Normandie; Dieppe, etc. — La fête de l'Hôtel de Ville, à Paris; l'Impératrice danse avec le roi de Westphalie; attitude de l'Empereur. — Encore la Normandie; les bonnets des Cauchoises; Rouen.

N° *41.*
 A ma Mère.
 Paris.
 10 juin 1810, jour de la Pentecôte.

J'ai des affaires par-dessus la tête, et si l'on me mettait le couteau sous la gorge pour dire au juste ce que c'est, peut-être ne le pourrais-je pas? Chère Maman, vous savez combien il est malaisé de quitter Paris. Une fois hors des barrières, je serai bien vite consolé.

Voici mon programme. Ce soir, fête à l'Hôtel de Ville, où cette nigaude ne prie pas d'étrangers. Je ne lui en veux pas, car il sera plus amusant pour moi de courir les rues. A minuit, je pars pour la Normandie en poste et demain, demain, chère Maman, je verrai la mer! Savary m'a envoyé hier mon passeport avec une lettre très polie. Je me dépêche, je cours au plus vite afin d'être de retour jeudi pour la fête que doit donner la princesse Pauline, à Neuilly; c'est par économie d'heures que je ne prends pas le coche, suivant ma première intention. Cela m'aurait amusé de tâter aussi de cette manière de voyager, mais dimanche, dix-sept juin, aura lieu la fête du Champ-de-Mars et mardi, dix-neuf (1), je quitterai l'art pour la nature, Paris pour les Alpes. Un mois plus tard, j'espère être à Teplitz. En y pensant, le cœur me bat.

Tels sont au juste mes projets. La description de mon voyage
> Vous sera d'un plaisir extrême.
> Je dirai : « J'étais là ; telle chose m'advint ; »
> Vous y croirez être vous-même (2),

et voilà ce qui vous en reviendra.

Flore part aussi dans cinq ou six jours. Tout le monde s'en va. Pauvre Paris! Qui donc ira manger des glaces chez Tortoni (3) quand je ne serai plus là? Qui donc prendra intérêt aux spectacles? Pauvre Paris! Je crois que je ferai la mauvaise action de vendre ma boîte entière, sauf le portrait. Nitot (4), qui l'a faite, m'en donne treize mille deux cents francs............

Voilà qu'il faut que j'aille à cet Hôtel de Ville, billet blanc, ordre de l'ambassadeur de me chercher partout, je suis nommé du second quadrille d'après ce que me dit le laquais. Comment trouvez-vous cela?

> Tu peux me faire aller, ô fortune ennemie,
> Mais me faire danser, parbleu, je t'en défie.

---

(1) *(Note du comte de Clary.)* La fête du Champ-de-Mars n'a eu lieu que le dimanche, vingt-quatre juin, et je suis parti de Paris le vingt-six seulement.

(2) La Fontaine. *Les Deux Pigeons.*

(3) « Glacier-limonadier », installé, 2, rue Taitbout, au coin du boulevard.

(4) Étienne Nitot et fils, joailliers de l'Impératrice et du roi et de la reine de Westphalie, 2, rue de Rivoli.

N° 42.
A Louise.
Dieppe.
Lundi, 11 juin 1810,
à 9 heures du soir.

J'ai vu la mer! Après ces mots, je devrais finir et cacheter ma lettre. Je suis à l'hôtel d'Angleterre, sur le port de Dieppe, dans une auberge que je croyais, par exemple, trouver meilleure. Je suis à Dieppe, à dix ou douze lieues de l'Angleterre je crois. J'ai passé une demi-heure à regarder cette belle et vaste mer et ses petites vagues innocentes! Ma bonne Amie, je crois rêver, et c'est bien aujourd'hui que je vous désirerais avec moi. Que je m'applaudis d'avoir fait enfin cette course, tout étranglée, tout incomplète qu'elle soit, mais j'ai vu la mer et je suis bien payé de mes peines. Ce n'est pas sans effort que je me suis arraché de Paris, je regrette le nouveau ballet de *Persée et Andromaque* (1), comme disait une dame l'autre jour : on le donne demain. Je regrette une fête extraordinaire de Tivoli, une ascension de Garnerin (2) dans un ballon illuminé. Je pleure trois jours de spectacles et le si amusant train-train journalier de la vie parisienne, et Flore, mais *vidi aquam!* j'ai vu la mer!

Il s'agissait de placer Rouen, Dieppe et Le Havre et Honfleur et cent lieues de chemin entre la fête de

---

(1) *Persée et Andromède*, ballet-pantomime de Gardel, sur une musique « arrangée et composée » par Méhul.
(2) Les deux frères Garnerin (1766-1849 et 1769-1823) marquèrent parmi les aéronautes les plus célèbres de leur temps.

dimanche et celle de jeudi. C'était la mer à boire plutôt qu'à voir. Enfin j'y suis parvenu, *ed eccomi* (1). J'ai été aux anges toute la journée : la Normandie est magnifique, Rouen m'a semblé superbe et, en approchant de la mer, le cœur m'a battu. Je m'étais monté la tête contre l'enthousiasme, je me disais : « La mer? Eh bien, c'est de l'eau! Je l'ai vue peinte tant de fois, c'est comme cela! — Ouida, c'est encore autre chose! » Je m'en suis rendu compte lorsque, de loin, j'ai aperçu une longue, longue ligne telle qu'un brouillard, puis ensuite que je distinguai chaque chose peu à peu. Me voilà dégoûté à jamais des mers d'opéra, car c'est autrement.

J'aime et je respecte Franz, mais sa conversation me tuait; j'aurais voulu être seul, puisque je n'avais personne qui pût me comprendre. Deux fois, je suis descendu de voiture, croyant voir la mer du sommet d'une colline, c'était trop tôt. Je voulais me donner la surprise de la découvrir tout à coup et ne pas demander au postillon : « La voit-on de là? »

Dans ce moment-ci, ma chère Louise, je vous écris d'une main, je mange du jambon et du fromage de Gruyère de l'autre, je suis près d'un balcon qui donne sur le port, le ciel n'a pas de nuages, la lune est la plus belle du monde, les mâts et les cordages se dessinent en noir sur un ciel de lapis assombri, un monsieur joue de la flûte, une fontaine coule en murmurant sous mes fenêtres, des chœurs de matelots et de Dieppoises passent sur le quai en chantant. Que n'y êtes-vous?....... pas pour

(1) Et me voici.

chanter, mais pour doubler mon plaisir en l'éprouvant avec moi! A l'instant la flûte fait une cadence, j'en suis fâché car je les déteste.

Voilà le commissaire de marine qui sort de chez moi. On n'est pas plus poli. Je lui avais écrit un billet pour lui demander la permission de me promener demain matin hors du port, et il est venu me l'apporter lui-même.

Serai-je malade en mer? Nous verrons. Notez bien qu'onze heures sonnent, et qu'à trois heures et demie du matin je compte être sur la jetée pour voir lever le soleil et les bateaux pêcheurs sortir du port. Ces soleils de province se lèvent à des heures tellement indues qu'on a bien de la peine à les devancer. Mon Dieu, à Paris, il n'est pas question de soleil avant dix heures du matin.

En attendant, je vais vous conter ma dernière soirée de Paris. — La fête de l'Hôtel de Ville a été très belle. On croyait qu'il n'y aurait pas d'étrangers priés, et j'en étais tout consolé. Je me disais : « La fête est trop verte et bonne pour des goujats », mais je comptais bien courir les Champs-Élysées, faire le badaud, voir la foule, les danses, les mâts de cocagne, Furioso sur la corde, Franconi sur les chevaux, Olivier-le-Grimacier, etc., etc., enfin je comptais bien m'amuser et aussi trouver quelques matériaux intéressants pour mon grand ouvrage sur les mœurs des peuples en douze volumes in-folio. Au lieu de cela arrive vers cinq heures — par chance j'étais chez moi — un laquais de l'ambassadeur, qui, déjà, m'avait cherché par mer et par terre, avait ordre de me trouver mort ou vif. Il m'annonce que je suis nommé pour danser dans le second quadrille, celui de la reine de Naples je crois. Me voilà dans les états que vous pouvez imaginer, moi qui, depuis vingt ans, ai même oublié le pas de rigodon et le balancé que je faisais autrefois. Bien décidé à ne pas me donner le ridicule de danser, je ne cherchais qu'un prétexte pour m'en dispenser. Enfin, rassurez-vous, quand cette contredanse de reines commença, j'étais à l'autre bout de la salle tellement pressé par la foule qu'il m'aurait été absolument impossible d'y parvenir, et tout s'est heureusement passé sans moi. J'ai vu, de loin, les petits pas du prince d'Esterhazy!

La soirée avait débuté par un feu d'artifice tiré en face de nous, de l'autre côté de la Seine, et dont l'Impératrice avait allumé les premières pièces au moyen d'un dragon volant parti de l'Hôtel de Ville. Ce feu représentait un rocher, des temples, un volcan, un bombardement, des marches, des troupes, toutes choses que nous savions par le programme, mais qu'il était difficile de comprendre à la distance où nous étions. L'abondance des artifices, la richesse des gerbes étaient prodigieuses et, comme de raison, beaucoup plus considérables qu'à Vienne, mais l'ensemble paraissait confus : je crois que nos feux d'artifice du Prater l'emportent par la beauté de leurs dessins. Un vaisseau à trois mâts, tout illuminé, descendant la Seine a produit un fort joli effet, et l'arrangement de l'Hôtel de Ville et des maisons lui faisant face, avec des lampions de couleur, semblait heureux.

Après le feu d'artifice vint la cantate, chantée dans

une belle salle bien décorée mais sur une musique assez ennuyeuse par Mme Himm, Lays, etc.

Les réjouissances s'achevèrent par le bal dont je vous ai d'abord parlé. La salle était superbe, la foule immense, la société très mêlée : on voyait des figures et des costumes de femmes à ne pas se croire à Paris.

L'Impératrice a dansé une contredanse avec le roi de Westphalie, plus tolérablement qu'on aurait pu le croire. Par ailleurs, c'est véritablement une jolie cour que celle où se trouvent quatre femmes aussi agréables que les deux sœurs de l'Empereur, la Vice-Reine et la princesse de Bade, sans compter les dames du palais et même le paquet Wesphalie *(sic)* qui, cependant, au bal fait un certain effet.

L'Empereur se promenait en se laissant écraser par la foule, accabler par les placets. Il y avait, entre autres, une femme d'une figure atroce qui le tourmentait à mort, il souriait et était, il faut être juste, d'une patience admirable, car je crois qu'elle lui a rendu compte au moins de deux procès. Il y avait fort peu d'étrangers, certaines femmes habillées si mal, avec tant de mauvais goût, qu'on ne se serait pas cru à Paris en les voyant séparément : au fond un monde crotté.

La cour s'est retirée de très bonne heure, je l'ai suivie, ayant tout mon saoul de la fête. M. de Metternich m'a emmené et descendu près du Pont-Royal. Les illuminations des Tuileries et surtout de la place Louis XV, du pont Louis XVI, du Corps législatif, de La Madeleine, étaient semblables à celle du 2 avril et vraiment magnifiques. On ne saurait voir un ensemble plus imposant.

J'ai traversé les Tuileries, il n'y avait pas foule. Les gens sont si blasés qu'ils ne sortent plus de leur maison pour voir une illumination, et se promenaient tranquillement comme dans leur chambre. Toute la société *Miche* et Flore avait aussi couru les rues et soupé chez Mme de Fitzjames, mais, quand je suis arrivé, la plupart des convives étaient déjà partis. Je m'en revins par les boulevards qui n'étaient presque pas éclairés. Je mourais de faim, il était une heure; j'entrai au café des Bains chinois et me fis servir du jambon. Comme c'est commode de trouver encore quelque chose, si tard..... ou si matin.

A deux heures, je suis parti dans une carriole d'emprunt, avec le postillon à cheval et presque toujours au galop. C'est l'équipage le plus rapide. J'ai pris le chemin de Saint-Denis, puis celui de Pontoise et aujourd'hui, vers midi, j'étais à Rouen. J'ai trouvé, en Normandie, les arbres fruitiers de Teplitz dans les champs, un pays charmant, tout boisé de chênes, de hêtres, etc., des villages riants et jolis auxquels je n'avais été habitué ni en Lorraine, ni en Champagne, ni aux environs de Paris. J'ai été enchanté de revoir des toits de chaume, bien plus gais que les tristes tuiles grises qui couvrent les tristes maisons grises de tous les villages que j'avais vus jusqu'à présent. Grâce au lundi de la Pentecôte, il y avait, dans chaque village, des rondes et des danses d'une franche gaîté, qui, en vérité, feraient croire aux Phyllis et aux Daphnis si les abominables bonnets hauts des Cauchoises ne ramenaient pas les idées à l'âge de fer. Je viens, par exemple, de voir une femme élégante qui avait tout uniment la coiffure de feu Mme Pharaon, avec une pointe en étoffe riche et deux ailes de toile blanche relevées comme dans mon premier dessin. Le second représente une Cauchoise en bonnet de tous les jours. Ce qui embellit aussi le paysage, c'est la quantité d'ânes à deux paniers et souvent à deux personnes. Cela forme une charmante variété de groupes.

L'arrivée à Rouen est superbe, entre des coteaux couverts de jardins et de maisons de campagne, avec la vue de

UNE CAUCHOISE EN BONNET DES JOURS DE FÊTE.

UNE CAUCHOISE EN BONNET DE TOUS LES JOURS.

la Seine très large, et portant des bateaux mâtés qui donnent déjà un avant-goût de la mer. Les quais, les boulevards plantés d'arbres magnifiques font le plus grand effet, aujourd'hui surtout que c'était fête, foire en tout genre, promenade générale pour les Riflards (1) et les dames Senneville (2).

Enfin, on trouve à Rouen d'admirables monuments gothiques, tels que la cathédrale et surtout l'église Saint-Ouen qui m'a complètement tourné la tête. Elle est belle comme Melrose (3) ou Saint-Étienne (4), à la grandeur

---

(1 et 2) Personnages de *La Petite Ville*, comédie de L.-B. Picard.
(3) Abbaye d'Écosse.
(4) Cathédrale de Vienne.

près, du meilleur gothique avec des détails inouïs. En outre, Saint-Ouen, placé sur une promenade publique, est entouré de trois côtés par des massifs et des groupes d'arbres les plus pittoresques et les plus *luxurious* (mot anglais, ma chère Louise, qui ne veut pas dire luxurieux, mais riche et touffu).

J'aurais voulu avoir le temps de dessiner, de me promener dans Rouen, d'y passer la soirée. Même, je regrettais le spectacle, dont l'affiche avait très bon air. Néanmoins, je suis parti à trois heures, par une route qui semble une allée de jardin et, juste au coup de huit heures, j'arrivais à Dieppe. On va un train du diable dans ce pays-ci. Pendant deux ou trois postes, nous ne sommes pas sortis du galop. Je crois que Franz, de son côté, n'est pas sorti des oraisons dites jaculatoires.

Bonsoir, pour le coup.

CHAPITRE XXXII

Promenade en mer. — Visite d'un bateau corsaire. — Le Havre;
M. Gréhant; L'Élisa et L'Amazone.

N° 43.
A Louise.
Dieppe.
Mardi, 12 juin 1810,
8 heures du matin.

A trois heures et demie, j'étais sur pied. J'ai couru au bout du port pour voir le soleil se lever. Le spectacle n'a pas eu lieu, il y avait relâche sur l'affiche; c'est-à-dire que Sa Majesté se levait incognito et, peut-être par pudeur, mettait sa culotte derrière les nuages. Pardon, ma chère Louise, peut-on dire de si grandes bêtises à une distance comme celle qui nous sépare!

J'ai manqué la sortie des pêcheurs, ils étaient déjà loin. De quatre-vingts à cent petits bateaux à voile couvraient la mer à deux lieues du port. Chaque soir, ces bateaux rentrent au port, et ce doit être un spectacle charmant. Comment tous les pêcheurs vivent-ils, vendent-ils leurs poissons? Voilà ce qui fait mon étonnement.

Je négocie la location d'un bateau monté par trois hommes; on met la voile, nous sortons du port et je commence de danser sur la mer. Je me suis promené une heure à un quart de lieue de la côte et, ce qui m'a fait grand plaisir, sans être malade le moins du monde. Je m'étourdissais pour ne pas me laisser aller à la crainte de le devenir. Je crois que la chose irrésistible est la dégobillade des autres. Nous verrons cela demain. Aujourd'hui, dans tous les cas, je finissais par trouver la mer trop calme et, pour varier, j'aurais voulu un peu de gros temps. On m'admirait de ne pas être malade le moins du monde, tandis que d'autres ne peuvent sortir du port, ni presque même poser le pied sur un bateau sans l'être, et que certains officiers de marine ont dû quitter le service faute de pouvoir s'habituer à la mer.

Un bateau corsaire était à l'ancre dans la rade, je l'ai visité et ne conçois pas qu'on puisse y tenir sur ses jambes, car le roulis est beaucoup plus fort sur un bâtiment ancré que sur un bâtiment libre : je m'en allais comme un ballot dans les bras des marins, et de l'un à l'autre. Ils riaient en se moquant de moi. « Parbleu, disaient-ils, Monsieur n'a pas le pied marin, mais si l'on nous mettait à cheval ce serait de même! »

Adieu, mes chevaux à moi sont mis, j'arriverai ce soir au Havre.

Au Havre, à neuf heures du soir. — Ouf, que c'est beau! Où trouver des paroles pour vous faire l'histoire de ma journée, j'ai épuisé tout mon vocabulaire admiratif pour Rouen, pour Dieppe. Eh, mon Dieu, ça n'en valait pas la peine! A Dieppe, l'aspect de la mer est sévère, le rivage est formé par des falaises blanches et nues, coupées à pic, où la mer creuse des trous et des cavernes. Pas un arbre, pas une feuille, pas trace de végétation, tandis qu'ici la côte est tout ce qu'on peut voir de plus beau. Le

Havre est une assez grande ville, avec d'assez vilaines maisons en bois, mais de belles rues larges, des quais, de jolies boutiques. Partout des inscriptions anglaises rappellent le commerce de ce port avec l'Angleterre, il y a vingt ans, et partout aussi se retrouve la trace ou, au moins, le souvenir de l'opulence d'alors.

Des collines, de ravissantes maisons de campagne font ressembler les environs du Havre aux environs de Dresde; seulement, au lieu de l'Elbe, représentez-vous un bras de mer qu'il faut une bonne heure et plus pour traverser. C'est l'embouchure de la Seine que je passerai demain pour aller à Honfleur. Plus loin, on aperçoit la mer, aujourd'hui calme comme un étang, blanche comme la neige, brillante au soleil comme le diamant. Oh! mon Dieu, que c'est donc beau! J'ai vu la mer vert émeraude à Dieppe, gros bleu, ce matin, en passant à Saint-Valéry, blanche au Havre : elle change à chaque instant.

Le port du Havre est superbe; ce n'est pourtant pas un des premiers ports de France et, malheureusement, il n'y a point ici de vaisseaux de ligne mais seulement deux frégates. Néanmoins, une frégate est déjà une grande chose, et fort intéressante à voir pour quelqu'un ne connaissant que le bateau du grand étang de Teplitz : elle ne diffère d'un vaisseau de ligne que par les dimensions et en donne une idée très claire.

J'ai mis dix heures de Dieppe au Havre. Le chemin est charmant, la campagne fraîche comme au mois de mai dont nous ne sommes pas encore très loin, quoiqu'à Paris tout soit déjà brûlé par la poussière. En approchant du Havre, une suite d'échappées, au milieu d'arbres touffus, laissent voir, tantôt la ville, tantôt seulement les mâts des frégates, tantôt la Seine, si large, et les coteaux de Honfleur, tantôt la pleine mer et les voiles de ses bateaux. Enfin, on arrive par de belles rues larges et on se trouve dans une jolie chambre à *L'Aigle d'Or*, comme m'y voilà. Vous sentez bien que j'ai, tout de suite, été voir le port. Quel coucher de soleil! Quel Claude Lorrain! Quelles teintes! Quels effets de lumière!

En me promenant, je trouve un monsieur à tournure de conversation appuyé contre un parapet.

— « Oh! Monsieur, la belle mer!

— « Monsieur, je la vois tous les jours, et je ne m'en lasse point. »

Nous causons, nous admirons ensemble, je témoigne mon regret de n'avoir pas trouvé le préfet, auquel on m'avait dit de m'adresser pour voir le port, les frégates, etc.

— « Mais, Monsieur, répond mon aimable inconnu, je serai charmé de vous être utile et pourrai vous les montrer aussi bien qu'un autre. »

Nous cheminons, je remarque, à la manière dont tout le monde ôte son chapeau, que mon compagnon est un personnage. Voyez le hasard ou pour mieux dire le bonheur : c'était M. Gréhant (1), ingénieur de la marine au Havre et, je crois, le premier en autorité. Il me mène à bord des frégates *L'Élisa* et *L'Amazone*, me présente aux capitaines, aux officiers, et me voilà au milieu de ce monde de mâts, de cordages, de voiles, de canons, d'ob-

---

(1) François-Toussaint Gréhant, ingénieur du génie maritime.

jets et de provisions de toute espèce. Il m'explique chaque chose avec un soin très aimable et dans le plus grand détail. J'en comprends fort peu, je ne retiens aucun nom, mais suis enchanté de l'ordre et de l'extrême propreté qui règnent partout, de ce monde nouveau pour moi dont on ne peut se faire une idée sans l'avoir vu, de la cabine du capitaine où celui-ci est très bien établi, de l'économie avec laquelle chaque pouce de place se trouve employé; je suis enchanté surtout de l'extrême politesse des officiers qui montrent le bâtiment et ne se rebutent pas de mes ignorantes questions. Hélas, par pudeur, je n'osais pas en faire autant que j'aurais voulu. Quatre hommes étaient aux fers pour négligence et indiscipline. On me dit à l'oreille de prier pour eux, que c'est l'usage lorsqu'un étranger vient à bord, je le fais et leurs fers tombent. Je me promène dans ces allées de hamacs, où une partie des matelots ont déjà commencé leur nuit, ils sortent leur tête hors du hamac comme une hirondelle hors du nid pour voir ce qui se passe. Oh, l'incroyable invention qu'un vaisseau! Oh, que l'homme est habile! Comme rien n'est oublié, comme la place est ménagée, mais quel séjour, quel métier, bon Dieu! J'étouffais et fus charmé de me retrouver en plein air. Ces frégates de quarante-quatre canons, bâties depuis deux ans, tout appareillées, prêtes à sortir du port, n'en sont jamais sorties et pour cause. Ce que ces messieurs ne me dirent pas, c'est qu'à peine mettent-ils le nez au vent, les rois de la mer les happent : c'est que les Anglais, en voyant les Français bâtir des frégates, les baptisent d'avance et disent : « Quand nous les aurons prises, elles s'appelleront ainsi. » — Enfin, il faisait presque nuit lorsque je suis rentré.

Mercredi, treize juin, à six heures du matin. — Je me suis levé à cinq heures et j'ai couru à ma chère mer. Elle était plus agitée qu'hier. Il sortait du port une quantité de bateaux pêcheurs de toutes les formes, de toutes les tailles. On ne saurait rien voir de plus pittoresque. Pas deux de ces bateaux n'ont les voiles semblables, ni placées de même : tout a une grâce, un *jeté* extraordinaires.

Les frégates que j'ai visitées hier ont chacune trois cent soixante hommes d'équipage, *das ist denn doch kein Katzendreck* (1).

Cependant, de même que je méprise à présent Rouen et Dieppe, de même je mépriserais ce pauvre Havre et ses frégates si j'avais vu Marseille ou Toulon. Tout en ce monde est relatif et la sagesse serait peut-être de ne rien admirer. Mais j'aime mieux jouir de tout, comme je le fais, quitte à laisser les autres se moquer de moi : ils en trouveront d'autres encore qui me vengeront en se moquant d'eux. Voyez dans quelles hautes considérations je me jette.

J'étais désolé ce matin de n'avoir pas de crayons, j'aurais dessiné quelques bateaux. Adieu, ma chère Louise, je pense à vous par mer et par terre. Mes descriptions doivent vous ennuyer à périr, c'est tout simple. Ce que j'écris est aussi sec à lire froidement qu'au fond insuffisant pour moi-même. C'est seulement le squelette de ce

---

(1) Expression triviale autrichienne difficile à traduire littéralement, et correspondant à l'expression française : *ce qui n'est pas rien.*

que j'ai vu et senti : mais qu'y faire? A propos de squelette, il y en a deux de nouvelles frégates sur le chantier. Lorsqu'on voit tout ce qu'il faut pour les construire, lorsqu'on est sous leur vaste ventre et qu'on les regarde au-dessus de soi, on est effrayé d'une telle masse. Adieu.

CHAPITRE XXXIII

Promenade avec M. Gréhant. — Du Havre à Honfleur sur *Le Passager*.
— Retour à Paris. — La fête de Neuilly chez la princesse Pauline;
Le Concert interrompu, etc.; attitude de l'Impératrice et de l'Empereur.

N° 44.
A *ma Mère*.
Paris.
Samedi, 16 juin 1810.

Chère Mère, me voilà revenu, bien heureusement, de ma course maritime qui a réussi au mieux, et se trouvera casée dans un des principaux tiroirs de mes souvenirs. Il est difficile de faire cent trente lieues et de voir plus de choses intéressantes en moins de temps.

C'est le treize, à six heures du matin, que j'ai fini ma dernière lettre à Louise. Mon charmant cicerone, mon ami Gréhant arrivait. Il m'emmène sur un canot à quatre rameurs et nous faisons une lieue en mer pour débarquer au pied de la hauteur que domine le phare. Après être montés dans sa lanterne, nous avons marché deux heures à l'aventure sur le coteau d'Ingouville. Le temps était divin, le pays charmant, boisé, habité, riche, varié avec des points de vue superbes. Vous passez devant une ferme, la porte est ouverte et vous voyez..... la mer! Vous tournez le coin d'un bois et, par-dessus une superbe avant-scène de forêt, vous voyez..... la mer et toutes ses splendeurs! Ou bien, vous découvrez à vos pieds une plaine fertile, des prairies, des haies d'arbres, la ville du Havre dominée par les mâts de ses frégates et plus loin............ la mer! Moquez-vous de mes enthousiasmes, carte blanche une fois pour toutes, mais songez que vous lisez toujours mes premières impressions toutes chaudes, avant qu'elles ne soient modifiées par les suivantes. Je crois bien que la Suisse me fera voir le Havre un peu moins en beau, à la mer près comme de juste.

En regagnant la ville, nous sommes entrés dans la propriété d'un riche banquier que M. Gréhant connaît : elle est superbe. Il y a contre la maison des grenadiers en pleine terre, si bien qu'on se croirait à Marseille plutôt qu'au Havre. Du reste, le climat est très doux. Dans la maison, où régnait une propreté hollandaise, il n'y avait que la vieille maîtresse du logis, bonne dame de Hollande qui, après nous avoir bien reçus, nous dit de la meilleure foi du monde : « A présent, Messieurs, allez vous promener, je ne veux pas vous arrêter. » Le roi Louis et la reine Hortense avaient déjà presque acheté cette campagne. Ensuite, ils la trouvèrent trop loin de Paris et achetèrent Saint-Leu.

Enfin, joignez au bonheur de cette promenade l'heureux hasard qui m'a fait trouver sur la jetée un des premiers personnages du pays, homme aimable, voyant la nature en peintre, sachant La Fontaine et l'abbé Delille par cœur, causant de tout ce que j'aime : arts, tableaux, Paris, musées, architecture, spectacles, voyages.

J'ai été chez le commissaire pour lui montrer mon

passeport : lui, aussi, m'a demandé si j'étais de Marseille et parent de la reine d'Espagne.

Rentré au Havre à midi, j'ai un peu mangé en attendant l'heure du départ. Rien n'est plus laid qu'un port à marée basse. Tous les navires, assis bêtement à sec dans la mer, attendent tristement l'eau qui doit leur rendre la vie et le mouvement. Le temps avait changé, le ciel était couvert et il commençait de pleuvoir, le vent devenait très fort, la marée montait à grandes vagues. Vers trois heures enfin, je me rendis à bord du paquebot appelé ici *Le Passager*. On y place mon cabriolet, le pont se peuple d'une cinquantaine de figures diverses, surtout de femmes avec des parapluies, venant d'acheter ou de vendre des marchandises au Havre. Chacun s'arrange, s'établit, s'encaque de son mieux. Une heure se passe avant que tout le monde y soit, qu'on ait arrangé les câbles et les cordages, terminé les apprêts du départ. Enfin, on part ou du moins on voudrait partir. Il pleut à verse, le vent est si fort, la marée encore si basse qu'il n'y a pas moyen de sortir du port; on crie, on se démène, on jure, on déploie les voiles trop tôt, le bateau danse sur la mer; le voilà qui penche de côté. Alors viennent les peurs, les femmes pleurent, jettent les hauts cris, demandent qu'on les remette à terre, les matelots courent, travaillent; les passagers tombent pêle-mêle à force de roulis; le bateau touche et demeure sans pouvoir avancer sur le *galet*. La jetée se couvre de personnes diverses, on jette des cordes, on s'efforce de tous les côtés, les uns mettent la main aux câbles, d'autres au mât de beaupré qui risque de se briser contre la jetée. Tout le monde parle à la fois et empêche les matelots d'entendre les commandements. C'est, sans aucun péril, l'apparence complète du danger. Cependant, la marée monte, de bonnes lames nous inondent et tous les passagers, ou au moins la moitié, se mettent à rendre tripes et boyaux. Pour moi, ce n'est point que je veuille faire le fendant, mais je n'ai pas eu la plus légère inquiétude, je craignais seulement de rentrer au port et de perdre du temps, car je n'étais plus qu'à vingt-quatre heures de la fête de Neuilly! A ça près, la scène m'amusait, je me tenais aux cordages, aux bastingages, j'allais absolument en escarpolette. Les petits bateaux rentraient dans le port à force de rames et dansaient si prodigieusement autour de nous que j'ai vu la vérité des tableaux de Vernet, et pris une légère idée de la mer en furie. Quant à Franz, il m'avoua depuis qu'il avait eu fièrement peur. Il parlera longtemps, je crois, de ses aventures et dira comme quoi il vit de tout près *sein letztes Stündlein* (1), et prit mentalement un tendre congé de sa vieille épouse.

Enfin, après plus d'une heure de travail, nous voilà partis, saucés par la pluie et surtout par l'eau qui ruisselle des voiles comme de véritables gouttières. Les poltrons se rassurent, les dégobilleurs continuent. Je ne regardais ceux-ci que du coin de l'œil par peur de me joindre à eux, et je les voyais malades! oh mais malades! une femme surtout, je ne l'oublierai jamais! Le bateau était couvert de petits pois et de fragments de carottes, seules choses reconnaissables dans le margouillis. — Bonjour, Titine. — On dit qu'il y a des malheureux qui

(1) Sa dernière petite heure.

font ce trajet quatre fois par semaine et sont toujours aussi malades, j'en frémis. Du reste, il faut, en vérité, avoir bon estomac pour résister à la contagion et surtout aux plaisanteries tapées de ceux qui se portent bien. J'en étais fier pour mon compte. Les marsouins sautaient autour de nous, mais disparaissaient si vite que je ne parvenais jamais à les voir. Enfin, comme un éclair, j'aperçus le museau d'un. — Titine, il m'a paru qu'il vous ressemblait..... mais en brun !

Vers six heures, nous arrivons à Honfleur, dont la côte m'a paru charmante malgré la pluie. On débarque mon cabriolet; on hisse, avec bien de la peine, son malheureux cheval qui était à fond de cale sous nos pieds; les passagers retrouvent leurs amis, auxquels ils racontent que jamais ils n'eurent un aussi mauvais passage, quoique le passage soit fort souvent mauvais, dit-on; chacun part à ses affaires ou bien gagne les pataches qui doivent le charrier plus loin. Pour moi, je tâche de me sécher un peu à la poste et d'avoir des chevaux. Le plus beau soleil avait paru, pour se moquer de nous au moment que nous débarquions, et éclairait la mer d'une manière inouïe. On m'a dit, à Paris, pour me tourmenter, que je m'imaginais avoir traversé la mer et que j'avais traversé la Seine seulement. N'en croyez rien, chère Maman, les Parisiens sont de mauvaises langues : le passage est de trois lieues et c'est bien la mer. D'autres m'ont assuré qu'ordinairement il y avait moins de vagues et de roulis sur la pleine mer qu'entre Le Havre et Honfleur, et qu'après cette épreuve on pouvait tout parier que je ne serais pas malade dans un voyage plus long.

Je suis parti vers sept heures et demie. Du haut de la colline qui domine Honfleur, la vue du soleil se couchant dans la mer était magique. C'est avec un vrai chagrin que j'ai perdu de vue cette chère mer que je serai peut-être bien des années sans revoir, dont j'ai peut-être pris congé pour jamais! Elle m'a fait cent fois plus de plaisir que je n'en attendais d'elle et une impression pour la vie.

Chère Maman, n'est-ce pas que vous dites : « Au diable le voyageur, le bavard, le conteur! Ne croirait-on pas qu'il vient de faire les voyages de Cook? » — Pardon!

Au retour, j'ai encore été enchanté de la Normandie qui est un pays charmant. J'ai passé vers minuit à Rouen, par le plus beau clair de lune, puis à Louviers où se trouvent d'immenses fabriques de drap. Il faisait froid, et nous courions fort vite sur une autre route qu'en allant. A Rosny, j'ai vu l'allée où se promenait M. de Sully, et le jardin anglais où se promène maintenant Mme Edmond de Périgord, le château en brique qu'habitait le premier et que possède la seconde ; j'ai passé par Mantes, Meulan, Saint-Germain. Je me suis arrêté une demi-heure à Montallègre et, vers cinq heures, j'étais à Paris.

Après une grande toilette, je vais dîner chez Mme Boson de Périgord avec ma chère Flore, je conte mes aventures puis, sur les huit heures, nous partons, Mme de Mniszech et moi, pour la fête de la princesse Pauline, à Neuilly.

Cette fête a été superbe; je pourrais vous en dire les phrases ordinaires, mais les gazettes vous les diront mieux que moi, ce que je trouve, d'ailleurs, plus commode. Je veux cependant vous conter que l'on s'est rassemblé dans la salle de spectacle; que le coup d'œil de cette Cour si brillante et si brodée était fort beau; que le théâtre était très petit mais très joli; que l'Empereur et l'Impératrice sont arrivés au bout d'une heure. On a donné *Le Concert interrompu* (1), opéra du répertoire de Feydeau, pas bien joli, mais joué dans la perfection par Elleviou, Martin, Paul et Mme Duret. Tout le monde bâillait bien un peu, excepté moi toujours insatiable de spectacles.

Ensuite, on courut au jardin dont l'illumination vous aurait enchantée, chère Mère : il y avait une immense quantité de lampions de couleur partout, sur les arbres, dans les buissons, sous les gazons dans des trous faits en terre, c'était une véritable féerie. Les chemins étaient non parsemés mais couverts de feuilles de rose. Est-ce du luxe? A chaque instant, on apercevait quelque temple, quelque fabrique illuminée. Enfin, un grand rideau s'ouvre et l'on voit un long décor représentant le château de Schœnbrunn pris du côté du jardin, très ressemblant et si bien figuré que, sans paraître absolument de grandeur naturelle, il semblait cependant très grand. Devant ce Schœnbrunn, les danseuses de l'Opéra ont dansé un ballet et de soi-disant valses avec d'affreuses calottes qu'elles croyaient être des bonnets d'or.

De là, on court bien vite à d'autres plaisirs, mais on arrive toujours trop tard et on ne voit presque rien; les gens errent dans ces vastes jardins sans savoir au juste où aller; ils se lèvent sur la pointe des pieds pour décou-

---

(1) Opéra-comique en un acte de Marsollier et Favières pour les paroles, et de H. Berton pour la musique.

vrir, par-dessus la foule, les têtes des danseurs, et regardent encore que la cour est déjà loin. On entend de la musique à presque un quart de lieue, on s'élance à travers fleurs, bosquets, buissons, lampions, mais chaque scène différente est l'affaire d'un clin d'œil et on arrive tout juste à la fin du ballet ou aux derniers sons de la cantate. Quand on donnait le bras à une femme, c'était bien pis encore. Il faisait le plus divin clair de lune, mais un froid de chien et une grande humidité. Les dames gémissaient d'avoir la tête nue et, malgré les feuilles de rose, du sable dans leurs petits souliers de bal.

Il y avait *La Maison du Caprice* (1), pas ressemblante du tout, et mille autres « attentions » de ce genre; je crois que c'était *gut gemeint* (à bonne intention). Plusieurs personnes me disaient absolument sans malice :

— « Cela doit vous avoir fait plaisir de reconnaître Schœnbrunn! »

Ah! ma foi oui, c'était bien fait pour cela!! Aussi leur témoignais-je que je m'en serais passé. A cet égard, les gens n'ont pas plus de tact que rien.

Lorsque les héros de la fête rentrèrent au château, les danseurs de l'Opéra s'en allaient à reculons en dansant devant eux et en jetant des fleurs comme devant l'arche de Saül. C'était charmant.

Alors, on a vu, des fenêtres, le feu d'artifice. Il était, comme d'ordinaire ici, très riche et très beau, mais sans beaucoup de dessins ni d'ensemble. De très belles gerbes

---

(1) Maison construite dans le parc impérial de Laxenbourg, près de Schœnbrunn, et où chaque chose était à l'inverse de son sens normal comme de sa place habituelle.

de fusées, un joli petit palmier en feux verts, beaucoup de bruit et voilà tout. A travers les fusées, Mme Saqui est montée sur la corde, un flambeau dans chaque main, jusqu'à une hauteur qui faisait tourner la tête et fermer les yeux de peur.

C'est à peine si l'Impératrice a regardé le feu d'artifice, occupée qu'elle était, pendant ce temps-là, de faire arranger son bouquet. Elle ne semble prendre grand intérêt à rien. Sa Majesté a l'air un peu impassible et apathique, et guère communicative de son métier.

Pour continuer vint le bal. La salle était très belle, mais la porte tellement obstruée de courtisans que l'on n'y pénétrait qu'au risque de ses jours. L'Impératrice a dansé mieux qu'on ne devrait le croire. L'Empereur a parlé à tout le monde et m'a dit deux petits mots obligeants, car il me traite toujours avec distinction. Je crois qu'il m'aime, comme je vous l'ai déjà mandé. Un beau souper vint après la danse, mais j'ai eu la paresse de ne point l'aller voir, et ne fis qu'avaler immensément de la meilleure limonade du monde, car j'avais encore toute la soif de mon voyage dans la gorge. Ainsi finit cette journée, et par cette lettre finit celle d'aujourd'hui. Il est deux heures du matin; bonsoir, Maman.

CHAPITRE XXXIV

Encore la fête de Neuilly; mauvaises nouvelles d'Espagne. — Retour de M. Octave de Ségur. — Le beau Molé. — L'Empereur et l'Impératrice; anecdotes; Mme de Mortemart; les *cardinaux noirs*. — Au théâtre dans la loge de M. de Talleyrand; *Persée et Andromède*. — Cadeaux d'adieu des Montboissier; grands cachets et petits cachets; cadeau de Mme Mélanie de Noailles. — Talma et la répétition des *États de Blois*. — La bonne, l'enfant et les petits ours du Jardin des Plantes. — Nouvelle fête à Neuilly; l'Empereur et l'Impératrice *incognito*. — *La Vestale*. — Arc-de-triomphe au rabais. — Départ de l'impératrice Joséphine pour Aix-les-Bains.

N° 45.
A ma Mère.
Paris.
Jeudi, 21 juin 1810.
Jour de la Fête-Dieu.

On prétend que l'Empereur est arrivé d'une humeur massacrante à la fête de Neuilly, et que la princesse Borghèse se mit à pleurer, en disant qu'elle avait espéré lui faire plaisir, mais qu'elle voyait bien que son but était manqué. Alors, *dit-on*, il lui aurait serré la main et répondu :

— « Non, ma sœur, je vous remercie de votre fête, elle m'égaiera et me fera plaisir, mais c'est que j'ai de bien mauvaises nouvelles d'Espagne. »

En effet, celles qui circulent depuis deux ou trois jours ne sont pas pour lui plaire (1).

---

(1) A ce moment, les nouvelles d'Espagne et de Portugal n'étaient pas bonnes sans être particulièrement inquiétantes; mais, depuis la capitula-

Ce qui fait, en ce moment, la conversation de toutes les sociétés, c'est le retour d'Octave de Ségur (1) après six ans d'absence. C'est, à mon avis, la plus pitoyable histoire du monde. Il est parti par jalousie contre sa femme (2) sans en avoir — alors — le moindre sujet. Elle resta, dit-on, six mois comme une statue, ne faisant que pleurer. Son frère, pendant je ne sais combien de temps, allait tous les jours le chercher à la Morgue parmi les noyés. Jugez un peu quelle horreur! Sa mère en a manqué mourir de douleur. Longtemps après, on sut qu'il existait. Une fois, il écrivit à sa femme trois mots anglais qu'il avait, je crois, sur un cachet. Quelle sotte *romanesquerie* que tout cela! Enfin, il a cependant trouvé la plaisanterie un peu longue et annonce son retour. L'année passée, il a servi dans l'armée française, en Hongrie, comme simple soldat. On prétend que sa famille dit qu'il

tion de Baylen (juillet 1808), c'est toujours vers la péninsule que les ennemis de Napoléon avaient les yeux fixés.

Le 12 juin 1810, le prince de Schwarzenberg avait transmis à Vienne les renseignements qui perçaient sur les affaires d'Espagne, « malgré la vigilance du gouvernement. — Le fanatisme des Espagnols, écrivait-il, est au comble et empêche les Français de profiter de leur succès. La discussion règne parmi les généraux. L'approvisionnement des armées devient extrêmement difficile et coûte énormément. Le roi Joseph demande de nouveaux secours et regarde la paix avec l'Angleterre comme le seul moyen de l'affermir sur le trône. Le bruit court d'un échec éprouvé par l'armée de Portugal. »

Le 9 juillet cependant, il revenait sur ces appréciations pessimistes pour les infirmer : « Pendant le long silence, mandait-il alors, que le gouvernement a gardé sur les affaires d'Espagne, interrompu de temps en temps par un article insignifiant de gazette, il s'était, comme presque toujours en pareil cas, répandu des bruits défavorables aux armées françaises... Ces bruits sont démentis. » (*Archives impériales et royales de Vienne.*)

(1) Fils du comte L.-P. de Ségur, grand-maître des cérémonies de la cour impériale et conseiller d'État.

(2) Née d'Aguesseau.

a été chartreux je ne sais où. Sa femme est partie avec ses enfants pour aller le recevoir à Bâle.

On n'entend rien à tout cela. Des gens racontent qu'il disait toujours à sa femme : « Le jour où je m'apercevrai que vous m'aimez moins qu'à présent, vous n'entendrez plus parler de moi. » Les Montboissier, qui sont liés avec Mme de Ségur, assurent que, dans le temps, cette pauvre femme s'est cassé la tête pour se trouver un tort. La seule chose dont elle put se souvenir est qu'un jour, son mari revenant de la chasse couvert de poussière, elle le rencontra sur l'escalier et lui dit :

— « Comme vous voilà fait, Octave! Allez vous habiller, nous avons du monde à dîner. »

Il lui répondit en la regardant fixement :

— « Vous ne m'auriez pas reçu comme cela il y a un an. »

Les mauvaises langues prétendent, au contraire, qu'elle avait bien quelques petits reproches à se faire, que depuis elle aurait eu un léger sentiment pour le beau Molé, son parent, peut-être même qu'elle aurait voyagé en Suisse avec lui pour se distraire, mais rien n'est moins prouvé que tout cela. Quoi qu'il en soit, voilà son mari qui arrive dans cinq ou six jours, trouvant qu'une folie de six ans est plus courte qu'une de douze. L'Empereur a témoigné à M. de Ségur, le père, que son fils n'avait qu'à revenir. Il retrouvera ses trois enfants beaux, grands, bien élevés; sa femme le recevra très bien; on parlera de lui pendant huit jours au plus, on examinera sa contenance, ses faits et gestes, puis tout ce qui s'est passé sera comme non avenu. Il a raison de revenir, mais moi, qui ne suis pas romanesque, je le trouve impardonnablement fou.

Ce beau Molé passe pour un grand vainqueur, car, à présent, la petite Mme de Marmier (1), tout en aimant beaucoup son mari, dit-on, lui fait de très jolis yeux. Il est, je crois, intendant des ponts et chaussées et je ne sais quoi encore, cousin des Montboissier et une espèce de personnage. C'est lui, assure-t-on, qui obtint la restitution à Mme de Montboissier des débris de sa fortune (2). Il a une belle figure calme et paraît du même âge que moi.

On prétend que le *Baron* (3) a pris sa femme dans un guignon fameux et qu'elle l'ennuie à périr. La voilà bien. On prétend qu'il a dit :

— « Il faut avouer que j'ai épousé une fière bête mais, c'est égal, elle me donnera de beaux enfants. »

On raconte que l'autre jour la *Baronne* (4) dit à Mme de Mortemart :

— « Madame, je crois vous avoir vue aux Pays-Bas?

— « Madame, répliqua l'autre, depuis trois mois je n'ai pas quitté l'antichambre de Votre Majesté. » .

Mme de Mortemart avait été à Braunau !

Cette histoire est tellement forte que j'ai peine à l'admettre. Vous croirez de tout cela ce que vous voudrez *ad libitum*, et vous vous arrangerez comme il vous plaira avec les éloges des gazettes et avec d'autres récits. Je ne

---

(1) La comtesse de Marmier, née Choiseul.
(2) Voir ci-dessus, p. 197 et 198.
(3) L'empereur Napoléon Ier.
(4) L'impératrice Marie-Louise.

vous garantis rien. Et, comme je ne fréquente guère que des gens qui ne Les aiment pas, tout est vu à travers un verre noir.

Encore une histoire qu'on raconte. L'Impératrice, qui n'avait encore eu un mot en faveur de personne, s'est avisée tout à coup de prier pour les cardinaux exilés, dépourprés, etc., etc., pour n'avoir pas voulu venir à la noce. Alors le *Sposo* est entré dans un tel accès de rage que, ne l'ayant jamais vu ainsi, mourant de peur, croyant apparemment qu'il allait la manger toute crue, elle s'évanouit à plat. L'Empereur, de son côté, ayant une peur affreuse de l'avoir tuée, la fit revenir moyennant un seau d'eau à la figure, et lui représenta qu'elle ne devait pas prendre ces scènes-là si fort au tragique, qu'il était coutumier du fait, etc. Jugez, si l'histoire est vraie, comme la voilà dégoûtée d'intercéder pour quelqu'un !

Vendredi, quinze juin. — J'ai vu le ballet de *Persée et Andromède* dans la loge de M. de Talleyrand, avec Flore et la Bosonne (1), et, ce qui était toute mon ambition, je me suis placé contre la colonne cannelée : c'est la place ordinaire du Bénévent. Le ballet est très beau malgré quelques longueurs, les danses divines comme toujours.

J'ai été ensuite chez les Montboissier. Elles m'ont donné, comme souvenir, une chaîne, un petit cachet où elles ont fait graver « Teplitz », et une clef : le tout en bois d'aloès. On ne porte plus de grands cachets à la montre, mais de

(1) La comtesse Boson de Périgord.

tout petits, et beaucoup (1). J'ai annoncé que je désirais que tous mes amis m'en donnassent comme souvenir de Paris. Ce petit moyen n'est pas bête pour m'en épargner la dépense. Il est doux, facile et je l'ai imaginé tout seul. Trois ou quatre personnes m'en ont promis. Mme Mélanie de Noailles était chez les Montboissier, Mme de Cordoue lui dit : « Allons, donnez-lui aussi quelque chose pour sa montre, un anneau. » Et elle, sans y mettre plus de prix qu'il ne fallait, sans faire la prude pour ce qui, au fond, n'en valait pas la peine, m'a donné un anneau avec un petit cœur sur lequel s'unissent deux mains. C'est tout ce qu'on pourrait donner à un amant, et une autre aurait fait la mijaurée tandis qu'elle, qui est si gentille et si naturelle, n'y a pas entendu malice du tout.

Samedi, seize juin. — J'ai été le matin chez Mme de Bellegarde, où j'ai vu enfin Talma : il a une tout autre mine en frac qu'en toge, est aimable et gai. Il venait de la répétition des *États de Blois*, la nouvelle tragédie de Raynouard (2), dont il se promet un grand succès. Talma aime cette pièce et le rôle de Guise-le-Balafré qu'il y joue. Il avait son rôle à la main et, avec une grande complaisance, nous en a récité quelques scènes qui m'ont paru très belles et d'un bien grand effet. On doit, je crois, donner *Les États de Blois* demain à Saint-Cloud, puis les

(1) Dans son numéro des 11 et 12 juin 1810, *Le Courrier de l'Europe et des Spectacles* écrivait, d'après le *Journal des Dames et des Modes* : « A eux seuls, les cachets de montre absorbent plus de pierres que ne faisaient, il y a quelques mois, toutes les autres espèces de bijoux. »
(2) François Raynouard (1761-1836), auteur dramatique, philologue, homme politique, membre de l'Académie française, etc. Il est surtout connu par sa tragédie des *Templiers*.

jouer à Paris. Talma est très intéressant à voir de près, et m'a fait grand plaisir.

— Il est arrivé, voici quelques jours, une histoire affreuse au Jardin des Plantes. Une bonne laissait marcher un enfant sur le parapet de la fosse où sont les petits ours. Elle le lâche je ne sais comment, l'enfant tombe et les petits ours le mangent en un clin d'œil. Une version dit que la femme s'évanouit et ensuite devint folle, une autre qu'elle s'est jetée dans la Seine, une troisième que toute l'histoire n'est qu'un conte..... Choisissez !

Dimanche, dix-sept juin. — La fête de Neuilly avait tant charmé l'Empereur qu'il a voulu qu'elle fût répétée, sauf le spectacle et le bal comme de raison, pour ceux qui n'y avaient pas été jeudi. On donnait des billets. Flore et Mme Boson de Périgord y sont allées et s'amusèrent à merveille. On y entrait, dit-on, au péril de sa vie, à travers les chevaux et les sabres mais, une fois dans les jardins, on était fort à son aise. Elles ont couru partout. Devant Schœnbrunn, Flore se met à dire :

— « Voilà la fenêtre où l'on allait regarder Bonaparte lisant ses papiers. »

Mme Boson la pousse, elle tourne la tête et aperçoit sur son épaule le Napo. *(sic)* incognito, avec sa moitié qui avait un grand chapeau de paille. Il sourit en se voyant reconnu........... et s'en fut plus loin faire l'Haroun-al-Raschid.

J'ai été à *La Vestale*. Golowkin était rentré en ville pour la voir et me voir. Je suis fâché de n'avoir entendu dans le rôle de la Vestale que Mme Himm, et pas

Mme Branchu, dont c'est, dit-on, le triomphe. Je n'ai vu celle-ci qu'une seule fois, dans *Cortez*. Elle a une voix superbe. Dans *La Vestale*, le moment où l'on jette sur Julie un voile noir et où l'on donne dans la coulisse un coup de tam-tam (instrument chinois) est d'un effet prodigieux et pèle *(sic)* le dos.

Flore et moi avions dîné chez Mme Alexandre Potocka avec, comme quatrième, Girardin. Elle est drôle à suivre Mme Alexandre, et maintenant je l'aime bien. Je l'ai vue davantage à la fin qu'au commencement de mon séjour. Ce soir, j'ai été en Montboissier.

Vous ai-je écrit que, pendant que l'Empereur était aux Pays-Bas, je ne sais quel maire avait acheté un arc-de-triomphe *au rabais*? Cet arc avait déjà servi dans une autre petite ville d'où il le fit transporter chez lui et, moyennant un peu de sapin, l'arrangea, le restaura de manière à lui donner l'air tout neuf. Cette histoire fait mon bonheur.

L'impératrice Joséphine est partie le quinze de ce mois pour Aix-les-Bains. L'Empereur ne l'a, dit-on, vue qu'une seule fois, et alors il s'est promené deux heures avec elle dans les jardins de La Malmaison. On prétend que, tout le temps de cette visite au *passé*, le *présent* n'a fait que pleurer. On dit que c'est un point sur lequel l'impératrice Marie-Louise n'entend pas raillerie, et qu'elle ne veut même pas qu'on nomme devant elle l'impératrice Joséphine. Je ne crois pas que ce soit adroit, ni bien vu, car l'Empereur reste, dit-on, aussi attaché à la feue qu'il peut l'être à quelque chose. On dit également que l'impératrice Joséphine lui a demandé si, pour voyager, elle devait prendre le nom de duchesse de Navarre ou quelque autre. Il lui aurait répondu qu'il ne le voulait pas, parce que cela accréditerait les bruits publics qui lui ôtaient déjà le titre d'impératrice, qu'elle n'avait qu'à prendre le nom de Mme d'Arberg (1). C'est ce qu'elle a fait. Comment trouvez-vous cet incognito? Enfin elle s'est mise en route avec Mme d'Audenarde, M. de Pourtalès et un autre (2), en partie carrée, dit-on.

(1) La comtesse d'Arberg, née princesse de Stolberg-Gedern, avait été dame du palais, puis était devenue dame d'honneur de l'impératrice Joséphine.

(2) L'autre était M. de Turpin Crissé, chambellan de l'impératrice Joséphine, connu pour un agréable talent de peintre de paysage. (Cf. *Lettres de Mme de Rémusat*, t. II, p. 325.) M. de Pourtalès passait pour faire la cour à Mme d'Audenarde.

CHAPITRE XXXV

Courses avec la princesse Flore de Ligne et Mme Alexandre Potocka; les magasins de Dyle et de Dagoty. — Diner au jardin chez Mme de Mniszech. — *Phèdre; Les Étourdis.* — Soirée chez Mme de Laval; le prince de Talleyrand et la négresse Zoé, caricaturés par Mlle Aurore de Bellegarde. — Encore le prince de Talleyrand, ses conférences avec la duchesse de Courlande et Mme de Laval; Mme de Jaucourt, la duchesse de Luynes, etc.; M. de Talleyrand et M. de Flahaut. — Courses et emplettes. — Déjeuner chez Mme Boson de Périgord. — Visite à Montallègre; M. de La Verne. — La Jonchère; les Dillon et Mme Bertrand : premier projet de mariage entre celle-ci et le prince Aldobrandini, frère du prince Borghèse qui serait devenu roi de Portugal. — Mme de Mesmes et M. d'Avaux. — *Illumintisme*, magnétisme et somnambulisme; Mme de Boufflers; la comtesse de La Marche; Buonaparte qualifié le *Saint Jean du Diable*. — Une enseigne de barbier. — Oubli ou omission de la princesse Charles de Schwarzenberg parmi les invités d'une chasse impériale.

N° 46.
A Louise.
Paris.
Jeudi, 21 juin 1810.

Lundi, dix-huit juin. — J'ai couru avec Flore et Mme Alexandre Potocka le matin. Nous avons été chez Dyle où, par mon crédit, je comptais faire voir à ces dames les belles peintures sur verre, négociation dans laquelle j'ai failli échouer net, car Dyle et son commis m'avaient refusé; j'eus beau me fâcher, leur dire, à mots couverts, qu'il fallait être fou pour avoir quelque chose d'aussi beau et ne pas vouloir le montrer, cela ne servit de rien. Enfin, je m'adressai à la vieille Mme Dyle en douces paroles et, à force de soumission et de câlinage, nous obtînmes de voir la galerie. Mes dames ont été enchantées. Mme Alexandre voulait même commander tout de suite une grande madone sur verre pour éclairer sa chapelle de Natoline, et fut très offensée de ce que Dyle lui donnât si peu d'audience, en disant toujours : « C'est trop cher. » Quel magasin que celui-là, que de belles choses! Nous y avons vu M. Marescalchi (1) avec deux ou trois dames, entre autres Mme Mocenigo : il a donné une tasse à chacune. Dyle est Allemand.

Nous avons aussi été chez Dagoty, où j'ai fait quelques emplettes : trois tasses, deux pots à lait, de jolies petites choses, mon Enfant, tout cela grâce à la boîte d'or de mon Ami. Mme Alexandre devait y peindre une tasse qu'elle compte ensuite faire achever. La confiance et la désinvolture avec lesquelles elle a commencé, sans vouloir seulement écouter les conseils de Dagoty, nous ont bien amusés.

J'ai dîné chez Mme de Mniszech avec mes deux dames et Golowkin. On dîne au jardin presque tous les jours. C'est la rage de *La Miche* et le désespoir de Mme Alexandre qui, ordinairement, a trop froid ou trop chaud. Quand il fait beau, c'est très joli. Les voisins se mettent à leurs fenêtres pour nous voir manger ; c'est tantôt la grande-duchesse de Toscane, tantôt sa petite fille (2), tantôt les Lucchesini ou quelque autre membre de cette cour (3), et cela enchante *La Miche*.

(1) Le comte Marescalchi, ministre à Paris du royaume d'Italie.
(2) La princesse Élisa Bacciochi, fille de la princesse Élisa Bonaparte, grande-duchesse de Toscane, et de son mari, le général Bacciochi. Elle épousa plus tard le comte Camerata.
(3) La princesse Élisa habitait, à ce moment, l'ancien hôtel Marbeuf (ensuite hôtel d'Albuféra, maintenant hôtel Pillet-Will), dont l'entrée est rue du Faubourg-Saint-Honoré et dont le jardin se prolonge jusqu'aux Champs-Élysées.

Phèdre (1) m'a fait bien grand plaisir ce soir. Décidément, c'est le triomphe de Mlle Duchesnois. Michelot jouait Hippolyte : il n'y est pas mauvais. Je l'aime mieux que Damas et, au moins, il est plus jeune, mais j'en aimerais encore mieux un troisième, car la petite figure chétive de Michelot, ses sourcils noirs et arqués, sa tournure un peu tout d'une pièce lui donnent une légère teinte de ridicule. On dit, cependant, qu'il fait de grands progrès. M. Colson, un débutant, jouait Thésée. Le malheureux, dans un grand moment pathétique, sentit que sa moustache s'en allait et, avec assez de présence d'esprit, l'ôta tout à fait; il n'y eut que de légers murmures. Après *Phèdre*, vinrent *Les Étourdis*, d'Andrieux.

J'ai fini ma soirée chez Mme de Laval, qui me reçoit toujours parfaitement. A onze heures arrive d'ordinaire M. de Talleyrand. Je vous ai parlé, je crois, de la manière dont il est avec la bonne grosse Zoé. Ils se tapotent et jouent ensemble comme des chiens; on prétend qu'il est inouï tout ce qu'elle se permet quelquefois de lui dire. Voici leur caricature faite par Mlle Aurore de Bellegarde. Il y a une

LE PRINCE DE TALLEYRAND
ET LA NÉGRESSE ZOÉ.

(1) Tragédie de Racine.

si grande vérité dans le peu de traits de ce dessin que je l'ai calqué sans oser y changer la moindre chose, crainte d'en détruire la ressemblance. Il y a si bien dans la figure de M. de Talleyrand une certaine *Unbehülflichkeit* (1) qui est très vraie ! Ses jambes tout d'une pièce, son habit boutonné et mal fait, sa coiffure de longs cheveux, ses épaules larges, tout y est. Puis, j'aime beaucoup cette tache noire qui représente la figure de cette pauvre Zoé.

L'autre jour, en parlant aux Bellegarde de gens qui en imposent, je disais que je n'avais pas peur de ceux avec qui, au fond, je n'avais rien à démêler : « Par exemple celui-là, dis-je en montrant M. de Talleyrand, qui a l'air de manger tout le monde, il ne m'en impose pas du tout. » Elles en sont mortes de rire. Au reste, on dit que c'est une de ses grandes prétentions, et qu'il aime en imposer aux gens. Il a une manière sèche et monotone de parler sans changer de figure qui devient quelquefois assez piquante. Ce qui est très bizarre, ce sont les continuelles conférences entre lui, la duchesse de Courlande et Mme de Laval. Quand, par exemple, M. de Talleyrand s'en va, ces dames le suivent dans l'escalier et restent une demi-heure en conférence. La duchesse voudrait, dit-on, l'héritage pour M. Edmond de Périgord, et M. de Talleyrand, qui n'aime rien au monde hors lui, ne compte laisser à M. Edmond que son titre de Bénévent avec la très mince principauté, et tout le reste à cette petite Charlotte que lui et sa femme surtout sem-

(1) Lourdeur.

blent adorer, bien qu'elle ne soit fille ni de l'un ni de l'autre. Pendant ces conversations secrètes, la pauvre Mme Tyszkiewicz sèche sur pied.

J'ai rencontré chez Mme de Laval Mme de Jaucourt, qui doit avoir été très jolie ou très belle, mais elle est bientôt partie pour la campagne.

La duchesse de Luynes (1), qui partage volontairement l'exil de sa belle-fille Mme de Chevreuse, est venue passer huit jours seulement à Paris. Elle a un peu l'air d'un homme, y compris quelques poils de barbe. Sa fille, Mme Mathieu de Montmorency, est une tour dans le genre de sa mère d'abord ou de lady Findlater (2), je l'ai vue une fois chez Mme de Laval. M. Mathieu ne vient chez sa mère que de bonne heure, il a l'air sec et morose, parle très peu, mais on lui prête beaucoup d'esprit. Vous savez qu'il a donné en plein dans la Révolution et, le premier, renoncé aux titres; il est bien revenu de tout cela et tombé dans une dévotion excessive. Il a déjà une fille mariée (3).

Le duc de Laval a chez sa belle-fille une chaise haute mais, depuis deux mois, il souffre de la goutte tout ce qu'il est possible de souffrir.

M. Adrien de Montmorency; M. Charles de Luxembourg (4), maigre avec un grand nez; Mme de Braamcamp, la fille de M. de Narbonne, et son mari M. de Ram-

---

(1) Née Montmorency-Laval.
(2) De la maison écossaise des Ogilvie, comtes de Seafield et de Findlater, etc.
(3) Au duc de Doudeauville, de la maison de La Rochefoucauld.
(4) Charles de Montmorency, duc de Luxembourg, qui fut, sous la Restauration, capitaine des gardes du corps.

buteau (1), chambellan, autre beau-fils de M. de Narbonne, dont la femme n'est pas à Paris; M. Boni de Castellane; le gros Coco Labriffe; M. de Thiard; Giamboni qui, à Paris comme à Vienne, passe pour un espion de la police : tels sont à peu près les habitués du petit salon de Mme de Laval. Mme de Coigny, le prince Auguste d'Arenberg et d'autres encore y viennent aussi de temps en temps. M. de Flahaut y semble très bien en cour : M. de Talleyrand a la fatuité de vouloir faire croire qu'il est son père, mais on dit que cela n'est pas vrai. C'est j'ai oublié qui. Quant à M. de Flahaut, il se trouve pour le moment à Plombières avec sa mère, et fort malade dit-on. Je ne connais pas de voix plus délicieuse que la sienne, et le trouve très beau. Il a, avec d'autres jeunes gens, un air de *conscious (Selbsterkenntniss*, sentiment de sa supériorité) sans fatuité.

Mardi, dix-neuf juin. — J'ai couru et fait des emplettes. Je me suis donné deux jolis petits flambeaux de bronze, une petite boîte à thé en coquilles, et n'ai pu me refuser une charmante petite Vénus accroupie ou fille de Niobé : elle fera l'ornement de mon bureau.

Déjeuner chez Mme Boson de Périgord avec ma Flore. M. Boson n'est pas aimable, et jamais on n'a eu moins que lui l'air d'un, même feu, homme à bonnes fortunes. D'abord, il est sourd d'une manière qui passe la permission.

---

(1) Le comte de Rambuteau, qui devint préfet de la Seine sous Louis-Philippe. Il a laissé d'intéressants *Mémoires*, publiés en 1905.

Georgine (1) est extrêmement gentille; elle a huit ou neuf ans. J'aime beaucoup M. et Mme de Pusignan (2), tous ces pauvres gens ont bien peu de chose.

En quittant les Périgord, je suis parti pour Montallègre. Vous n'avez pas idée de l'amabilité avec laquelle Golowkin me remercie de venir le voir, comme si ces courses ne me faisaient pas grand plaisir à moi aussi. Il y avait chez lui un M. de La Verne (3), auteur d'une *Vie de Potemkin*. Nous avons fait, après dîner, une grande et jolie promenade de l'autre côté de la Seine. Après avoir passé les deux bras du fleuve et l'Ile de La Loge, nous traversâmes Croissy et Chatou, puis revînmes par eau jusqu'à Montallègre, en laissant à gauche La Malmaison, La Jonchère, le château de Gabrielle et Bougival.

La Jonchère est un pavillon placé sur la hauteur, et habité par les Dillon et Mme Bertrand (4). Voyez ce que c'est que le sort ou plutôt les caprices et tout ce qui passe par la tête de............ [l'Empereur]. On dit (notez bien que je dis toujours on dit) que Mlle Dillon, nièce de l'impératrice Joséphine et, par conséquent, très près de la per-

---

(1) Fille du comte et de la comtesse Boson de Périgord. Elle épousa, en 1819, le duc d'Esclignac et de Fimarcon, et vécut jusqu'en 1868.

(2) Père et mère de la comtesse Boson de Périgord.

(3) L.-M.-P. Tranchant, comte de La Verne (1769-1815). Il était, pour son compte, l'auteur de nombreux ouvrages historiques, militaires, etc., mais avait seulement revu et édité une *Vie du prince Potemkin*, écrite par Mme de Cérenville.

(4) Honorable-Arthur Dillon, né en 1750, guillotiné en 1794, avait laissé de sa seconde femme, Marie de Girardin, veuve du comte de La Touche et cousine germaine de l'impératrice Joséphine, une fille, France Dillon, qui épousa le général comte Bertrand. (Cf. *Journal d'une femme de cinquante ans*, par la marquise de La Tour du Pin, t. Ier, tableau généalogique des lords Dillon.)

sonne du souverain, était destinée à devenir un jour reine de Portugal. Parmi d'innombrables projets, au milieu desquels mon histoire prouve qu'il fait cependant quelquefois des ratures, l'Empereur avait celui-ci : le prince Borghèse serait devenu roi de Portugal et, comme la santé de la princesse Pauline ne lui permet pas d'avoir d'enfants, le prince Aldobrandini, frère du prince Borghèse, déclaré tout de suite prince royal, aurait épousé Mlle Dillon. Le projet allait si loin qu'un jour l'Empereur écrivit à celle-ci un petit billet où, par *Spass* (1), il l'appelait Altesse Royale. Puis, subitement, le tout-puissant change d'avis et fait dire à sa nièce qu'elle va épouser le général Bertrand. La voilà dans les pleurs et les cris, cependant elle épouse, est fort heureuse et accouche tous les ans de petits Bertrand qui s'appellent Napoléon. Mme Bertrand est maintenant très maigre, mais on dit qu'elle était fort agréable au moment de son mariage. Le prince Aldobrandini a épousé Mlle de La Rochefoucauld qui a quinze ans, paraît en avoir vingt-quatre, est un modèle de grosse fraîcheur, bien commune et mal mise.

J'ai vu de loin Mme de Mesmes, tout de blanc vêtue et, malgré ses quatre-vingts ans, marchant comme une jeune femme. Son fils, M. d'Avaux, qui n'en a que soixante, est perclus de rhumatismes, marche avec deux béquilles et, lorsqu'il se traîne chez Golowkin, arrive plus mort que vif. Il donne dans la franc-maçonnerie, l'*illuminitisme* (je crois le mot nouveau) et le magnétisme. Il est bizarre que celui-ci reprenne une nouvelle vogue. Mme de Boufflers,

---

(1) Plaisanterie.

par exemple, passe tous les jours deux heures en somnambulisme; elle ne dit plus rien pour ses propres maux, mais on la consulte pour ceux des autres et elle parle en oracle. Mme de Crussol (1) se mourait de la poitrine il y a un mois. Koreff découvre tout à coup qu'on la traitait à faux, que le siège de son mal n'est pas la poitrine mais je ne sais quoi. Mme de Boufflers dit la même chose, et voilà Mme de Crussol sauvée.

A propos de magnétisme, il y a ici cette comtesse de Stolberg, autrefois comtesse de La Marche (2), fille du feu roi de Prusse (3) et de Mme de Lichtenau. Cette femme se trouve dans un état de nerfs et de convulsions dont on n'a pas idée; dans ses accès, qui viennent, je crois, tous les jours, elle est allongée, raccourcie, enfin toute disloquée, à la fin même le sang lui sort par le bout des dix doigts. Voilà ce qu'on m'a expliqué du moins, je ne garantis rien. Or, on la magnétise, on la somnambulisc et, une fois, on abusa de cet état pour lui faire des questions non relatives à sa maladie, par exemple :

— « Qu'est-ce que Buonaparte ? »

Trois jours, elle se défendit, trois jours elle s'agita sur sa chaise, en disant avec effort, en disant toujours :

— « Je ne peux pas, je ne veux pas répondre. »

On voyait combien elle souffrait!

— « Pourquoi, ajoutait-elle, faut-il que je dise cela ? »

(1) Amable-Émilie de Châtillon, mariée à M.-F.-E. de Crussol, duc d'Uzès. Elle ne mourut qu'en 1840. Le comte de Clary raconte, ailleurs, que Mme d'Uzès, alors Mme de Crussol, était, « au premier temps de l'émigration, la plus jolie, la plus élégante, la mieux faite des émigrées de Bruxelles ».
(2) En réalité, comtesse von der Mark.
(3) Frédéric-Guillaume II.

Enfin, on persista tant à lui ordonner de parler qu'elle finit par dire comme d'explosion :

— « C'est le *Saint Jean du Diable!* »

L'histoire est jolie; je ne sais pas bien si j'y crois, vous en userez à votre bon plaisir.

— Il me semble que c'est dans le village de Bougival que j'ai trouvé cette inscription sur une boutique de barbier :

— « Ici, l'art embellit la nature. »

C'est encore un de mes regrets de n'avoir pas fait une collection des enseignes de Paris. On ne peut s'empêcher de les lire, et elles font mon bonheur par leur emphase et leur style recherché.

J'ai couché à Montallègre. La soirée s'est très bien passée en lecture et dessin.

Il y avait, ce jour-là, chasse à Saint-Germain. La princesse Pauline de Schwarzenberg (1) y est allée en calèche avec l'Impératrice. — M. et Mme de Metternich, l'ambassadeur, tous étaient invités, excepté la princesse Charles de Schwarzenberg (2), si bien que Mme de Metternich, croyant que ce ne pouvait être qu'un oubli, en dit un mot à la reine de Naples. Celle-ci lui répondit que non, et que la princesse Charles serait invitée une autre fois.

(1) Belle-sœur de l'ambassadeur.
(2) Femme de l'ambassadeur.

CHAPITRE XXXVI

Cinna; l'Empereur et l'Impératrice au Théâtre-Français. — Dîner chez Mme de Vertamy; les Polignac sortent de prison. — La fête du duc de Feltre; la générale Richepanse, etc. — Visite à Montallègre avec Mme Alexandre Potocka. — Représentation à Saint-Cloud des *États de Blois*. — Mme Alexandre Potocka invitée à dîner à Saint-Cloud; égards que lui témoigne l'Empereur.

N° 47.
A Louise.
Paris.
Vendredi, 22 juin 1810.

Nous nageons dans les fêtes : celle d'hier était un très beau bal chez le général Clarke. Au fait, tout cela se ressemble.

Aujourd'hui, on donne à Saint-Cloud la première représentation des *États de Blois*, je viens de recevoir l'invitation et j'attends, avec la plus vive impatience, cette pièce que mon départ ne me permettrait pas de voir ensuite à Paris.

Mais j'anticipe sur mon journal qu'il me faut reprendre au *mercredi, vingt juin*. Le mardi soir, j'avais couché à Montallègre; le mercredi, il faisait trop chaud pour essayer une promenade raisonnable, j'ai seulement toupillé dans le jardin ou aux environs et, tout de suite après dîner, je suis retourné à Paris.

A la Comédie-Française, on donnait *Cinna* (1) — *par ordre* — ce qui annonçait d'augustes présences. Flore avait

(1) Tragédie de Corneille.

une loge avec la petite princesse Radziwill (1). La foule était prodigieuse car, pour la première fois, l'Impératrice devait paraître aux Français. Un monde énorme, attendant l'arrivée des souverains, emplissait la rue Richelieu. Flore et moi regardions du balcon de la Comédie, fort amusés de voir le mouvement de la rue, les coups donnés et reçus, tandis qu'à peine rentré dans le théâtre, on suffoquait d'une chaleur à mourir. Il sonnait sept heures, il sonnait huit heures et la cour n'arrivait pas. Enfin, l'Empereur fait dire de commencer par la petite pièce : *Les Fausses Infidélités*, mais les acteurs n'y étaient point, et l'on dut se résigner à encore attendre. Le jour baissait, il était, je crois, près de neuf heures lorsque le mouvement du peuple, le bruit, les écuyers en avant, les gardes annoncèrent le grand moment et les voitures arrivèrent *con strepito* (2). La chaleur était affreuse, les révérences parurent mal faites ; l'attente avait été longuette, les applaudissements furent assez minces. Talma, excédé apparemment par la température, ne fut pas aussi sublime qu'à l'ordinaire : d'ailleurs, les connaisseurs disent que Corneille est ce qu'il joue le moins bien. Saint-Prix était beau et bon dans le rôle d'Auguste. Je ne sais à quelle heure put finir le spectacle, car je me suis sauvé pour respirer après la tragédie.

Hier, *jeudi, vingt et un juin*, dîner chez Mme de Vertamy, dans une maison qu'elle a louée au pied de Montmartre.

---

(1) Probablement la princesse Dominique Radziwill, née comtesse Isabelle-Marie de Mniszech. (Voir ci-dessus, p. 38, en note.)
(2) Avec bruit.

Il y avait une sœur, un frère, un fils, une fille, l'abbé Sicard, deux ou trois jeunes gens : tout cela me charmait médiocrement. Mme de Vertamy m'accable de bontés, de compliments ; ma conscience me reproche de l'avoir trop négligée.

Sa maison a une vue charmante sur tout Paris, un assez grand jardin, beaucoup de terrasses et de vignes qui ont l'air italien : le tout, et particulièrement la maison, est curieusement délabré. Mme Idalie (1) devait y dîner, mais enfin les Polignac sont sortis de prison de sorte que leurs amis se trouvent au comble du bonheur. Cependant, la grâce est loin d'être entière, car ils restent toujours en surveillance dans une maison de santé. Ce qu'on avait en vain et tant demandé à Fouché, Savary l'a fait tout de suite, apparemment pour commencer à se mettre bien dans l'esprit public par une grâce universellement désirée. Je suis désolé de n'avoir pas vu Mme Idalie et, à présent, je n'en aurai plus le temps.

La fête de Clarke, autrement dit le duc de Feltre, a été superbe. La salle, ajoutée à sa maison, était très bien décorée, sauf quelques trophées d'armes qui m'ont paru de mauvais goût, et seuls devaient faire souvenir qu'on se trouvait chez le ministre de la guerre. On n'est pas plus poli que ce duc. Sa femme est extrêmement laide ; sa fille, Mme de Fezensac, l'est, à mon avis, aussi un peu : elle est grosse à pleine ceinture. En arrivant, la cour et peu d'élus, car on dit que la place était fort restreinte, sont allés à un petit spectacle donné au second

---

(1) Voir ci-dessus, p. 237.

étage par les acteurs du Vaudeville. M. Clarke m'a fait grand reproche de n'y avoir pas été aussi : j'avais cru qu'il fallait être spécialement prié. J'ai causé et même valsé avec la générale Richepanse, qui se trouve être Allemande et, par amour, épousa et suivit son mari (1). Elle est assez aimable. Une des choses les plus curieuses de ce bal, une chose qu'on se montrait, qui passait toute description, c'était Mme Tyszkiewicz, couverte de faux diamants d'une taille monstrueuse, ayant une énorme quantité de choses sur la tête et portant un vieil oripeau d'habit d'une tournure inouïe. J'en étais vraiment fâché pour elle, mais jamais on n'a été poupée de Nuremberg comme cela.

Le bal ne dura pas ; on partit d'assez bonne heure, car ces fêtes ennuient tout le monde. Personne ne danse à mon avis comme Mlle de Bonneuil, la sœur de Mme Regnaud, et, en outre, elle est extrêmement jolie. Son danseur était le petit M. de Sainte-Aldegonde (2), que maman connaît beaucoup. Je ne le connaissais pas avant ce bal, et nous avons parlé de Vienne.

Dimanche, vingt-quatre juin. — Ma chère Louise, je me suis bien amusé avant-hier, mais j'ai commis une action infâme, une atrocité fameuse à jamais dans les annales de la galanterie. Les remords gâtaient, par moment, tout mon plaisir ; je ne me pardonnerai jamais ce que j'ai fait

---

(1) Le général Richepanse (1778-1802) était Alsacien. Quant à sa veuve, qui venait d'être créée baronne par Napoléon Ier, elle était fille du chevalier de Damas, seigneur du Rousset, et de Marie de Roelen.

(2) Le comte Camille de Sainte-Aldegonde. Il épousa la veuve du maréchal Augereau et vécut jusqu'en 1853.

et si c'était à refaire............ je le ferais encore! « Oh, l'horreur, direz-vous! » — Écoutez! N'ayant pu persuader à Mme Alexandre Potocka de remettre une course que je lui avais promis de faire avec elle à Montallègre vendredi et, d'un autre côté, mourant d'envie de voir *Les États de Blois*, qu'on jouait ce même jour à Saint-Cloud, j'ai tant gémi, tant fait, qu'elle m'a offert, d'assez bonne grâce, de revenir en ville seule et que moi, monstre, j'ai accepté! Elle m'a pardonné, mais je crois que c'est du bout des lèvres.

J'ai donc été de Montallègre à Saint-Cloud par un détestable chemin de traverse, laissant Mme Alexandre revenir seule en ville.

Le spectacle était fort intéressant. La pièce, annoncée, attendue, depuis longtemps, protégée par Talma — cette pièce dont, à l'avance, tout le monde s'occupait, qu'on attendait aux Français avec la plus vive impatience — fut jouée dans la grande perfection. Assez fidèle à l'histoire, remplie de vers superbes et de très belles scènes, elle semble cependant froide et sans grand intérêt dramatique. Elle n'avance pas : à la fin de chaque acte, on est au même point qu'à la fin de l'acte précédent.

Raynouard, l'auteur, se trouvait au parterre en habit brodé.

Talma a de très beaux moments dans le rôle de Guise-le-Balafré, mais ce n'est pas, à beaucoup près, ce que je lui ai vu jouer le mieux. Il est né pour la toge et les rôles romains. Je suis fâché de ne l'avoir vu dans aucun des rôles de Shakespeare que, dit-on, il aime de préférence. On n'a donné ni *Macbeth*, ni *Othello*, ni *Ham-*

let pendant mon séjour à Paris. Le costume du duc de Guise ne lui allait pas bien, la toque surtout était laide. Mais, par exemple, rien de beau et d'un goût parfait comme le costume de Mlle Raucourt qui jouait Catherine de Médicis. Elle est sublime dans ce genre de rôles. Ses petits yeux, fulminant et roulant en dessous, son air si méchant et si hypocrite la rendaient Catherine en personne : je défie même que Catherine ait été autrement. Lafond, qui presque jamais ne paraît dans la même pièce que Talma (1), jouait le roi de Navarre et était aussi très bon à une nuance près. Sûrement, on ne peut exiger qu'il ressemble à Henri IV, mais on aurait désiré retrouver en lui quelque chose des traits si connus du roi.

Il y a dans la pièce des scènes d'un grand effet, par exemple celle où un fou fanatique, dont Michelot joue le rôle avec une figure effrayante, offre à Guise d'assassiner Henri IV, et lui demande pour cela son épée bénie; puis le mot de la fin, lorsque tous les conjurés crient : « Guise est roi! » et que Catherine, paraissant à la porte, dit : « Guise est mort! » Malgré prodigieusement d'allusions et des coups d'encensoir de la plus grande, et beaucoup trop grande force, la pièce déplut au maître : défense a été faite de la jouer à Paris. Je suis d'autant plus charmé de l'avoir vue. On dit qu'il y est trop parlé des Bourbons, de Henri IV, etc. L'Empereur l'avait, pourtant, approuvée à la lecture.

Il y avait foule à Saint-Cloud : Mme de Mniszech, Mme Tyszkiewicz, l'univers entier, et nous nous éton-

---

(1) Lafond, plus jeune que Talma et très beau, était son *double* et plus ou moins son rival.

nions que Mme Alexandre Potocka n'eût point reçu de billet d'invitation. En rentrant de Montallègre, à dix heures du soir, elle trouve :

« Le chambellan de service a l'honneur de prévenir Mme Alexandre Potocka — la Comtesse — qu'elle est du nombre des personnes destinées à dîner avec Leurs Majestés à Saint-Cloud, aujourd'hui, à six heures (1). »

Jugez de son désespoir. Ce billet était arrivée chez elle vers cinq heures seulement, à la dernière minute. La même chose se produit très souvent ici pour les invitations diverses, mais personne n'avait encore eu l'honneur d'une semblable invitation à dîner. Il n'y avait, cette fois, à la table impériale que la famille et le grand-maréchal Duroc, cinq ou six personnes en tout. Le couvert de Mme Alexandre resta vide. Elle est dans la plus haute faveur. L'Empereur la cherche, lui parle à chaque occasion avec empressement. Ils en sont tout à fait aux gentillesses.

— « Quand partez-vous ? lui disait-il l'autre jour.
— « Dans quinze jours, Sire.
— « Bah ! c'est trop tôt, il faut rester encore.
— « Sire, mon mari (2) m'attend.

(1) Le libellé exact de l'invitation était le suivant :
« Le chambellan de service, d'après les ordres de l'Empereur, a l'honneur de prévenir Mme la comtesse de Potocka qu'elle est du nombre des personnes désignées pour dîner avec Leurs Majestés, aujourd'hui vendredi 22 juin, à six heures, au Palais de Saint-Cloud.
  Saint-Cloud, ce 22 juin 1810. »
(*Mémoires de la comtesse Potocka*, p. 288 et suiv., en note.)

(2) Le comte Alexandre Potocki (1776-1867). Il fut chambellan de Napoléon Ier, castellan et grand écuyer de Pologne jusqu'en 1831, puis grand écuyer de la cour de Russie. Son premier mariage finit par un

— « Comment! c'est pour cela? Mais, de mon temps, à Varsovie (1), les maris n'étaient pas si exigeants, ils étaient plus traitables.

— « Ah! Sire, c'est qu'alors vous les commandiez! »

Tout le monde trouve cette réponse charmante; je n'ai jamais osé dire que je ne la comprenais pas. Et vous?

---

divorce, et il épousa en secondes noces la comtesse Isabelle Mostowska, tandis que son ex-femme épousait le comte Wonsowicz.

(1) Napoléon Ier avait séjourné à Varsovie au cours de sa campagne de 1806-1807 contre la Russie.

CHAPITRE XXXVII

L'hôtel de la princesse Borghèse, rue du Faubourg-Saint-Honoré. — *Les Femmes savantes.* — *Picaros et Diégo.* — La fête donnée par la Garde à l'École militaire; courses de chevaux; ascension en ballon de Mme Blanchard; feu d'artifice; ballet et bal; l'Empereur et Mme Alexandre Potocka, etc. — La colonne Vendôme; le chiffre de l'empereur François Ier; la statue de Napoléon Ier. — *Le Père d'Occasion; Fanchon la Vielleuse.* — Départ.

N° 48.
A Louise.
Lettre complémentaire : les derniers jours, je n'ai plus eu le temps d'écrire.

Samedi, vingt-trois juin. — Courses toute la matinée, j'avais cent mille affaires. J'ai été, avec Mme de Mniszech, voir l'hôtel et la galerie de la princesse Borghèse, rue du Faubourg-Saint-Honoré (1), près de chez elle. La maison est charmante, surtout un certain cabinet de bain. La princesse couche ordinairement dans un petit lit, garni de mousseline brodée et doublée de rose, couronné de plumes que je trouve de mauvais goût. Il est si bas, si petit, qu'il a l'air d'un lit de poupée ou, tout au moins, du lit de Mathilde. La galerie, appliquée à l'habitation comme celle de La Malmaison, éclairée par en haut, est une pièce charmante, remplie de fort beaux tableaux. Le jardin semble peu de chose, celui de

(1) La princesse Borghèse habitait l'ancien hôtel de Charost, qui est maintenant l'hôtel de l'ambassade d'Angleterre.

Mme de Mniszech est plus grand et bien mieux planté.

Fort bon dîner chez M. de Cruquembourg, avec Flore, Giamboni et le fils de M. de Cruquembourg.

Ensuite, j'ai été voir *Les Femmes savantes* (1) aux Français. La pièce était jouée dans la perfection par Grandmesnil, sublime dans Chrysale, Mme Mezeray dans Philaminte, Mlle Mars, à croquer dans le rôle d'Henriette, et Mlle Leverd, charmante en Armande.

Puis, j'ai revu, à Feydeau, *Picaros et Diégo*.

Enfin, j'ai pris un tendre congé, plein de regrets et de reconnaissance, des Montboissier et de Mme de Laval.

Dimanche, vingt-quatre juin. — J'ai dîné chez les Bellegarde parce que j'avais un rendez-vous avec M. d'Estourmel : nous devions aller ensemble à la fête donnée par la Garde à l'École militaire. Nous voilà donc partis sur les six heures du soir mais, avant même que nous ayons passé les Invalides, la file, la foule, les peurs, les cris devinrent si grands qu'il fallut quitter notre cabriolet et continuer à pied ; tous les brodés, toutes les brodées ou, du moins, beaucoup d'entre eux et d'entre elles en firent, d'ailleurs, autant. La cour de l'École militaire était arrangée à merveille, mais ce qui charmait surtout, c'était la prodigieuse abondance de fleurs dans les corridors d'en bas. Il y avait des roses, des tubéreuses, du jasmin comme dans le plus joli appartement. Nous sommes montés au premier étage et, après avoir un peu erré dans les salles, avons pris possession d'une excellente fenêtre, où il n'y

---

(1) Comédie de Molière.

avait pas trop de monde. La soirée était magnifique, et le coup d'œil de l'immense foule qui couvrait le Champ-de-Mars semblait un des plus beaux que j'aie vus. Après quelque temps d'attente commencèrent les jeux, les courses de chars et de chevaux. J'avoue que les courses de chars surtout m'ont paru pitoyables : des rosses de maquignons, des chars de forme antique qui avaient l'air lourd et peu gracieux, des gens habillés à l'anglaise en jockeys, des chevaux portant des bouquets de plumes sur la tête, voilà ce que je n'aurais pas pensé trouver dans la capitale du bon goût. Je crois, sans en être sûr, que des chevaux appartenant au duc Prosper d'Arenberg (1) ont couru. Tous les Franconi (2) parcouraient cette vaste enceinte en exécutant mille tours, et l'un d'eux, entre autres, habillé en grenadier, faisait l'exercice en entier, même le coup de feu. Tout cela était pour la foule et fort ennuyeux pour nous qui, d'ailleurs, en étions très loin. Les mêmes chevaux et les mêmes chars ont couru plusieurs fois. Un seul attelage, d'un cheval blanc et d'un cheval bai, m'a paru très beau.

Ce remplissage semblait fort long; cependant, la foule innombrable de têtes, un bouquet d'arbres bien placé à gauche, le ballon de Mme Blanchard (3) qui s'enflait et, par-dessus tout, au bout du Champ-de-Mars, le

---

(1) Le duc Prosper-Louis d'Arenberg avait épousé Mlle de Tascher de La Pagerie, cousine germaine de l'impératrice Joséphine. (Voir ci-dessus, p. 237, en note.)

(2) Écuyers du cirque Franconi.

(3) Veuve du célèbre aéronaute Blanchard, mort l'année précédente. Mme Blanchard fit de nombreuses ascensions et périt, en 1819, au cours de la soixante-septième : elle était partie du jardin de Tivoli en lançant des artifices dont l'un mit le feu à son ballon.

plus magnifique coucher de soleil formaient un coup d'œil unique.

Le jour baissait, les chars couraient toujours et on ne les regardait plus. Enfin, on fit avancer, au bout d'une corde, le ballon de Mme Blanchard, qui était assise ou debout dans sa très petite nacelle, et on la conduisit ainsi, *herbeigeschwebt* (1) par-dessus les têtes des spectateurs, jusqu'au balcon de l'Empereur. Elle était en robe blanche, avec des gants blancs et je crois même une coiffure de plumes, enfin prête pour aller au bal. En un clin d'œil, elle va partir, elle part, elle est partie, elle disparaît derrière le palais. Au moment de son ascension, toute une pluie rouge tomba de sa nacelle, je ne sais pas encore si c'étaient des feuilles de rose ou du sable, si c'était volontaire ou bien, au contraire, si elle a jeté plus de lest qu'elle n'y comptait : les avis étaient différents. Tant y a qu'elle partit avec une si effrayante rapidité et dans une direction si oblique *das einem Hören und Sehen vergieng* (2).

Par hasard, je n'avais jamais vu ascension qui ait réussi, et celle-ci, encore, je l'ai vue si mal que c'était comme rien.

Ensuite vint le feu d'artifice. Quelqu'un m'a dit qu'il y avait eu dans ce moment-là une grande confusion de voitures, même des cochers tués, des voitures mises en pièces; mais ces choses-là font si peu d'effet ici, on est si habitué à glisser lestement sur tout ce qui pourrait troubler un plaisir ou laisser une impression désagréable, que je n'ai même pas pu savoir si c'était vrai.

(1) Flottant.
(2) Qu'on ne vit et n'entendit plus rien.

Nous descendîmes pour le bal. Grande confusion aux portes de la salle, coups, intervention des grenadiers, refus de laisser entrer, sans égard ni aux billets donnés ni au rang des personnes qui se trouvaient ainsi repoussées. L'ambassadeur d'Espagne, l'aimable petit duc de Frias, manqua ne pas entrer et fut ballotté une heure à la porte, non par des boules blanches ou noires, mais par les bras de la foule. Il y avait plus de billets que de places et, tout à coup, ordre fut donné de ne plus laisser passer personne. Le prince Auguste d'Arenberg et cinq ou six cents autres invités ont dû rester dans la cour, éclairée à merveille d'ailleurs, ornée de banquettes rouges, et dont le ciel parsemé d'étoiles valait bien les lustres et les quinquets de la salle de bal. Moi aussi, j'avais pris mon parti de rester à la porte, lorsqu'un chambellan de connaissance me fit entrer par le mot d'ambassade d'Autriche. Alors, montant sur les chaises, me dressant sur la plante des pieds, j'ai vu, par-dessus bien des têtes, le trône, la Cour et le plus beau coup d'œil du monde en fait de fête : une salle immense, d'un goût et d'une décoration magnifiques, entourée de sept ou huit gradins sur lesquels quatre mille femmes parées étaient assises. Au centre se trouvaient tous les danseurs de l'Opéra et il y eut, entres autres, un très joli boléro où parurent Mme Gardel et Vestris. J'ai vu de près Mlle Chevigny, qui, au théâtre, paraît si jeune et si fraîche : elle est affreuse et ses yeux sont tout cerclés de noir. A la vérité, elle serait, dit-on, ni plus ni moins que grand'mère (1).

---

(1) Mlle Chevigny était née vers 1775, et avait débuté à l'Opéra le

Après le ballet, qui fut assez long, on se mit à danser des contredanses. L'Impératrice n'a pas dansé, mais s'est promenée affablement, et l'époux aussi; on dit qu'il était de très bonne humeur et a été très content de la fête. C'est après le départ de la Cour seulement qu'on a pu circuler dans la salle et retrouver des personnes de connaissance. Mme Demidoff était fort bien mise et d'une figure aussi tolérable qu'elle peut être. Mme Hamelin avait sur sa grosse tête trois guirlandes différentes. Ce n'était cependant pas tout à fait comme dans mon dessin. On n'a pas idée des figures atroces qu'on voyait à ce bal : une, entre autres, avec un petit galon d'argent en escargot, était parfaite Mme Alexandre Potocka s'ennuyait, l'Empereur lui a cependant parlé du dîner manqué.

MADAME HAMELIN.

— « Hé bien, lui dit-il, vous avez été à la campagne, l'autre jour?

— « Oui, Sire, cela m'a privée, etc., etc.

— « Chez qui avez-vous été? »

Elle l'explique.

— « Où? »

Elle l'explique également.

— « Ah! ah!

— « J'en suis d'autant plus désolée, reprend-elle, que je n'aurai plus rien à raconter à mes petits-enfants quand je serai vieille.

---

23 février 1790. En 1810, elle subissait déjà les atteintes d'un embonpoint qui lui fit quitter le théâtre cinq ans plus tard.

— « Bon, mais cela n'est pas perdu, cela se retrouvera. Combien de temps restez-vous encore?

— « Huit jours, Sire.

— « Eh bien ce sera pour une autre fois. »

Comment trouvez-vous la réponse vraiment *polacque* de Mme Alexandre? Elle a dîné chez l'Empereur après mon départ (1).

Il y avait beaucoup de glaces mais pas de cuillères (on les mangeait avec ses doigts), des torrents de limonade et d'orgeat. Les généraux et les officiers faisaient les honneurs à merveille. J'ai entrevu, par la porte, la salle du souper, car on ne laissait pas entrer à l'avance, elle paraissait superbe. On m'a dit, je crois, que cette fête coûte cinq cent mille francs. Bien que la garde impériale soit censée en faire les frais, on espère que la Cour paiera, car une telle dépense emporterait la moitié des appointements des généraux et des officiers.

Après avoir bien vu, toupillé, tourné, causé, mangé, regardé, j'en avais tout mon saoul à minuit. Mme Alexandre me demande de lui donner le bras et nous voilà, sans laquais ni manteaux, dans la foule des voitures. Impossible, comme de raison, de trouver ni la sienne, ni la mienne, mais une femme ne perd jamais la tête, nous nous adressons à un cocher de remise :

— « A qui est cette voiture?

— « Pas à vous!

— « Fort bien! »

(1) Voir les *Souvenirs de la comtesse Potocka*, publiés par M. Stryienski, p. 273 et suiv. — Une erreur de dates a fait situer par M. Stryienski, le dîner effectif de Mme Potocka chez l'Empereur au 22 juin, jour du dîner manqué.

Nous rions, nous essayons de le fléchir pour qu'il laisse là son maître et nous mène de l'autre côté des ponts. Mon éloquence échoue, celle de Mme Alexandre réussit mieux. A force de lui dire qu'il sera revenu dans une demi-heure, que son maître n'arrivera pas de sitôt et surtout que douze francs sont jolis à gagner, elle le décide, et nous voilà reconduits.

Il y avait à la fête six mille personnes.

Lundi, vingt-cinq juin. — J'ai été chez Mme de Vignolle (1), l'amie de Mme d'Esterhazy, et chez M. de Sternberg (2), car ils ne logent pas loin l'un de l'autre, cour des Fontaines (3). Mme de Vignolle doit avoir été très belle et m'a parfaitement reçu. Puis, j'ai grimpé au haut de l'échafaudage de la colonne de la place Vendôme. J'avais un billet de Denon.

Beaucoup de gens montaient et descendaient les escaliers. Dans deux jours, on démolira cet échafaudage et on entourera la colonne de toiles, en attendant le 15 août où elle doit être découverte et inaugurée. Elle est finie; on ne fait plus que la nettoyer et la polir. L'ouvrage en paraît superbe, ses dimensions sont celles de la colonne Trajane qui est en marbre, tandis que des plaques de bronze entourent complètement celle-ci et la rendent unique au monde. Le piédestal est couvert — hélas — de

(1) Probablement la comtesse de Vignolle, née Madeleine Mourgues, femme du général comte de Vignolle.
(2) Peut-être le comte Caspar de Sternberg, célèbre naturaliste autrichien, ou quelque autre membre de la même famille.
(3) La cour ou passage des Fontaines allait de la rue des Bons-Enfants à la rue du Lycée, maintenant rue de Valois. Elle dépendait autrefois du Palais-Royal et l'ancien Opéra y était situé.

trophées autrichiens, d'uniformes qui ont très mauvaise grâce et, de plus, par une maladresse singulière, semblent entièrement de fantaisie. Ce sont des revers, des brandebourgs, des broderies que nous n'avons jamais connus, sans compter, au point de vue de l'art, le mauvais goût et le mauvais effet de tous ces vêtements en bas-reliefs de bronze; mais, chose très bizarre, moyennant les drapeaux, les tambours, les casques qui couvrent ce piédestal, il présente partout le chiffre de l'empereur François Ier. L'immense bas-relief en spirale qui se déroule du haut en bas de la colonne, paraît d'un travail superbe; il forme, comme toutes les œuvres de la même espèce, une confusion de batailles, d'entrées, de figures impossibles à démêler, et que personne ne verra plus dès que les échafaudages seront enlevés. On n'en distinguera que le commencement, et encore. J'ai remarqué, tout en haut, la fuite de notre empereur, sa sortie de Vienne dans une mauvaise calèche (de bronze), et nos soldats qui la font rouler en poussant aux roues à tour de bras. Tous les costumes sont anti-*œsterreichisch* au possible. La statue de Napoléon, au faîte de la colonne, est très belle de forme, de costume, de draperies (1), mais n'a que onze pieds de haut, et on dit qu'elle paraîtra bien petite, vue d'en bas. Denon affirme pourtant, et je veux le croire, que c'est la juste proportion et que, plus grande, elle ferait mauvais effet. Un escalier intérieur conduit à la

---

(1) Cette statue, œuvre du sculpteur Chaudet, fut détruite en 1814, et remplacée, en 1830, par une statue de Napoléon portant une redingote et un petit chapeau. Quant à la statue actuelle, imitation de celle de Chaudet, elle date de la reconstruction de la colonne Vendôme, qui avait été renversée en 1871, pendant la Commune parisienne.

galerie qui l'entoure et tout le monde y voudra monter, car la vue est extrêmement intéressante. Le jardin des Tuileries, dominé de si près, les parcs des hôtels de la place Vendôme et le reste font un effet charmant, et, comme ce point de vue est très éloigné de Notre Dame et du Panthéon, la perspective en diffère absolument.

J'ai dîné pour la dernière fois chez Mme de Mniszech et, ensuite, j'ai été au Vaudeville. On donnait *Le Père d'Occasion* (1) et *Fanchon* (2), que Mme Hervey joue à merveille pour ceux qui, comme moi, n'ont pas vu Mme Belmont dans ce rôle (3). Il est inconcevable à quel point Mme Hervey tâche d'imiter le jeu et jusqu'à la voix de sa devancière, ce qui lui réussit tellement bien que souvent, les yeux fermés, on croit entendre Mme Belmont. Je n'aime pas beaucoup Henri. L'acteur qui jouait le rôle de l'abbé de Lattaignant est détestable. Hélas, ce fut mon dernier spectacle à Paris.

Mardi, vingt-six juin. — J'avais tant à faire que je n'ai pu partir avant le soir, mes emplettes mêmes n'étaient pas terminées! L'emballeur Grévin prit tous mes effets et les emporta pêle-mêle dans de grandes corbeilles. Les uns doivent aller à Vienne avec les effets de M. de Metternich, les autres à Dresde par la diligence. Si

---

(1) Comédie mise en vaudeville par Joseph Pain et P.-A Vieillard.
(2) *Fanchon la Vielleuse*, comédie mêlée de vaudeville par J.-N. Bouilly et Joseph Pain. Cette pièce, jouée pour la première fois en 1803 et type du « mélo sentimental », avait obtenu un énorme succès et resta très longtemps populaire.
(3) Le rôle de Fanchon, musicienne ambulante qui traversait les plus singulières aventures, avait été crée par Mme Belmont.

tout arrive à bon port et sans confusion, j'aurai du bonheur (1).

A trois heures, j'ai été chez Mme Alexandre Potocka, qui venait de partir après m'avoir fort attendu. J'ai suivi son équipage jusqu'au milieu des Champs-Élysées avec mon cabriolet, toujours espérant la rattraper. Je portais trois fichus de dentelle dans un petit carton, et voulais prendre son conseil pour savoir lequel choisir. Enfin, renonçant à l'entreprise téméraire de courir après elle avec Germain et le cheval Moricaud, je m'en fus chez Mme de Noailles, où Flore décida mon choix.

Après avoir dîné chez Mme Boson de Périgord, j'ai achevé mes paquets. A dix heures, de ma fenêtre, je vis gratis le très beau feu d'artifice de Tivoli et ses superbes bouquets. C'était une fête d'adieu. Je remerciai la bonne ville de Paris de cette attention et, à minuit juste, tout était prêt pour mon départ.

Reverrai-je Paris? J'espère que oui!

N° 49.
A Louise.
Paris.
Mardi, 26 juin, à minuit.

Adieu, je pars, mes chevaux sont mis. Je vous écrirai de Lyon, puis de cette Suisse qui m'enchante déjà. Je quitte Paris à regret mais l'œil sec, car, dans mes regrets, le cœur n'est pour rien. C'est l'essentiel, vous m'avouerez. Il n'y a que du plaisir ici, le bonheur est là-bas, près de

(1) *(Note du comte de Clary.)* J'ai reçu les caisses de Dresde le 6 octobre, à Teplitz, et celles de Vienne le 13 décembre seulement.

vous, à Teplitz, où j'espère arriver dans les premiers jours d'août.

Je renvoie Ivan directement, par économie. Cela prouve une bonne conscience, car il vous racontera tous mes faits et gestes. Adieu, ma bonne Louise, adieu tous. Écrivez-moi à Constance, Ratisbonne et Eger.

PIÈCES JUSTIFICATIVES

1

Acte de mariage de l'empereur Napoléon Ier et de l'archiduchesse Marie-Louise.

Anno salutis millesimo octingentesimo decimo, die undecima Martii, quæ erat dominica prima quadragesimæ, sub vesperum hora sexta, Viennæ Austriæ in ecclesia aulica R. R. P. P. Augustinianorum excalceatorum, serenissima domina Maria Ludovica, cæsarea Austriæ princeps et archidux, regia princeps Hungariæ et Bohemiæ, filia legitima augustissimi et potentissimi principis Francisci I imperatoris Austriæ, regis apostolici Hungariæ et Bohemiæ, domini nostri clementissimi, coram illustrissimo ac reverendissimo domino Sigismundo e comitibus ab Hohenwart, archiepiscopo Viennensi, principe imperii Austriaci, magnate Hungariæ, magnæ crucis ordinis Austriaci cæsarei Leopoldini equite, et me infra subscripto parocho aulico præsente et eidem sub stola cum aliis pluribus reverendissimis D. D. episcopis, abbatibus et præpositis mitratis assistente, solemniter per verba de præsenti matrimonium contraxit cum serenissimo ac potentissimo principe domino Napoleone, imperatore Gallorum, rege Italiæ, absente. Hujus procuratorem egit serenissimus cæsareus Austriæ princeps et archidux Carolus Ludovicus, regius princeps Hungariæ et Bohemiæ, patruus serenissimæ sponsæ, ad hunc actum a prædicto domino Napoleone, imperatore Gallorum, rege Italiæ, legitime vocatus et constitutus, uti instrumentum facultatis declarat præfato illustrissimo et reverendissimo archiepiscopo Viennensi ad inspiciendum porrectum.

Testes fuere augustissimæ cæsareæ regiæque Majestates, dominus Franciscus I imperator et domina Maria Ludovica imperatrix Austriæ, cæsarei principes patrui serenissimæ sponsæ, orator extra ordinem serenissimi sponsi, principes, magnates et proceres monarchiæ Austriacæ.

Obtentis dispensationibus politicis et diœcesanis necessariis facta sunt omnia ad ritum sac. concilii Tridentini et in forma consueta sanctæ Romanæ catholicæ et apostolicæ ecclesiæ.

Jacobus FRINT m. pr. C. R. paroch. aul.

Anmerkung. Die Acten über die Nullitäts Erklärung der Verbindung des Kaisers Napoleon mit Josephine sind von Paris nach Wien gesendet worden; weil sie aber aus einem Versehen dem hiesigen Herrn Erzbischofe nicht waren mitgetheilet worden, so hat er sich von dem hiesigen kaiserl. französischen Botschafter, Herrn Otto, ein eidliches von unserer Staats-Kanzelley verificirtes Instrument, welches der Herr Erzbischof in seinen Händen hat, ausstellen lassen, in welchem die Gründe angegeben sind, aus welchen die französische Civil-Behörde und das dortige Officialat obige erste Verbindung für null und nichtig erkläret haben, worauf er sodann die obige Trauung gehalten hat.

Die Urkunden über die Dispensationen vom dreymalligen Aufgebothe und ob tempus vetitum liegen in der hiesigen Staats-Kanzelley.

Liber baptizatorum, confirmatorum, matrimonio-junctorum et defunctorum an. 1713-1878 (Band C. C.), p. 196-198.
K. K. Hof- und Burgpfarre in Wien.

II

*Cérémonial du mariage de l'empereur Napoléon Ier
et de l'archiduchesse Marie-Louise.*

DIE EHELICHE EINSEGNUNG IN DEUTSCHER SPRACHE

Nun wurde die Trauung nach dem wienerischen Rituale in deutscher Sprache vorgenommen.

Der Kopulant redete Se. kaiserl. Hoheit mit folgenden Worten an :

« Durchlauchtigster österreichisch-kaiserlicher, von Hungarn und Böhmen königlicher Prinz, Erzherzog zu Oesterreich, Herr Carl! Wollen Ihre kaiserliche Hoheit als Bevollmächtigter des allerdurchlauchtigsten Kaisers der Franzosen, Königs von Italien, etc., Napoleon, und im Namen Seiner Majestät [Sich] ehelig verloben und für Allerhöchstsie die hier gegenwärtige durchlauchtigst österreichische kaiserliche, zu Hungarn und Böhmen königliche Prinzessin, Erzherzogin von Oesterreich, Frau Maria Ludovica, zur Gemahlin nehmen, und versprechen Se. kaiserl. Hoheit, dass Seine des Kaisers der Franzosen, Königs von Italien Majestät Höchstdieselbe für Seine Verlobte und rechtmässige Gemahlin annehmen und behandeln werde, wie es die heilige römische und apostolische Kirche anordnet und befiehlt? »

Der durchlauchtigste Prokurator antwortete hierauf : « Ich will und verspreche es also ».

Nach dieser empfangenen Erklärung wendet sich der Kopulant zu Ihrer kaiserlich. Hoheit der durchlauchtigsten Braut und fragte Höchstdieselbe mit nachstehenden Worten :

« Durchlauchtigst œsterreichisch-kaiserliche, von Hungarn und Böhmen königliche Prinzessin, Erzherzogin zu Oesterreich, Frau Maria Ludovica! Wollen Ihre kaiserl. Hoheit den abwesenden Allerdurchlauchtigsten Kaiser der Franzosen, König von Italien, etc., Napoleon, zu Ihrem rechtmässigen Verlobten und Gemahl, im Namen Seiner Majestät Sich mit dem gegenwärtigen durchlauchtigsten œsterreichisch kaiserlichen, von Hungarn und Böhmen königlichen Prinzen, Erzherzog zu Oesterreich, Herrn Carl, ehelig verloben und versprechen, Seiner des Kaisers der Franzosen und Königs von Italien Majestät, Napoleon, für Ihren rechtmässig Verlobten und Gemahl anzunehmen und zu behandeln, wie es die heilige römische und apostolische Kirche anordnet und befiehlt? »

Ihre kaiserl. Hoheit die durchlauchtigste Braut antwortete :

« Ich will und verspreche es. »

Dieses geschehen, gaben sie sich die rechte Hand, und der Fürsterzbischof verrichtete die eheliche Einsegnung mit den Worten :

« Also verbinde ich Sie im Namen des Vaters und des Sohnes und des heiligen Geistes. Amen. »

Dann gab er ihnen den Segen mit dem Weihwasser und weihete die Trauringe, welche auf einer silbernen vergoldten Tasse von dem Hof-und Burgpfarrer (in Rochette mit umhangender Stolla) dazu vorgehalten und darauf Höchstderselben überreicht wurden.

Seine kaiserl. Hoheit hatten nun den einen Ring der vermählten Kaiserin der Franzosen, und Allerhöchstdieselbe den andern dem durchlauchtigsten Erzherzoge Prokurator an den Finger gesteckt, worüber der Kopulant den Segen und die gewöhnlichen Gebethe sprach; welchen Ring sowohl, als die übrigen 11 geweihten Ringe — denn es wurden deren zwölf, von verschiedener Grösse und mit gleichen Schiffer versehen, da die Dicke des Fingers des Kaisers Napoleon nicht bekannt war, auf Veranlassung des k. k. geheimen Kammerzahlmeisters verfertiget — die allerdurchlauchtigste Verlobte nach der Hand zu sich nahmen, um solchen bey Höchstderselben Ankunft Ihrem allerdurchlauchtigsten Gemahl selbst an den Finger zu geben.

Grande-Maîtrise de la Cour impériale et royale de Vienne. (« Zeremoniell-Protokoll », 1810, f. 82-84.)

III

Lettre de S. M. l'Empereur à l'empereur Napoléon.

Vienne, 12 mars 1810.

Monsieur mon frère et très cher beau-fils!

Je charge mon chambellan, comte de Clary, de remettre à Votre Majesté Impériale la présente lettre.

Le grand pacte qui à jamais lie nos deux trônes a été consommé hier. Je veux être le premier à féliciter Votre Majesté sur un événement qu'elle a désiré, que mes vœux, bien communs aux vôtres, Monsieur mon frère, ont couronné et que je regarde comme le gage le plus précieux et en même temps le plus sûr de notre bonheur réciproque et, par conséquent, de celui de nos peuples. Si le sacrifice que je fais en me séparant de ma fille est immense; si dans le moment actuel mon cœur saigne de la perte de cette enfant chérie, l'idée et, je n'hésite pas à le dire, la conviction la plus intime de son bonheur peut seule me consoler.

Le comte de Metternich qui suivra dans peu de jours le comte de Clary sera chargé d'exprimer de vive voix à Votre Majesté Impériale l'attachement que j'ai voué pour la vie au Prince qui depuis hier est un des membres les plus précieux de ma famille. Je me borne dans ce moment à Le prier de recevoir les assurances de mon estime et de mon amitié inviolable.

De Votre Majesté Impériale et Royale, le bon frère et beau-père.

FRANÇOIS.

(*Archives impériales et royales de Vienne* France. Correspondance de cour, fasc. 10.)

IV

Instruction de la Chancellerie impériale et royale autrichienne au prince de Schwarzenberg, ambassadeur à Paris. (Minute.)

Vienne, 17 mars 1810.

Votre Altesse, en informant par la dépêche cotée Litt. C. (1) que le cardinal Fesch avait expédié à Mgr l'Archevêque de Vienne l'autorisation nécessaire pour donner la bénédiction nuptiale à l'empereur Napoléon, ainsi que la dispense de la publication, ajoute l'observation : « Que Son Excellence le cardinal Fesch s'attend à recevoir de la part de Mgr l'Archevêque [de Vienne] un acte pareil à l'égard Mme l'Archiduchesse pour pouvoir procéder, de son côté, à Paris, à la bénédiction d'après toutes les formes requises ».

L'acte de célébration qui a eu lieu le 11 de ce mois renfermant tout ce que les lois ecclésiastiques et civiles requièrent pour constituer le contrat de mariage, et la célébration qui se fera en France étant purement cérémonielle et de forme, il pouvait paraître superflu qu'en réciprocité des actes de dispense et d'autorisation envoyés de Paris, il fût expédié un acte semblable par Mgr l'Archevêque de Vienne : et j'ai d'abord eu le pressentiment que ce prélat ne trouverait pas matière à déléguer des pouvoirs pour réitérer la célébration d'un contrat qu'il regarde comme parfait dans toutes ses parties essentielles. En effet, je l'ai trouvé non seulement dans cette opinion, mais, ce qui plus est, disposé à croire que tout ce qui était superflu dans cette matière était déplacé et inconvenable. Cependant, lui ayant représenté que cette pièce était

---

(1) Du 6 mars 1810.

attendue en France et que la brièveté du temps ne laissait pas de loisir à des éclaircissements et à des délais, je l'ai engagé à se prêter à cette surabondance d'expéditions comme étant faite à la demande de parties intéressées situées en pays étrangers. En conséquence, Mgr l'Archevêque m'a fait remettre les actes de dispense civile et ecclésiastique, ainsi que ceux de la célébration du mariage et d'autorisation éventuelle. Je les ai fait munir de la certioration *(sic)* et légalisation requise.

J'avais cru devoir inviter M. le comte Otto (1) à conférer avec moi sur cette circonstance, mais, se trouvant indisposé, il m'a communiqué par le secrétaire de l'ambassade la Notice ci-jointe (2), laquelle insistait sur l'échange des actes de dispense et de délégation respectifs, mais donnait lieu de supposer que la pièce à remettre de la part de la France était entre les mains du prince de Neufchâtel. Cependant, m'étant rendu chez M. l'ambassadeur, il s'est trouvé nanti de la dite pièce, et il m'en a proposé la remise contre l'acte de délégation et de dispense expédié de notre part. Je n'ai pas cru devoir m'y refuser, et je lui ai délivré, en conséquence, les quatre instruments dont je joins ici des copies (3) pour servir à l'information de Votre Altesse. C'est donc par le canal de M. le comte Otto que ces pièces seront envoyées à Paris. Il eût été d'une expédition plus régulière que je les fisse parvenir à Votre Altesse en réponse à la demande qu'Elle m'en faisait par son rapport Litt. C, mais cette différence m'a paru trop légère pour ne pas aquiescer au désir que M. l'ambassadeur me témoignait que je lui délivrasse ces pièces.

(Archives impériales et royales de Vienne.)

---

(1) Ambassadeur de France à Vienne.
(2) Cette pièce manque.
(3) Ces copies manquent.

V

Lettre de l'empereur Napoléon à l'empereur François Ier (1).

Monsieur mon Frère et cher Beau-père, la fille de Votre Majesté est depuis deux jours ici. Elle remplit toutes mes espérances : et depuis deux jours, je n'ai cessé de lui donner et d'en recevoir des preuves des tendres sentiments qui nous unissent. Nous nous convenons parfaitement. Je ferai son bonheur et elle fera le mien. Qu'Elle permette donc que je La remercie du beau présent qu'Elle m'a fait, et que son cœur paternel jouisse des assurances de bonheur de son enfant chéri. Nous partons demain pour Saint-Cloud : et le deux avril, nous célébrons la cérémonie de notre mariage aux Thuileries. Que Votre Majesté Impériale ne doute jamais de mes sentiments d'estime et de haute considération, mais surtout de la tendresse que je lui ai vouée.

De Votre Majesté Impériale, le bon frère et gendre,

NAPOLÉON.

A Compiègne, le 29 mars 1810.

---

(1) Cette lettre a déjà été publiée par les éditeurs de la *Correspondance de Napoléon Ier* (t. XX, p. 279-280, n° 16 361), auxquels la Direction des Archives impériales et royales de Vienne l'avait communiquée. Nous ne la reproduisons donc pas comme un document nouveau ou peu connu, mais seulement parce qu'elle forme le complément des pièces précédentes.

FIN

INDEX ALPHABÉTIQUE

DES CONTEMPORAINS CITÉS PAR LE COMTE DE CLARY,
OU MENTIONNÉS DANS LA NOTE PRÉLIMINAIRE ET L'AVANT-PROPOS

On sait combien la suppression des titres nobiliaires lors de la Révolution, puis l'établissement par Napoléon Ier d'une noblesse nouvelle dans laquelle divers membres de l'ancienne noblesse reçurent des titres différents de ceux qu'ils portaient naguère, enfin le rétablissement de l'ancienne noblesse avec ses anciens titres par Louis XVIII compliquent l'identification de certaines personnes ayant appartenu à la haute société parisienne sous le premier Empire ; nous avons donc tâché, en rédigeant le présent index, de désigner les personnes citées par le comte de Clary d'une façon simple, claire et surtout conforme aux usages de l'époque, sans nous préoccuper, outre mesure, de la manière dont elles auraient pu être légalement qualifiées en 1810. — Nous avons aussi, afin de rendre certaines recherches plus faciles, adopté l'ordre des branches et des générations dans chaque branche, de préférence à l'ordre alphabétique, pour le classement des divers membres d'une même famille.

A

Albani (Cardinal), 261.
Albert, du Théâtre de l'Opéra, 252.
Aldobrandini (Prince), 366.
Alexandre Ier (Empereur de Russie), vii, 77 *(en note)*.
Alfieri, 143.
Alvimare (d'), 296.
Andlau (Comtesse d'), 165, 172, 253, 269.
Andrieux, 361.

Angélique (peut-être la princesse Auguste de Broglie-Revel, née Angélique de La Brousse de Verteillac), 236, 249.
Anna, 50.
Anne (Grande-duchesse de Russie), vii.
Arberg (Comtesse d'), 358.
Arberg (Mlle d'). — Voir : Mouton (Mme), comtesse de Lobau.
Arenberg (Duc d'), 379.
Arenberg (Prince Auguste d'), comte de La Marck, 33, 37,

165, 172, 236, 241, 242, 258, 269, 364, 381.
ARMAND, *du Théâtre-Français*, 61, 89, 123, 210.
ARMAND (Mlle Joséphine), 224, 283.
ARTOIS (Comte D'), 176.
ASKERKAN, 84 (*en note*).
AUDENARDE (Vicomtesse D'), 33, 287, 288, 289, 358.
AUDENARDE (Vicomte Charles D'), 299.
AUERSPERG (Prince Guillaume D'), 110.
AUTRICHE (Impératrice D'). — Voir : MARIE-LOUISE-BÉATRICE (Impératrice d'Autriche).
AUZOU (Mme), 227.
AVAUX (Comte D'), 256, 366.

B

BACCIOCHI (Général), 79 (*en note*).
BACCIOCHI (Mme). — Voir : BONAPARTE (Princesse Élisa).
BACCIOCHI (Princesse Élisa), *plus tard comtesse Camerata*, 360.
BADE (Princesse DE), née Stéphanie de Beauharnais, 41, 50, 286, 380.
BAECKER (Casimir), 125, 252, 296.
BAERT (M. DE), 34, 86.
BAERT (Mme DE), 34.
BALBI (Comtesse DE), 97.
BALLEROY (Marquise DE), 193.
BAOUR-LORMIAN, 240.
BAPTISTE, *du Théâtre-Français*, 68, 160, 257, 269, 303.
BARRAL (Baronne DE), 40, 46, 206.
BATTHYANI (Comte Jean-Baptiste DE), 146, 278.
BAUDELOCQUE, 162.
BAUFFREMONT (Princesse Hélène DE), 39, 61 (*en note*), 234.
BAVIÈRE (Princesse Marie-Élisabeth DE). — Voir : BERTHIER (Maréchale).

BAYER, 110.
BÉARN (Comte DE), 20, 26.
BEAUHARNAIS (Vicomte DE), V.
BEAUHARNAIS (Prince Eugène DE), V, X, 184, 286.
BEAUHARNAIS (Princesse Eugène DE), 286, 330.
BEAUHARNAIS (Hortense DE), reine de Hollande. — Voir : HORTENSE (Reine).
BEAUHARNAIS (Stéphanie DE). — Voir : BADE (Princesse DE).
BEAUMARCHAIS, 135, 194.
BEAUMARCHAIS (Mlle DE). — Voir : DELARUE (Mme).
BEAUMONT, *du Théâtre de l'Opéra*, 169.
BEAUVILLIERS, 199.
BELLEGARDE (Comtesse DE), 94, 123, 125, 126, 204, 252, 257, 270, 272, 293, 295, 296, 355, 362, 378.
BELLEGARDE (Mlle Aurore DE), 94, 123, 124, 126, 132, 133, 204, 252, 257, 270, 272, 293, 295, 296, 361, 362, 378.
BELMONT (Mme), 31, 232, 241, 386.
BELSUNCE (Vicomtesse DE), 93, 197.
BELVILLE (M.), 279.
BÉNÉVENT (Prince DE). — Voir : TALLEYRAND et DE BÉNÉVENT (Prince DE).
BÉNÉVENT (Princesse DE). — Voir : TALLEYRAND et DE BÉNÉVENT (Princesse DE).
BÉRENGER (Comte Charles DE), 53, 60 (*en note*).
BÉRENGER (Comtesse Charles DE), 33, 53, 60, 86, 114, 157, 180, 211.
BÉRENGER (Comte Raymond DE), 60 (*en note*).
BÉRENGER (Comtesse Raymond DE), *mariée en premières noces*

INDEX ALPHABÉTIQUE

au duc de Châtillon, 60, 105, 185, 212.
BÉRENGER (Comte Gabriel DE), 114, 262.
BERGSTETT (C.-L.-F.), 146.
BERTHIER (Maréchal), prince DE NEUFCHÂTEL et DE WAGRAM, XIII, XIV, 21, 26 *(en note)*, 110, 130, 224, 237, 396.
BERTHIER (Maréchale), princesse DE NEUFCHÂTEL et DE WAGRAM, née princesse Marie-Élisabeth de Bavière, XIII, 261.
BERTHIER (Mme Victor-Léopold), 26.
BERTRAND (Général comte), 26, 366.
BERTRAND (Comtesse), née Dillon, 365, 366.
BIGOTTINI (Mlle), 37, 69, 138, 169.
BLANCHARD (Mme), 379, 380.
BLECZINSKI, 20.
BOIGNE (Comtesse DE), 171, 256.
BOMBECK [?] (Mme DE), 105, 279.
BONAPARTE (Charles), *père de Napoléon I*er, 73, 218.
BONAPARTE (Mme Charles), *mère de Napoléon I*er. — Voir : MADAME MÈRE.
BONAPARTE ou BUONAPARTE (Général). — Voir : NAPOLÉON I*er* (Empereur des Français).
BONAPARTE (Joseph), roi d'Espagne, 72 *(en note)*.
BONAPARTE (Louis), roi de Hollande, V, 22, 25, 29, 208, 342.
BONAPARTE (Jérôme), roi de Westphalie, 22, 25, 28, 29 *(en note)*, 330.
BONAPARTE (Princesse Élisa), grande-duchesse de Toscane, mariée au général Bacciochi, 79, 80, 186, 204, 229, 238, 360.
BONAPARTE (Princesse Pauline), mariée au prince Borghèse, 22, 23, 28, 29, 40, 41, 50, 79, 80, 202 *(en note)*, 204, 219, 220, 222, 292, 301, 324, 330, 346, 350, 366, 377.
BONAPARTE (Princesse Caroline), mariée à Joachim Murat, roi de Naples, V, 16, 47, 49, 50, 80, 202 *(en note)*, 219 à 222, 291, 293, 301, 329, 330, 368.
BONNAY (Marquis DE), 92, 212.
BONNEUIL (Mlle DE), 372.
BORGHÈSE (Prince), 22 *(en note)*, 301, 366.
BORGHÈSE (Princesse). — Voir : BONAPARTE (Princesse Pauline).
BOUFFLERS (Chevalier, puis marquis DE), 34 *(en note)*, 86, 133.
BOUFFLERS (Marquise DE), 34, 86, 87, 133, 165, 207, 269, 366, 367.
BRAAMCAMP DE SOBRAL (Comte DE), 363.
BRAAMCAMP DE SOBRAL (Comtesse DE), née Narbonne-Lara, 38, 363.
BRACK (A.-F. DE), 105, 106, 125, 157, 170, 171.
BRANCHU (Mme), 283, 357.
BRIFAUT, 270, 295.
BRIGNOLE (Marquise DE), 39.
BRISSAC (Duc DE), 176.
BROGLIE (M. DE), 250.
BRUNET (MIRA, *dit*), 115, 117, 184, 185, 282.
BRUNOY (Marquise DE), 62, 212, 233, 243.
BUCHWIESER (Mme), 46.
BUISSON, 113.

C

CAD'OR (Duchesse DE). — Voir : CHAMPAGNY (Comtesse DE), duchesse DE CADORE.

26

CAFFARELLI (Comtesse), 56, 126.
CAMBACÉRÈS (Prince), 103, 154, 201.
CANISY (Comtesse DE), 40, 46.
CANOVA, 24, 289.
CARAMAN (Les), 200, 208, 212.
CARAMAN (Marquis Victor DE), 38, 200, 207, 208, 216.
CARAMAN (Comte Maurice DE), 201, 208.
CARAMAN (Victor DE), 200, 208.
CARAMAN (Mlle Marie DE), 201, 208.
CARAMAN (Mme DE), 208.
CAROLINE (Reine de Naples), née archiduchesse d'Autriche, 50 *(en note)*.
CAROLINE (Reine de Naples). — Voir : BONAPARTE (Princesse Caroline).
CARRION-NISAS (Marquis DE), 134.
CASIMIR. — Voir : BAECKER (Casimir).
CASSANO (Duchesse DE), 222.
CASSAS, 228.
CASTEL (Mme), 113.
CASTEL-ALFER (Comte DE), 23, 25, 72, 73, 301.
CASTELLANE (Boni DE), 262, 364.
CATALANI (Mme), 135.
CAVOUR (Comtesse DE), 28.
CAVRIANI (Comte Max), 36, 83, 128, 146, 172, 301.
CAVRIANI (Mme), 301.
CELLES (Comte DE), 124.
CELLES (Comtesse DE), 124.
CESAROTTI, 143.
CHABOT (Auguste DE), 184.
CHABOT (Fernand DE), 184.
CHALAIS (Prince DE), 170.
CHAMPAGNY (Comte DE), duc DE CADORE, 2, 6, 27, 53, 73, 84, 246.
CHAMPAGNY (Comtesse DE), duchesse DE CADORE, 48, 250.
CHARLES (Archiduc), XIV, 389, 391, 392.

CHARLOTTE, 217, 362.
CHASTENAY-LANTY (Comtesse DE), 261, 269.
CHASTENAY-LANTY (Comtesse Victorine DE), 202, 212, 262, 269.
CHATEAUBRIAND, XV, 271, 318.
CHÂTILLON (Duchesse DE). — Voir : BÉRENGER (Comtesse Raymond DE).
CHAUDET, 162.
CHEVIGNY (Mlle), 37, 69, 137, 138, 169, 381.
CHEVREUSE (Duchesse DE), 312, 363.
CHOISEUL (Duc DE), 158.
CHOISEUL-GOUFFIER (Comte DE), 39, 228, 234.
CHOTEK (Comte), II, 104.
CHOTEK (Comtesse Louise). — Voir : CLARY-et-ALDRINGEN (Comtesse, puis princesse Charles DE).
CLAM-GALLAS (Comte Christian-Joseph DE), 110.
CLAM-GALLAS (Comtesse Christian-Joseph DE), 110.
CLARKE (Général), duc DE FELTRE, 214, 369, 371, 372.
CLARKE (Mme), duchesse DE FELTRE, 104.
CLARY (Les), 186.
CLARY (Julie), *mariée à Joseph Bonaparte, roi d'Espagne*, 72, 79, 80, 186, 343.
CLARY-et-ALDRINGEN (Prince Jean DE), I, 119, 222, 237, 285, 320.
CLARY-et-ALDRINGEN (Princesse Jean DE), née princesse Christine de Ligne, I, 4, 8, 24, 30, 35 *(en note)*, 97, 104, 105 *(en note)*, 119, 124, 164, 194 *(en note)*, 211, 216, 221, 234, 249, 285, 320, 372.
CLARY-et-ALDRINGEN (Comte, puis

INDEX ALPHABÉTIQUE

prince Charles DE), *auteur des présents Souvenirs*, I à IV, 4, 131, 132, 148, 243. 249, 289, 394.
CLARY-et-ALDRINGEN (Comtesse, puis princesse Charles DE), née comtesse Louise Chotek, II, 109, 110, 154, 285, 319.
CLARY-et-ALDRINGEN (Comte Maurice DE), II, 21, 53, 123, 247.
CLARY-et-ALDRINGEN (Prince Edmond DE), II.
CLARY-et-ALDRINGEN (Comte Adhémar DE), 109, 297, 301.
CLARY-et-ALDRINGEN (Comtesse Mathilde DE), *mariée plus tard au prince Guillaume Radziwill*, II, 227, 297. 377.
CLARY-et-ALDRINGEN (Comtesse Euphémie DE), II, 227, 296, 297.
CLARY-et-ALDRINGEN (Comtesse Léontine DE), *mariée plus tard au prince Boguslas Radziwill*, II.
CLARY-et-ALDRINGEN (Comtesse Félicie DE), *mariée plus tard à l'altgrave Antoine de Salm-Reifferscheidt*, II.
CLOTILDE (Mlle), *du Théâtre de l'Opéra*, 37, 69, 138, 169, 252.
CLOZEL. 200.
COIGNY (Marquise DE). 37, 114, 134, 212, 244, 270 [?], 296, 364.
COIGNY (Comte DE), 296.
COIGNY (Aimée DE), *mariée au marquis, ensuite duc de Fleury, puis au comte de Montrond*. 37 *(en note)*, 134, 270 [?], 296.
COLBERT (Général). 206.
COLBERT-MAULEVRIER (Comtesse DE), 34. 85.
COLLOREDO-MANSFELD (Princesse Ferdinand DE), née baronne Auguste de Groschlag-Diepurg, 5, 17.
COLSON, 361.
CONFLANS (Marquise DE), 114.
CORDOUE (Marquis DE), 93.

CORDOUE (Marquise DE), 34, 130, 168, 170, 197, 355.
CORIOLIS (Marquis DE), 270.
CORSINI (Prince), 28.
COURLANDE (Duchesse DE), 62, 93, 99, 154, 184, 202, 235, 362.
CRAWFORD (M.). 98, 222 à 224.
CRAWFORD (Mme), 98, 130, 132, 133, 172, 222 à 224, 256.
CRESCENTINI, 42, 48, 55.
CRUQUEMBOURG ou CROYCKENBOURG (M. DE), 323, 378.
CRUSSOL (Mme DE), duchesse D'UZÈS, 367.
CUBIÈRES (Marquise DE), 270.
CUBIÈRES (A.-L. DESPANS DE), 106, 125, 204, 237, 262, 295, 297.
CUSTINES (Marquise DE), née Delphine de Sabran, 34 *(en note)*, 207.
CZARTORYSKA (Princesse), 242.
CZERNIN (Comte Wolfgang DE), 320.
CZERNIN (Comtesse Wolfgang DE), 320.

D

DAGOTY, 95, 360.
DAISER ZU SYLBACH (Baron Léopold DE), 147.
DALBERG (Baron DE), 39, 106, 127, 172, 179, 201, 237.
DALBERG (Baronne DE), née Brignole, 39.
DAMAS, *du Théâtre-Français*, 68, 159, 160, 210, 240, 244, 278, 300, 361.
DAMAS (Comte Charles [?] DE), 68.
DAMAS (Comtesse Charles DE), 302.
DAMAS (Comte Roger DE), 21, 22, 33, 122.
DARU (Comte), 27.

DAUBENTON, 121.
DAVID, 107, 108, 294.
DAVOUT (Maréchal), 9, 11, 130.
DELARUE (Mme), née Beaumarchais, 135.
DELILLE (Abbé), 207.
DELRIEU (E.-J.-B.), 300.
DEMIDOFF (M.), 77 (*en note*), 320.
DEMIDOFF (Mme), 77, 89, 207, 320, 382.
DENON (Baron), 248, 249, 385.
DERIVIS, 282.
DESAIX (Général), 113, 193.
DES CARS (Marquise), 280.
DES TILLIÈRES, 263.
DEVIENNE (Mlle), 153.
DILLON (Les), 365.
DILLON (Arthur), 256.
DILLON (Édouard), 256.
DILLON (Mlle). — Voir : BERTRAND (Comtesse), née Dillon.
DU BARRY (Comtesse), 254, 277.
DUBEN (Mme), 38.
DUCHÂTEL (Comtesse), 40, 46.
DUCHESNOIS (Mlle), 74, 145, 159, 169, 198, 205, 219, 257, 278, 304, 320, 361.
DUGAZON (Mme), 131 à 133.
DUGAZON (Gustave), 132, 133.
DU MANOIR, 26.
DU PERREUX, 257.
DUPONT (Mlle), 310.
DUPORT, 140, 169.
DUPUIS (Mlle), 198, 205, 210.
DUPUY (Comte), 299.
DURET [?], 257.
DURET (Mme), 180, 347.
DURFORT (Comte Étienne DE), 197.
DURFORT (Mme DE), 87.
DUROC (Général), duc DE FRIOUL, 6, 7, 11, 28, 45, 149, 375.
DUSSEK, 131, 132, 216, 217.
DUVAL. — Voir : PINEUX-DUVAL.
DYLE, 195, 196, 359, 360.
DYLE (Mme), 359.

E

ECQUEVILLY (Comtesse ou vicomtesse D'), 212.
ELLEVIOU, 180, 232, 241, 257, 282, 318, 347.
ESMÉNARD (J.-A.), 94, 310.
ESPAGNE (Reine D'). — Voir : CLARY (Julie).
ESTERHAZY (Les), 186.
ESTERHAZY (Prince D'), 138, 146, 148, 149, 187, 263, 323, 329.
ESTERHAZY (Mme D'), 384.
ESTOURMEL (Comte Joseph D'), 252, 270, 295, 378.
EUGÈNE (Prince). — Voir : BEAUHARNAIS (Prince Eugène DE).

F

FABRE (Victorin), 87, 88.
FÉFÉ. — Voir : PALFFY (Comtesse Jean).
FERDINAND IV (Roi de Naples), 36 (*en note*), 50 (*en note*).
FERRARIS (Comte Joseph DE), 213.
FESCH (Cardinal), XV XVI, 76, 395.
FESTA (Mme), 298.
FEZENSAC (Vicomte DE), 104, 250.
FEZENSAC (Vicomtesse DE), 104, 250, 371.
FINDLATER (Lady), 363.
FITZJAMES (Duchesse DE), 54 (*en note*), 62, 94, 255, 321 à 323, 331.
FITZJAMES (Duc DE), 62, 262, 297, 322, 323.
FLAHAUT (Les), 235.
FLAHAUT (Comte DE), 88, 89, 127, 158, 205, 224, 233, 364.
FLEURY, *du Théâtre-Français*, 60, 75, 89, 112, 153, 201, 210, 269, 303.

INDEX ALPHABÉTIQUE

FLEURY (Duchesse DE). — Voir : COIGNY (Aimée DE).
FLORE, FLORETTE. — Voir : LIGNE (Princesse Flore DE).
FLORET (P.-J. DE), 6, 36, 111, 147, 149, 213, 319.
FOUCHÉ, duc D'OTRANTE, 281, 311, 312, 313, 371.
FOUCHÉ (Mme), duchesse D'OTRANTE, 313.
FOUQUÉ, IV (en note).
FRANÇOIS Ier (Empereur d'Autriche), d'abord François II (Empereur d'Allemagne), I à III, VII, VIII, XII, XIV, 2, 7, 15, 22 (en note), 50 (en note), 73 (en note), 161, 385, 389, 390, 394, 397.
FRANÇOIS-LE-CORDONNIER, 314, 316.
FRANCONI, 93, 137, 328, 379.
FRANZ, 3, 19, 51, 268, 327, 333, 344.
FRÉDÉRIC II (Roi de Prusse), 67, 207.
FRÉDÉRIC-GUILLAUME II (Roi de Prusse), 367 (en note).
FRIAS (Duc DE), 71, 306, 381.
FRINT (Jacob), 390.
FURIOSO, 328.

G

GAGARIN (Prince Nicolas), 139.
GALITZIN (Princesse Michel), 272, 307, 320.
GALITZIN (Princesse Catherine), 227, 307.
GALL (Docteur), 142, 262, 296, 314, 316.
GARDEL (M.), 37 (en note).
GARDEL (Mme), 37, 69, 169, 224, 232, 381.
GARNERIN (Les frères), 326.
GARZONI (Mme), 73, 217.
GAVAUDAN (Mme), 180, 257, 318.
GAZANI (Mme), 46.
GENLIS (Mme DE), 124, 125, 296.
GEOFFROY, 137, 139, 166.
GEORGES (Mlle), 304.
GÉRARD (P.-S.), 123, 193, 204, 206, 232, 294, 295.
GÉRARD (Mme P.-S.), 204.
GERMAIN, 225, 275, 300, 387.
GERMAIN (Comte), 9, 25.
GIACOMELLI (Mme), 276.
GIAMBONI (Marquis), 38, 95, 364, 378.
GIERDY [?], 95.
GIRARDIN (Comte DE), 224, 357.
GIRARDIN (Comte Alexandre DE), 224, 320.
GIRODET, 108, 270, 271.
GLUCK, 166.
GODOT ou GODEAU, 311.
GOLOWKIN (Comte Fédor), 35, 36, 56, 60, 63, 66, 67, 84, 89, 91, 111 à 113, 130, 136, 152, 170, 183, 191, 206, 229, 232, 238, 245, 253 à 256, 274, 276, 278, 282, 284, 288, 291, 299, 303, 308, 356, 360, 365, 366.
GOLOWKIN (Comtesse Fédor), 36.
GONTHIER (Mme), 261.
GOURGUES (Marquis DE), 93, 197, 202, 302.
GOURGUES (Marquise DE), née Albertine de Montboissier, 34, 202, 302.
GOYON-MATIGNON (Comtesse DE), 104 (en note), 105, 204, 205, 212, 252, 281.
GRANDMESNIL, 269, 378.
GRANIER (Mme), 283.
GRASSALKOWICS (Princesse), 204.
GRASSINI (Mme), 42, 48, 55, 223, 224.
GRÉHANT (F.-T.), 337, 341, 342.
GRÉVIN, 386.
GROVESTINS (G.-A. SIRTEMA DE), 213.
GUÉRIN (Pierre), 218.

H

Hamelin (Mme), 170, 171, 206, 382.
Hammer-Purgstall (Baron de), 36, 147.
Hannecourt (J.-F.-E. Randon d'), 12.
Hardy, 111, 136, 309.
Hatzfeldt-Salm (Mme de), 133
Hautpoul (Comtesse d'), 135.
Hénin (Princesse d'), 260.
Henri, *du Théâtre du Vaudeville*, 386.
Héricy (Alfred de), 26 *(en note)*.
Hérigny (M. de). — Voir : Héricy (Alfred de) et Mesgrigny (Adrien de).
Hervey (Mme), 386.
Hillmayer 234, 292.
Himm (Mme), 37, 188, 276, 282, 330, 356, 357.
Hoffmann (Mlle), 235.
Hoguer (M.), 17.
Hohenwart (Comte Sigismond-Antoine de), *archevêque de Vienne*, xii, xiv, xvi, 389, 395, 396.
Hohenzollern (Mme), 214.
Hollande (Roi de). — Voir : Bonaparte (Louis).
Hollande (Reine de). — Voir : Hortense (Reine).
Hortense (Reine), v, 29, 41, 50, 79, 80, 230, 231, 286, 342.
Hue, 111.
Huet, 257.

I

Idalie (Mme), *presque certainement la comtesse Armand de Polignac*, 237, 371.

Isabey, 129, 130, 171.
Ivan, 19, 22, 388.

J

Jaucourt (Marquise de), 94, 363.
Jay (Antoine), 88.
Joséphine (Impératrice des Français), v, vi, vii, ix, xii, 33, 46, 111. 120 *(en note)*, 129, 231, 285 à 289, 291, 357, 358, 365, 390.
Jouy (Étienne de), 282.
Julien, 233, 292.
Juliot, 180.
Jumilhac (Marquise de), née Simplicie de Richelieu, 250 *(en note)*, 262.

K

Kageneck (Comtesse Frédéric [?] de), 114.
Kalkreuth (Maréchal de). 207.
Kinsky (Comtesse Marie-Anne de), 92.
Kolagriwoff (André [?]), 320.
Koreff (Docteur), 183, 316, 367.
Kourakin (Prince Alexandre), 76, 130, 228.
Kourakin (Prince Alexis), 307.
Kourakin (Prince Boris), 307.
Kourakin (Princesse Boris), née princesse Lise Galitzin, 307.
Krasinska (Mme), 220.
Krufft (Baron Nicolas de), 147.
Krusemark (M. de), 224.

L

Laborde (Marquis de), viii.
Laborde (Marquise de), 279, 280.
Laborde (Comte Alexandre de), viii, 103, 251, 264, 279 à 281.
Laborde (Comtesse Alexandre de), 104, 217.

INDEX ALPHABÉTIQUE

LABRIFFE (Comte P.-A. [?] DE), 255, 364.
LACÉPÈDE (Comte DE), 269.
LAFOND, 68, 198, 205, 240, 300, 374.
LAGRANGE (Général marquis DE), 250.
LAGUICHE (Marquise DE), 262.
LAINEZ, 139, 166, 218, 282, 283.
LA MARCHE (Comtesse DE). — Voir : STOLBERG (Comtesse DE).
La Miche. — Voir : MNISZECH (Comtesse Michel DE).
LAMOIGNON (Les), 202.
LAMOIGNON DE MALESHERBES (M. DE). — Voir : MALESHERBES (M. DE LAMOIGNON DE).
LAMOIGNON DE MALESHERBES (Mlle DE). — Voir : MONTBOISSIER (Baronne DE).
LANCKORONSKY (Mme), 214.
LANNOY (Comtesse DE), 244.
La Plaque. — Voir : MNISZECH (Comtesse Michel DE).
LA ROCHEFOUCAULD (Mlle DE), 366.
LATOUR (Princesses DE). — Voir : THURN-et-TAXIS (Princesse DE et Princesse Thérèse DE).
LAURENT (J.-A.), 178, 225 à 227, 261, 290.
LAUZUN (Duc DE), 242.
LAVAL (Duc DE), 281, 363.
LAVAL (Vicomtesse DE), 61, 94, 95, 99, 123, 127, 140, 158, 184, 232, 241, 242, 250, 255, 304, 312, 361 à 364, 378.
LA VAUPALIÈRE (Marquis DE), 62, 243, 278.
LA VERNE (Comte DE), 365.
LAVIGNE, 166.
LAYS, 283, 330.
LEBRETON (M.), 294.
LEBRUN (M.), 135.
LEBRUN (Mme), née Vigée, 130 à 135, 255, 269, 270, 296, 299.

LEBRUN (Mlle). — Voir : NIGRIS (Mme).
LEFÈVRE (Robert), 206.
LEFEBVRE VON RECHTENBURG, 147.
LENOIR (A.), 156, 157.
LÉON (Prince DE), 184.
LÉON (Princesse DE), 184.
LERCHENFELD (Comtesse Maximilien DE), 17.
LEROY, 287, 288.
LEVERD (Mlle Émilie), 112, 123, 138, 200, 243, 244, 378.
LEYEN (Princesse DE), 155, 172, 237.
LEYEN (Princesse Amélie DE), 155, 172, 237.
LIBON, 131.
LICHTENAU (Mme DE), 367.
LIECHTENSTEIN (Prince Maurice DE), 177.
LIECHTENSTEIN (Prince Wenzel DE), 92, 181, 187.
LIGNE (Prince Charles-Joseph DE), 1, 8, 37 38, 87, 105 *(en note)*, 119, 122, 131, 194 *(en note)*, 212, 213, 249, 250.
LIGNE (Princesse Charles-Joseph DE), 119.
LIGNE (Prince Charles DE), 3 *(en note)*, 35 *(en note)*.
LIGNE (Princesse Charles DE), née princesse Hélène Massalska, 35 *(en note)*.
LIGNE (Princesse Christine DE). — Voir : CLARY-et-ALDRINGEN (Princesse Jean DE).
LIGNE (Princesse Flore DE), 96, 105 *(en note)*, 236, 258 à 261, 263, 274, 281, 282, 284, 288, 289, 291, 302, 310, 326, 331, 346, 354, 356, 357, 359, 364, 369, 370, 378, 387.
LIGNE (Princesse Sidonie DE). — Voir : POTOCKA (Comtesse François).

LOBKOWITZ (Princesse Lili), 134.
LONGHI (Mlle), 276.
LOS RIOS (Charles DE), 55.
LOSTANGE (Marquise DE), 321.
LOUIS XVI (Roi de France), XI, XIII, 65 *(en note)*, 174.
LUCCHESINI (Marquis DE), 186, 238, 360.
LUCCHESINI (Marquise DE), 186, 187, 238, 293, 360.
LUXEMBOURG (Charles DE), 363.
LUYNES (Duchesse DE), 363.

M

MACK, 177.
MADAME MÈRE, Mme Charles Bonaparte, née Lætitia Ramolino, mère de Napoléon Ier, 73, 217, 218.
MAILLARD (Mlle), du Théâtre-Français, 88, 145, 169, 198.
MAILLARD (Mlle DAVOUX, dite), du Théâtre de l'Opéra, 136, 140, 166, 282.
MALESHERBES (M. DE LAMOIGNON DE), 34 *(en note)*, 198.
MARESCALCHI (Comte), 360.
MARET (Duc DE BASSANO), 27.
MARIE-ANTOINETTE (Reine de France), née archiduchesse d'Autriche, VIII, IX, XI, 65 *(en note)*, 174, 176, 178.
MARIE-LOUISE (Impératrice des Français), née archiduchesse d'Autriche, III, VII, X à XIV, 3, 7, 8, 16, 17, 20, 24, 25, 33, 40 à 42, 44, 45, 47 à 49, 55, 69, 76, 78 à 80, 83, 90, 91, 111, 131 *(en note)*, 140, 141, 148, 149, 161 à 163, 179, 230, 235, 236, 249, 286 à 288, 304 à 306, 308, 329, 330, 347, 349, 353, 354, 356, 357, 368, 370, 375, 382, 389 à 392, 395, 397.
MARIE-LOUISE-BÉATRICE (Impé-
ratrice d'Autriche), XIV, 2, 8, 161, 297, 390.
MARIE-THÉRÈSE (Impératrice), 73.
MARIVAUX, 64, 112, 123.
MARMIER (Comte DE), 158, 172.
MARMIER (Comtesse DE), née Choiseul, 158, 172, 353.
MARS (Mlle), 61, 88, 89, 105 *(en note)*, 112, 123, 138, 210, 220, 240, 243, 244, 259, 318 *(en note)*, 378.
MARTIN, du Théâtre Feydeau, 203, 232, 257, 347.
MASSERANO (Prince DE), 306.
MASSIEU, 142, 143.
MATHIS (Baronne), 40.
MATIGNON (Mme DE). — Voir : GOYON-MATIGNON (Comtesse DE).
MAUSSION (Les), 235.
MAUSSION (Adolphe DE), 233, 262.
MÉHUL, 317.
MÉNAGEOT, 134.
MENOU (Général DE), 119 *(en note)*.
MENOU (Mme DE), 119.
MERCY-ARGENTEAU (Comtesse François DE), 148 *(en note)*.
MESGRIGNY (Adrien DE), 26 *(en note)*.
MESMES (Marquise DE), 256, 366.
METTERNICH-WINNEBOURG (Prince DE), 150 *(en note)*, 313 *(en note)*.
METTERNICH (Comte Clément DE), VIII, 3, 32 *(en note)*, 44, 45, 56, 63, 64, 78, 100, 118, 126, 128, 148, 149, 237, 238, 262, 278, 294 *(en note)*, 293, 303, 314, 317, 330, 368, 386, 394.
METTERNICH (Comtesse Clément DE), 32, 44, 45, 56, 64, 78, 128, 286, 368.
METTERNICH (Comte Joseph DE), 100, 118, 228.
MÉZERAY (Mlle), 123, 304, 378.

INDEX ALPHABÉTIQUE

Michelot, 153, 361, 374.
Michot, 89, 210.
Milder (Mlle), 140.
Millière (Mlle), 37, 69, 138.
Mniszech (Comtesse Michel de), dite *La Plaque* et *La Miche*, 34, 35 (*en note*), 37, 38, 53, 77, 84, 85, 127, 131, 167, 168, 182, 184, 217, 218, 230 à 234, 236, 241 à 243, 258, 259, 261 à 263, 311, 321, 322, 331, 346, 360, 374, 377, 378, 386.
Mniszech (Comtesse Pauline-Constance de), 38 (*en note*).
Mniszech (Comtesse Isabelle-Marie de). — Voir : Radziwill (Princesse Dominique de).
Mocenigo (Comte), 73.
Mocenigo (Comtesse), 36, 360.
Molé (Les), 202.
Molé (Comte), 197, 252, 353.
Mollien (Comtesse), 40, 41.
Montbazon (Prince de), 133.
Montboissier (Les), 34, 85, 87, 197, 212, 229, 250, 263, 352 à 355, 357, 378.
Montboissier (Baron de), 34 (*en note*).
Montboissier (Baronne de), née Lamoignon de Malesherbes, 34, 85, 87, 93, 130, 160, 197, 235, 241, 353.
Montboissier (Mlle Laurette de), *plus tard comtesse de Pisieux*, 34.
Montcalm (Marquise de), née Richelieu, 250 (*en note*), 262.
Montesquiou (Abbé de), 122.
Montesquiou (Comte de), 245, 250, 276, 298.
Montesquiou (Comtesse de), 250, 276, 298.
Montesquiou (Comte Anatole de), 106, 110, 157, 224.
Montesquiou (Baron Eugène de), 43, 207.
Montesquiou (Baronne Eugène de), 207.
Montmorency (Duchesse de), 277.
Montmorency (Comte de), 51 (*en note*), 184, 204.
Montmorency (Comtesse de), 51, 69, 104, 212, 252, 287.
Montmorency (Raoul de), 104, 105, 205, 277.
Montmorency (Adrien de), 85, 218, 230, 278, 281, 311, 322, 363.
Montmorency (Mathieu de), 62 (*en note*), 99, 363.
Montmorency (Mme Mathieu de), 363.
Montrond (Comte de), 134.
Moreau (Mme), 318.
Mortemart (Comtesse de), 184, 287, 353.
Mouradja d'Ohsson (Mme), 241.
Mouton (Général), comte de Lobau, 26, 46.
Mouton (Mme), comtesse de Lobau, née d'Arberg, 46.
Mun (Comte Adrien de), 158, 172.
Mun (Comtesse Adrien de), 158, 172, 244, 253.
Mun (Alix de), 172.
Murat (Joachim), roi de Naples, 22, 25, 29, 41, 45, 50 (*en note*).

N

Nadermann, 131, 132, 296, 298.
Nansouty (Général comte de), 10, 11, 26.
Naples (Reine de). — Voir : Caroline (Reine de Naples), née archiduchesse d'Autriche.
Naples (Roi de). — Voir : Murat (Joachim).
Naples (Reine de). — Voir : Bonaparte (Princesse Caroline).

Napoléon Iᵉʳ (Empereur des Français), I, III, V à XVI, 2, 4, 6 à 13, 17, 20, 23, 25, 27, 31, 41, 42, 45 à 49, 58, 59, 68, 70, 73, 75 à 79, 81, 83, 90, 107, 114, 129, 147 à 149, 161, 162, 174, 175, 178, 193, 198, 203, 207, 210, 223, 229, 230, 236, 238, 245, 246, 251, 260, 286, 290, 298, 305, 307, 309, 310, 330, 347, 349, 350, 352 à 354, 356, 357, 366, 367, 370, 374, 375, 380, 382, 383, 385, 389 à 392, 394, 397.

Narbonne-Lara (Comte Louis de), 17, 38, 61 (en note), 364.

Narbonne-Lara (Comtesse Louis de), 364.

Narbonne-Lara (Mlle de). — Voir : Braamcamp de Sobral (Comtesse de).

Narischkin (Mme), 133.

Navarre (Duchesse de). — Voir : Joséphine (Impératrice des Français).

Nesselrode (Comte de), 77, 191, 192, 195, 201, 320.

Neufchâtel (Prince de). — Voir : Berthier (Maréchal).

Neufchâtel (Princesse de). — Voir : Berthier (Maréchale).

Neumann (Philippe de), 154.

Ney (Maréchal), 63, 64.

Ney (Maréchale), 64.

Nigris (Mme), née Lebrun, 133.

Nitot, 325.

Noailles (Les), 99, 122.

Noailles (Duc de), 208.

Noailles (Comte Charles de), duc de Mouchy, 122.

Noailles (Comtesse Charles de), duchesse de Mouchy, 279.

Noailles (Comte Juste de), 33 (en note), 86, 122, 172.

Noailles (Comtesse Juste de), née Mélanie de Talleyrand-Périgord, 33, 86, 99, 122, 172, 260, 286, 355, 387.

Noailles (Comte Alexis de), 208, 238.

Noailles (Vicomte Alfred de), 122.

Noailles (Vicomtesse Alfred de), 122.

Nosarzewski (M.), 225.

Nourrit, 37, 283.

O

Odiot, 76.

Olivier-le-Grimacier, 328.

Orglandes (Comtesse d'), née d'Andlau, 253.

Orléans (Duc d'), 263.

Osmond (Comtesse d'), née Dillon, 256.

Otto (Comte), 390, 396.

Ouvrard, 263, 312.

P

Paar (Comte Jean-Baptiste de), 6, 145, 146, 148, 276.

Paër (Ferdinand), 48.

Palffy (Comtesse Jean), née princesse Euphémie de Ligne, appelée *Féfé*, 16, 92, 105 (en note).

Pardaillan (Comtesse de), 33, 86, 97, 126, 211.

Parini, 143.

Parseval-Grandmaison, 207.

Paul, du *Théâtre Feydeau*, 180, 347.

Pecharman (M.), 89, 255.

Périgord (Les Talleyrand-), 87, 99, 233, 234.

Périgord (Comte Archambault de), 86, 93, 97, 99.

Périgord (Comte Boson de), 96 (en note), 97, 354, 364, 365.

Périgord (Comtesse Boson de),

INDEX ALPHABÉTIQUE 411

96, 97, 259, 260, 263, 282, 346, 354, 356, 364, 365, 387.
Périgord (Louis de), 99.
Périgord (Comte Edmond de), 38 *(en note)*, 86, 87, 362.
Périgord (Comtesse Edmond de), 38, 87, 106, 168, 233 à 235, 346.
Périgord (Georgine de), 365.
Périgord (Mélanie de). — Voir : Noailles (Comtesse Juste de).
Périgord (Élie de), 170, 262.
Petit (M.), 22.
Pilat (J.-A.), 100, 118, 228.
Pineux-Duval (Alexandre-Vincent), 60, 123, 200, 252, 295.
Pisieux (Comtesse de). — Voir : Montboissier (Mlle Laurette de).
Poix (Prince de), 122.
Poix (Princesse de), 33, 122.
Polignac (Les), 121, 371.
Polignac (Comtesse Armand de). — Voir : Idalie (Mme).
Potier, 115, 116.
Potocki (Comte Vincent), 35 *(en note)*.
Potocka (Comtesse Vincent), née comtesse Anna Micielska, 35 *(en note)*, 260.
Potocka (Comtesse Vincent), née princesse Hélène Massalska, 35 *(en note)*, 165, 269.
Potocki (Comte François), 35 *(en note)*, 158, 260.
Potocka (Comtesse François), née princesse Sidonie de Ligne, 35 *(en note)*, 165, 269.
Potocki (Comte Alexandre), 373 *(en note)*.
Potocka (Comtesse Alexandre), née comtesse Anna Tyszkiewicz, 39, 85, 88, 105, 127, 157, 158, 205, 218, 224, 226, 231, 233, 236, 243, 246 à 248, 262, 321, 357, 359, 360, 373, 387, 382 à 384, 387.

Pourtalès (Comte de), 290, 358.
Pradt (Mgr de), x *(en note)*.
Praslin (Comte de), 26.
Prié ou Priero (Turinetti de), 72, 104.
Prud'hon, 161, 294.
Prusse (Roi de). — Voir : Frédéric-Guillaume II.
Pusignan (M. de), 365.
Pusignan (Mme de), 365.

R

Radepont (Marquise de), 126, 159.
Radziwill (Prince Boguslas), ii.
Radziwill (Prince Guillaume), ii.
Radziwill (Princesse Dominique), née comtesse Isabelle-Marie de Mniszech, 38 *(en note)*, 322, 370.
Raimbault ou Rimbault (Mme), 173, 179.
Rambuteau (M. de), 364.
Rapp (Général comte), 247.
Raucourt (Mlle), 74, 152, 198, 374.
Raynouard, 355, 373.
Récamier (Mme), 96, 170, 230.
Regnaud de Saint-Jean d'Angély (Comte), 78.
Regnaud de Saint-Jean d'Angély (Comtesse), 126, 372.
Rémusat (Comte de), 216.
Rémusat (Comtesse de), 216.
Repnin (Prince), 242.
Reul (M. de), 143, 144, 219, 323.
Richard (F.-F.), 178, 225, 290.
Riche, 243.
Richelieu (Maréchale de), 163.
Richelieu (Duc de), 250, 262.
Richelieu (Armande de). — Voir : Montcalm (Marquise de).
Richelieu (Simplicie de). — Voir : Jumilhac (Marquise de).
Richepanse (Baronne), 372.
Richter, 77.

ROHAN-GUÉMÉNÉE (Princesse Charles DE), née Conflans, 114, 133, 212, 244.
ROHAN (Princesse Berthe DE), 114, 244.
ROLAND, 159.
ROMANZOW (Comte Michel-Paul), 63.
ROME (Roi DE), I.
ROUGEMONT (Les), 241.
ROUGEMONT (M. DE), 185, 186, 260.
ROUGEMONT (Mme DE), 241.
ROUSTAN, 12.
RUSSIE (Impératrice Marie-Féodorovna DE), *mère de l'empereur Alexandre I*^{er}, x.

S

SABRAN (Elzéar DE), 34 *(en note)*, 87, 133.
SABRAN (Delphine DE). — Voir : CUSTINES (Marquise DE).
SAINT (Daniel), 247.
SAINT-AIGNAN (Rousseau, baron DE), 26.
SAINT-AUBIN (Mlle), 32, 139, 180.
SAINT-PRIX, 269, 270, 300, 370.
SAINTE-ALDEGONDE (Comte Camille DE), 372.
SALM-REIFFERSCHEIDT (Altgrave Robert DE), II.
SAPIEHA (Princesse), 61 *(en note)*, 234.
SAQUI (Mme), 311, 349.
SAVARY (Général), duc DE ROVIGO, 9, 11, 12, 311, 312, 317, 319, 324, 371.
SAVARY (Mme), duchesse DE ROVIGO, 46.
SAXE (Roi Frédéric-Auguste Ier DE), VIII.
SAXE (Princesse Marie-Auguste DE), VII.
SCHOENBORN-BUCHHEIM (Comte François-Philippe DE), 22, 27, 30, 42, 68, 70, 110, 146 à 148, 172, 201, 214, 247.
SCHOENBORN-BUCHHEIM (Comtesse François-Philippe DE), 22, 30, 31, 36, 42, 68, 172, 201, 234.
SCHWARZENBERG (Prince Charles DE), X, XI, 2, 5, 6, 9, 27, 32, 36, 42, 45, 56, 69, 70, 74, 75, 78, 81, 126, 145, 147, 148, 154, 208, 251, 268, 279, 305, 317, 368, 395.
SCHWARZENBERG (Princesse Charles DE), 276, 298, 368.
SCHWARZENBERG (Princesse Pauline DE), 229, 368.
SÉGUR (Comte DE), 241, 269, 352.
SÉGUR (Vicomte J.-A. DE), 241.
SÉGUR (Comte Octave DE), 351, 352.
SÉGUR (Comtesse Octave DE), 193, 351, 352.
SÉGUR (Comte Philippe DE), 193, 269.
SÉGUR (Comtesse Philippe DE), 269.
SICARD (Abbé), 141, 143, 371.
SINZENDORF (Comte Rodolphe [?] DE), 248.
SOUZA-BOTELHO (Baron DE), 88.
SOUZA-BOTELHO (Baronne DE), 88, 96, 127, 205, 364.
SPIEGEL (Baron DE), 89, 97.
SPINOLA (Marquise), 115.
SPONTINI, 282.
STAËL (Baronne DE), 135, 160, 171, 230, 270.
STAËL (Baron Auguste DE), 160.
STARHEMBERG (Comte A.-G. DE), 278, 301.
STARHEMBERG (Comte G.-L. [?] DE), 146, 172.
STARZYNSKA (Mme), 204.
STERNBERG (Comte Caspar [?] DE), 384.
STOLBERG (Comtesse DE), 367.

INDEX ALPHABÉTIQUE

STROGONOFF (Baron Alexandre), 79.
SWOBODA (Mme), 279.

T

TALLEYRAND (Les), 286.
TALLEYRAND et DE BÉNÉVENT (Prince DE), 38 *(en note)*, 61 *(en note)*, 62 *(en note)*, 94 à 97, 123, 131 *(en note)*, 140, 154, 186, 187, 217, 223, 232, 235, 242, 250, 312, 354, 361, 362, 364.
TALLEYRAND et DE BÉNÉVENT (Princesse DE), 62, 94, 130, 232, 233, 250, 362.
TALMA, 60 *(en note)*, 74, 88, 123, 145, 168, 198, 204, 219, 244, 269, 278, 297, 320, 355, 356, 370, 373, 374.
TALMA (Mme), née Charlotte Vanhove, 60, 75, 89.
TASCHER DE LA PAGERIE (Comte Louis DE), 237.
TCHERNITCHEF, 202, 203.
TETTENBORN (Baron Frédéric-Charles DE), 6, 22, 36, 50, 146, 149.
THÉNARD, 61, 244, 269.
THIARD (Comte DE), 158, 364.
THURN-ET-TAXIS (Prince Maximilien-Joseph DE), 146, 316.
THURN-ET-TAXIS (Princesse DE), née princesse de Mecklembourg-Strélitz, 154.
THURN-ET-TAXIS (Princesse Thérèse DE), 155.
TITINE, 3, 46, 72, 105 *(en note)*, 123, 133, 206, 344, 345.
TORTONI, 325.
TOURTON (M.), 298.
TRENEUIL (M. DE), 271, 272.
TRIPET, 165, 166.
TRIPET (Mlle), 166.
TUFIAKIN (Prince), 127.

TYSZKIEWICZ (Comtesse Vincent), née princesse Poniatowska, 34, 35, 61, 93, 94, 105, 127, 144, 243, 363, 372, 374.

U

URSEL (Duchesse D'), 244, 245.

V

VALENCE (Général comte DE), 124.
VALENCE (Comtesse DE), 123, 124.
VANGOBBELSCHROY (M.), 215.
VARGEMONT (Comtesse Louis [?] DE), 212.
VAUDEMONT (Prince DE), 67 *(en note)*, 215.
VAUDEMONT (Princesse DE), 67, 68 *(en note)*, 86, 88, 126, 159, 177, 215.
VAUDREUIL (Vicomtesse DE), 212.
VEAUCE (Baron DE), 298.
VÉRAC (Marquis DE), 208.
VERNET (Joseph), 111, 344.
VERTAMY (Mme DE), 143, 212, 236, 370, 371.
VÉRY, 83, 191.
VESTRIS (Marie-Auguste), 37, 69, 140, 167, 381.
VIEN (J.-M.), 108.
VIENNE (Archevêque DE). — Voir : HOHENWART (Comte Sigismond-Antoine DE).
VIGÉE (Étienne), 134.
VIGÉE-LEBRUN (Mme). — Voir : LEBRUN (Mme), née Vigée.
VIGNOLLE (Comtesse DE), 384.
VIGNY, 153, 203.
VISCONTI (Mme), 260, 293.
VOGÜÉ (Comtesse DE), 302.
VOLNAIS (Mlle), 68, 74, 88, 145, 160, 198, 300.

W

WAGRAM (Prince DE). — Voir : BERTHIER (Maréchal).
WAGRAM (Princesse DE). — Voir : BERTHIER (Maréchale).
WALMODEN-GIMBORN (Comte Louis-Georges-Theodel DE), 6, 42, 52, 146, 225.
WESTPHALEN (Comte C.-A.-W. DE), 125.
WESTPHALIE (Roi de). — Voir : BONAPARTE (Jérôme).
WESTPHALIE (Reine de), 29, 50, 79, 89, 330.
WILLE (Pierre-Alexandre), 227.
WONSOWICZ (Mme), 207.
WRATISLAW (Comte Eugène [?] DE), 6, 36, 56, 172.
WRBNA (Comtesse DE), 164, 184.
WURTZBOURG (Grand-duc DE), 50, 222, 276, 286, 291.

Z

ZAMOYSKI (Comte Stanislas), 40, 89, 219, 308.
ZAMOYSKA (Mme), 204.
ZICHY (Comte Étienne), 213.
ZICHY (Comtesse Étienne), 213.
ZOÉ, 95, 140, 361, 362.
ZOTOFF (M.), 307.

TABLE DES MATIÈRES

Note sur le prince Charles de Clary-et-Aldringen..............   I
Avant-propos..   v

CHAPITRE PREMIER

Départ de Vienne. — Premiers incidents de voyage. — Arrivée en France. — Paris. — Compiègne. — Napoléon Ier. — Une chasse impériale..   1

CHAPITRE II

Nouveaux détails sur le voyage de Vienne à Paris. — Ebersberg, Braunau, etc. — Le comte de Béarn. — Saverne, Nancy, etc. — Prince de Neufchâtel ou prince de Wagram. — Paris, Compiègne. — Les trois rois; la princesse Pauline. — Le comte de Castel-Alfer.......... 14

CHAPITRE III

Compiègne; les appartements préparés pour l'impératrice Marie-Louise; L'Amour et Psyché, de Canova. — La Cour. — Le feu prend dans la chambre de Clary.. 24

CHAPITRE IV

Vingt-quatre heures à Paris. — *La Jeune Prude; Cendrillon.* — Tournée de visites. — *Orphée; Paul et Virginie.* — Souper chez la comtesse de Mniszech. — Retour à Compiègne. — Le cabinet de toilette de l'impératrice Marie-Louise.. 30

CHAPITRE V

Arrivée de l'impératrice Marie-Louise à Compiègne; M. et Mme de Metternich; les dames de la Cour impériale, etc., etc. — La journée du

lendemain; le concert; l'Empereur s'endort. — Nouveaux détails sur
la Cour 44

CHAPITRE VI

La vie à Paris. — Encore quelques détails sur Compiègne. — Promenade
dans Paris : les Tuileries, la place du Carrousel, la rue Impériale, etc.
— *Le Tyran domestique; Les Jeux de l'Amour et du Hasard.* — Souper
chez Mme Tyszkiewicz; Mme de Laval; M. de Talleyrand, etc.. 52

CHAPITRE VII

Visite à M. de Metternich, installé dans l'hôtel du maréchal Ney. — La
place de la Concorde; le palais du Corps législatif; l'hôtel des Invalides, etc. — Mme de Vaudemont. — Spectacle à Saint-Cloud : *Zaïre*. 63

CHAPITRE VIII

Mariage civil de Napoléon et de Marie-Louise à Saint-Cloud. — *Iphigénie
en Aulide; Le Legs.* — Mariage religieux aux Tuileries. — Le Temple
de l'Hymen sur les tours de Notre-Dame. — Impression produite par le
mariage impérial sur le peuple parisien........................ 70

CHAPITRE IX

Dîner chez M. de Champagny. — Thé chez Mme de Mniszech. — Les
amies parisiennes de la princesse de Clary : Mmes de Bérenger, de
Pardaillan, de Vaudemont, de Boufflers, etc. — Une séance de l'Institut. — *Nicomède; Mme de Sévigné.* — L'Empereur et l'Impératrice;
calembours et jeux de mots sur leur mariage. — L'ode d'Esménard;
une *coquille!* — Visite au Musée. — *Gérard de Nevers.* — Soirée chez
Mme de Laval. — Promenade sur les boulevards............... 84

CHAPITRE X

Dîner chez M. de Talleyrand; sa maison. — Soirée chez Mme de Laval.
— Promenade dans Paris; l'arc-de-triomphe de l'Étoile; les prisons de
l'Abbaye; Saint-Germain-des-Prés, etc. — Dîner chez Cambacérès. —
Saint-Sulpice; le musée du Luxembourg, etc.................... 96

CHAPITRE XI

A propos d'un portrait de la comtesse de Clary. — Le temps à Paris.
— Le comte de Clary sera-t-il décoré de la Légion d'Honneur? — A
propos de l'impératrice Marie-Louise et de l'impératrice Joséphine.

— *L'Homme du Jour; Les Fausses Confidences.* — Promenade et visites dans Paris. — Une Soirée de Carnaval: *Robert-le-Bossu*; les Réjouissances autrichiennes... 109

CHAPITRE XII

Le Jardin des Plantes; les dromadaires de Belœil, etc. — Dîner chez Mme de Poix. — *Le Vieux Célibataire; Le Secret du Ménage.* — Bal chez Mme de Bellegarde. — *La Vieillesse de Piron; Haine aux Femmes.* — Mme de Souza; Mme Alexandre Potocka; M. de Flahaut..... 118

CHAPITRE XIII

Visite à la manufacture de Sèvres; la Table des Maréchaux. — Soirée chez Mme Lebrun; Mme Dugazon; Aimée de Coigny, duchesse de Fleury, etc. — *Le Triomphe de Trajan.* — La liste de huit dames du prince d'Esterhazy... 128

CHAPITRE XIV

Chez les sourds-muets. — *Le Salon des Étrangers.* — *Andromaque; Les Fourberies de Scapin.* — Départ pour Compiègne; l'audience de l'Empereur; pas de présentations à l'Impératrice; retour à Paris..... 141

CHAPITRE XV

Brunehaut; L'École des Bourgeois. — Tournée de visites; la princesse de Latour et la duchesse de Courlande. — Le musée des Petits-Augustins; le tombeau d'Héloïse et d'Abélard. — Bouts-rimés, etc. — Longchamp; le Bois de Boulogne. — *Phèdre; Le Parleur contrarié*... 152

CHAPITRE XVI

Portraits et buste de l'impératrice Marie-Louise : elle-même fait le portrait de Napoléon; intimité de leur vie conjugale; mort du sculpteur Chaudet et de l'accoucheur Baudelocque; soupçon de grossesse de l'Impératrice, sa gourmandise. — Office de la semaine sainte à Saint-Roch; les chaises; les quêtes. — Encore Longchamp; le jardinier Tripet et sa fille. — *Abel.* — Accident de voiture survenu à Mmes de Cordoue et de Périgord. — *Manlius.* — *La Caravane; Vénus et Adonis.* — Mme Hamelin; la maison d'Isabey........................... 161

CHAPITRE XVII

Dîner chez Mme de Mun. — Promenade à Versailles; le château, l'orangerie, etc., etc.; les Trianons. — Les Bains chinois. — *Ambroise; Le Prisonnier; Une Heure de mariage*............................. 172

CHAPITRE XVIII

Lettres reçues et lettres perdues. — La vie journalière de Paris. — Visite au comte Golowkin, etc., etc. — *Une Soirée de Carnaval; Les Trois Étages; Le Départ pour Saint-Malo.* — Le banquier Rougemont. — Diner chez M. de Talleyrand. — A Saint-Roch, puis à l'Assomption en temps pascal. — Le jardin des Tuileries.................... 181

CHAPITRE XIX

Promenade dans Paris; Notre-Dame; la Morgue; les Gobelins, etc.; le magasin de porcelaines de Dyle; le magasin de cristaux du Mont-Cenis. — Diner chez Mme de Montboissier; Mme de Belsunce, etc.; rentes restituées à Mme de Montboissier par Napoléon Ier en souvenir de M. de Malesherbes. — *Iphigénie; Le Médecin malgré lui*...... 192

CHAPITRE XX

Le printemps à Paris. — *Le Menuisier de Livonie: La Petite Ville.* — Les Caraman. — *Les Châteaux en Espagne; La Gageure.* — Mousseau. — Déjeuner chez Mme de Gourgues; dîner chez la duchesse de Courlande; le beau Tchernitchef. — *Cimarosa; Jadis et Aujourd'hui.* — Déjeuner chez Mmes de Bellegarde; visite à l'atelier de Gérard. — Diner chez Mme de Matignon. — *Horace; George Dandin.* — Soirée chez Mme de Souza; Mme Alexandre Potocka fait chanter M. de Flahaut. — Soirée chez Mme Hamelin. — Visite à l'atelier de Maurice Lefèvre. — Diner chez Mme de Boufflers, etc. — Le jardin de M. de Caraman, etc. — Saint-Denis. — *L'Assemblée de Famille; La Jeunesse de Henri V.* 199

CHAPITRE XXI

Les amies de la princesse de Clary. — Paquets à emporter par les courriers de cabinet. — La comédie à l'hôtel de Ligne. — La Légion d'Honneur. — Préparatifs de fête chez le général Clarke. — Illumination en plein jour de l'Allée-Verte, à Bruxelles; M. Vangobbelschroy. — Mme de Vaudemont, sa maison de Suresnes, etc. — Présentation à Madame Mère. — Promenade à Saint-Cloud. — *Le Triomphe de Trajan.* — M. Zamoyski.. 211

CHAPITRE XXII

Les Bains Vigier. — Présentation à la reine de Naples; le grand-duc de Wurtzbourg; la duchesse de Cassano. — Présentation à la princesse Borghèse. — La maison de M. et de Mme Crawford; Mme Grassini;

TABLE DES MATIÈRES

M. de Krusemark. — Dîner chez Mme Alexandre Potocka; M. de Girardin. — *Aristippe*; *La Dansomanie*. — Cabriolet et cocher de louage. — Visite aux ateliers d'artistes : Laurent; Wille; Mme Auzou. — Les modèles de Cassas, son procès avec le comte de Choiseul-Gouffier. — Présentation à la princesse Élisa. — Un billet du comte Golowkin. — Mme de Staël et Mme Récamier. — Promenade à Saint-Leu. — *Maison à vendre*; *Picaros et Diégo*; Mme de Laval et Mme de Talleyrand, etc. — Bal chez Mme Edmond de Périgord, etc., etc. — A propos des cardinaux qui n'avaient pas assisté au mariage religieux de Napoléon.. 221

CHAPITRE XXIII

Omasis ou Joseph en Égypte. — *Aline*. — Bons mots de M. de Ségur. — Anecdote. — Les *Mémoires* de Lauzun. — *Le Mariage de Figaro*; Mlle Mars et Mlle Leverd. — *Iphigénie en Tauride*. — La rue Cocatrix. — Cadeau impérial. — Les chevaux du prince de Schwarzenberg. — Le cabinet de M. Denon: profil de Marie-Louise. — Amabilité de tout le monde pour le comte de Clary. — Cadeau de Napoléon au prince de Schwarzenberg.. 240

CHAPITRE XXIV

Télémaque. — Visite au comte Golowkin, à Montallègre; Prunay; Luciennes; le château de la Belle Gabrielle; La Celle; Beauregard. — *La Mort d'Hector*; *L'Aveugle clairvoyant*. — *L'Auberge de Bagnères*. 252

CHAPITRE XXV

Arrivée de la princesse Flore de Ligne à Paris. — *L'École des Bourgeois*: *La Coquette corrigée*. — Soirée chez Mme de Rougemont. — *Rose et Colas*. — Souper chez Mme Henri de Chastenay; Mlle Victorine de Chastenay. — Promenade au Raincy. — Le comte de Clary est décoré de la Légion d'Honneur. — Bains froids. — Encore la Légion d'Honneur. — Soirée chez Mme Potocka; imitations d'acteurs. — Courses avec Mmes de Bellegarde, Mme de Coigny, etc.; l'atelier de Girodet; l'Arsenal, sa bibliothèque et les lettres de Henri IV qui y sont conservées; retour par les boulevards. — Au bal à Neuilly; Légion d'Honneur et uniforme autrichien................................... 258

CHAPITRE XXVI

Le modèle du canal du Languedoc au Tivoli d'hiver. — Les panoramas de Naples et d'Amsterdam. — Concert chez M. de Montesquiou. — Course à Montallègre; Saint-Germain; Marly, etc. — *Polyeucte*; *Les Fausses Infidélités*. — Course à Méréville. — *La Vestale*......... 274

CHAPITRE XXVII

Visite à Montallègre avec la princesse Flore de Ligne. — La Malmaison et son parc. — L'impératrice Joséphine; les regrets qu'elle a laissés; mécontentement de Mmes de Montmorency et de Mortemart contre l'impératrice Marie-Louise. — Le « marchand de modes » Leroy. — L'impératrice Joséphine reçoit la princesse Flore de Ligne et le comte de Clary, et leur montre sa galerie de tableaux. — Portraits des « Turcs » auxquels Napoléon « eut affaire en Égypte », sa bibliothèque, son bureau. — Les équipages de l'impératrice Joséphine. — La reine de Naples, le grand-duc de Wurtzbourg et le comte de Metternich 284

CHAPITRE XXVIII

Bal à Neuilly, chez la princesse Borghèse. — Promenade avec Mmes de Bellegarde; les ateliers de David et de Prud'hon; M. Lebreton et la *Psyché*, de Gérard. — Dîner chez Mmes de Bellegarde; Duval, auteur du *Retour d'un Croisé*; le peintre Gérard et sa femme, etc. — Concert chez M. de Montesquiou; M. de Veauce; Mme Festa, de l'Opéra italien, etc. — Visite à Montallègre; l'aqueduc de Marly. — *Artaxerce*. — *Saül: Vénus et Adonis*. — Soirée du lundi à Neuilly, chez la princesse Borghèse. — Promenade au Raincy et à Livry; souvenirs de Mme de Sévigné. — Première représentation de : *Les Deux Vieillards ou le Vieux Fat*; *La Fausse Agnès* 292

CHAPITRE XXIX

Présentation à l'impératrice Marie-Louise. — La parade dans la cour du Carrousel. — *Le Passage du Saint-Bernard*: les petits théâtres; Napoléon Ier et son ménechme; Esménard et son élève, Mlle Dupont. — Tivoli. — La disgrâce de Fouché et son remplacement au ministère de la police par le général Savary, duc de Rovigo. — Déjeuner chez M. de Metternich; Gall, François-le-Cordonnier, etc............. 305

CHAPITRE XXX

Spectacle à Saint-Cloud : *Joseph*. — Un enfant se noie à l'école de natation. — Visite au duc de Rovigo, ministre de la police. — Dîner chez Mme Demidoff. — *Rhadamiste*; *Heureusement*. — Bal chez la princesse Michel Galitzin.. 317

CHAPITRE XXXI

Programme de voyage. — La Normandie; Dieppe, etc. — La fête de l'Hôtel de Ville, à Paris; l'Impératrice danse avec le roi de Westphalie; attitude de l'Empereur. — Encore la Normandie; les bonnets des Cauchoises; Rouen................................... 324

CHAPITRE XXXII

Promenade en mer. — Visite d'un bateau corsaire. — Le Havre; M. Gréhant; *L'Élisa* et *L'Amazone*........................ 334

CHAPITRE XXXIII

Promenade avec M. Gréhant. — Du Havre à Honfleur sur *Le Passager*. — Retour à Paris. — La fête de Neuilly chez la princesse Pauline; *Le Concert interrompu*, etc.; attitude de l'Impératrice et de l'Empereur.. 341

CHAPITRE XXXIV

Encore la fête de Neuilly; mauvaises nouvelles d'Espagne. — Retour de M. Octave de Ségur. — Le beau Molé. — L'Empereur et l'Impératrice; anecdotes; Mme de Mortemart; les *cardinaux noirs*. — Au théâtre dans la loge de M. de Talleyrand; *Persée et Andromède*. — Cadeaux d'adieu des Montboissier; grands cachets et petits cachets; cadeau de Mme Mélanie de Noailles. — Talma et la répétition des *États de Blois*. — La bonne, l'enfant et les petits ours du Jardin des Plantes. — Nouvelle fête à Neuilly; l'Empereur et l'Impératrice *incognito*. — *La Vestale*. — Arc-de-triomphe au rabais. — Départ de l'impératrice Joséphine pour Aix-les-Bains... 350

CHAPITRE XXXV

Courses avec la princesse Flore de Ligne et Mme Alexandre Potocka; les magasins de Dyle et de Dagoty. — Dîner au jardin chez Mme de Mniszech. — *Phèdre: Les Étourdis*. — Soirée chez Mme de Laval; le prince de Talleyrand et la négresse Zoé, caricaturés par Mlle Aurore de Bellegarde. — Encore le prince de Talleyrand, ses conférences avec la duchesse de Courlande et Mme de Laval; Mme de Jaucourt, la duchesse de Luynes, etc.; M. de Talleyrand et M. de Flahaut. — Courses et emplettes. — Déjeuner chez Mme Boson de Périgord. — Visite à Montallègre; M. de La Verne. — La Jonchère; les Dillon et Mme Bertrand : premier projet de mariage entre celle-ci et le prince Aldobrandini, frère du prince Borghèse qui serait devenu roi de Portugal. — Mme de Mesmes et M. d'Avaux. — *Illuminisme*, magnétisme et somnambulisme; Mme de Boufflers; la comtesse de La Marche; Buonaparte qualifié le *Saint Jean du Diable*. — Une enseigne de barbier. — Oubli ou omission de la princesse Charles de Schwarzenberg parmi les invités d'une chasse impériale.. 359

CHAPITRE XXXVI

Cinna; l'Empereur et l'Impératrice au Théâtre-Français. — Dîner chez Mme de Vertamy; les Polignac sortent de prison. — La fête du duc de Feltre; la générale Richepanse, etc. — Visite à Montallègre avec Mme Alexandre Potocka. — Représentation à Saint-Cloud des *États de Blois*. — Mme Alexandre Potocka invitée à dîner à Saint-Cloud ; égards que lui témoigne l'Empereur........................... 369

CHAPITRE XXXVII

L'hôtel de la princesse Borghèse, rue du Faubourg-Saint-Honoré. — *Les Femmes savantes*. — *Picaros et Diégo*. — La fête donnée par la Garde à l'École militaire; courses de chevaux; ascension en ballon de Mme Blanchard ; feu d'artifice ; ballet et bal ; l'Empereur et Mme Alexandre Potocka, etc. — La colonne Vendôme; le chiffre de l'empereur François Ier; la statue de Napoléon Ier. — *Le Père d'Occasion; Fanchon la Vielleuse*. — Départ.................. 377

Pièces justificatives... 389

Index alphabétique... 399

Table des Matières... 415

PARIS

TYPOGRAPHIE PLON-NOURRIT ET Cie

8, rue Garancière

A LA MÊME LIBRAIRIE

Vingt-cinq ans à Paris (1826-1850) **Journal du comte Rodolphe Apponyi**, attaché de l'ambassade d'Autriche à Paris, publié par Ernest Daudet.
Tome Ier. **1826-1830**. 5e édition. Un vol. in-8° avec trois portraits. 7 fr. 50
Tome II. **1831-1834**. 4e édition. Un vol. in-8° avec trois portraits. 7 fr. 50
Tome III. **1835-1843**. 3e édition. Un vol. in-8° avec trois gravures. 7 fr. 50

Chronique de la duchesse de Dino (1831 à 1862), publiée avec des annotations et un index biographique, par la princesse Radziwill, née Castellane. Tome Ier. **1831-1835**. 7e édition. Un vol. in-8° avec un portrait en héliogravure. 7 fr. 50
Tome II. **1836-1840**. 6e édition. Un vol. in-8°. 7 fr. 50
Tome III. **1841-1850**. 5e édition. Un vol. in-8°. 7 fr. 50
Tome IV. **1851-1862**. 5e édition. Un vol. in-8° avec portrait et deux fac-similés. 7 fr. 50
(Ouvrage couronné par l'Académie française, prix Halphen.)

Souvenirs du comte de Montbel, ministre de Charles X. Publiés par son petit-fils, Guy de Montbel. 2e édition. Un vol. in-8°. 7 fr. 50

Mémoires du comte Roger de Damas, publiés et annotés par Jacques Rambaud, docteur ès lettres, introduction par M. Léonce Pingaud.
Tome Ier. *Russie, Valmy et armée de Condé, Naples (1787-1806)*. Un vol. in-8°. 7 fr. 50
Tome II. *Vienne de 1806 à 1814*; suivis de lettres inédites de Marie-Caroline, reine de Naples. Un vol. in-8°. 7 fr 50

Quarante-cinq années de ma vie (1770 à 1815), par Louise de Prusse (princesse Antoine Radziwill), publié avec des annotations et un index biographique par la princesse Radziwill, née Castellane. 6e édition. Un volume in-8° accompagné d'un portrait en héliogravure, d'un autographe et de 11 gravures hors texte. 7 fr. 50

Correspondance inédite de Mallet du Pan avec l'empereur d'Autriche (1794-1798), publiée d'après les manuscrits conservés aux Archives de Vienne, par André Michel, avec une préface de M. Taine, de l'Académie française. Deux vol. in-8°. 16 fr.

Souvenirs de la baronne Du Montet (1785-1866). 3e édition. Nouvelle édition dans le format in-8° écu avec un portrait. 3 fr. 50

Souvenirs de la comtesse Golovine, née princesse Galitzine (1766-1821). Avec une préface et des notes par K. Waliszewski. 3e édition. Un volume in-8° avec portraits. 7 fr. 50

Mémoires de la comtesse Potocka (1794-1820), publiés par Casimir Stryienski. 9e édition. Un vol. in-8° écu avec un portrait. 3 fr. 50

Mes Relations avec le duc de Reichstadt, par le comte Prokesch-Osten, ancien ambassadeur d'Autriche. Mémoire posthume traduit de l'allemand. Un vol. in-18. 3 fr.

Le Roi de Rome (1811-1832), par H. Welschinger. 6e édition. Un vol. in-8° avec un portrait d'après Isabey. 8 fr.
(Couronné par l'Académie française, grand prix Gobert.)

Napoléon intime, par Arthur-Lévy. 15e édition. Un vol. in-8°. 8 fr.
(Couronné par l'Académie française, prix Thérouanne.)

PARIS. TYP. PLON-NOURRIT ET Cie, 8, RUE GARANCIÈRE. — 18763.

www.ingramcontent.com/pod-product-compliance
Lightning Source LLC
Chambersburg PA
CBHW070545230426
43665CB00014B/1815